Tratamiento de la documentación contable

Paraninfo

Tratamiento de la documentación contable

Herminio Méndez Rodríguez
M.ª José Palazón Bermell

Paraninfo

Tratamiento de la documentación contable

© Herminio Méndez Rodríguez y M.ª José Palazón Bermell

Gerente Editorial
María José López Raso

Técnico Editorial
Paola Paz Otero
Sofía Durán Tamayo

Editora de Adquisiciones
Carmen Lara Carmona

Producción
Nacho Cabal Ramos

Diseño de cubierta
Ediciones Nobel

Preimpresión
Montytexto

2.ª edición, 2021; 1.ª reimpresión, 2023

C/ Velázquez 31, 3.° Dcha. / 28001 Madrid (ESPAÑA)
Teléfono: 914 463 350 / Fax: 914 456 218
clientes@paraninfo.es / www.paraninfo.es

ISBN: 978-84-1366-079-0
Depósito legal: M-16642-2021

(28425)

Impreso en España / *Printed in Spain*

Lavel Industria Gráfica
(Humanes de Madrid, Madrid)

Se recomienda que el alumnado realice las actividades sobre el cuaderno y no sobre el libro.

Paraninfo

Presentación

Este libro desarrolla los contenidos del módulo profesional de **Tratamiento de la Documentación Contable,** del Ciclo Formativo de grado medio de Gestión Administrativa, perteneciente a la familia profesional de Administración y Gestión.

Las unidades del libro se acompañan de multitud de **recursos didácticos** que ayudarán al futuro técnico a comprender la materia y acercarlo a su inminente realidad laboral:

- Gran cantidad de actividades resueltas y propuestas y un caso práctico al final de cada unidad.
- Ejemplos, esquemas de contabilización, subcuentas y asientos tipo que el alumno puede utilizar como guía.
- Modelos de documentación reales que se pueden manejar en cualquier empresa.
- Ejercicio de simulación sobre la empresa simulada Abanicos HOYO ARCE, SLS, al final de cada unidad. Usando la aplicación contable CONTASOL, el alumno irá conociendo y elaborando la documentación generada por la empresa en un trimestre para cumplir con las obligaciones contables y fiscales. Conocerá todo el proceso desde su constitución hasta el cierre y presentación de cuentas anuales.

Este libro dispone de los siguientes **materiales y recursos** disponibles en línea para el **profesorado que confirme su adopción** como libro de texto para impartir la materia:

- **Programación didáctica.**
- **Solucionario.**
- **Examina.**
- **Presentación de aula.**
- **LDP (libro digital proyectable).**
- **Proyecto de simulación integrado.**
- **Guía de aplicación de CONTASOL.**
- **Actividades de refuerzo y ampliación.**

Este libro dispone además de **material previo registro** disponible en línea para el **alumnado:**

- **Material para el proyecto de simulación.**
- **Listado de las cuentas del PGC de Pymes.**
- **PGC de Pymes.**
- **Guía de instalación y configuración de CONTASOL.**

Contenido

Unidad 1

REPASO DE CONCEPTOS BÁSICOS, PROCESO CONTABLE, NORMATIVA Y DOCUMENTACIÓN

Contenidos

Objetivos

- Recordar los conceptos de *patrimonio, elementos patrimoniales* y *masas patrimoniales.*
- Elaborar la representación de las masas patrimoniales.
- Repasar el concepto de *cuenta* como instrumento de representación contable.
- Entender el método de la partida doble y el convenio de cargo y abono.
- Representar el esquema de funcionamiento de las cuentas y del ciclo contable completo a través de un ejercicio práctico de repaso.
- Conocer la normativa y las obligaciones contables y fiscales de los empresarios.
- Identificar los documentos soporte de los registros contables y la obligatoriedad de su conservación y custodia.

Introducción

Comenzaremos recordando los conceptos de *patrimonio, elementos patrimoniales* y *masas patrimoniales,* así como su reflejo contable. Repasaremos el concepto de *cuenta* como instrumento de representación de elementos patrimoniales y de hechos contables, el método de la partida doble y el convenio de cargo y abono. Representaremos el ciclo contable y los estados contables que se generan a lo largo de este, con un ejercicio de repaso del proceso completo.

Repasaremos la normativa y las obligaciones formales de los empresarios, tanto contables como fiscales. También conoceremos la obligatoriedad de conservar y custodiar la documentación soporte de los registros contables.

1.1. Recordando conceptos: el patrimonio

El término ***patrimonio*** es muy amplio, pues se habla de patrimonio cultural, patrimonio histórico, patrimonio de la humanidad, etc. Normalmente lo utilizamos para hacer referencia al conjunto de bienes susceptibles de valoración económica de una persona, ya sea física o jurídica.

Desde el punto de vista contable, podemos decir que el patrimonio es el conjunto valorado de bienes, derechos y obligaciones pertenecientes a una empresa, que constituye todos los medios económicos y financieros con los que cuenta para el desarrollo de su actividad y conseguir sus objetivos.

Observamos que el patrimonio tiene dos componentes diferenciados: una parte positiva que suma (bienes y derechos) y una parte negativa que resta (obligaciones o deudas). El resultado de esta operación aritmética se conoce como ***patrimonio neto*** y se corresponde con el capital de la empresa.

Recuerda

Siempre se tiene que cumplir la ecuación fundamental del patrimonio:

A = PN + P.

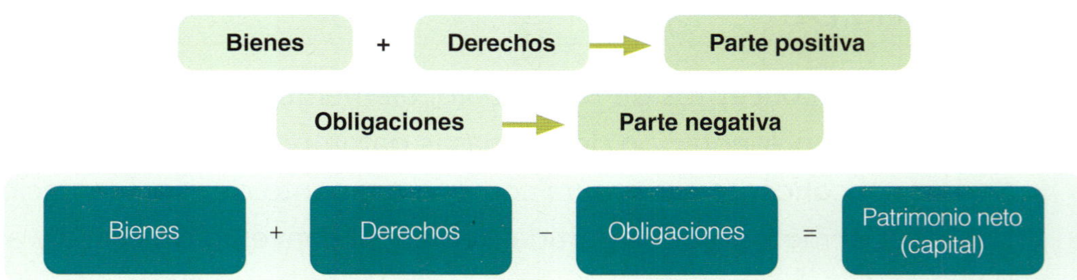

Figura 1.1. Ecuación fundamental del patrimonio.

1.1.1. Los elementos patrimoniales y las masas patrimoniales

Los **elementos patrimoniales** de una empresa son los distintos bienes, derechos y obligaciones que posee. Cuando esos elementos patrimoniales tienen unas características similares, se pueden agrupar en conjuntos homogéneos que denominamos ***masas patrimoniales.***

De este modo, la parte positiva del patrimonio (bienes y derechos) forma el **activo.**

La parte negativa (obligaciones o deudas) forma el **pasivo.**

La diferencia entre activo y pasivo forma el **patrimonio neto.**

De esta relación, se obtiene la ecuación fundamental del patrimonio, que es la siguiente:

Activo (A) = patrimonio neto (PN) + pasivo (P)

- **Activo:** está formado por elementos patrimoniales, como los bienes que son propiedad de la empresa y los derechos que posee.
- **Pasivo:** lo constituyen los elementos patrimoniales que suponen obligaciones de pago para la empresa.
- **Patrimonio neto:** representa los elementos patrimoniales que han aportado los socios a la empresa, así como los beneficios obtenidos que no se han distribuido a los socios.

El activo de las empresas se conoce como ***estructura económica,*** ya que esta masa patrimonial se encuentra formada por los bienes y derechos de cobro que posee, que son sus inversiones.

Las otras dos grandes masas patrimoniales se conocen como ***estructura financiera,*** es decir, el conjunto de los recursos financieros que ha obtenido la empresa, ya sean propios (patrimonio neto) o ajenos (pasivo), para adquirir las inversiones.

Recuerda

La estructura económica está compuesta por el conjunto de bienes y derechos de una empresa, mientras que la estructura financiera la forman las fuentes de financiación.

Tabla 1.1. Representación del patrimonio

Activo	Patrimonio neto y pasivo
Bienes: • Local. • Muebles. • Equipos informáticos. • Mercancías. • Dinero. Derechos: • Créditos de clientes. • Deudores varios.	Patrimonio neto: • Capital aportado al negocio. • Beneficios generados. Pasivo: • Deudas con entidades financieras. • Deudas con proveedores. • Acreedores varios.
Dimensión económica	**Dimensión financiera**

Actividad resuelta 1.1.

La empresa UNA, SA dispone de los siguientes elementos patrimoniales:

- Local del negocio: 150.000 €.
- Muebles: 10.000 €.
- Ordenador: 2.000 €.
- Deuda con un proveedor comercial: 20.000 €.
- Préstamo con el banco a largo plazo: 100.000 €.
- Crédito comercial a un cliente: 16.000 €.
- Mercaderías para la venta: 2.000 €.

(continúa)

1. Clasifica los diferentes elementos patrimoniales en las correspondientes masas patrimoniales.
2. Determina el valor del patrimonio neto.
3. Comprueba que se cumple la ecuación fundamental del patrimonio.

Solución:

1. Clasificamos los diferentes elementos patrimoniales en activo y pasivo.

Activo	**180.000 €**
Bienes:	
• Local del negocio	150.000 €
• Muebles	10.000 €
• Ordenador	2.000 €
• Mercaderías	2.000 €
Derechos:	
• Crédito comercial	16.000 €
Pasivo:	**120.000 €**
Deudas:	
• Préstamo con el banco	100.000 €
• Deuda con proveedor	20.000 €

2. Determinación del patrimonio neto:

   En la igualdad fundamental del patrimonio A = PN + P, despejamos PN:

   $$PN = A - P$$

   Por lo tanto: patrimonio neto = activo – pasivo = 180.000 – 120.000 = 60.000 €.

3. La ecuación fundamental del patrimonio se cumple, pues:

   Activo = patrimonio neto + pasivo = 180.000 = 60.000 + 120.000.

Actividad propuesta 1.1.

El inventario de PAPELERÍA ROMA está formado por los siguientes elementos patrimoniales:

Bienes y derechos:

- Edificio: 52.200 €.
- Terrenos: 21.000 €.
- Vehículo: 16.800 €.
- Muebles: 18.000 €.
- Ordenadores: 3.000 €.
- Mercaderías: 5.400 €.
- Dinero en caja: 3.600 €.
- Dinero en el banco: 30.000 €.

Obligaciones con terceros:

- Deudas con el banco: 90.000 €.
- Deudas con proveedores: 10.000 €.
- Deudas con acreedores: 5.000 €.

1. Clasifica los diferentes elementos patrimoniales en las correspondientes masas patrimoniales de PAPELERÍA ROMA.
2. Determina el valor del patrimonio neto.
3. Comprueba que se cumple la ecuación fundamental del patrimonio.

1.1.2. La metodología contable: las cuentas

Las empresas tienen la necesidad de llevar un control del patrimonio que poseen, para poder identificarlo, clasificarlo y valorarlo.

El inventario es la relación detallada y valorada de los bienes, derechos y obligaciones de una empresa. Cada empresa realiza su inventario describiendo los elementos patrimoniales propios en su actividad y, dada la diversidad de empresas y la variedad de actividades a las que se dedican, es necesario manejar una terminología común que nos permita comparar su información patrimonial.

A través de la aplicación de la terminología contable, y en particular de la cuenta, se denominarán con el mismo nombre los elementos patrimoniales con semejantes características.

Podemos decir que la **cuenta** es la representación contable del valor económico de cada elemento patrimonial de riqueza y de renta. La cuenta nos va a permitir conocer la situación inicial y las variaciones que va sufriendo a lo largo del tiempo cada elemento patrimonial.

En las actividades anteriores (Actividad resuelta 1.1 y Actividad propuesta 1.1), se presentan los elementos patrimoniales acompañados de una descripción (inventario). Si utilizamos el nombre contable en esa descripción (cuenta), tendremos los mismos elementos patrimoniales, pero con denominaciones homogéneas, que, ordenados adecuadamente, forman el **balance de situación de la empresa.**

Este balance está formado por el activo, el pasivo y el neto patrimonial, donde se representan los elementos patrimoniales valorados en un momento determinado, es decir, la riqueza de la empresa (concepto estático). Pero a la empresa le interesa conocer también la evolución de los elementos patrimoniales a lo largo del tiempo, es decir, la renta que generan, y esto no lo muestra el balance de situación de la empresa.

Para resolver esta necesidad, se crean dos grandes grupos de cuentas:

1. **Cuentas patrimoniales o de balance:** que muestran una situación patrimonial estática y están recogidas en los grupos 1, 2, 3, 4 y 5 del PGC de Pymes.
2. **Cuentas de gestión:** en las que se incluyen los ingresos y gastos que se generan en la actividad de la empresa, lo que permite analizar la evolución del patrimonio a lo largo del periodo. Están recogidas en los grupos 6 y 7 del PGC de Pymes, y a través de ellas se determina el beneficio o la pérdida obtenidos, por diferencia entre ingresos y gastos, que se registra en la cuenta **Resultados del ejercicio.**

Importante

Los grupos patrimoniales del PGC de Pymes son el 1, 2, 3, 4 y 5 y los grupos de gestión son el 6 y 7.

Tabla 1.2. Características y diferencias de los grupos del PGC de Pymes

Aspecto económico	Aspecto contable	Grupos del PGC de Pymes	Característica
Riqueza	Patrimonio	1, 2, 3, 4 y 5	Concepto estático (fondo)
Renta	Resultado (beneficio/pérdida)	6 y 7	Concepto dinámico (evolución)

La cuenta Resultados del ejercicio, que pertenece al grupo 1 del PGC de Pymes, se incorpora al balance de la empresa y representa la síntesis de la gestión llevada a cabo durante el ejercicio contable. Si hay beneficio, podemos decir que la gestión ha sido positiva, mientras que, si hay pérdida, la gestión no ha sido tan eficiente como se debía esperar.

Sabías que

La cuenta también se representa en formato de cuadro, conocido como *electrónico* o *italiano*, y en formato de columnas, que se utiliza habitualmente en los programas de contabilidad.

Símbolo y terminología de las cuentas

Sabemos ya que la representación clásica de la cuenta es en forma de T, y que existe una terminología propia de funcionamiento. La parte izquierda de la T se denomina *debe* y la parte derecha *haber.*

Tabla 1.3. Representación de la cuenta

Debe	**Código/nombre de la cuenta**	Haber

Repasamos a continuación los conceptos de uso habitual de las cuentas:

- **Abrir una cuenta** es anotar el título o código de la cuenta y realizar el primer apunte.
- **Cargar, adeudar** o **debitar** es hacer una anotación en el debe de la cuenta.
- **Abonar, acreditar** o **descargar** es llevar a cabo una anotación en el haber de la cuenta.
- El **saldo** de una cuenta es la diferencia entre la suma de las anotaciones del debe y la suma de las anotaciones del haber de la cuenta.
- **Liquidar** una cuenta es obtener su saldo.
- **Saldar** una cuenta es colocar el saldo en la parte de la cuenta que sume menos, con el objeto de igualarlo.
- **Cerrar** una cuenta es sumar las dos partes de la cuenta después de haberla saldado.

Recuerda

El saldo es deudor cuando el importe del debe de la cuenta es mayor que el del haber, y es acreedor si el importe del haber es mayor que el del debe. Si los importes del debe y el haber son iguales, el saldo es cero.

Convenio de cargo y abono

Como sabemos, existen cuentas de activo, de pasivo y de neto. Para poder explicar el funcionamiento de las distintas cuentas, se crea el **convenio de cargo y abono,** que establece lo siguiente:

- Las cuentas de activo nacen y aumentan por el debe y disminuyen por el haber (tienen saldo deudor por naturaleza).
- Las cuentas de pasivo y neto nacen y aumentan por el haber y disminuyen por el debe (tienen saldo acreedor por naturaleza).
- Las cuentas de gastos funcionan como las de activo y las de ingresos como las de pasivo.

Tabla 1.4. Nacimiento y movimiento de las cuentas

Cuentas de activo (A) y gastos (G)		Cuentas de neto (N), pasivo (P) e ingresos (I)	
DEBE	**HABER**	**DEBE**	**HABER**
Saldo inicial Aumentos	Disminuciones	Disminuciones	Saldo inicial Aumentos

Sistema de partida doble

El **sistema de partida doble** consiste en que, en cada hecho contable, se ha de producir, al menos, un cargo en una cuenta y un abono en otra, y las sumas de los cargos y los abonos efectuados deben ser iguales, es decir, no se debe alterar la igualdad patrimonial A = PN + P.

Se fundamenta en los siguientes principios:

- No hay deudor sin acreedor, y viceversa: la operación se ha de registrar, por lo menos, en dos cuentas.
- Todo cargo en una o varias cuentas supone un abono en otra u otras cuentas.
- La suma de los cargos ha de ser igual a la suma de los abonos, sea en una o varias cuentas.

Libro Diario y libro Mayor

Ya hemos visto que los elementos patrimoniales se registran contablemente en las cuentas. Así, cada cuenta recoge todos los movimientos que se han producido en un elemento patrimonial concreto y en un periodo determinado. Este conjunto de cuentas se conoce como ***libro Mayor*** y sirve para conocer la situación y evolución de cada elemento patrimonial.

Sin embargo, si queremos conocer los movimientos que se han producido en las cuentas en un periodo determinado de tiempo, por ejemplo un mes, no es práctico tener todas las cuentas del Mayor visibles para conocer las operaciones. Para ello se utiliza el **libro Diario,** en el que se anotan todos los movimientos que se producen día a día y en la cuenta correspondiente, siguiendo el sistema de partida doble.

Un ejemplo ilustrará la finalidad de cada libro contable: si una empresa quiere conocer las ventas que se han realizado a lo largo de un semestre, no es práctico buscar en el Diario las anotaciones de ventas día por día y mes por mes. Sin embargo, si consultamos el Mayor de ventas, tendremos todos y cada uno de los movimientos que buscamos. Del mismo modo, si la empresa quiere saber los registros contables que se han realizado en un mes concreto, no es práctico buscar en el Mayor de cada cuenta; pero sí consultar en el libro Diario los movimientos de ese mes, obteniendo la información que queremos.

Recuerda

El libro Diario es obligatorio, según establece el Código de Comercio. El libro Mayor no es obligatorio, pero sí recomendable (en la práctica, todas las empresas realizan el libro Mayor).

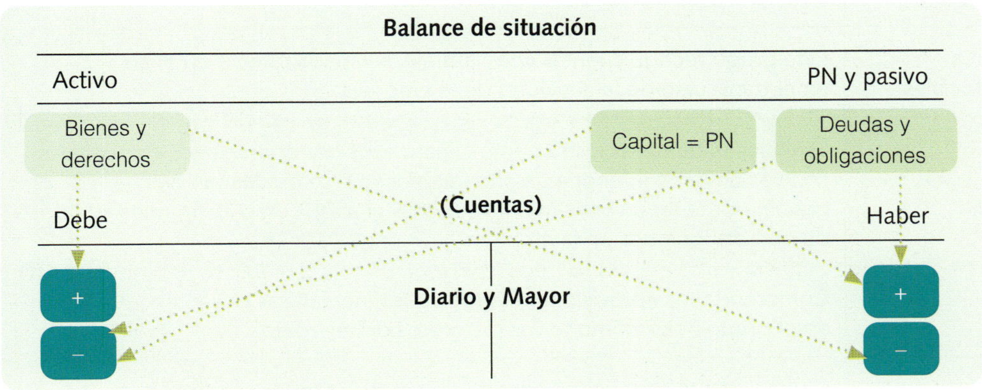

Figura 1.2. Esquema de funcionamiento de las cuentas.

1.1.3. Codificación de las cuentas y de los grupos en el PGC de Pymes

Cada elemento patrimonial viene representado por una cuenta que describe las variaciones que se producen en ella por cada hecho contable. A través de los movimientos registrados, podemos ver su evolución, y el saldo nos mostrará la situación en un momento dado.

El Plan General de Contabilidad nos indica en la cuarta parte (Cuadro de cuentas) y quinta parte (Definiciones y relaciones contables) los códigos, nombres y contenidos de cada cuenta, además de los criterios que debemos seguir para su contabilización. Aunque no son las partes obligatorias del plan, sí que es conveniente que dominemos su estructura y conozcamos la numeración de las cuentas más habituales.

Cada **grupo** 1, 2, 3, 4,... se divide en **subgrupos** 40, 41,..., y cada subgrupo en **cuentas,** que son las que presentan tres dígitos (por ejemplo: 400 Proveedores, 570 Caja €, etcétera). En algunos casos, en cada cuenta pueden distinguirse **subcuentas,** como por ejemplo: 4004 Proveedores moneda extranjera.

En la Tabla 1.5, recordaremos los siete grupos del PGC de Pymes.

Tabla 1.5. Grupos del PGC de Pymes y descripción

Grupo	Nombre	Descripción
1	Financiación básica	Comprende el patrimonio neto y la financiación ajena a largo plazo de la empresa, destinados a financiar el activo no corriente y a cubrir un margen razonable del activo corriente.
2	Activo no corriente	Comprende los activos destinados a servir de forma duradera en las actividades de la empresa, incluidas las inversiones financieras con vencimiento superior a un año.
3	Existencias	Son activos para ser vendidos en el curso normal de la explotación, en proceso de producción o en forma de materiales o suministros para ser consumidos en el proceso de producción o en la prestación de servicios. Estas cuentas solo las manejamos en el momento de regularización o cierre para dar de alta o de baja el importe de las existencias finales o iniciales.
4	Acreedores y deudores por operaciones comerciales	Este grupo recoge cuentas con naturaleza variada que se originan en el transcurso de la actividad de la empresa.
5	Cuentas financieras	Se incluyen tanto los instrumentos financieros por operaciones comerciales, con vencimiento inferior a un año (deudas que se detallaban en financiación básica, por tener un vencimiento superior al año), como los medios líquidos de que disponemos en la empresa.
6	Compras y gastos	Comprende los aprovisionamientos de las mercancías descritas en el grupo 3, así como todos los gastos del ejercicio.
7	Ventas e ingresos	Comprende la enajenación de bienes y prestación de servicios que son objeto del tráfico de la empresa, así como otros ingresos, la variación de existencias y los beneficios obtenidos.

Actividad propuesta 1.2.

Consulta la página del Instituto de Contabilidad y Auditoría de Cuentas (ICAC): http://www.icac.meh.es. En el apartado de normativa de materia contable, tienes la opción de descargar el archivo del Plan General de Contabilidad de Pequeñas y Medianas Empresas, en vigor a partir del 1 de enero de 2010.

En la cuarta y quinta parte, se detallan el Cuadro de cuentas y las Definiciones y relaciones contables del PGC de Pymes.

Haz un repaso de cada grupo, recuerda y anota, en un cuadro síntesis, los códigos y la descripción de las cuentas que habitualmente manejabas en el módulo Técnica Contable y que utilizarás en este libro.

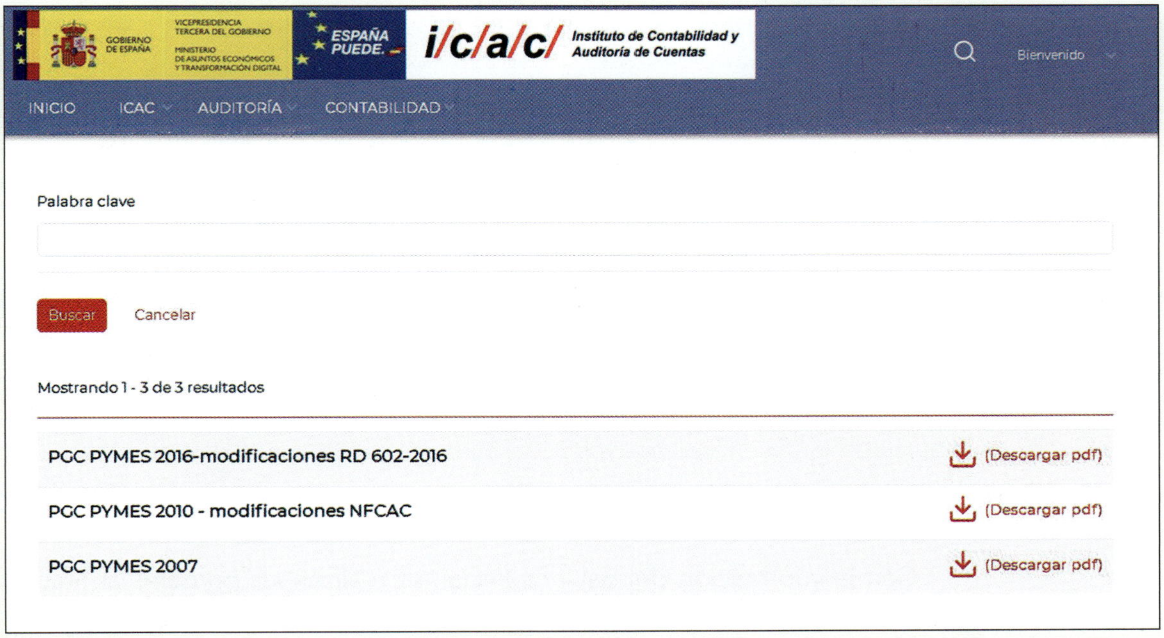

Sabías que

El Código de Comercio afirma que: «El libro de Inventarios y Cuentas anuales se abrirá con el balance inicial detallado de la empresa» (art. 28.1).

Sabías que

El art. 28.2 del Código de Comercio afirma que: «El libro Diario registrará día a día todas las operaciones relativas a la actividad de la empresa». No dice nada del libro Mayor, pero sabemos que todas las empresas anotan los registros del Diario en las cuentas del Mayor, por necesidad de información.

1.1.4. El ciclo contable

Cuando una empresa comienza un ejercicio económico, parte del **inventario inicial,** que está representado en el **balance de situación inicial** y que deberá coincidir con el balance de situación final del ejercicio anterior, si no es el primer año de actividad.

Inventario	Valor
+ Bienes: • Local. • Muebles. • Ordenadores. • Mercancías. • Dinero. + Derechos: • Créditos de clientes. • Deudores varios. – Pasivo: • Deudas con bancos. • Deudas con proveedores. • Deudas con Administraciones.	
= Patrimonio neto: • Capital aportado al negocio. • Beneficios no distribuidos.	

Figura 1.3. Modelo de inventario inicial.

Balance de situación inicial	
Activo: • Construcciones (local). • Mobiliario (muebles). • EPI (ordenadores). • Mercaderías (mercancías). • Tesorería (dinero). } Lo que tenemos • Clientes (créditos de clientes). • Deudores (deudores varios). } Lo que nos deben	Patrimonio neto: • Capital social (capital aportado al negocio). • Reservas (beneficios no distribuidos). } Lo que es nuestro Pasivo: • Deudas a largo plazo (deudas con bancos). • Proveedores (deudas con proveedores). • Administraciones Públicas (deudas con Administraciones Públicas). } Lo que debemos

Figura 1.4. Modelo de balance de situación inicial.

Con la información del balance inicial, se realizan las primeras anotaciones en el **libro Diario** (asiento de apertura de la contabilidad) y, simultáneamente, en el **libro Mayor.** En el Diario y en el Mayor, se siguen registrando todas las operaciones a lo largo del periodo.

Libro Diario. Asiento de apertura de la contabilidad

Debe	Fecha			Haber
Importes en euros	Cuentas de activo (cuentas con saldo deudor de los grupos 1 al 5 del PGC de Pymes)	a	Cuentas de patrimonio neto y pasivo (cuentas con saldo acreedor de los grupos 1 al 5 del PGC de Pymes)	Importes en euros

Figura 1.5. Asiento tipo de apertura.

Nombre de la cuenta A

Debe		Haber	
Movimiento 1	x.xxx	Movimiento 2	x.xxx
Movimiento 3	x.xxx		
	Suma D		Suma H

Nombre de la cuenta B

Debe		Haber	
Movimiento 1	x.xxx	Movimiento 2	x.xxx
Movimiento 3	x.xxx		
	Suma D		Suma H

Figura 1.6. Cuentas de Mayor.

Durante el proceso contable, realizamos el **balance de comprobación de sumas y saldos** para verificar que no ha habido errores en la contabilidad y, en caso de ser así, subsanarlos lo más pronto posible.

Tabla 1.6. Modelo de balance de comprobación de sumas y saldos

Cuentas	Balance de sumas		Balance de saldos	
	Sumas debe	Sumas haber	Saldos deudores	Saldos acreedores
Activo	x.xxx	x.xxx	x.xxx	
Pasivo	x.xxx	x.xxx		x.xxx
Capital	x.xxx	x.xxx		x.xxx
Gastos	x.xxx	x.xxx	x.xxx	
Ingresos	x.xxx	x.xxx		x.xxx
	Y.YYY	Y.YYY	Z.ZZZ	Z.ZZZ

Realizado el proceso contable del ejercicio, se procede a la **regularización contable** para obtener el resultado del ejercicio. En este proceso, intervienen las cuentas del grupo 6 (gastos) y del grupo 7 (ingresos), cuya diferencia se pasa a la cuenta 129 Resultados del ejercicio. Esta cuenta representará el resumen de la gestión de la empresa en el balance de situación final. Con la cuenta 129, se formula el estado de pérdidas y ganancias del ejercicio.

Libro Diario. Asiento de regularización

Debe	Fecha			Haber
Importes en euros	Resultados del ejercicio (129)	a	Cuentas de gastos (cuentas con saldo deudor de los grupos 6 y 7 del PGC de Pymes)	Importes en euros
Importes en euros	Cuentas de ingresos (cuentas con saldo acreedor de los grupos 6 y 7 del PGC de Pymes)	a	Resultados del ejercicio (129)	Importes en euros

Figura 1.7. Asiento tipo de regularización.

Sabías que

El art. 28.1 del Código de Comercio dice que: «Al menos trimestralmente se transcribirán con sumas y saldos los balances de comprobación». Aunque la periodicidad legal es trimestral, puede ser conveniente realizarlos con carácter mensual, para poder disponer de información patrimonial en periodos más cortos de tiempo.

Recuerda

Aunque el proceso de regularización se realiza en el libro Diario, a partir de él se genera la cuenta de pérdidas y ganancias, la cual formará parte de las cuentas anuales.

Sabías que

El Código de Comercio establece que: «Se transcribirán también el inventario de cierre del ejercicio y las cuentas anuales» (art. 28.1).

Una vez regularizada la contabilidad, las cuentas de gestión (grupos 6 y 7) están cerradas. Ahora queda por cerrar el resto de las cuentas: las patrimoniales (grupos del 1 al 5). Este proceso, como los anteriores, se realiza en el libro Diario y en el libro Mayor, a partir del cual se formula el balance de situación final. Este balance de situación final coincidirá con el balance de situación inicial del ejercicio siguiente, y así sucesivamente.

Del mismo modo, el asiento de apertura de la contabilidad del ejercicio siguiente es como el asiento de cierre de este ejercicio, pero de forma inversa (lo que está en el cierre en el debe se pone en la apertura en el haber y aquello que se encuentra en el cierre en el haber se pone en la apertura en el debe).

Libro Diario. Asiento de cierre de la contabilidad

Debe	Fecha			Haber
Importes en euros	Cuentas de patrimonio neto y pasivo (cuentas con saldo acreedor de los grupos 1 al 5 del PGC de Pymes) + Resultados del ejercicio (129) (con saldo acreedor = beneficio)	a o	Cuentas de activo (cuentas con saldo deudor de los grupos 1 al 5 del PGC de Pymes) + Resultados del ejercicio (129) (con saldo deudor = pérdida)	Importes en euros

Figura 1.8. Asiento tipo de cierre.

El **inventario final** y el **balance de situación final** tienen la misma forma que los respectivos iniciales, pero con la fecha de cierre del ejercicio.

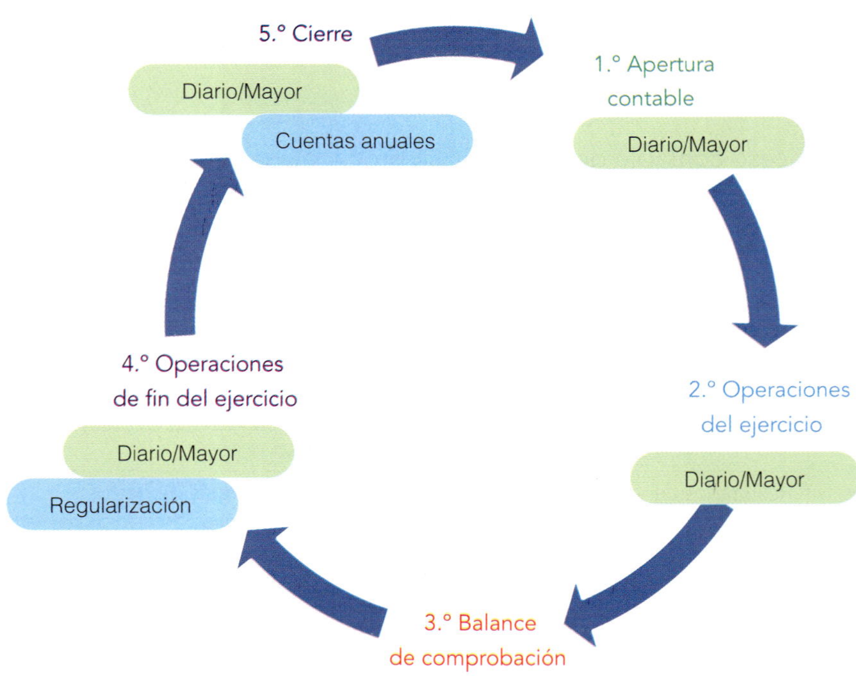

Figura 1.9. Ciclo contable.

Actividad resuelta 1.2.

La empresa REPASA, SL presenta el siguiente inventario el día 1 de enero de 20X5:

Inventario de REPASA, SL a 1 de enero de 20X5	
+ Bienes:	VALOR
• Un solar en la calle Principal n.º 100.	100.000
• Un edificio en la calle Principal n.º 100.	600.000
• Amortización del edificio.	–60.000
• Muebles de su propiedad.	80.000
• Amortización de los muebles.	–20.000
• Mercancías en el almacén.	6.000
• Dinero en la c/c del banco.	35.000
• Dinero efectivo en caja.	15.000
+ Derechos:	
• Crédito concedido a sus clientes en facturas.	150.000
• Crédito concedido a sus clientes en efectos comerciales.	110.000
TOTAL BIENES Y DERECHOS	1.016.000
– Deudas:	
• Deuda de inmovilizado a un plazo de 5 años.	–120.000
• Deudas con los proveedores en efectos comerciales.	–90.000
• Deudas con proveedores en facturas.	–70.000
TOTAL DEUDAS	–280.000
= Patrimonio neto:	
• Capital aportado al negocio.	606.000
• Acumulación de reservas voluntarias.	40.000
• Acumulación de reservas legales.	90.000
TOTAL PATRIMONIO NETO	736.000

Durante el ejercicio contable, realiza las siguientes operaciones (IVA de tipo general no incluido en los importes de las operaciones):

1. Paga al proveedor de inmovilizado 30.000 € mediante un cheque sobre su cuenta corriente del banco.
2. Cobra los efectos comerciales que le deben los clientes a través de su banco.
3. Compra mercancía valorada en 100.000 € que deja a deber al proveedor.
4. Paga en efectivo el recibo de suministro eléctrico que asciende a 500 €.
5. Vende mercancías a crédito por un valor de 150.000 €.
6. Valora las existencias que quedan al final del periodo en su almacén en 1.000 €.
7. Realiza la liquidación del IVA.

Con estos datos, realiza el siguiente trabajo:

a) Contabiliza en el libro Diario las operaciones del ciclo contable completo.

b) Realiza el libro Mayor.

c) Confecciona el balance de comprobación de sumas y saldos antes de regularizar.

d) Confecciona el balance de situación final del ejercicio.

(continúa)

Solución:

En primer lugar, vamos a realizar el balance de situación inicial, con la nomenclatura del PGC de Pymes, a partir de los datos del inventario inicial. Podemos observar cómo el total de activo coincide con el total de bienes y derechos y que las deudas y el patrimonio tienen los mismos importes que en el inventario inicial, es decir, es la misma información presentada según el formato de balance del PGC de Pymes.

Balance de situación de REPASA, SL a 1 de enero de 20X5	
ACTIVO	
ACTIVO NO CORRIENTE	700.000
INMOVILIZADO MATERIAL (210) Terrenos y bienes naturales (211) Construcciones (2811) Amortización acumulada de construcciones (216) Mobiliario (2816) Amortización acumulada de mobiliario	 100.000 600.000 –60.000 * 80.000 –20.000 *
ACTIVO CORRIENTE	316.000
EXISTENCIAS (300) Mercaderías DEUDORES COMERCIALES (430) Clientes (431) Clientes, efectos comerciales a cobrar EFECTIVO (570) Caja, euros (572) Bancos c/c, euros	 6.000 150.000 110.000 15.000 35.000
TOTAL ACTIVO	**1.016.000**
PATRIMONIO NETO Y PASIVO	
PATRIMONIO NETO	736.000
FONDOS PROPIOS (100) Capital social (112) Reserva legal (113) Reservas voluntarias	 606.000 90.000 40.000
PASIVO NO CORRIENTE	120.000
DEUDAS A LARGO PLAZO (173) Proveedores de inmovilizado a largo plazo	 120.000
PASIVO CORRIENTE	160.000
ACREEDORES COMERCIALES (400) Proveedores (401) Proveedores, efectos comerciales a pagar	 70.000 90.000
TOTAL PATRIMONIO NETO Y PASIVO	1.016.000

(*) La amortización acumulada tiene saldo acreedor y se pone en el activo minorando el valor de los bienes.

A continuación, procedemos a realizar la apertura de la contabilidad en el libro Diario y los apuntes de las operaciones realizadas durante el ejercicio.

Se anotan los saldos iniciales en el libro Mayor y todas y cada una de las anotaciones del libro Diario (el libro Mayor se presenta al final del ejercicio).

Antes de proceder a regularizar, llevamos a cabo el balance de comprobación de sumas y saldos, verificando que el Diario esté correcto.

Libro Diario de REPASA, SL del ejercicio 20X5

Debe	N.º	Código	Cuenta	Fecha	Cuenta	Código	Haber
	1			AA			
100.000,00		210	Terrenos y bienes naturales				
600.000,00		211	Construcciones				
80.000,00		216	Mobiliario				
6.000,00		300	Mercaderías				
150.000,00		430	Clientes				
110.000,00		431	Clientes, efectos com. a cobrar				
15.000,00		570	Caja, euros				
35.000,00		572	Bancos c/c, euros	a	Capital social	100	606.000,00
				a	Reserva legal	112	90.000,00
				a	Reservas voluntarias	113	40.000,00
				a	A. A. de construcciones	2811	60.000,00
				a	A. A. de mobiliario	2816	20.000,00
				a	Proveedores de inmovilizado a l/p	173	120.000,00
				a	Proveedores	400	70.000,00
				a	Proveedores, efectos com. a pagar	401	90.000,00
	2			Apte. 1			
30.000,00		173	Proveedores inmovilizado a l/p	a	Bancos c/c, euros	572	30.000,00
	3			Apte. 2			
110.000,00		572	Bancos c/c, euros	a	Clientes, efectos com. a cobrar	431	110.000,00
	4			Apte. 3			
100.000,00		600	Compra de mercaderías				
21.000,00		472	H. P. IVA soportado	a	Proveedores	400	121.000,00
	5			Apte. 4			
500,00		628	Suministros				
105,00		472	H. P. IVA soportado	a	Acreedores por prest. servicios	410	605,00
605,00		410	Acreedores por prest. servicios	a	Caja, euros	570	605,00
	6			Apte. 5			
181.500,00		430	Clientes	a	Ventas de mercaderías	700	150.000,00
				a	H. P. IVA repercutido	477	31.500,00
	7			Apte. 6			
6.000,00		610	Variación de existencias de mercaderías	a	Mercaderías	300	6.000,00
1.000,00		300	Mercaderías	a	Variación de existencias de mercaderías	610	1.000,00
	8			Apte. 7			
31.500,00		477	H. P. IVA repercutido	a	H. P. IVA soportado	472	21.105,00
				a	H. P., acreedora por IVA	4750	10.395,00
1.578.210,00			SUMAS ANTERIORES				1.578.210,00

(continúa)

Balance de comprobación previo a la regularización:

Código	Cuentas	Sumas		Saldos	
		Debe	Haber	Deudor	Acreedor
100	Capital social	0	606.000	0	606.000
112	Reserva legal	0	90.000	0	90.000
113	Reservas voluntarias	0	40.000	0	40.000
173	Proveedores de inmovilizado a l/p	30.000	120.000	0	90.000
210	Terrenos y bienes naturales	100.000	0	100.000	0
211	Construcciones	600.000	0	600.000	0
216	Mobiliario	80.000	0	80.000	0
2811	A. A. de construcciones	0	60.000	0	60.000
2816	A. A. de mobiliario	0	20.000	0	20.000
300	Mercaderías	7.000	6.000	1.000	0
400	Proveedores	0	191.000	0	191.000
401	Proveedores, efectos comerciales a pagar	0	90.000	0	90.000
410	Acreedores prest. servicios	605	605	0	0
430	Clientes	331.500	0	331.500	0
431	Clientes, efectos comerciales a cobrar	110.000	110.000	0	0
472	H. P. IVA soportado	21.105	21.105	0	0
477	H. P. IVA repercutido	31.500	31.500	0	0
4750	H. P., acreedora por IVA	0	10.395	0	10.395
570	Caja, euros	15.000	605	14.395	0
572	Bancos c/c, euros	145.000	30.000	115.000	0
600	Compra de mercaderías	100.000	0	100.000	0
610	Variación de existencias de mercaderías	6.000	1.000	5.000	0
628	Suministros	500	0	500	0
700	Ventas de mercaderías	0	150.000	0	150.000
	TOTALES	1.578.210	1.578.210	1.347.395	1.347.395

Como podemos comprobar, el total del debe y del haber del libro Diario coinciden, y también coinciden con las sumas del debe y del haber del balance de comprobación. Esto es así por cumplirse el sistema de partida doble y mantenerse siempre la igualdad fundamental: A = PN + P.

A continuación, realizamos la regularización de los gastos e ingresos y, finalmente, cerramos la contabilidad.

Asiento de regularización:

1.578.210,00		SUMAS ANTERIORES					1.578.210,00
	9			REG			
105.500,00		129	Resultados del ejercicio	a	Compra de mercaderías	600	100.000,00
				a	Suministros	628	500,00
				a	Variación de existencias de mercaderías	610	5.000,00
150.000,00	10	700	Ventas de mercaderías	a	Resultados del ejercicio	129	150.000,00
1.833.710,00		SUMAS ANTERIORES					1.833.710,00

Asiento de cierre:

1.833.710,00		SUMAS ANTERIORES					1.833.710,00
	11			CIERRE			
606.000,00		100	Capital social				
90.000,00		112	Reserva legal				
40.000,00		113	Reservas voluntarias				
90.000,00		173	Proveedores de inmovilizado a l/p				
60.000,00		2811	A. A. de construcciones				
20.000,00		2816	A. A. de mobiliario				
191.000,00		400	Proveedores				
90.000,00		401	Proveedores, efectos comerciales a pagar				
10.395,00		4750	H. P., acreedora por IVA				
44.500,00		129	Resultados del ejercicio	a	Terrenos y bienes naturales	210	100.000,00
				a	Construcciones	211	600.000,00
				a	Mobiliario	216	80.000,00
				a	Mercaderías	300	1.000,00
				a	Clientes	430	331.500,00
				a	Caja, euros	570	14.395,00
				a	Bancos c/c, euros	572	115.000,00
3.075.605,00			SUMAS TOTALES				3.075.605,00

Libro Mayor (con indicación del número de asiento del libro Diario en cada apunte):

Libro Mayor de REPASA, SL del ejercicio 20X5

Terrenos

	D	H	
1	100.000,00		
	100.000,00	0,00	
		100.000,00	11
	100.000,00	100.000,00	

Construcciones

	D	H	
1	600.000,00		
	600.000,00	0,00	
		600.000,00	11
	600.000,00	600.000,00	

Mobiliario

	D	H	
1	80.000,00		
	80.000,00	0,00	
		80.000,00	11
	80.000,00	80.000,00	

Mercaderías

	D	H	
1	6.000,00	6.000,00	7
7	1.000,00		
	7.000,00	6.000,00	
		1.000,00	11
	7.000,00	7.000,00	

Clientes

	D	H	
1	150.000,00		
6	181.500,00		
	331.500,00	0,00	
		331.500,00	11
	331.500,00	331.500,00	

Clientes, efectos com. a co.

	D	H	
1	110.000,00	110.000,00	3
	110.000,00	110.000,00	

Caja, euros

	D	H	
1	15.000,00	605,00	5
	15.000,00	605,00	
		14.395,00	11
	15.000,00	15.000,00	

Bancos c/c, euros

	D	H	
1	35.000,00	30.000,00	2
3	110.000,00		
	145.000,00	30.000,00	
		115.000,00	11
	145.000,00	145.000,00	

Capital social

	D	H	
		606.000,00	1
	0,00	606.000,00	
11	606.000,00		
	606.000,00	606.000,00	

Reserva legal

	D	H	
		90.000,00	1
	0,00	90.000,00	
11	90.000,00		
	90.000,00	90.000,00	

Reservas voluntarias

	D	H	
		40.000,00	1
	0,00	40.000,00	
11	40.000,00		
	40.000,00	40.000,00	

A. A. de construcciones

	D	H	
		60.000,00	1
	0,00	60.000,00	
11	60.000,00		
	60.000,00	60.000,00	

(continúa)

Proveedores de inm. a l/p

	D	H	
2	30.000,00	120.000,00	1
	30.000,00	120.000,00	
11	90.000,00		
	120.000,00	120.000,00	

Proveedores

	D	H	
		70.000,00	1
		121.000,00	4
	0,00	191.000,00	
11	191.000,00		
	191.000,00	191.000,00	

Proveedores, efectos com. a pagar

	D	H	
		90.000,00	1
	0,00	90.000,00	
11	90.000,00		
	90.000,00	90.000,00	

A. A. de mobiliario

	D	H	
		20.000,00	1
	0,00	20.000,00	
11	20.000,00		
	20.000,00	20.000,00	

Compra mds.

	D	H	
4	100.000,00		
	100.000,00	0,00	
		100.000,00	9
	100.000,00	100.000,00	

Suministros

	D	H	
5	500,00		
	500,00	0,00	
		500,00	9
	500,00	500,00	

Acreedores pres. serv.

	D	H	
5	605,00	605,00	5
	605,00	605,00	

Ventas de mds.

	D	H	
		150.000,00	6
	0,00	150.000,00	
10	150.000,00		
	150.000,00	150.000,00	

H. P. IVA soportado

	D	H	
4	21.000,00	21.105,00	8
5	105,00		
	21.105,00	21.105,00	

H. P. IVA repercutido

	D	H	
8	31.500,00	31.500,00	6
	31.500,00	31.500,00	

Variación de ext. mds.

	D	H	
7	6.000,00	1.000,00	7
	6.000,00	1.000,00	
		5.000,00	9
	6.000,00	6.000,00	

H. P., acreedora por IVA

	D	H	
		10.395,00	8
	0,00	10.395,00	
11	10.395,00		
	10.395,00	10.395,00	

Resultados del ejercicio

	D	H	
9	150.000,00	150.000,00	10
	150.000,00	150.000,00	
11	44.500,00		
	150.000,00	150.000,00	

Balance de situación final:

Balance de situación final de REPASA, SL a 31 de diciembre de 20X5	
ACTIVO	
ACTIVO NO CORRIENTE	700.000
INMOVILIZADO MATERIAL	
(210) Terrenos y bienes naturales	100.000
(211) Construcciones	600.000
(2811) Amortización acumulada de construcciones	–60.000
(216) Mobiliario	80.000
(2816) Amortización acumulada de mobiliario	–20.000
ACTIVO CORRIENTE	461.895
EXISTENCIAS	
(300) Mercaderías	1.000
DEUDORES COMERCIALES	
(430) Clientes	331.500

EFECTIVO (570) Caja, euros (572) Bancos c/c, euros	 14.395 115.000
TOTAL ACTIVO	1.161.895
PATRIMONIO NETO Y PASIVO	
PATRIMONIO NETO	780.500
FONDOS PROPIOS (100) Capital social (112) Reserva legal (113) Reservas voluntarias (129) Resultados del ejercicio	 606.000 90.000 40.000 44.500
PASIVO NO CORRIENTE	120.000
DEUDAS A LARGO PLAZO (173) Proveedores de inmovilizado a largo plazo	 90.000
PASIVO CORRIENTE	291.365
ACREEDORES COMERCIALES (400) Proveedores (401) Proveedores, efectos comerciales a pagar (4750) H. P., acreedora por IVA	 191.000 90.000 10.395
TOTAL PATRIMONIO NETO Y PASIVO	1.161.895

Actividad propuesta 1.3.

Contabiliza las siguientes operaciones en el libro Diario (el tipo de IVA aplicable en cada una es el general, no incluido en los importes reflejados en cada apartado):

1. Compramos mercaderías a crédito por valor de 5.000 €, aplican en factura un descuento del 5%.
2. Vendemos mercaderías por valor de 6.000 €, la operación se realiza a crédito.
3. Realizamos al cliente anterior un descuento por pronto pago de 200 € y se cobra el saldo pendiente por banco.
4. Se ingresan en la cuenta del banco 1.000 € de efectivo.
5. Compramos un ordenador por 900 €, una impresora por 250 € y unos programas de gestión por 200 €. Dejamos a deber el importe de la factura.
6. Pagamos la compra del inmovilizado, la mitad al contado y la otra mitad con un cheque.
7. Pagamos por banco los servicios de un asesor fiscal y contable por importe de 300 €; la factura está sujeta al IVA y a la retención correspondiente para profesionales.
8. Vendemos mercaderías por valor de 2.500 €. El cliente nos acepta un efecto por el importe de la operación.
9. Recibimos la factura por la campaña de publicidad de la empresa de este año por importe de 600 €.
10. Pagamos por banco la factura anterior.
11. La entidad bancaria nos carga en cuenta una comisión de mantenimiento trimestral de 15 €.
12. Compramos maquinaria por valor de 15.000 €; la mitad la pagaremos en el plazo de tres meses y el resto a los quince meses.
13. Devolvemos mercancías defectuosas a nuestro proveedor por valor de 1.000 €.
14. Pagamos por banco el recibo del seguro del vehículo propiedad de la empresa, que asciende a 600 €.

(continúa)

15. Compramos la oficina de la empresa por 220.000 €. El valor del terreno supone el 25 % de su importe. El pago del inmueble se realizará de la siguiente forma: un tercio en el plazo de un año y el resto durante un periodo de cinco años.
16. Recibimos la factura de alquiler de la nave por valor de 3.000 €, aplicando sobre dicha cantidad el IVA y la retención correspondiente.
17. Compramos mercaderías por valor de 20.000 €; desembolsamos en metálico 2.000 € y, por el resto, aceptamos un efecto comercial.
18. Vendemos mercaderías por 15.000 €; recibimos en efectivo 2.500 € y, por el resto, nos entregan un cheque que ingresamos en la cuenta del banco.
19. Pagamos en efectivo 242 € (incluido el IVA) de la factura que hemos recibido por los portes de la venta de artículos del apartado anterior.
20. El cliente nos devuelve mercancía defectuosa por valor de 1.500 € y le emitimos un cheque nominativo a favor del cliente por el importe total a abonar.

Actividad propuesta 1.4.

La empresa CUENTAMAS, SL presenta el 1 de marzo de 20X5 el siguiente balance de sumas y saldos:

Código	Cuentas	Saldos	
		Deudor	Acreedor
100	Capital social	0	506.000
210	Terrenos y bienes naturales	70.000	0
211	Construcciones	400.000	0
216	Mobiliario	80.000	0
2811	Amortización acumulada de construcciones	0	60.000
2816	Amortización acumulada de mobiliario	0	20.000
300	Mercaderías	2.000	0
400	Proveedores	0	81.000
430	Clientes	111.500	0
523	Proveedores de inmovilizado a c/p	0	50.000
570	Caja, euros	4.000	0
572	Bancos c/c, euros	94.000	0
600	Compra de mercaderías	100.000	0
628	Suministros	500	0
700	Ventas de mercaderías	0	145.000
	TOTALES	862.000	862.000

Durante el ejercicio contable, realiza las siguientes operaciones (IVA al tipo general no incluido):

1. Compra mercaderías por valor de 20.000 €. Paga el importe mediante transferencia bancaria.
2. Paga al proveedor de inmovilizado 10.000 € mediante un cheque sobre su cuenta corriente del banco.
3. Vende mercaderías por valor de 30.000 €. El cliente entrega un cheque por el importe total de la factura.
4. Concede a un cliente un descuento por volumen de 1.000 €.
5. Paga por banco los recibos de: suministro eléctrico, 250 €; consumo del teléfono: 150 €.
6. Compra mercaderías valoradas en 10.000 € que deja a deber al proveedor.
7. Paga en efectivo el recibo del IBI del inmueble propiedad de la empresa, que asciende a 500 €.
8. Vende mercancías a crédito por un valor de 50.000 €.
9. Las existencias que quedan al final del periodo en su almacén están valoradas en 1.000 €.
10. Realiza la liquidación del IVA.

Con estos datos, elabora el siguiente trabajo:

a) Contabiliza en el libro Diario las operaciones del ciclo contable completo.
b) Realiza el libro Mayor.
c) Confecciona el balance de comprobación de sumas y saldos antes de regularizar.
d) Confecciona el balance de situación final del ejercicio.

1.2. Normativa y documentación

Para poder llevar a cabo de manera correcta la contabilidad de cualquier empresa, necesitamos conocer la normativa que regula su actividad, así como los requisitos que debe cumplir la información que elabora.

1.2.1. Normativa

En primer lugar, tenemos que saber que la norma básica de nuestra contabilidad es el Plan General de Contabilidad (PGC). No obstante, para las empresas de menor tamaño, se estableció un plan con menos requisitos de información: el Plan General de Contabilidad de Pequeñas y Medianas Empresas (PGC de Pymes).

El PGC se adapta a las disposiciones del Código de Comercio y la Ley de Sociedades de Capital, y también a las Normas Internacionales de Información Financiera adoptadas por la Unión Europea (NIIF-UE), que establecen los requisitos que se deben reflejar en los estados financieros para una mayor transparencia, comparabilidad y mejora en la eficiencia.

El Código de Comercio es una norma que regula las actividades comerciales y establece, además, requisitos en la contabilidad de los empresarios, los libros de contabilidad y las cuentas que tienen que confeccionar, así como la obligatoriedad de los empresarios de inscribirse en el Registro Mercantil.

Así, conoceremos un organismo clave en nuestro trabajo contable y que opera en cada provincia. El Reglamento del Registro Mercantil regula la presentación y depósito de las cuentas de las empresas.

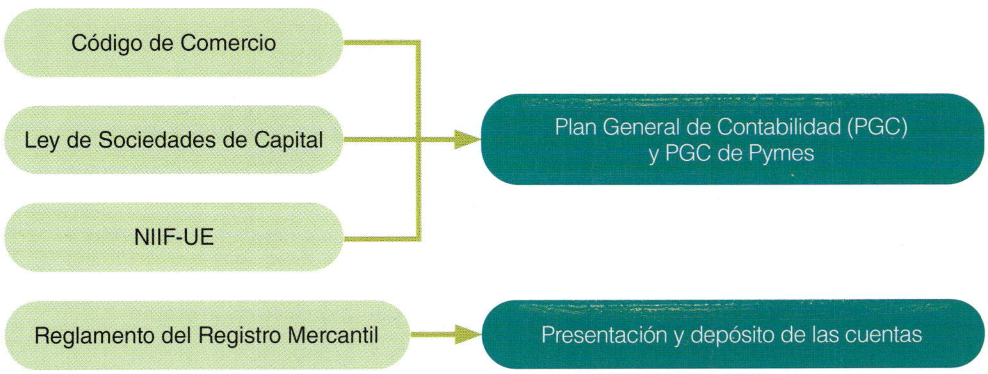

Figura 1.10. Normativa contable.

Importante

Real Decreto 1515/2007, de 16 de noviembre, por el que se aprueba el Plan General de Contabilidad de Pequeñas y Medianas Empresas y los criterios contables específicos para microempresas.

Sabías que

En enero de 2021, el Gobierno aprueba el Real Decreto 1/2021 por el que modifica el PGC para incorporar las NIIF-UE sobre instrumentos financieros, definición y desarrollo del **valor razonable** y sobre ingresos ordinarios procedentes de contratos de clientes. Su aplicación afectará a los ejercicios iniciados a partir del 1 de enero de 2021. En el PGC de Pymes, la modificación se limita a introducir una mejora en la regla de presentación de ampliaciones de capital.

Las obligaciones contables y registrales de los empresarios vienen determinadas por la forma jurídica de la empresa **(personas físicas o personas jurídicas)** y por el régimen fiscal por el que tributan **(IRPF, IS, IVA y otros impuestos).**

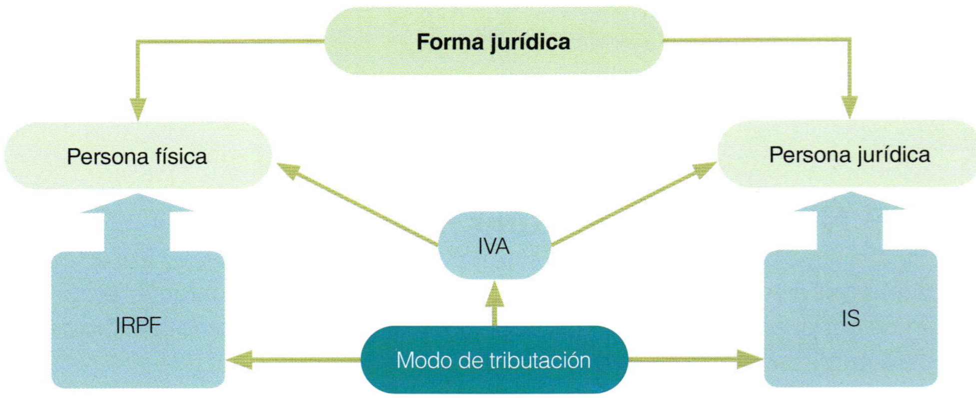

Figura 1.11. Normativa fiscal.

1.2.2. Libros elaborados por las empresas mercantiles

A continuación, analizamos los libros elaborados por las empresas constituidas como **sociedades mercantiles.** Como son personas jurídicas, están sometidas al impuesto sobre sociedades y el régimen fiscal que siguen para determinar sus resultados es el de estimación directa, es decir, ingresos menos gastos. Obligatoriamente, deben llevar los libros indicados en el artículo 25 del Código de Comercio, un libro de **Inventarios y Cuentas Anuales** y otro **Diario,** sin perjuicio de lo establecido en las leyes o disposiciones especiales.

Tabla 1.7. Descripción de los libros contables

Libros contables	**Obligatorios**	Libro Diario	Registrará día a día todas las operaciones relativas a la actividad de la empresa.
		Libro de Inventarios y Cuentas Anuales	• Balance o inventario inicial y final de los bienes detallados de la empresa. • Balance de sumas y saldos de comprobación, al menos trimestralmente. • Balance de situación: detalla la situación patrimonial al cierre del ejercicio. Los elementos de activo, pasivo y patrimonio neto. • Cuenta de pérdidas y ganancias: recoge los ingresos y gastos obtenidos, diferenciando los resultados de la explotación de los financieros. • Memoria: completa y explica los restantes documentos que componen las cuentas anuales. ** *Las empresas de mayor tamaño también recogen en sus cuentas anuales (CC. AA.): el Estado de Cambios en el Patrimonio Neto (ECPN) y el Estado de Flujos de Efectivo (EFE).*
	Voluntarios	Libro Mayor	Todos los movimientos de los elementos patrimoniales de la empresa, de forma individualizada.
		Libros auxiliares	Almacén, caja, bancos y efectos comerciales de cobros y pagos.

Debemos conocer el papel que desempeña el Registro Mercantil, como una entidad muy importante en el ámbito profesional, donde legalizamos los libros y depositamos parte de la información contable que elaboramos.

Se establece la obligación de elaborar otros libros que no revisten naturaleza contable y que se deben llevar a legalizar.

Pero debemos tener en cuenta que la contabilidad siempre sirve de base para cumplir con todas las obligaciones fiscales de la empresa. Por eso es muy importante que las conozcas.

A continuación, analizamos las **obligaciones fiscales básicas de los empresarios,** derivadas de su actividad y relacionadas directamente con la contabilidad.

1.2.3. Obligaciones formales de los empresarios derivadas del IVA

Los empresarios sujetos pasivos del **IVA,** que estén incluidos en el **régimen general** (estimación directa), llevarán:

- **Libro registro de facturas emitidas:** en él se registrará cada una de las facturas o los documentos equivalentes o sustitutivos que se hayan expedido, reflejando el número, la fecha, el destinatario, la base imponible y, en su caso, el tipo impositivo y la cuota repercutida. Se incluirán también las operaciones exentas y las de autoconsumo.
- **Libro registro de facturas recibidas:** registrará, una por una, las facturas recibidas o los documentos de aduanas correspondientes a los bienes adquiridos o importados y a los servicios recibidos en el ejercicio de su actividad empresarial o profesional, reflejando su número de recepción, fecha, nombre y apellidos o razón social del expedidor, base imponible y, en su caso, el tipo impositivo y la cuota. Se incluirán también las facturas o los documentos expedidos en los casos de autoconsumo.

Además, los empresarios deberán **practicar retenciones a cuenta** de los impuestos directos (IRPF o IS) y cumplimentar e ingresar el importe de los siguientes modelos a la Administración de Hacienda, la Agencia Tributaria (AT).

Estos modelos son dos y recogen las retenciones por pagos:

1. A los trabajadores y profesionales que les prestan sus servicios. Cumplimentamos el **modelo 111 trimestral** y un **resumen anual** con datos específicos a través del **modelo 190.**
2. A los arrendadores de locales donde desarrollen su actividad. Cumplimentamos el **modelo 115 trimestral** y también informaremos a través del **resumen anual** en el **modelo 180.**

Todo se realiza telemáticamente y la tecnología nos ayuda a cumplir con:

- Las obligaciones contables que poseemos en el Registro Mercantil.
- Las obligaciones fiscales en la Agencia Tributaria.

En la Tabla 1.9, vamos a describir gráficamente el calendario anual de las tareas que tenemos que desempeñar, donde resumimos todas las labores y las obligaciones contables y fiscales que habitualmente cumplimenta la mayoría de las empresas.

Recuerda

Libros que se deben legalizar

- El **libro de Inventarios y Cuentas Anuales** y el **libro Diario** (art. 25 del Código de Comercio).
- Un **libro de actas** de las juntas generales y de los órganos colegiados de la sociedad (art. 26 del Código de Comercio y art. 106 del Reglamento del Registro Mercantil).
- Las sociedades anónimas deben llevar, el **libro registro de acciones nominativas.**
- Las sociedades de responsabilidad limitada, todos los libros anteriores, pero en lugar del libro de acciones nominativas llevarán el **libro registro de socios** (arts. 27 y 28 del Código de Comercio).

Recuerda

Los sistemas fiscales de tributación son **estimación directa, estimación objetiva** (conocida como *módulos*) y **régimen especial de recargo de equivalencia.**

Tabla 1.8. Modelos y libros fiscales

Documentación fiscal		Modelos de impuestos y libros	
IMPUESTO SOBRE EL VALOR AÑADIDO (IVA)	Régimen general (estimación directa)	Modelo 303 (trimestral)	Modelo 390 (anual)
		Libro registro de facturas emitidas	
		Libro registro de facturas recibidas	
	Estimación objetiva	Libro registro de facturas recibidas	
	Régimen especial de recargo de equivalencia	No estarán obligados a llevar registros contables	
RETENCIONES PRACTICADAS POR LAS RENTAS A	Trabajadores y profesionales	Modelo 111 (trimestral)	Modelo 190 (anual)
	Arrendadores de locales	Modelo 115 (trimestral)	Modelo 180 (anual)

Tabla 1.9. Calendario anual, contable y fiscal para empresas

Año natural	Contable		Fiscal
ENERO	01/01 Asiento APERTURA Diario/Mayor		Hasta 20/01 4.º T modelos 115/111 Hasta 30/01 4.º T modelo 303 Resúmenes anuales Modelos 390/180/190
FEBRERO	Diario/Mayor		
MARZO		Hasta 31/03 ***Elaborar*** los libros contables del ejercicio anterior	
ABRIL		Hasta 30/04 ***Legalizarlos*** en el **Registro Mercantil**	Hasta 20/04 1.º T modelos 303/115/111
MAYO			
JUNIO		Hasta 30/06 ***Aprobar*** las CC. AA.	Hasta 30/06 Declaración IRPF
JULIO	Asientos de regularización	Hasta 30/07 ***Depositar*** en el **Registro Mercantil** las CC. AA.	Hasta 20/07 2.º T modelos 303/115/111 Hasta 25/07 Declaración IS Modelo 200
AGOSTO			
SEPTIEMBRE			
OCTUBRE			Hasta 20/10 3.º T modelos 303/115/111
NOVIEMBRE			
DICIEMBRE	31/12 Cierre de la contabilidad Diario/Mayor		

1.2.4. Conservación y custodia de los documentos

Los documentos que sirven de base para registrar LA CONTABILIDAD son los documentos justificantes.

Dada la importancia y utilidad de estos documentos, pues son el justificante de los movimientos registrados en la contabilidad y la base para cumplir con las obligaciones fiscales, **debemos conservarlos y archivarlos,** por si se precisara realizar alguna comprobación o verificación por parte de la empresa o de terceros.

El tiempo que debemos conservarlos dependerá del tipo de documento de que se trate y de su trascendencia en las operaciones a las que soporta. La normativa mercantil y la fiscal establecen una serie de límites temporales que se exponen a continuación:

- La normativa mercantil fija que los **documentos notariales,** las **actas de inspección** o los **libros de visitas** deben conservarse durante toda la vida del negocio.
- El Código de Comercio establece con carácter general el **plazo de 6 años** para conservar la documentación, a partir del último asiento realizado en los libros.

  Esta obligación mercantil se extiende tanto a los **libros obligatorios** como a los **libros no obligatorios,** además de la **documentación** y los **justificantes** en que se soporten las anotaciones registradas en los libros.
- La normativa tributaria establece un **plazo de 4 años,** a partir del día que finalice el plazo voluntario de presentación de la correspondiente declaración o autoliquidación.

  Por regla general, el periodo de prescripción de las obligaciones tributarias es de 4 años, aunque se amplía según determinadas excepciones marcadas en la normativa.

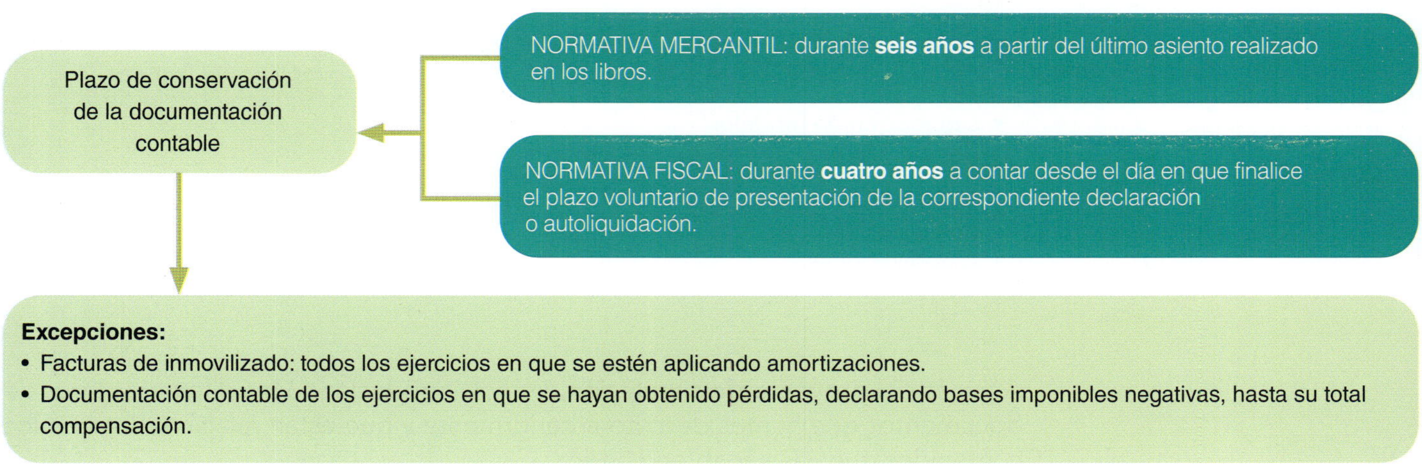

Figura 1.12. Plazos de conservación de la documentación.

A lo largo del manual, podremos conocer la mayoría de los documentos que utiliza cualquier empresa y que son el justificante de la información que suministra. Con lo que se describe en cada unidad y con la carpeta que elabores en el **proyecto de simulación,** irás familiarizándote con cada uno de ellos, aprenderás a contabilizarlos, clasificarlos y archivarlos correctamente.

Recuerda

Documentos-justificantes:

Son comprobantes (documentos en papel, correos electrónicos, documentos electrónicos, archivos guardados iCloud, OneDrive, etc.), que sirven para:

- **Dejar constancia** de las operaciones realizadas. Por ejemplo, una factura indica que se han comprado bienes.
- **Demostrar** la realización de alguna acción comercial e **identificar las partes** que intervienen. (Por ejemplo, la factura muestra los datos de los proveedores, clientes, etcétera).
- Establecer un apropiado **control** de todas las acciones que se realizan, según lo indicado por las normas mercantiles fiscales o laborales o por los usos generalizados.

A continuación, mostramos una clasificación del tipo de documentación generada a lo largo de la actividad de la empresa, según su naturaleza, y que recogemos en la Tabla 1.10.

Tabla 1.10. Tipos de documentos

	Clase de documentación	Operaciones que recoge	Documentos
Documentación relacionada con el proyecto de simulación	Documentación mercantil (Unidad 1)	• Constitución • Contratos de compraventa	• Escritura de constitución • Contrato de alquiler de inmuebles • Justificante del ingreso de capital social
	Documentos comerciales (Unidades 2, 3 y 4)	• Operaciones de compra • Operaciones de venta • Gastos y servicios	• Facturas • Facturas rectificativas • Tiques • Recibos
	Documentación del personal (Unidad 4)	• Gastos de personal	• Nóminas • Documentos de cotización RLC
	Documentos de tesorería y financiación (Unidad 5)	• Operaciones de gestión del cobro de clientes	• Liquidación de remesas: – Gestión de cobro – Descuentos
		• Operaciones de tesorería y cuentas con entidades financieras	• Extractos de cuentas bancarias • Cheques
		• Operaciones de financiación	• Préstamos • Cuadro de amortización • Recibo de pago de cuota
	Documentación del inmovilizado (Unidad 6)	• Operaciones de compra de activo no corriente	• Facturas de compra
Documentación elaborada	Documentación relacionada con las obligaciones fiscales (Unidades 3, 4 y 7)	• Liquidaciones de IVA	• Modelo 303 • Listado del libro registro de facturas
		• Liquidación de modelos de retenciones	• Modelo 115 • Modelo 111
	Documentación de cierre y regularización (Unidad 7)	• Inventario y regularización de existencias • Amortizaciones	• Fichas de almacén • Tabla de amortización fiscal • Plan de amortización del activo no corriente

A través del **proyecto de simulación,** iremos introduciendo los diferentes tipos de documentos que hemos descrito anteriormente y que están relacionados con los contenidos que vas a ir aprendiendo.

En esta primera unidad, donde iniciamos la actividad de la empresa, empezaremos viendo los documentos mercantiles que se generan por la creación de una empresa y por la contratación de servicios diversos. Así, tenemos:

- La escritura de constitución y el justificante del desembolso del importe del capital.
- Contratos de servicios, como el alquiler del local.

Mapa conceptual

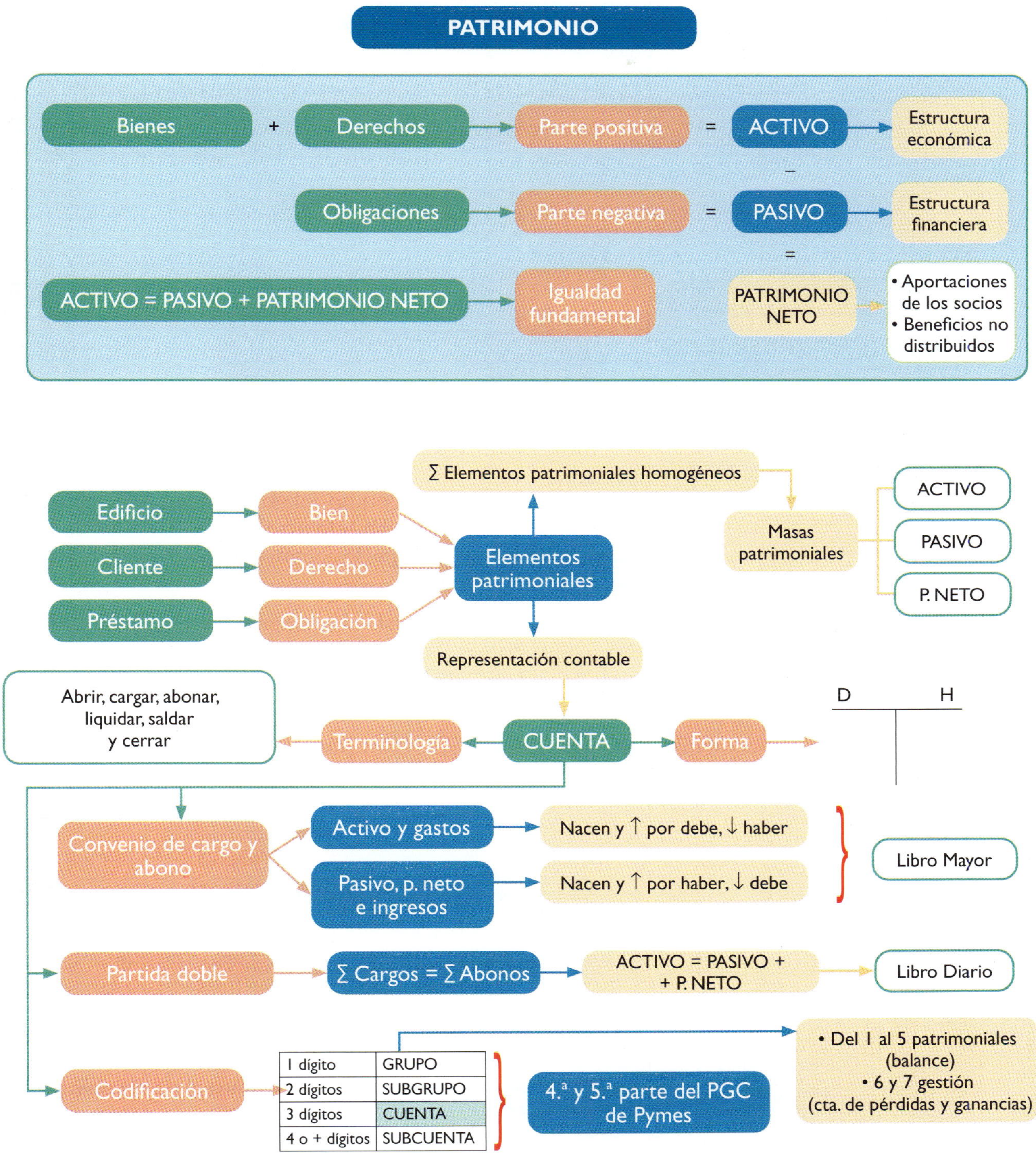

CICLO CONTABLE

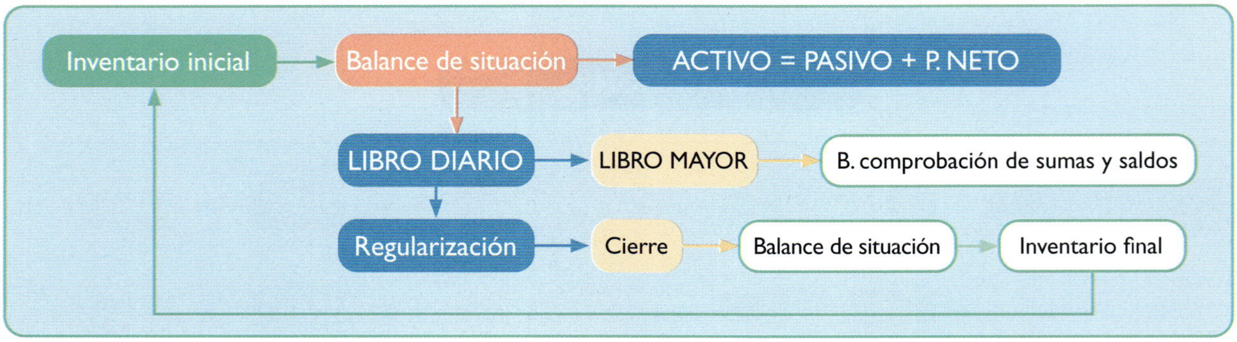

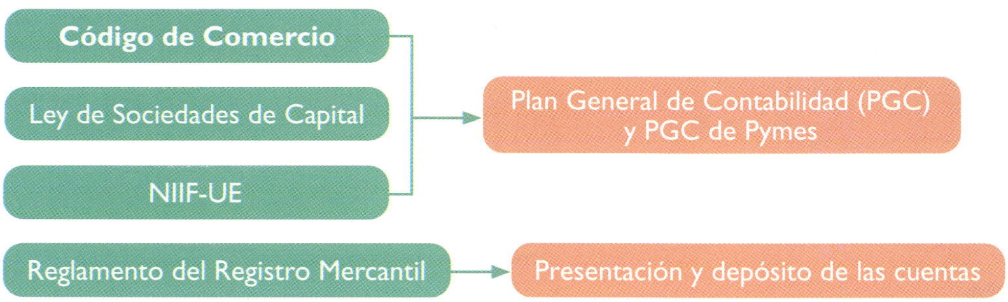

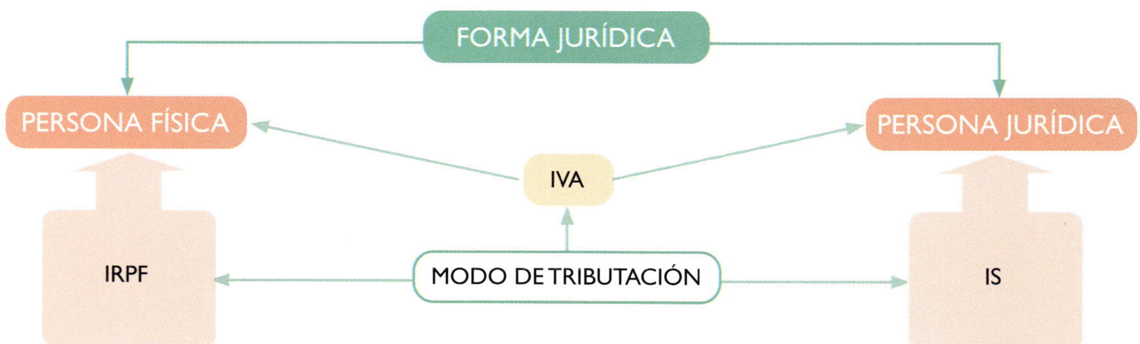

Libros contables	Obligatorios	Libro Diario	Registrará día a día todas las operaciones relativas a la actividad de la empresa.
		Libro de Inventarios y Cuentas Anuales	• Balance o inventario inicial y final, de los bienes detallados de la empresa. • Balance de sumas y saldos de comprobación, al menos trimestralmente • Balance de situación: detalla la situación patrimonial al cierre del ejercicio. Los elementos de activo, pasivo y patrimonio neto. • Cuenta de pérdidas y ganancias: recoge los ingresos y gastos obtenidos, diferenciando los resultados de la explotación de los financieros. • Memoria: completa y explica los restantes documentos que componen las cuentas anuales. ** *Las empresas de mayor tamaño también recogen en sus cuentas anuales (CC. AA.): el Estado de Cambios en el Patrimonio Neto (ECPN) y el Estado de Flujos de Efectivo (EFE).*
	Voluntarios	Libro Mayor	Todos los movimientos de los elementos patrimoniales de la empresa, de forma individualizada.
		Libros auxiliares	Almacén, caja, bancos y efectos comerciales de cobros y pagos.

Libros que se deben legalizar

- El **libro de Inventarios y Cuentas Anuales** y el **libro Diario** (art. 25 del Código de Comercio).
- Un **libro de actas** de las juntas generales y de los órganos colegiados de la sociedad (art. 26 del Código de Comercio y art. 106 del Reglamento del Registro Mercantil).
- Las sociedades anónimas deberán llevar, además, el **libro registro de acciones nominativas.**
- Las sociedades de responsabilidad limitada, todos los libros anteriores, pero en lugar del libro de acciones nominativas llevarán el **libro registro de socios** (arts. 27 y 28 del Código de Comercio).

Documentación Fiscal		Modelos de impuestos y libros	
IMPUESTO SOBRE EL VALOR AÑADIDO (IVA)	**Régimen general (estimación directa)**	**Modelo 303 (trimestral)**	**Modelo 390 (anual)**
		Libro registro de facturas emitidas	
		Libro registro de facturas recibidas	
	Estimación objetiva	**Libro registro de facturas recibidas**	
	Régimen especial de recargo de equivalencia	No estarán obligados a llevar registros contables	
RETENCIONES PRACTICADAS POR LAS RENTAS A	**Trabajadores y profesionales**	**Modelo 111 (trimestral)**	**Modelo 190 (anual)**
	Arrendadores de locales	**Modelo 115 (trimestral)**	**Modelo 180 (anual)**

Documentos-justificantes

Comprobantes (documentos en papel, correos electrónicos, documentos electrónicos, archivos guardados iCloud, OneDrive, etc.), que sirven para:

- **Dejar constancia** de las operaciones realizadas. Por ejemplo, una factura indica que se han comprado bienes.
- **Demostrar** la realización de alguna acción comercial e **identificar las partes** que intervienen. (Por ejemplo, la factura nos muestra los datos de los proveedores, clientes, etcétera).
- Establecer un apropiado **control** de todas las acciones que se realizan, según lo indicado por las normas mercantiles, fiscales o laborales o por los usos generalizados.

Plazo de conservación de la documentación contable

- NORMATIVA MERCANTIL: durante **seis años** a partir del último asiento realizado en los libros.
- NORMATIVA FISCAL: durante **cuatro años** a contar desde el día en que finalice el plazo voluntario de presentación de la correspondiente declaración o autoliquidación.

Excepciones:

- Facturas de inmovilizado: todos los ejercicios en que se estén aplicando amortizaciones.
- Documentación contable de los ejercicios en que se hayan obtenido pérdidas, declarando bases imponibles negativas, hasta su total compensación.

Actividades finales

De comprobación

1.1. El patrimonio es:

a) El conjunto de bienes y derechos que tiene una empresa.

b) El conjunto de bienes y derechos más las obligaciones de una empresa.

c) El conjunto de bienes y derechos menos las obligaciones de una empresa.

d) El conjunto de bienes, derechos y capital de una empresa.

1.2. El inventario es:

a) La relación homogénea del patrimonio de la empresa.

b) La relación de cuentas que representa cada elemento patrimonial de la empresa.

c) La relación detallada y valorada de los bienes, derechos y obligaciones de una empresa.

d) Ninguna de las opciones anteriores es correcta.

1.3. La cuenta es:

a) La relación de los bienes, derechos y obligaciones de una empresa.

b) La representación contable del patrimonio de una empresa.

c) La representación contable del valor económico de cada elemento patrimonial.

d) Ninguna de las opciones anteriores es correcta.

1.4. Las cuentas de gestión:

a) Están formadas por los 6 primeros grupos del PGC.

b) Están formadas por los 7 primeros grupos del PGC.

c) Están formadas por los grupos 6 y 7 del PGC.

d) Están formadas por los 4 primeros grupos del PGC.

1.5. El saldo es deudor cuando:

a) El activo suma más que el pasivo y el patrimonio neto.

b) El debe y el haber de la cuenta son iguales.

c) El haber de la cuenta es mayor que el debe de esta.

d) El debe de la cuenta es mayor que el haber de esta.

1.6. Abonar en una cuenta es:

a) Hacer una anotación en el debe de la cuenta.

b) Hacer una anotación en el haber de la cuenta.

c) Hacer una anotación en el haber de la cuenta para igualarla.

d) Hacer una anotación en el debe de la cuenta para igualarla.

1.7. El ciclo contable:

a) Se inicia con el balance de situación inicial.

b) Se inicia con el asiento de apertura en el libro Diario.

c) Se inicia con el inventario inicial de la empresa.

d) Ninguna de las opciones anteriores es correcta.

1.8. En el asiento de apertura del libro Diario:

a) Se anotan en el debe las cuentas del activo que tengan saldo deudor.

b) Se anotan en el debe las cuentas del pasivo que tengan saldo acreedor.

c) Se anotan en el haber las cuentas de patrimonio neto que tengan saldo deudor.

d) Ninguna de las opciones anteriores es correcta.

1.9. En el asiento de regularización de ingresos:

a) Se cargan las cuentas del grupo 6 que tienen saldo deudor.

b) Se cargan las cuentas del grupo 7 con saldo acreedor.

c) Se abonan las cuentas del grupo 7 que tienen saldo acreedor.

d) Ninguna de las opciones anteriores es correcta.

1.10. Según el Código de Comercio, hay que conservar la documentación:

a) Durante cuatro años desde su contabilización.

b) Durante seis años desde el último asiento realizado en contabilidad.

c) Durante seis años desde la fecha de emisión.

d) Todas las opciones anteriores son correctas.

1.11. Los modelos 303 y 390 se presentan:

a) Trimestralmente.

b) Mensualmente.

c) Anualmente.

d) Ninguna de las opciones anteriores es correcta.

1.12. Una sociedad mercantil (sociedad de responsabilidad limitada), sujeto pasivo del IVA, tiene que llevar:

a) El libro registro de facturas emitidas.

b) El libro de almacén.

c) El libro Mayor.

d) Todas las opciones anteriores son correctas.

1.13. Copia la siguiente tabla y señala si las afirmaciones son verdaderas o falsas:

N.º	Afirmación	V/F
1	Las masas patrimoniales son elementos patrimoniales con características homogéneas.	
2	El patrimonio neto está formado por los bienes y derechos propiedad de la empresa.	
3	La estructura económica de una empresa está formada por el activo.	
4	El balance de situación muestra una situación patrimonial dinámica de la empresa.	
5	Las cuentas de patrimonio neto disminuyen por el haber.	
6	Las cuentas de ingresos funcionan como las de activo.	
7	Las cuentas de gastos tienen por naturaleza saldo deudor.	
8	Las sumas de saldos deudores y acreedores del balance de comprobación son iguales.	
9	Las cuentas del grupo 6 con saldo acreedor se regularizan como ingresos.	
10	El Código de Comercio es un texto legal obsoleto porque es de 1885.	
11	Todos los empresarios pueden legalizar los libros auxiliares que consideren convenientes.	
12	Los documentos justificantes permiten el control de las operaciones practicadas por la empresa.	

De aplicación

1.14. ¿Qué se entiende por patrimonio?

1.15. ¿Cómo se confecciona el inventario?

1.16. ¿De qué nos informan las cuentas?

1.17. Describe el sistema de la partida doble.

1.18. Explica qué es el libro Diario.

1.19. Indica qué grupos establece el PGC de Pymes para contabilizar.

1.20. ¿Cómo se realiza el cierre contable?

1.21. ¿Cuál es el marco legal básico de nuestra legislación?

1.22. Copia la siguiente tabla y relaciona los términos con los conceptos respectivos: *abrir, cargar, abonar, saldo, liquidar, saldar* y *cerrar.*

Concepto	Término
Hacer una anotación en el debe de la cuenta.	
Obtener la diferencia entre las sumas del debe y la suma del haber de la cuenta.	
Hacer una anotación en el haber de la cuenta.	
Anotar el título o código de la cuenta y realizar el primer apunte.	
Obtener el saldo de la cuenta.	
Colocar el saldo en la parte de la cuenta que sume menos, con objeto de igualarlo.	
Sumar las dos partes de la cuenta después de haberla saldado.	

1.23. Enumera las formas de tributación de los empresarios.

1.24. ¿Qué plazo tienen las sociedades mercantiles para legalizar los libros contables?

1.25. Describe las excepciones a la norma mercantil y fiscal en el plazo de conservación de la documentación contable.

Caso práctico

La empresa RECOMAS, SL presenta el siguiente inventario el día 1 de enero de 20X5:

Inventario de RECOMAS, SL a 1 de enero de 20X5	
+ Bienes:	VALOR
• Un solar y una nave industrial.	80.000
• Tiene una construcción de la nave donde realizan la actividad.	420.000
• Amortización acumulada de la nave industrial.	–42.000
• Maquinaria.	70.000
• Amortización acumulada de la maquinaria.	–15.000
• Mercancías en el almacén.	5.000
• Dinero en la c/c del banco.	15.000
• Dinero efectivo en caja.	5.000
+ Derechos:	
• Crédito concedido a sus clientes en facturas.	55.000
• Crédito concedido a sus clientes en efectos comerciales.	90.000
TOTAL BIENES Y DERECHOS	683.000
– Deudas:	
• Deuda de un préstamo con una entidad bancaria a devolver en el plazo	250.000
de 5 años.	60.000
• Deudas con los proveedores de mercancías en efectos comerciales.	85.000
• Deudas con proveedores de mercancías, a crédito.	1.000
• Acreedores que suministran servicios.	
TOTAL DEUDAS	396.000

= Patrimonio neto: • Capital aportado al negocio. • Acumula reservas voluntarias. • Acumula reservas legales.	 200.000 67.000 20.000
TOTAL PATRIMONIO NETO	287.000
TOTAL PATRIMONIO NETO Y PASIVO	683.000

Durante el ejercicio contable, la empresa realiza las siguientes operaciones (IVA de tipo general no incluido en los importes de las operaciones):

1. Compra mercancías para la venta por valor de 50.000 €, que deja a deber a su proveedor.
2. Cobra de sus clientes efectos pendientes a través de transferencia bancaria por importe de 45.000 €.
3. Paga al proveedor efectos pendientes reflejados en el balance inicial por 30.000 € a través de la cuenta bancaria.
4. Cobra el saldo pendiente de sus clientes a través de su banco.
5. Vende mercancía valorada en 80.000 €; los clientes pagan con cheque la mitad del importe y el resto aceptan un efecto comercial.
6. Recibe la factura de una campaña publicitaria por valor de 500 € y paga en efectivo el recibo.
7. Compra mercancías a crédito por valor de 40.000 €.
8. Vende mercancías a crédito por un valor de 90.000 €.
9. Valora las existencias que quedan al final del periodo en su almacén en 4.000 €.
10. Realiza la liquidación del IVA.

Con estos datos, efectúa el siguiente trabajo:

a) Contabiliza en el libro Diario las operaciones del ciclo contable completo.

b) Elabora el libro Mayor.

c) Confecciona el balance de comprobación de sumas y saldos antes de regularizar.

d) Confecciona el balance de situación final del ejercicio.

SIMULACIÓN

Operaciones de inicio de la actividad

1. Introducción

Con la simulación, vamos a participar activamente en el proceso de descarga e instalación de la aplicación contable que necesita la empresa para llevar a cabo sus obligaciones contables.

Partimos de una historia real, para simular una historia casi real.

Reconocida por la Consejería de Industria de la Comunidad Valenciana con su documento de calificación de artesano, CELSO HOYO, SL es una empresa que se dedica a la fabricación y venta de abanicos y varillajes para abanicos de madera desde hace más de cuatro décadas.

En 1969, Celso Hoyo Cejalbo y Manuela Arce Masmano, la fundaron en Aldaia (Valencia). Posteriormente, en el año 1974, debido a la nueva legislación municipal que obligaba a sacar del casco urbano a todas las empresas allí sitas, la empresa fue trasladada a la vecina localidad de Alaquàs, dentro del Polígono Industrial del Bovalar.

Hasta hace veinte años, allí se dedicaron únicamente a la fabricación artesanal de varillajes de abanicos de madera de peral, abedul, palo santo, plátano, haya, bubinga, bokapi, dágame, palo violeta, palo rosa y ébano. En 1990 quedó constituida la mercantil CELSO HOYO, SL. En los años de máxima producción artesanal, la empresa llegó a contar con más de veinte operarios, llegando a sobrepasar la producción las 1.200 docenas de unidades semanales.

Debido a la entrada en nuestro país de varillajes provenientes de China, la empresa se vio obligada a hacer un drástico expediente de crisis, pues la enorme diferencia de precios hacía imposible la más mínima competencia. Fue en ese momento cuando los dos hijos de los fundadores de la empresa, Ramón J. y Celso Hoyo Arce, se incorporaron a CELSO HOYO, SL en 1992. Ese año, para intentar sacar adelante el devastado negocio familiar, tratando de dar salida a la enorme cantidad de varillaje almacenada en el inmueble, la empresa amplió su tarea productiva al dedicarse también a la fabricación del abanico artesanal completamente acabado, esto es, dispuesto para ser comercializado en tiendas.

Dicho cambio obligó a realizar unas importantes reformas en la fábrica. Esta se dividió en dos grandes espacios: uno, en el que se mantenía el viejo negocio de los varillajes de abanicos con toda la maquinaria necesaria para ello, y otro, en una nueva planta superior, en la que se situaron las oficinas, las salas de trabajo y el almacén que se precisaban para el funcionamiento de la fabricación total del abanico.

Obviamente, la transformación en el modo de trabajar dentro de la empresa fue objeto de un radical cambio de métodos, estructuras y costumbres. De una empresa artesanal, que poseía el total de su clientela a menos de cinco kilómetros de distancia de su domicilio, se pasó a una empresa comercial que, rápidamente, necesitó de una importante red de representantes comerciales por las zonas de más consumo abaniquero, así como la propia salida de los propietarios con los muestrarios a la búsqueda de una cartera de clientes que, en el primer momento, estaba completamente vacía.

Precisamente, con la intención de aumentar la cartera de clientes, CELSO HOYO, SL también decidió comenzar a participar en algunas de las más importantes ferias comerciales dedicadas al mundo del regalo, la publicidad y los complementos de moda. Desde hace veinte años, por ejemplo, viene participando en Bisutex (Feria de Madrid), en Expohogar (Feria de Barcelona) y en Promogift (Feria de Madrid, está dedicada al artículo publicitario). En su estand, todos los años presentan las novedades del muestrario de cada temporada y tratan de fidelizar la clientela acumulada durante todos estos años.

A día de hoy, la empresa está integrada por los dos hermanos Hoyo y por tres operarios más: Javier Elías, oficial del taller de artesanía, con casi cuarenta años de antigüedad en la empresa; Elvira Tronchoni, secretaria, y Carlos Roig, ayudante de almacén. La evolución del negocio ha sido muy importante, pues este, aunque en un muy pequeño volumen total, ha ampliado su cartera con algunos clientes extranjeros (alemanes e italianos principalmente). Tiene su página web dispuesta para la realización de contactos y pedidos y ha tenido que ampliar las funciones del taller artesanal, debido a la desaparición de los pequeños profesionales encargados de hacerlas desde siempre (pintores, pulimentadores y teladoras).

2. Una historia casi real

La empresa que vamos a utilizar para realizar la simulación partirá de esta empresa real que, como tantas empresas familiares, subsisten en toda España y llevan impresas tradición, artesanía, experiencia y mucho trabajo. Es un ejemplo de pequeña empresa con productos que, con el tiempo, ha tenido que adaptarse y conquistar distintos públicos y un nuevo mercado.

Para poder desarrollar nuestra empresa simulada, utilizaremos los nombres de clientes y productos, las características de la actividad, la documentación que maneja y, sobre todo, su experiencia. Debido a que nuestra empresa será puramente comercial, adaptaremos los proveedores que nos ofrecerán las mercancías para comercializar. Los productos serán reales, con las características que podemos encontrar en el mercado. Pretendemos, con ello, mostrar todo lo que la realidad empresarial nos ofrece y la documentación que se genera.

Nuestra empresa

ABANICOS HOYO ARCE, SLS, constituida por los hermanos Ramón J. y Celso Hoyo Arce. Aunque ellos no lo hubieran podido pensar hace unos años, en estos momentos han decidido emprender un nuevo proyecto: comercializarán abanicos. Han decidido continuar con la tradición y aprovechar los conocimientos que poseen del producto y de los diferentes proveedores (la producción española se encuentra casi toda muy próxima al lugar donde residen). La tarea más dura, sin duda, será la búsqueda de los clientes.

Creación de la empresa

Durante el mes de septiembre, comenzarán a preparar la documentación necesaria para constituir la sociedad, realizando los trámites legales necesarios (uno de los socios, Ramón, es abogado y se encargará de ello).

Con el nombre de ABANICOS HOYO ARCE, SLS, han abierto en la entidad bancaria CAIXA RURAL TORRENT, Grupo Cooperativo Cajamar, en la oficina situada en Aldaia, una cuenta a nombre de la sociedad, depositando 20.000 euros (10.000 euros cada uno). Han elaborado en la notaría la escritura de constitución y depositado en el Registro Mercantil una copia para poder inscribirla. Además, han realizado todos los trámites necesarios para dar de alta la actividad en las diferentes Administraciones, para comenzar a partir del 1 de octubre.

Van a intentar incurrir en los mínimos costes y, poco a poco, irán realizando las inversiones necesarias. Se ubicarán en el Polígono Industrial del Bovalar, c/ Juan XXIII, 44, 46970 en Alaquàs, al lado de Aldaia, mediante un contrato de alquiler.

Primeras necesidades

Los hermanos Hoyo Arce se plantean la necesidad de organizar la documentación que están generando con la constitución de la sociedad, así como los registros contables que tienen que llevar a cabo y los libros oficiales, tanto contables como fiscales, que se han de realizar. Aunque Ramón es abogado, no es experto en temas contables ni fiscales, por lo que pide nuestra ayuda y asesoramiento en la materia.

Nuestra tarea consiste en ayudarlos a poner en marcha la empresa y asesorarlos en todos los aspectos relacionados con la documentación contable y la ejecución de la contabilidad.

El capital que han depositado lo van a necesitar para adquirir las mercaderías (abanicos), los mobiliarios necesarios (estanterías y muebles) y un ordenador para la gestión y contabilidad. No han pensado en adquirir ningún programa de contabilidad, por lo que nos preguntan por alguna aplicación contable que sea de uso libre y que no tenga coste. Les hemos informado de que el programa de contabilidad CONTASOL es de *software* libre y cubre perfectamente sus necesidades contables.

Documentación generada

Hasta la fecha, contamos con los siguientes documentos para la creación de la sociedad:

- Escritura de constitución inscrita en el Registro Mercantil de Valencia.
- Contrato de arrendamiento del local para ejercer la actividad.
- Justificante del ingreso y desembolso del capital social.

Identificación de la empresa

La empresa se va a denominar ABANICOS HOYO ARCE, SLS y el NIF proporcionado por la Agencia Tributaria es B96192511.

La dirección o el domicilio social es el que figura en la escritura de constitución y en el contrato de arrendamiento. La fecha de inicio de la actividad es el 1 de octubre.

EL CNA: 4649 Comercio al por mayor de otros artículos de uso doméstico.

Organización del archivo y la documentación

Deberemos organizar la documentación que corresponde a la empresa que contabilizaremos. Utilizaremos un método adecuado de archivo y organizaremos la documentación según hemos visto en la unidad. Además, cada documento que registremos en el programa deberá quedar identificado (sello de contabilizado, n.° de apunte, etc.) y se guardará de modo ordenado toda la documentación de la empresa.

Selección del programa contable

La empresa simulada utilizará el programa de gestión contable CONTASOL:

https://www.sdelsol.com/programa-contabilidad-contasol

Instalación del programa y creación de la empresa

Instalamos el programa CONTASOL y creamos la empresa Abanicos Hoyo Arce, SLS. Realizamos posteriormente las configuraciones necesarias en el programa para poder desarrollar de forma adecuada el proyecto de simulación, que iremos trabajando al finalizar cada una de las unidades.

Escritura de constitución

TIMBRE DEL ESTADO

0,03 EUROS

TRES CENTIMOS DE EURO

ESCRITURA DE CONSTITUCIÓN

CLASE 8.ª

Reunidos en la ciudad de Aldaia (Valencia), el día uno de octubre del año 20X0, las dos personas que se relacionan a continuación:

– D. RAMÓN J. HOYO ARCE, con NIF: 30888123C
– D. CELSO HOYO ARCE, con NIF: 30600300L

Acuerdan constituir la sociedad de responsabilidad limitada que girará bajo la denominación de ABANICOS HOYO ARCE, SOCIEDAD LIMITADA SIMULADA, cuyo objeto social es la venta al por mayor de abanicos, pudiendo ampliarse dicho objeto a cualquier actividad anexa a la industria del abanico.

La duración de la sociedad será indefinida. La actividad dará comienzo en la fecha de otorgamiento de la escritura pública.

El domicilio social se establece en la calle Juan XXIII, 44 (Polígono Industrial del Bovalar), Alaquàs (Valencia).

Los socios fundadores otorgan la correspondiente escritura pública ante el notario D. JUSTO MONTERDE BAENA, del ilustre colegio de Valencia y con residencia en Valencia, n.º de su protocolo 120 del año 2002.

Se suscribe la totalidad del capital social, 2.000 participaciones con un valor nominal de 10 euros cada una (20.000 euros de capital social), en partes iguales, en el acto de la firma y desembolsada en el mismo acto la totalidad del capital escriturado, por lo cual, presentan resguardo del ingreso en la entidad financiera CAIXA RURAL TORRENT.

En el momento del otorgamiento de la escritura, reunidos todos los socios en junta extraordinaria y universal, acuerdan por unanimidad nombrar los componentes del órgano de administración de la sociedad, quedando de la siguiente forma:

JUNTA GENERAL
Se nombran como presidente y secretario de esta junta, respectivamente, a D. Ramón J. Hoyo Arce y D. Celso Hoyo Arce.

NOMBRAMIENTO DE CARGOS
Por unanimidad acuerdan que la sociedad será administrada solidariamente por D. CELSO HOYO ARCE Y D. RAMÓN J. HOYO ARCE, delegando indistintamente en ellos todas las facultades legales o estatutarias delegadas.

APROBACIÓN DE CUENTAS
Los administradores de la sociedad están obligados a formular en el plazo de tres meses contados a partir del cierre del ejercicio social las cuentas anuales, el informe de gestión y la propuesta de aplicación del resultado. Las cuentas anuales se aprobarán por la junta general de socios en el plazo de seis meses después del cierre del ejercicio.

DOCUMENTO EDUCATIVO SIN VALOR LEGAL

Contrato de arrendamiento

CONTRATO DE ARRENDAMIENTO DE LOCAL DE NEGOCIO

En Aldaia, a uno de octubre de 20X0

1. **IDENTIFICACIÓN DEL INMUEBLE ARRENDADO.**
   Inmueble: nave comercial de una sola planta sin distribución interior, con una superficie construida de 563 m^2 y 20 m^2 de patio.
   Situación: c/ Juan XXIII, 44.
   Localidad: Alaquàs (Valencia).
2. **PARTE ARRENDADORA.**
   D. JUAN ROMERO MAS, con NIF: 30123456B, y domicilio en la calle Iglesia, 27 de Aldaia.
3. **PARTE ARRENDATARIA.**
   La entidad mercantil **ABANICOS HOYO ARCE, SLS,** con NIF: B96192511, y domiciliada en la c/ Juan XXIII, 44 de Alaquàs (Valencia), representada por D. RAMÓN J. HOYO ARCE como administrador SOLIDARIO, con NIF: 30888123C.
4. **DESTINO DEL INMUEBLE ARRENDADO.**
   Comercio al por mayor de abanicos, no pudiéndose dar a este otro destino, a no ser de previo consentimiento de la parte arrendadora, la cual deberá hacerse constar por escrito.
5. **INSTALACIONES, SERVICIOS Y ELEMENTOS ANEJOS DEL INMUEBLE.**
   El inmueble dispone de las instalaciones de agua, luz y aseos correspondientes.
6. **DURACIÓN DEL ARRENDATARIO.**
   Un año, que empezará a contarse el día uno de octubre 20X0.
   Terminada la duración del contrato, ambas partes, de mutuo acuerdo, podrán prorrogar el contrato en los plazos que estipulen.
7. **RENTA ANUAL**
   OCHO MIL CUATROCIENTOS EUROS (8.400 €), correspondientes a una anualidad de renta (4 cuotas de 2.100 € cada una).
8. **FIANZA.**
   La fianza establecida será de **DOS MIL CIEN EUROS (2.100 €).**

Los comparecientes formalizan el presente contrato de arrendamiento del inmueble identificado en el apartado 1, con sujeción a lo previsto en la Ley 29/1994, de 24 de noviembre, de Arrendamientos Urbanos y a las siguientes **CLÁUSULAS:**

PRIMERA: OBJETO DEL ARRENDAMIENTO.
La parte arrendadora cede en régimen de arrendamiento a la parte arrendataria el uso del inmueble a que se hace referencia, tomando posesión material de este en este acto y recibiéndolo en perfecto estado, en el cual se obliga a devolverlo a la terminación del arriendo.

SEGUNDA: DESTINO DEL INMUEBLE ARRENDADO.
El inmueble cedido en arrendamiento solo podrá ser destinado por la parte arrendataria a lo que se especifica en el apartado 4 de este contrato, como funciones propias de su actividad y objeto social.

TERCERA: DURACIÓN DEL ARRENDAMIENTO.
La duración y fecha de inicio del arrendamiento quedan en el apartado 6 de este contrato.
Una vez trascurrido el plazo pactado, el arrendamiento quedará extinguido y resuelto de pleno derecho, salvo acuerdo de ambas partes.
No obstante de lo anteriormente pactado, la parte arrendataria podrá desistir anticipadamente del contrato al vencimiento de cualquiera de sus anualidades, sin otra obligación que comunicarlo por escrito a la parte arrendadora, con una antelación mínima de un mes en la fecha en la que vaya a cumplirse la anualidad correspondiente y sin que por ello tenga derecho a indemnización de clase alguna.

CUARTA: RENTA DEL ARRENDAMIENTO.
La renta pactada se fija en el apartado 7 de este contrato y será pagada por trimestres, el día 1 de cada trimestre correspondiente, mediante adeudo en la cuenta corriente n.º ES81/3118/0011223344556677 que el arrendatario tiene abierta en la oficina de Aldaia de la entidad financiera CAIXA RURAL TORRENT.
En el recibo trimestral se facturará por la propiedad el impuesto sobre el valor añadido (IVA) al tipo legal vigente en ese momento.

QUINTA: ACTUALIZACIÓN DE LA RENTA.
Durante la duración del arrendamiento no se llevarán a cabo actualizaciones de la renta, salvo que ambas partes de mutuo acuerdo la actualicen.

SEXTA. FALTA DE PAGO DE LA RENTA.
El impago de la renta de las cantidades acumuladas durante dos trimestres consecutivos dará derecho a la parte arrendadora a instar el correspondiente procedimiento de desahucio, siendo de cuenta de la parte arrendataria el pago de los honorarios de letrados, aranceles de procuradores de los tribunales, costas judiciales y todos los demás gastos que se originen.

SÉPTIMA: FIANZA DEL CONTRATO.
La parte arrendataria hace entrega, por el concepto de fianza, de la cantidad consignada en el apartado 8 de este contrato, que la parte arrendadora destinará a los fines previstos en la vigente Ley de Arrendamientos Urbanos.
La fianza quedará afectada a las responsabilidades que incumben a la parte arrendataria y será devuelta a la finalización del presente contrato.

OCTAVA: CLÁUSULA LEGAL.
Para cualquier litigio que surgiera por la causa de este contrato, las partes se someten, por imperativo legal, a los juzgados y tribunales del lugar donde radica el inmueble arrendado, con renuncia expresa a su fuero propio, si lo tuvieran.
Leído y hallado conforme, firman los comparecientes este contrato en señal de aceptación, por duplicado, en lugar y fecha indicados al principio.

PARTE ARRENDADORA	PARTE ARRENDATARIA
Fdo. D. JUAN ROMERO MAS	Fdo. D. RAMÓN J. HOYO ARCE

DOCUMENTO EDUCATIVO SIN VALOR LEGAL

Justificante del ingreso y desembolso del capital social:

CAIXA RURAL TORRENT

1 de octubre de 20X0

CERTIFICO:

Que con fecha de hoy se ha realizado la apertura de la cuenta corriente a nombre de la mercantil ABANICOS HOYO ARCE, SLS, con IBAN:

ES81/3118/0011223344556677

Depositando en esta 20.000,00 €, efectuándose los ingresos por los titulares:

D. Ramón J. Hoyo Arce ...... 10.000,00 €

D. Celso Hoyo Arce .... 10.000,00 €

Para que conste a los efectos de su constitución:

Fdo.: apoderado de la entidad

DOCUMENTO EDUCATIVO SIN VALOR LEGAL

3. Tareas que se deben realizar

- Instalar el programa en el equipo informático.
- Recopilar la información necesaria para crear la empresa en el programa de contabilidad CONTASOL, a partir de la documentación que proporciona Ramón J.
- Elegir el plan contable que va a utilizar la empresa para realizar los registros contables y cumplir con las obligaciones mercantiles y fiscales de libros obligatorios y voluntarios.
- Determinar el nivel de subcuentas que se va a necesitar para registrar las operaciones que se generen en la empresa.
- Establecer criterios de ordenación y clasificación de la documentación que se genere en la empresa.
- Crear un sistema de archivos que permita guardar la documentación y facilitar el acceso a esta cuando sea pertinente.
- Realizar el asiento de constitución de la empresa, con la apertura de la cuenta bancaria y el depósito del capital en ella.
- Realizar copia de seguridad del programa.

Unidad 2

REGISTRO DE LA DOCUMENTACIÓN COMERCIAL Y TRATAMIENTO CONTABLE DE LAS OPERACIONES DE COMPRAS

Contenidos

Objetivos

- Identificar los documentos relacionados con las operaciones de compras y existencias.
- Conocer las cuentas que se utilizan para registrar compras y existencias.
- Aplicar las normas del PGC de Pymes a las operaciones de compras.
- Registrar las compras y las operaciones rectificativas de las compras.
- Contabilizar el IVA de las compras y sus ajustes, confeccionando los libros registro necesarios.
- Elaborar fichas de almacén a través de los criterios PMP y FIFO.

Introducción

En esta unidad, vamos a analizar los documentos que se generan en las operaciones de compras de mercaderías y nos centraremos en la factura como justificante contable de dichas operaciones.

Para registrar las compras, usaremos la cuenta 600 Compras de mercaderías, ya que las cuentas de existencias, que se recogen en el grupo 3 del PGC de Pymes, se regularizan al final del ejercicio de acuerdo con el inventario extracontable de las fichas de almacén.

Estudiaremos las normas de valoración que establece el PGC de Pymes, realizando los registros contables y sus ajustes, teniendo en cuenta el IVA soportado y sus correcciones.

2.1. Documentación utilizada en las operaciones comerciales de compras: archivo y control

Comenzaremos la unidad describiendo los documentos que nos podremos encontrar en las operaciones de adquisición y manipulación de las mercancías que realiza una empresa para el desarrollo de su actividad principal.

Los documentos del área comercial de compras de una empresa sobre los que nos vamos a centrar para mostrar su manejo contablemente son los siguientes:

- La **factura recibida.**
- La **factura rectificativa.**
- La **ficha de almacén.**

Estos documentos son los que utilizaremos para elaborar los asientos del libro Diario y para desarrollar los Mayores de las cuentas relacionadas, que posteriormente trataremos en esta unidad. Aunque, para poder elaborarlos, la empresa precise otros documentos como el pedido y el albarán, estos en contabilidad no se utilizan para realizar los registros contables, pero sí como herramientas de control interno (para comprobar que las mercancías recibidas y facturadas se ajustan a las condiciones y al pedido realizado al proveedor).

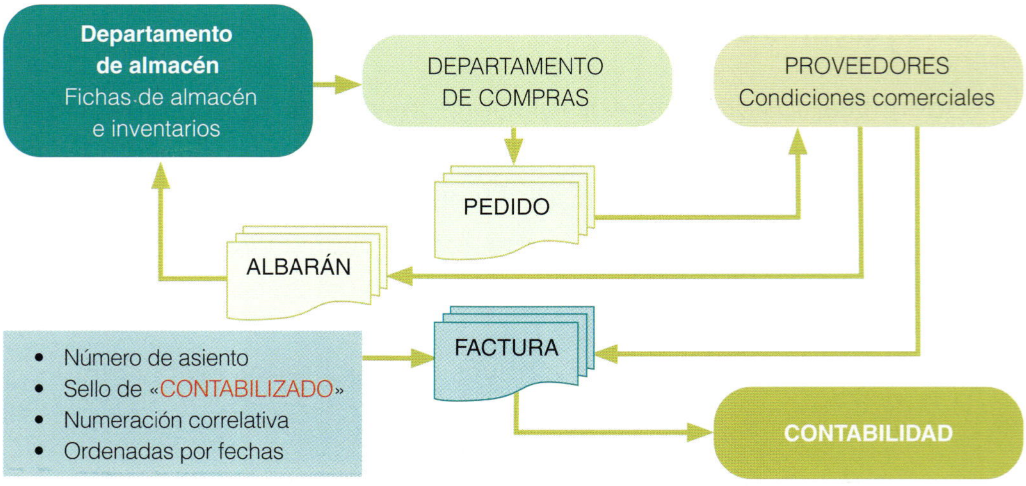

Figura 2.1. Esquema del proceso de compras.

Ejemplo

Ejemplo de un proceso de compra: una conversación telefónica, una visita del comercial o una necesidad de nuestra empresa determinará la oportunidad de efectuar una compra; esta se debe materializar en un **pedido** para que se considere en firme. Posteriormente, al preparar la mercancía solicitada por quienes serán nuestros proveedores, llegará a nuestros almacenes, a través de una compañía que los transportará, y nuestros responsables del almacén comprobarán, en el **albarán de entrada,** si todo es correcto. Si es así, el proveedor nos hará llegar su **factura,** en la que verificará junto con el pedido y albarán que las condiciones y precios son los fijados con anterioridad y se indicará la forma de pago que hemos acordado con ellos.

2.1.1. Documentos contables del área comercial

La **factura** y la **ficha de almacén** son los documentos que vamos a manejar contablemente en el área comercial. Con ellos describiremos los asientos del libro Diario y desarrollaremos los Mayores de las cuentas relacionadas, que trataremos posteriormente en esta unidad. No debemos olvidar que la documentación contable va a servir de base y de justificante (soporte) de la contabilidad que elaboraremos. Además, seguramente precisaremos realizar consultas en un futuro, por lo que deberemos organizarla, codificarla y archivarla adecuadamente.

> **Recuerda**
>
> Todo registro contable debe estar sustentado por un documento fehaciente.

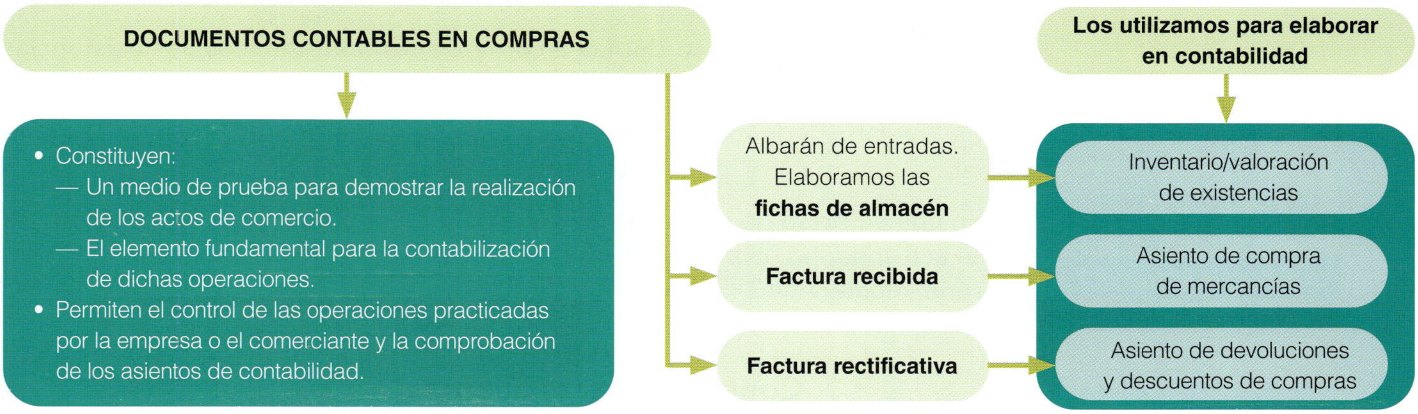

Figura 2.2. Documentos y registros del proceso de compras.

2.1.2. Archivos generados y departamentos relacionados con el de contabilidad

Los departamentos de **almacén** y de **compras** proporcionarán al departamento de contabilidad la información relativa a las compras realizadas, con los documentos correspondientes, para proceder a su registro contable y posterior pago por el departamento financiero. A través de los apuntes contables, confeccionaremos los libros registro correspondientes y archivaremos los documentos para posteriores usos o comprobaciones.

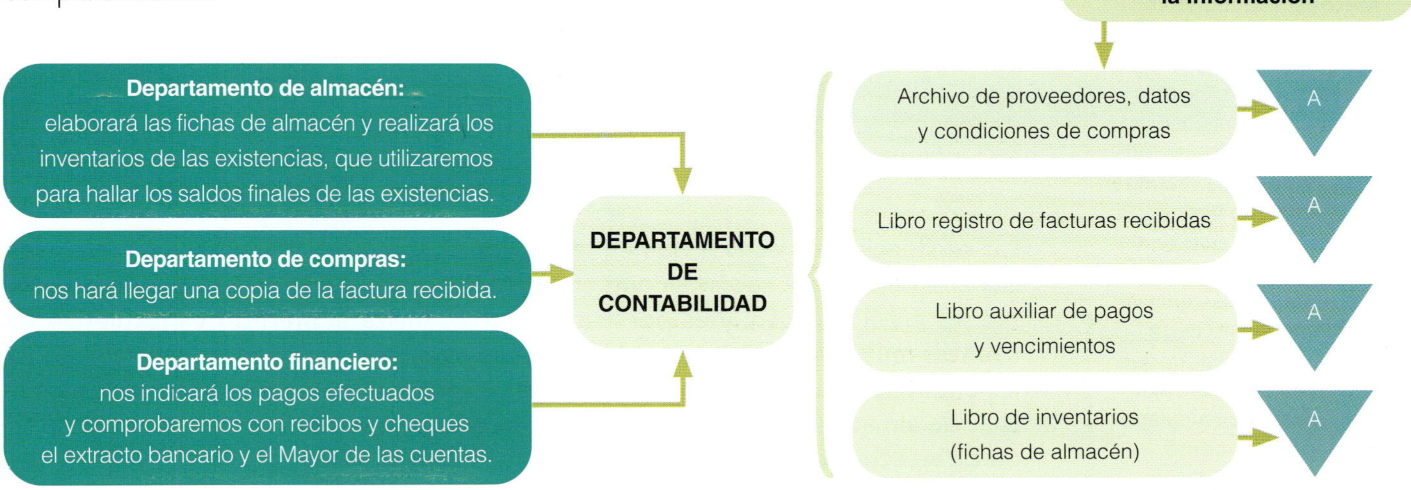

Figura 2.3. Departamentos relacionados con compras y registro documental.

2.2. Registro contable de las existencias. Control de almacén

El PGC de Pymes destina el **grupo 3** a las **existencias** y las describe como: «Activos poseídos para ser vendidos en el curso normal de la explotación, en el proceso de producción o en forma de materiales o suministros para ser consumidos en el proceso de producción o en la prestación de servicios».

Trataremos, por lo tanto, aquellos bienes que la empresa adquiere y que son necesarios para llevar a cabo su actividad. Ejemplos:

- En una empresa que se dedica a comercializar automóviles, las existencias serían los automóviles que adquiere para después vender.
- En una fábrica de muebles, las existencias serían las materias que utiliza para fabricarlos: madera, pulimentos, etc., así como los muebles fabricados.
- En una empresa de servicios que no comercializa bienes y ese es el objeto de su actividad, no utilizan existencias, como un despacho de abogados, una asesoría, etcétera.

2.2.1. Concepto de las cuentas

Las existencias se registran a través del subgrupo **30 Comerciales,** en la cuenta 300 Mercaderías A, 301 Mercaderías B,...; del subgrupo **31 Materias primas,** para transformación y producción, y del subgrupo **32 Otros aprovisionamientos,** que pueden destinarse a su consumo durante el ejercicio económico (combustibles o material de oficina) o a su venta (envases o embalajes).

Tabla 2.1. Las distintas cuentas de existencias

Existencias		
30. Comerciales	Mercaderías A, B, etcétera.	Destinadas a su venta
32. Otros aprovisionamientos	Envases, embalajes, etcétera.	
	Combustibles, materiales diversos, material de oficina, etcétera.	Para su consumo
31. Materias primas	Materias primas A, B, etcétera.	Para su transformación

Importante

Método especulativo de cuentas múltiples: las compras de existencias se registran en cuentas de compras (gastos) al precio de adquisición y las ventas se contabilizan en cuentas de ventas (ingresos) a precio de venta, por lo que la cuenta de existencias no funciona a lo largo del ejercicio y habrá que ajustar su saldo al valor del inventario, calculado extracontablemente. Es el método utilizado por el PGC.

Las existencias son activos que en teoría no conllevan movimientos durante el ejercicio. Sin embargo, sabemos que en la realidad hay un movimiento físico de existencias en el almacén, y es por lo que el PGC utiliza el **método especulativo de cuentas múltiples** para registrar las compras y ventas de existencias. De este modo, las entradas y salidas de cada mercancía se recogerán en sus correspondientes fichas de almacén y solo, cuando la empresa precise obtener información del resultado de su actividad, reflejará contablemente sus variaciones.

Algunas empresas de prestación de servicios también llevan control de almacén, como pueden ser los bares, restaurantes, talleres de reparación de vehículos, etcétera.

2.2.2. Codificación de las cuentas de existencias

Como hemos visto anteriormente, el PGC de Pymes destina el **grupo 3** a las existencias. A modo de ejemplo, describe las cuentas 300 Mercaderías A, 301 Mercaderías B, y así sucesivamente. Sabemos que el cuadro de cuentas del PGC no es una parte obligatoria, sino potestativa, de modo que las empresas que lo sigan pueden utilizarlo a modo de guía. Crearán las cuentas y subcuentas que consideren necesarias para el control contable de su actividad, siguiendo el método de codificación digital establecido en el propio PGC.

Para entender cómo se realiza la codificación, veremos un ejemplo:

Ejemplo

Supongamos que nuestra empresa comercializa zapatos de señora, de caballero e infantiles, para lo cual tendrá que establecer tres tipos de códigos de cuentas:

Cuenta	Subcuenta	Descripción
300	300.0	Zapatos de señora
	300.1	Zapatos de caballero
	300.2	Zapatos infantiles

Además, necesitará clasificar el calzado en calzado de verano y de invierno, por lo que no es suficiente con los códigos creados y se necesitará un mayor desglose. Así, creará los siguientes códigos:

Cuenta	Subcuenta	Descripción
300	300.0 300.00 300.01	Zapatos de señora Zapatos de señora de verano Zapatos de señora de invierno
	300.1 300.10 300.11	Zapatos de caballero Zapatos de caballero de verano Zapatos de caballero de invierno
	300.2 300.20 300.200 300.201 300.21 300.210 300.211	Zapatos infantiles Zapatos infantiles de niño Zapatos infantiles de niño de verano Zapatos infantiles de niño de invierno Zapatos infantiles de niña Zapatos infantiles de niña de verano Zapatos infantiles de niña de invierno

Si tiene la necesidad de clasificar por zapatos de señora en planos y de tacón, tendría que añadir más dígitos.

Como podemos observar en el ejemplo, la codificación de las cuentas debe responder a las necesidades de la empresa, y estas se crearán con tantos dígitos como sea necesario.

Sabías que

En una empresa industrial, las existencias de los productos terminados se registran en el subgrupo 35 y la variación de existencias de esas mercancías, en el subgrupo 71.

Actividad propuesta 2.1.

La empresa ZUMOSALUD se dedica a la comercialización de zumos naturales. Tiene las siguientes clases de zumos:

Código	Nombre del producto
FRN	Zumo de fresa natural
MLN	Zumo de melocotón natural
NRN	Zumo de naranja natural
TMN	Zumo de tomate natural
ZNN	Zumo de zanahoria natural
KWN	Zumo de kiwi natural

Los zumos los comercializa en briks de 100 miligramos (0,1 litros), 300 miligramos (0,3 litros), 500 miligramos (0,5 litros) y 1.000 miligramos (1 litro). Vende zumos de todas las clases y en todos los tipos de envases. El gerente de la empresa nos solicita que le creemos una codificación para organizar y registrar contablemente sus zumos.

2.2.3. Movimiento contable

Sabías que

El número de dígitos de las subcuentas del PGC de una empresa está en función del tamaño y del volumen de operaciones, así, una empresa grande puede llegar a necesitar un desglose de 12-15 dígitos, mientras que, en una empresa pequeña sería suficiente un desglose de 6-8 dígitos.

Si buscamos los movimientos en la quinta parte del PGC de Pymes, observamos que las cuentas de existencias solamente funcionan con motivo del cierre del ejercicio, regularizándolas por el importe del inventario inicial y final con cargo y abono respectivamente a las cuentas 610 Variación de existencias de mercaderías, 611 Variación de existencias de materias primas y 612 Variación de existencias de otros aprovisionamientos. Estas, a su vez, traspasan su saldo al final del ejercicio a la cuenta 129 Resultados del ejercicio.

Del mismo modo, las cuentas de compras de mercaderías también traspasan su saldo al final del ejercicio a la cuenta 129 Resultados del ejercicio, mediante el proceso de regularización. Este proceso lo veremos más adelante, cuando analicemos las operaciones de fin de ejercicio.

Tabla 2.2. Cuentas de existencias, de variación y de resultados

Subgrupo de existencias	Cuentas de gastos	Cuentas de resultados
30. Comerciales	610. Variación de existencias de mercaderías	129. Resultados del ejercicio
31. Materias primas	611. Variación de existencias de materias primas	
32. Otros aprovisionamientos	612. Variación de existencias de otros aprovisionamientos	

2.2.4. Métodos de asignación de valor: PMP y FIFO

Cuando sea difícil conocer el precio individual de cada existencia que tengamos en el almacén, el plan establece como método general de valoración de existencias el **precio medio ponderado.** El método **FIFO** es aceptable y se podrá aplicar si la empresa lo considera más conveniente para su gestión. Elegido uno de los métodos anteriores, la empresa lo utilizará para todas las existencias que tengan una naturaleza y uso similares (principio de uniformidad).

Precio medio ponderado (PMP)

Se obtiene al dividir el importe de las existencias en el almacén entre el número de unidades. Al hacer una nueva compra, hay que calcularlo de nuevo, dividiendo el nuevo valor total de las existencias entre el número de unidades. Las salidas de almacén (ventas) se valoran al PMP que tengan en ese momento, independientemente del precio de venta. De este modo, se disminuyen las unidades físicas de existencias, pero sin alterar el precio medio de valoración. Las existencias finales estarán formadas por las existencias que haya en el almacén, valoradas al último PMP.

$$PMP = (Q_1 \cdot P_1 + Q_2 \cdot P_2 + \ldots + Q_n \cdot P_n) / (Q_1 + Q_2 + \ldots + Q_n)$$

Método FIFO

Su denominación proviene de las iniciales inglesas de la expresión *first in, first out,* que significa **«primera entrada, primera salida».** Es decir, las existencias que han entrado en primer lugar en el almacén son las primeras en salir. De este modo, en la ficha de almacén, se registran separadamente los artículos de cada precio y la fecha de entrada. Cuando se producen salidas (ventas), se disminuyen las primeras entradas hasta que son agotadas y se pasa a las siguientes. Las existencias finales estarán formadas por las últimas existencias que hayan entrado en el almacén y no se hayan vendido.

Cualquiera que sea el método de valoración que use la empresa, las existencias finales en unidades físicas se determinan como sigue:

Existencias iniciales + entradas (compras) – salidas (ventas) = existencias finales

Actividad resuelta 2.1.

La empresa PERFUMASA comercializa perfumes de varios tipos. Del perfume Fragance + tiene, el día 1 de mayo, unas existencias iniciales en su almacén de 3.000 uds. a 27 €/ud. Durante el mes de mayo, realiza las siguientes compras:

- El día 10 de mayo compra 1.500 uds. a 30 €/ud. Albarán n.° A/055.
- El día 18 de mayo compra 2.500 uds. a 25 €/ud. Albarán n.° A/080.

Valora las existencias finales por los dos métodos admitidos por el plan contable (PMP y FIFO).

Solución:

Las existencias iniciales que tiene la empresa aparecerán reflejadas en la ficha de almacén del periodo anterior, es decir, los productos comprados y no vendidos del mes de abril. Las entradas se registrarán a partir de los **albaranes de entrada** procedentes de las **compras** realizadas en el mes de mayo.

(continúa)

Generamos los dos albaranes de entrada (suponemos que las dos compras las realizamos al mismo proveedor). A partir de los documentos, cumplimentamos la ficha de almacén correspondiente, valorando las existencias por los dos métodos: PMP y FIFO.

Albaranes de compras:

OLORANDIA, SA
C/ Perfume n.º 30
28760 Tres Cantos (Madrid)

Cliente
PERFUMASA
C/ Central n.º 111
28999 MADRID

Albarán n.º:	A/055
Fecha:	10/05/20X5

Referencia	Descripción	Cantidad	Precio	Importe
FRG +	Fragance +	1.500,00	30	45.000,00
			TOTAL	45.000,00

Firma

Nota: portes pagados

OLORANDIA, SA
C/ Perfume n.º 30
28760 Tres Cantos (Madrid)

Cliente
PERFUMASA
C/ Central n.º 111
28999 MADRID

Albarán n.º:	A/080
Fecha:	18/05/20X5

Referencia	Descripción	Cantidad	Precio	Importe
FRG +	Fragance +	2.500,00	25	62.500,00
			TOTAL	62.500,00

Firma

Nota: portes pagados

La información de las entradas de la ficha de almacén se obtiene de los datos de los albaranes de los proveedores: fecha, n.º de albarán, unidades y precio de compra.

Ficha de almacén por PMP:

Ficha de almacén	PERFUMASA			Método	PMP					
Producto	Fragance +								Ficha n.º	1
Código	FRG +			*Stock* de seguridad		10				
Fecha	Conceptos	Entradas			Salidas			Existencias		
	Documento	Cantidad	Precio	Valor	Cantidad	Precio	Valor	Cantidad	Precio	Valor
01/05/20X5	Existencias iniciales	-	-	-	-	-	-	3.000	27,00	81.000
10/05/20X5	Compra albarán n.º A/055	1.500	30,00	45.000				4.500	(1) 28,00	126.000
18/05/20X5	Compra albarán n.º A/080	2.500	25,00	62.500				7.000	(2) 26,93	188.500

PMP (1): [(3.000 × 27) + (1.500 × 30)]/(3.000 + 1.500) = 28,00
PMP (2): [(4.500 × 28) + (2.500 × 25)]/(4.500 + 2.500) = 26,93

El valor de las existencias finales es de 188.500 € (7.000 uds. × 26,93).

Nota: los precios unitarios aparecen con dos decimales, pero los cálculos se han hecho con todos los decimales para que la valoración de las existencias sea lo más exacta posible.

Ficha de almacén por FIFO:

Ficha de almacén	PERFUMASA			Método	FIFO					
Producto	Fragance +								Ficha n.º	1
Código	FRG +			*Stock* de seguridad		10				
Fecha	Conceptos	Entradas			Salidas			Existencias		
	Documento	Cantidad	Precio	Valor	Cantidad	Precio	Valor	Cantidad	Precio	Valor
01/05/20X5	Existencias iniciales	-	-	-	-	-	-	3.000	27	81.000
10/05/20X5	Compra albarán n.º A/055	1.500	30	45.000				3.000 1.500	27 30	81.000 45.000
								Valor		126.000
20/05/20X5	Compra albarán n.º A/080	2.500	25	62.500				3.000 1.500 2.500	27 30 25	81.000 45.000 62.500
								Valor		188.500

Se puede observar que el valor de las existencias finales es el mismo en los dos métodos PMP y FIFO, al no haberse producido salidas de almacén.

2.3. Tratamiento de la documentación y registro contable de las operaciones de compras

Vamos a analizar las normas de registro y valoración aplicables a las compras de mercaderías, así como las subcuentas que necesitemos crear y los asientos tipo para su registro contable.

2.3.1. Cuentas y subcuentas utilizadas

Las cuentas del grupo 3 son patrimoniales y se incorporan al balance de situación final, mientras que las cuentas del grupo 6 son de gasto y se regularizan con la cuenta Resultados del ejercicio, de ahí que las cuentas de existencias únicamente tengan movimiento contable cuando la empresa desea determinar cuál es el resultado obtenido, como al finalizar el ejercicio.

Cuentas de existencias	Cuentas de compras	Tipo de empresa
300. Mercaderías	600. Compra de mercaderías	Comercial 
310. Materias primas	601. Compra de materias primas	Industrial 
32. Otros aprovisionamientos	602. Compra de otros aprovisionamientos	Ambas

Figura 2.4. Las cuentas de existencias y el tipo de empresa.

En la Figura 2.5, se presenta la relación de cuentas que vamos a utilizar para registrar contablemente las operaciones de compras, según el documento que poseamos. Crearemos las subcuentas que necesitemos en cada caso para identificar cada operación.

Documentos: facturas de compra	**Cuentas de gastos por compras**	
	600	Compras de mercaderías
	601	Compras de materias primas
	602	Compras de otros aprovisionamientos
	607	Trabajos realizados por otras empresas
Documentos: facturas rectificativas y abonos	**Cuentas que disminuyen las compras**	
	606	Descuentos sobre compras por pronto pago
	608	Devoluciones de compras y operaciones similares
	609	*Rappels* por compras

Figura 2.5. Relación de cuentas usadas para registrar contablemente las operaciones de compras.

Contrapartidas de las cuentas de compras	
400	Proveedores
401	Proveedores, efectos comerciales a pagar
Otras cuentas relacionadas con compras	
406	Envases y embalajes a devolver a proveedores
407	Anticipos a proveedores
472	H. P. IVA soportado
472.21	H. P. IVA soportado 21 %
472.10	H. P. IVA soportado 10 %
472.04	H. P. IVA soportado 4 %

Figura 2.5. Relación de cuentas usadas para registrar contablemente las operaciones de compras *(continuación).*

2.3.2. Normas de registro y valoración de las compras

El PGC y el PGC de Pymes no establecen una norma de valoración específica para compras de mercaderías, por lo que tenemos que considerar la norma 12.ª de existencias. Esta norma establece que las cuentas de compras se cargarán por el importe de las compras a la recepción de las remesas de los proveedores o a su puesta en camino si las mercaderías se transportasen por cuenta de la empresa.

Sabías que

Cuando recibimos la compra de mercancías, pero todavía no hemos recibido la factura de la compra, la deuda se registra en la cuenta 4009 Proveedores, facturas pendientes de recibir o formalizar, y no se contabilizará el IVA soportado correspondiente hasta la recepción de la factura.

Valoración inicial

Siguiendo las directrices del PGC de Pymes en la norma 12.ª de existencias, en la norma 14.ª del IVA e IGIC y en la norma 11.ª sobre moneda extranjera, así como las consideraciones de los subgrupos 60 Compras y 40 Proveedores, podemos establecer lo que recoge la **cuenta de compras.**

NRV n.º 12 → Valoración inicial:

- Precio de compra
- − Descuentos incluidos en la factura
- + Gastos inherentes a la adquisición
- + Intereses por aplazamiento (*)
- + IVA u otros impuestos no deducibles (NRV 14.ª)
- + Aplicación del tipo de cambio en la fecha de compra (NRV 11.ª)

(*) «Podrán incluirse los intereses incorporados a los débitos con vencimiento no superior a un año que no tengan un tipo de interés contractual, cuando el efecto de no actualizar los flujos de efectivo no sea significativo».

Figura 2.6. Normas de valoración de las compras.

Cuando los gastos sean comunes a los productos que se compran (transportes, seguros, etc.) y de difícil individualización, hay que adoptar un criterio de reparto del gasto entre los diferentes productos comprados. El criterio de reparto puede ser el número de unidades, el peso o volumen de los diferentes productos, el valor monetario de los bienes, etcétera.

Recuerda

No forman parte de la cuenta de compras:

- El IVA soportado deducible, que se registra en la cuenta 472 H. P. IVA soportado.
- Los envases y embalajes con facultad de devolución, que se registran en la cuenta 406 Envases y embalajes a devolver a proveedores.
- Los descuentos y bonificaciones posteriores a la compra, que se registrarán en la cuenta 606 Descuentos sobre compras por pronto pago, cuando obedezcan a este concepto; en la 608 Devoluciones de compras y operaciones similares, generalmente por incumplimiento de condiciones de entrega, y, en la 609 *Rappels* por compras, por haber alcanzado un determinado volumen de pedidos.

Estas operaciones las veremos a continuación, al estudiar los envases que hay que devolver y los descuentos y bonificaciones.

Actividad resuelta 2.2.

La sociedad ALMACENES MURCIA, SA (ALMACEMUSA) dedicada a la compraventa de materiales de construcción, adquiere el 20 de abril del año en curso 1.500 sacos de cemento (mercaderías) a un precio unitario de 4,50 €. Obtiene la siguiente condición de compra en factura: descuento comercial del 5 %. El seguro y el transporte ascienden a 150 €. Se facturan envases a devolver por importe de 1.000 €. El IVA es del tipo general y la operación es a crédito.

Factura de compra:

CEMENVASA
C/ Camino Paterna n.º 44
46015 VALENCIA
NIF: A96811123
Teléfono: 965001050 Fax: 965001051

FECHA: 20/04/20X5
FACTURA N.º: 6015

CLIENTE:
ALMACEMUSA
C/ Cartagena n.º 55
30008 MURCIA
NIF: A73544554
Teléfono: 968323232

Forma de pago:
30 días desde la fecha de la factura

DESCRIPCIÓN	UDS.	PRECIO	IMPORTE €
Cemento gris 40 kg	1.500	4,50	6.750,00
Descuento 5 %			–337,50
Portes	1	150,00	150,00
Palés a devolver	50	20,00	1.000,00
		SUBTOTAL	7.562,50
DOCUMENTO EDUCATIVO SIN VALOR LEGAL		IVA 21 %	1.588,13
		TOTAL	9.150,63

Determina el precio de compra del cemento y el valor unitario de cada saco de producto.

Solución:

Siguiendo la norma de valoración n.º 12 de existencias, el precio de la mercancía de los sacos de cemento estará formado por el precio de compra menos el descuento comercial más los gastos de transporte.

Conceptos	Cantidades	Precio	Importes
Sacos de cemento Seguro y transporte	1.500,00	4,5	6.750,00 150
Subtotal			6.900,00
Descuento comercial			–337,5
TOTAL COMPRA			6.562,50
Precio unitario de compra			4,375

2.3.3. Aspectos relacionados con el IVA en compras

Como podéis comprobar en las facturas de compra, al ser una entrega de bienes, la obligación de pagar el impuesto indirecto IVA recae sobre estas operaciones.

Su cuota se determina aplicando el tipo de IVA* a la base imponible; el importe lo recogeremos en la cuenta 472 (Hacienda Pública IVA soportado).

La contabilidad registra cada una de las facturas recibidas en los libros registro de IVA, donde se anotan los datos de sus proveedores relacionados con cada factura de compra.

El libro de facturas recibidas ordenará, mediante un número correlativo, los documentos recibidos de los proveedores, teniendo en cuenta su fecha y número de factura, que además detallará todos los datos que identifican al proveedor (nombre y NIF) y los importes que corresponden a dicha factura (base imponible, cuota y porcentaje del IVA y total factura). La empresa deberá archivar copia de los documentos numerados y ordenados según dicho listado.

> **Importante**
>
> *** Los tipos de porcentaje de IVA** aplicables se establecen en función del tipo de bien o servicio que se adquiere en la factura de compra: normal **21 %**, reducido **10 %,** y superreducido **4 %.**

Tabla 2.3. Modelo de libro registro de facturas recibidas

Libro registro de facturas recibidas									
EMPRESA:					Desde:			Año	
NIF:					Hasta:				
N.º	Asiento	N.º de fac.	Fecha de fac.	Proveedor/ acreedor	NIF	Base imponible	Tipo de IVA	Cuota	Importe total

2.3.4. Asientos tipo de compras

Como veremos en la simulación, el proceso contable fundamental es la confección del libro Diario, a partir del cual se generan todos los demás libros registro comentados, a excepción del libro de almacén, que se confecciona extracontablemente.

> **Recuerda**
>
> Sobre los documentos que nos servirán de soporte en la elaboración de los asientos contables, deberemos indicar, con el objeto de poder identificarlos y para comprobar adecuadamente nuestra contabilidad:
>
> - El **número de asiento** en el que queda registrado en el Diario.
> - Un **sello con la palabra *Contabilizado*,** para que se distingan los documentos que ya se han registrado en contabilidad y no se produzca ninguna duplicidad.
>
> CONTABILIZADO

Asientos tipo

Los asientos tipo de compras de mercaderías se recogen a continuación:

- Al recibir la mercancía y la correspondiente factura de la compra:

Debe	N.º	Cód.	Cuentas	Cód.	Haber
			Fecha del asiento		
		600 472	Compra a de mercaderías a H. P. IVA soportado a Proveedores [BI = (600) × tipo de IVA] (importe 600 + 472)	 400	

- Si se formaliza la deuda en un efecto aceptado, el asiento sería el siguiente:

Debe	N.º	Cód.	Cuentas	Cód.	Haber
			Fecha del asiento		
		400	Proveedores a Proveedores, efectos comerciales a pagar	401	

- Al realizar la compra de las mercancías con envases o embalajes que son retornables al proveedor.

Debe	N.º	Cód.	Cuentas	Cód.	Haber
			Fecha del asiento		
		600 406 472	Compra de mercaderías Envases y embalajes a devolver a proveedores H. P. IVA soportado [BI = (600 + 406) × tipo de IVA] a Proveedores (importe 600 + 406 + 472)	 400	

- Si se realiza la devolución de envases y nos emiten la factura rectificativa:

Debe	N.º	Cód.	Cuentas	Cód.	Haber
			Fecha del asiento		
		400	Proveedores a Envases y embalajes a devolver a proveedores a H. P. IVA soportado	406 472	

- Si los envases no se devuelven por haberse roto o deteriorado, la empresa los contabiliza como **compras de otros aprovisionamientos.** En este caso, no hay que ajustar el IVA soportado porque ya está contabilizado en la compra y, al no devolver los envases, tenemos que pagarlo:

Debe	N.º	Cód.	Cuentas			Cód.	Haber
				Fecha del asiento			
		602	Compras de otros aprovisionamientos	a	Envases y embalajes a devolver a proveedores	406	

Aspectos que debemos tener en cuenta en cada documento

Vamos a examinar qué contiene la factura y en qué debemos fijarnos para poder contabilizar correctamente el documento; lo mostraremos a través de un modelo de factura que tomamos como ejemplo.

Fecha del asiento contable

Los datos del **proveedor** servirán para dar de alta la subcuenta 400 Proveedores e identificar a quién corresponde la factura

Fabricación de Mobiliario, SL

C/ PINO, 1
469002 Valencia
NIF: B96123333

El cliente en una factura de compras; serán los datos de **nuestra empresa**

Cliente:	MOBILIARIO OFICINA, SLS	FECHA:	15/11/20X0
Domicilio:	C/ MASÍA, 10 (P. I. MASÍA DEL JUEZ)		
	TORRENT (VALENCIA)	FACTURA:	360
NIF:	B9600000		

El **número** se indicará en la descripción del asiento (S/FAC. N.º 360) y en el registro de IVA en el número de documento 360.

De aquí extraemos: las **subcuentas de compras** 600.1 Compra estantería despacho, 600.2 Compra mesa, etc. Los **importes** de las subcuentas serán 16.000,00; 12.000,00, etcétera.

Código	Artículo	Unidades	Precio ud.	Total
ESD	ESTANTERÍA DESPACHO	40	400,00 €	16.000,00 €
MED	MESAS SERIE DESPACHO	50	240,00 €	12.000,00 €
MAD	MUEBLE AUXILIAR DESPACHO	24	400,00 €	9.600,00 €
	TOTAL			37.600,00 €
BASE IMPONIBLE				37.600,00 €

IVA	21,00 %	10,00 %	4,00 %	TOTAL	
	7.896,00 €			CUOTA IVA	7.896,00 €
Rec. equiv.	5,2 %	1,40 %	0,50 %		
			Total factura		**45.496,00 €**

FORMA DE PAGO	
22.748,00 €	15/11/20X0
22.748,00 €	15/12/20X0

DOCUMENTO EDUCATIVO SIN VALOR LEGAL

La información de cómo se realizará el pago supondrá un movimiento posterior y un asiento contable, donde utilizaremos las cuentas de tesorería del grupo 57

Total de la factura: importe de la subcuenta 400 Proveedores

Importe de la **cuota de IVA:** subcuenta contable 472

Figura 2.7. Detalle del desglose contable de una factura recibida.

Actividad resuelta 2.3.

Con los datos de la Actividad resuelta 2.1, generaremos las facturas de compra y las registraremos contablemente. Recordamos que PERFUMASA realiza dos compras en el mes de mayo:

El día 10 de mayo compra 1.500 uds. a 30 €/ud. Albarán n.° A/055. Factura n.° 5515.

El día 18 de mayo compra 2.500 uds. a 25 €/ud. Albarán n.° A/080. Factura n.° 8015.

Confecciona el libro registro de facturas recibidas.

Solución:

Una vez que tenemos la factura o facturas de las compras, tenemos que localizar la información que necesitamos para realizar el asiento contable: la fecha de la factura; su número; la identificación del proveedor, para crear la subcuenta correspondiente; la descripción de los artículos, para crear las subcuentas de compras respectivas; el importe de la factura sin IVA, que se registrará en la cuenta de compras; el importe de la cuota de IVA, que se contabilizará en la cuenta correspondiente de IVA soportado, y el total de la factura que abonaremos a proveedores.

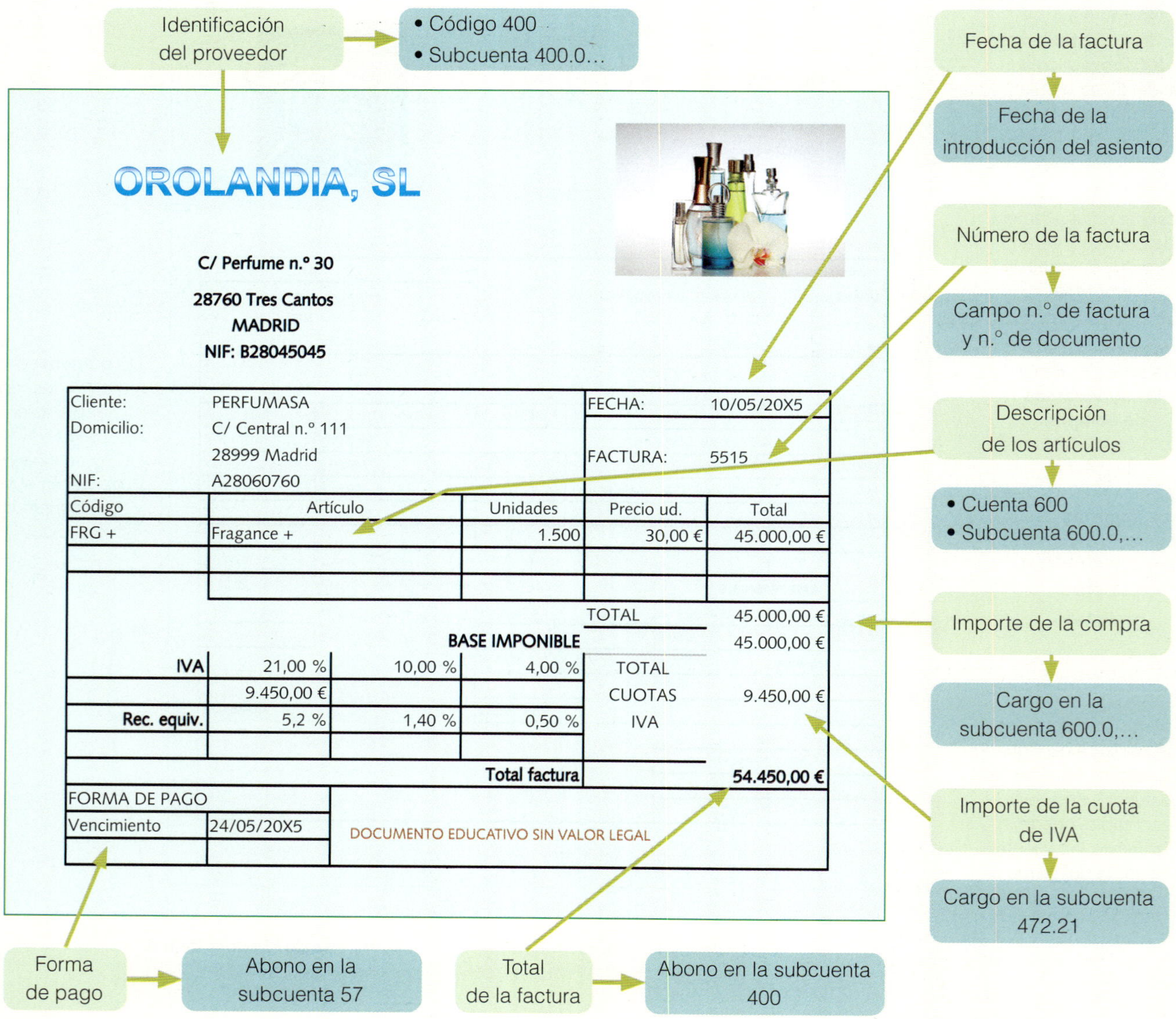

OROLANDIA, SL

C/ Perfume n.° 30
28760 Tres Cantos
MADRID
NIF: B28045045

Cliente:	PERFUMASA	FECHA:	10/05/20X5
Domicilio:	C/ Central n.° 111		
	28999 Madrid	FACTURA:	5515
NIF:	A28060760		

Código	Artículo	Unidades	Precio ud.	Total
FRG +	Fragance +	1.500	30,00 €	45.000,00 €
			TOTAL	45.000,00 €
			BASE IMPONIBLE	45.000,00 €

IVA	21,00 %	10,00 %	4,00 %	TOTAL CUOTAS IVA	9.450,00 €
	9.450,00 €				
Rec. equiv.	5,2 %	1,40 %	0,50 %		
				Total factura	**54.450,00 €**

FORMA DE PAGO	
Vencimiento	24/05/20X5

DOCUMENTO EDUCATIVO SIN VALOR LEGAL

Del mismo modo procedemos con la otra factura:

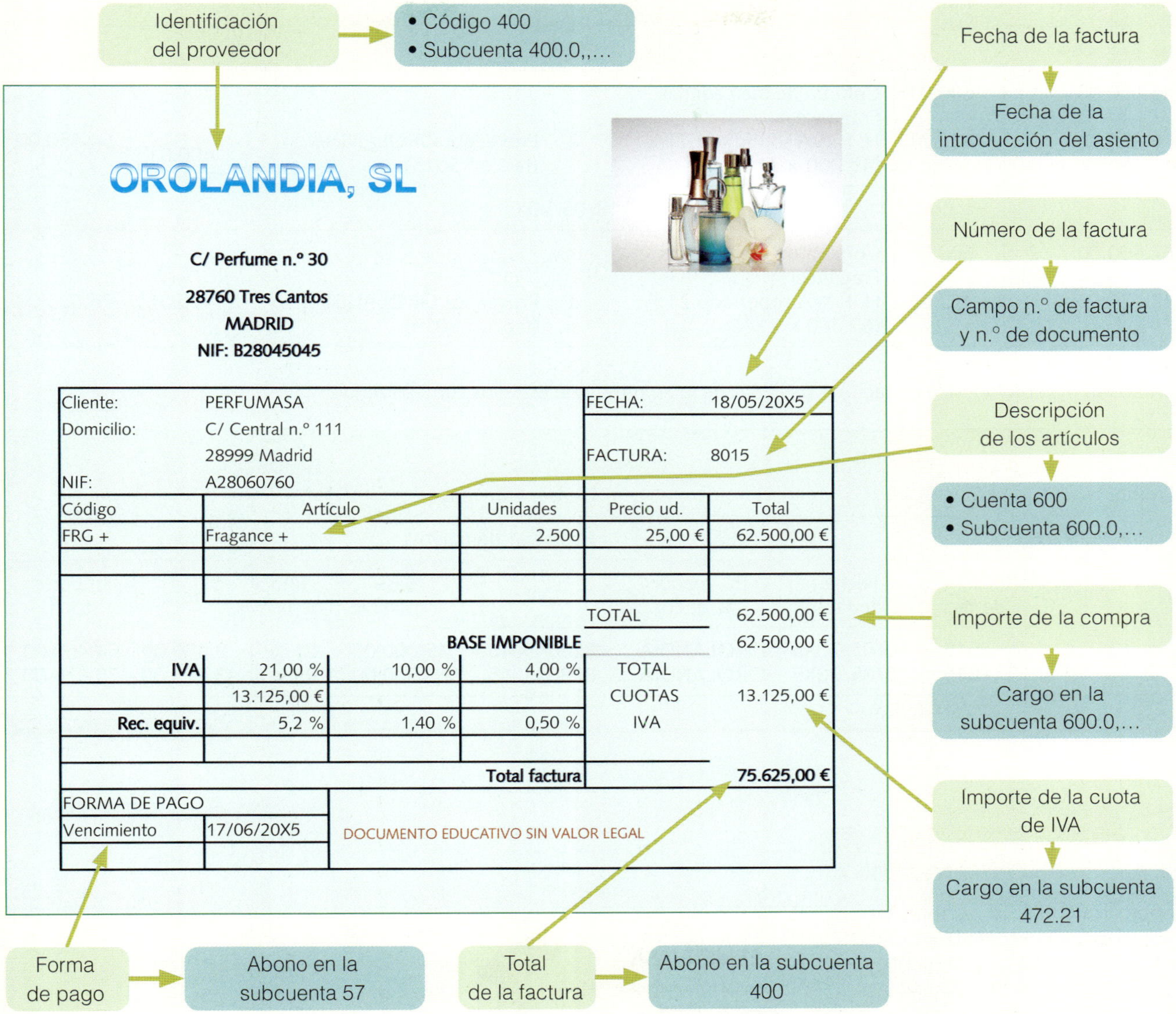

Tenemos que crear las subcuentas correspondientes de compras del producto y del proveedor, así como la del IVA, para poder contabilizar:

Código	Nombre de la cuenta de cargo
600.01	Compra de mercaderías Fragance +
400.01	Proveedor OROLANDIA
401.01	OROLANDIA, efectos comerciales a pagar
472.21	H. P. IVA soportado 21 %
572.01	Banco comercial

La documentación y contabilización de los pagos los veremos en la Unidad 6

(continúa)

Una vez que tenemos las subcuentas y los documentos, realizamos el registro contable de las compras en el libro Diario:

Debe	N.º	Código	Nombre cuenta de cargo	Fecha	Nombre cuenta de abono	Código	Haber
				10/05/20X5			
45.000,00 9.450,00	1	600.01 472.21	Compra de mercaderías Fragance + H. P. IVA soportado 21 % (45.000 × 21 %)	a	Proveedor OROLANDIA (fac. n.º 5515)	400.01	54.450,00
				18/05/20X5			
62.500,00 13.125,00	2	600.01 472.21	Compra de mercaderías Fragance + H. P. IVA soportado 21 % (62.500 × 21 %)	a	Proveedor OROLANDIA (fac. n.º 8015)	400.01	75.625,00

Confección del libro registro de facturas recibidas de la empresa que estamos contabilizando:

Libro registro de facturas recibidas									
EMPRESA: PERFUMASA					Desde: 1 de mayo			Año	20X5
NIF: A28060760					Hasta: 31 de mayo				
N.º	Asiento	N.º de fac.	Fecha de fac.	Proveedor/ acreedor	NIF	Base imponible	Tipo de IVA	Cuota	Importe total
1	1	5515	10/05/20X5	OROLANDIA	B28045045	45.000,00	21 %	9.450,00	54.450,00
2	2	8015	18/05/20X5	OROLANDIA	B28045045	62.500,00	21 %	13.125,00	75.625,00

Actividad resuelta 2.4.

Contabilizaremos la factura de compra de cemento de la empresa ALMACEMUSA de la Actividad resuelta 2.2, en la que aparecen envases a devolver, para, posteriormente, realizar la devolución de los envases. La nota de crédito es la que aparece a continuación. Confecciona el libro registro de facturas recibidas.

CEMENVASA
C/ Camino Paterna n.º 44
46015 VALENCIA
NIF: A96811123
Teléfono: 965001050 Fax: 965001051

FECHA: 30/04/20X5
FACTURA RECTIFICATIVA: **R/62**

CLIENTE:
ALMACEMUSA
C/ Cartagena n.º 55
30008 MURCIA
NIF: A73544554
Teléfono: 968323232

N.º de factura original: 6015

DESCRIPCIÓN	UDS.	PRECIO	IMPORTE €
Palés a devolver	50	20,00	−1.000,00
		SUBTOTAL	−1.000,00
DOCUMENTO EDUCATIVO SIN VALOR LEGAL		IVA 21 %	−210,00
		TOTAL	−1.210,00

Solución:

Registro contable de la compra de cemento por ALMACEMUSA:

Debe	N.º	Código	Nombre cuenta de cargo	Fecha	Nombre cuenta de abono	Código	Haber
				20/04/20X5			
6.562,50	1	600.02	Compra mds. cemento gris 40 kg (6.750 + 150 – 337,5)				
1.000,00		406.02	Envases a devolver CEMENVASA				
1.588,13		472.21	H. P. IVA soportado 21 % (7.562,5 × 21 %)	a	Proveedor CEMENVASA (fac. n.º 6015)	400.02	9.150,63
				30/04/20X5			
1.210,00	2	400.02	Proveedor CEMENVASA (nota de crédito R/62. Fac. 6015)	a	Envases a devolver CEMENVASA	406.02	1.000,00
					H. P. IVA soportado 21 %	472.21	210,00

Confección del libro registro de facturas recibidas de la empresa que estamos contabilizando:

Libro registro de facturas recibidas									
EMPRESA: ALMACEMUSA					Desde: 1 de abril			Año	20X5
NIF: A73544554					Hasta: 30 de abril				
N.º	Asiento	N.º de fac.	Fecha de fac.	Proveedor/ acreedor	NIF	Base imponible	Tipo de IVA	Cuota	Importe total
1	1	6015	20/04/20X5	CEMENVASA	A96811123	7.562,50	21 %	1.588,13	9.150,63
2	2	R/62	30/04/20X5	CEMENVASA	A96811123	–1.000,00	21 %	–210,00	–1.210,00

Supongamos el mismo caso, pero que se devuelvan solamente la mitad de los envases, porque la otra mitad se han deteriorado o roto y no cabe la posibilidad de recuperarlos. Es este caso, la nota de crédito sería como la anterior, pero por la mitad del importe, es decir, envases a devolver 500 € e IVA 105 €. El asiento sería el siguiente:

Debe	N.º	Código	Nombre cuenta de cargo	Fecha	Nombre cuenta de abono	Código	Haber
				30/04/20X5			
605,00	2	400.02	Proveedor CEMENVASA (500 envases + 105 IVA)	a	Envases a devolver CEMENVASA	406.02	1.000,00
500,00		602.01	Compra de otros aprovisionamientos (resto de envases)	a	H. P. IVA soportado 21 % (500 × 21 %) envases devueltos	472.21	105,00

El libro registro de facturas recibidas sería el siguiente:

Libro registro de facturas recibidas									
EMPRESA: ALMACEMUSA					Desde: 1 de abril			Año	20X5
NIF: A73544554					Hasta: 30 de abril				
N.º	Asiento	N.º de fac.	Fecha de fac.	Proveedor/ acreedor	NIF	Base imponible	Tipo de IVA	Cuota	Importe total
1	1	6015	20/04/20X5	CEMENVASA	A96811123	7.562,50	21 %	1.588,13	9.150,63
2	2	R/62	30/04/20X5	CEMENVASA	A96811123	–500,00	21 %	–105,00	–605,00

Importante

Si el **IVA está incluido en el importe** que tenemos que anticipar:

X/(1 + tipo de IVA) =
= IMPORTE DE 407

Ejemplo: importe del anticipo 1.210 €, tipo de IVA del 21 %.

Solución: 1.210/(1 + 0,21) =
= 1.210/1,21 = 1.000 €,
IMPORTE DE LA CUENTA 407

Sabías que

Un anticipo supone la emisión por parte del proveedor de una factura: habrá que reflejarla en el libro registro de facturas recibidas y en el Mayor del proveedor.

Anticipos a proveedores

En ocasiones, se anticipa al proveedor una cantidad de dinero para una futura compra, bien para reservar las mercancías, bien para asegurar el suministro, en cuyo caso se generan los siguientes asientos:

- Cuando se produce el anticipo, el proveedor nos emite la correspondiente factura y procedemos al pago de esta:

Debe	N.º	Cód.	Cuentas			Cód.	Haber
			Fecha del asiento				
		407 472	Anticipos a proveedores H. P. IVA soportado (407 × tipo de IVA)	a	Proveedores	400	
		400	Proveedores	a a	Caja, euros Bancos c/c vista, euros	570 572	Efectivo/ contado

- Al recibir la factura de la mercancía donde nos descuentan el anticipo:

Debe	N.º	Cód.	Cuentas			Cód.	Haber
			Fecha del asiento				
		600 472	Compra de mercaderías H. P. IVA soportado [BI = (600 – 407) × tipo de IVA]	a a	Anticipos a proveedores Proveedores (importe 600 + + 472 – 407)	407 400	

Actividad resuelta 2.5.

ALMACEMUSA, con el fin de garantizar el suministro de cemento gris, el día 5 de mayo realiza un anticipo al proveedor CEMENVASA por un importe de 2.420 €, con un 21 % de IVA incluido. Realiza una transferencia a la cuenta del proveedor. El proveedor emite la factura del anticipo.

Con fecha 15 de mayo, recibe la factura de compra del cemento gris, donde se compensa el importe del anticipo.

Los documentos que corresponden a las operaciones indicadas son los siguientes:

CEMENVASA
C/ Camino Paterna n.º 44
46015 VALENCIA
NIF: A96811123
Teléfono: 965001050 Fax: 965001051

FECHA: 05/05/20X5
FACTURA N.º: 6059

CLIENTE:
ALMACEMUSA
C/ Cartagena n.º 55
30008 MURCIA
NIF: A73544554
Teléfono: 968323232

Forma de pago: Talón nominativo

DESCRIPCIÓN	UDS.	PRECIO	IMPORTE €
Anticipo			2.000,00
		SUBTOTAL	2.000,00
		IVA 21 %	420,00
		TOTAL	2.420,00

DOCUMENTO EDUCATIVO SIN VALOR LEGAL

CEMENVASA
C/ Camino Paterna n.º 44
46015 VALENCIA
NIF: A96811123
Teléfono: 965001050 Fax: 965001051

FECHA: 15/05/20X5
FACTURA N.º: 6060

CLIENTE:
ALMACEMUSA
C/ Cartagena n.º 55
30008 MURCIA
NIF: A73544554
Teléfono: 968323232

Forma de pago
Vencimiento: 14/06/20X5

DESCRIPCIÓN	UDS.	PRECIO	IMPORTE €
Cemento gris 40 kg	2.000	4,50	9.000,00
Anticipo factura n.º 6059			–2.000,00
		SUBTOTAL	7.000,00
DOCUMENTO EDUCATIVO SIN VALOR LEGAL		IVA 21 %	1.470,00
		TOTAL	8.470,00

Realiza los asientos contables y confecciona el libro registro de facturas recibidas.

Solución:

Registro contable de la operación:

Debe	N.º	Código	Nombre cuenta de cargo	Fecha	Nombre cuenta de abono	Código	Haber
				05/05/20X5			
2.000,00	3	407.01	Anticipo proveedor CEMENVASA (2.420/1,21 = 2.000) (fac. n.º 6059)				
420,00		472.21	H. P. IVA soportado 21 % (2.000 × 0,21= 420)	a	Proveedor CEMENVASA (fac. n.º 6059)	400.02	2.420,00
				05/05/20X5			
2.420,00	4	400.02	Proveedor CEMENVASA (fac. n.º 6059)	a	Bancos comercial c/c, euros	572.01	2.420,00
				15/05/20X5			
9.000,00	5	600.02	Compra mds. cemento gris 40 kg				
1.470,00		472.21	H. P. IVA soportado 21 % (9.000 – 2.000) × 21 %	a	Anticipo proveedor CEMENVASA	407.01	2.000,00
				a	Proveedor CEMENVASA (fac. n.º 6060)	400.02	8.470,00

Libro registro de facturas recibidas									
EMPRESA: ALMACEMUSA					Desde: 1 de mayo			Año	20X5
NIF: A73544554					Hasta: 31 de mayo				
N.º	Asiento	N.º de fac.	Fecha de fac.	Proveedor/ acreedor	NIF	Base imponible	Tipo de IVA	Cuota	Importe total
3	3	6059	5/05/20X5	CEMENVASA	A96811123	2.000,00	21 %	420,00	2.420,00
4	5	6060	15/05/20X5	CEMENVASA	A96811123	7.000,00	21 %	1.470,00	8.470,00

Actividad propuesta 2.2.

La empresa INFORMÁTICOS, SL se dedica a la comercialización de componentes informáticos. Durante el mes de junio, realiza las siguientes operaciones de compra de las mercancías que utilizan en su actividad:

- Reciben dos facturas de su proveedor PLUSPC, SL, con fechas 1 y 10 de junio. Las compras corresponden a ordenadores, impresoras y monitores, que son los tres productos que comercializan. Acepta un efecto comercial por el total de las operaciones, de vencimiento a 60 días.

  La información de las facturas de compra es la siguiente:

Fecha	01/06/20X5	Proveedor	PLUSPC, SL
N.º de factura	1256	NIF	B43525100
Producto	**Uds.**	**Precio**	**Importe**
ORDENADOR	15	650	9.750
MONITOR	25	160	4.000
IMPRESORAS	20	110	2.200
		SUBTOTAL	15.950
DTO.:	5 %	797,5	
GASTOS:		90	
BI	**IVA**	**CUOTA**	**TOTAL FACTURA**
15.242,50	**21 %**	**3.200,93**	**18.443,43 €**

Fecha	10/06/20X5	Proveedor	PLUSPC, SL
N.º de factura	2566	NIF	B43525100
Producto	**Uds.**	**Precio**	**Importe**
ORDENADOR	10	600	6.000
MONITOR	30	150	4.500
IMPRESORAS	80	100	8.000
		SUBTOTAL	18.500
DTO.:	0 %	0	
GASTOS:		0	
BI	**IVA**	**CUOTA**	**TOTAL FACTURA**
18.500,00	**21 %**	**3.885,00**	**22.385,00 €**

- La empresa considera apropiado iniciar relaciones comerciales con un nuevo proveedor, ORDENATAS, SL, y, al efectuarles el nuevo pedido, solicita que le desembolse, a través de transferencia bancaria, 3.630 € en concepto de anticipo. Recibe la correspondiente factura de anticipo y, a los 15 días, la factura junto con la mercancía, compensando en esta el importe que había desembolsado. Paga por banco el total adeudado. La información de las facturas recibidas se detalla a continuación.

ORDENATAS, SL		FECHA:	15/06/20X5
NIF: B52454400		FAC. N.º	25554
ANTICIPO FUTURAS COMPRAS			3.000
	IVA	21 %	630
		TOTAL	**3.630,00 €**

ORDENATAS, SL		FECHA:	30/06/20X5
NIF: B52454400		FAC. N.º	28456
Producto	**Uds.**	**Precio**	**Importe**
ORDENADOR	20	590	11.800
MONITOR	10	140	1.400
IMPRESORAS	50	95	4.750
		SUBTOTAL	17.950
ANTICIPO		–3.000	
BI	**IVA**	**CUOTA**	**TOTAL FACTURA**
14.950,00	**21 %**	**3.139,50**	**18.089,50 €**

Elabora el libro Diario, anotando los asientos contables que corresponden a los documentos descritos, indicando las subcuentas que debemos utilizar y valorándolas de modo adecuado (los gastos de las compras los repartiremos proporcionalmente según los importes brutos de la mercancía adquirida).

Actividad propuesta 2.3.

La empresa COMERMADER, SL, dedicada a la compraventa de productos para la madera, con domicilio en Sevilla, realiza durante el mes de abril diferentes operaciones de compra de las mercancías que comercializa.

- Los días 01/04/20X6 y 05/04/20X6, recibe las siguientes facturas de su proveedor MADERTIC, SL. Se adquieren tableros de madera de pino y pulimentos para la madera, junto con unos envases con facultad de devolución.

Fecha	01/04/20X6	Proveedor	MADERTIC, SL
N.º de factura	1256	NIF	B41798700
Producto	**Uds.**	**Precio**	**Importe**
M. PINO	1.000	5	5.000
PULIMENTO	200	3,5	700
ENVASES RETORNABLES	200	2	400
		SUBTOTAL	6.100
DTO. P/P:	5 %	285	
GASTOS DE TRANSPORTE:		100	
BI	**IVA**	**CUOTA**	**TOTAL FACTURA**
5.915,00	**21 %**	**1.242,15**	**7.157,15 €**

Fecha	05/04/20X6	Proveedor	MADERTIC, SL
N.º de factura	1304	NIF	B41798700
Producto	**Uds.**	**Precio**	**Importe**
M. PINO	2.000	5	10.000
PULIMENTO	150	4,5	675
ENVASES RETORNABLES	150	2	300
		SUBTOTAL	10.975
DTO. P/P:	1 %	106,75	
GASTOS DE TRANSPORTE:		100	
BI	**IVA**	**CUOTA**	**TOTAL FACTURA**
10.968,25	**21 %**	**2.303,33**	**13.271,58 €**

- El día 15/04/20X6, decide devolver la mitad de los envases que se reflejan en las facturas (175 unidades). Del resto de los envases, 50 unidades se han deteriorado y 125 se han vendido junto con la mercancía. La empresa MADERTIC, SL emite una factura rectificativa, descontando esta del importe de la deuda pendiente con el proveedor. Envía un cheque bancario por el total que se le adeuda.

Fecha	15/04/20X6	Proveedor	MADERTIC, SL
N.º de factura rectificativa	R/253 (ABONO)	NIF	B41798700
N.º de facturas que rectifica	1256, 1304		
Producto	**Uds.**	**Precio**	**Importe**
ENVASES RETORNABLES	–175	2	–350
		SUBTOTAL	–350
BI	**IVA**	**CUOTA**	**TOTAL ABONO**
350,00	**21 %**	**–73,50**	**–423,50 €**

- El día 18/04/20X6, la empresa solicita mercancía a un nuevo proveedor, TRONQUITOS, SL, por lo que le entrega un cheque, en concepto de entrega a cuenta, de 3.630 €. Recibe la factura de compra 12 días después.

(continúa)

TRONQUITOS, SL		FECHA:	18/04/20X6
NIF: B50245440		FAC. N.º	25554
ANTICIPO FUTURAS COMPRAS			3.000
	IVA	21 %	630
		TOTAL	3.630 €

TRONQUITOS, SL		FECHA:	30/04/20X6
NIF: B50245440		FAC. N.º:	28456
Producto	**Uds.**	**Precio**	**Importe**
M. PINO	2.500	6	15.000
PULIMENTO	300	4	1.200
ENVASES A DEVOLVER	300	2	600
		SUBTOTAL	16.800
ENTREGA A CUENTA:		3.000	
GASTOS:		80	
BI	**IVA**	**CUOTA**	**TOTAL FACTURA**
13.880,00	**21 %**	**2.914,80**	**16.794,80 €**

- La empresa decide quedarse la totalidad de los envases y acepta un efecto comercial a 60 días.

Elabora el libro Diario, anotando los asientos contables que corresponden a los documentos descritos, indicando las subcuentas que se deben utilizar y valorándolas de modo adecuado (los gastos de las compras se reparten proporcionalmente según los importes brutos de la mercancía adquirida).

Actividad propuesta 2.4.

Con fecha 1 de noviembre del ejercicio 20X6, la empresa COMPLEMENTOS ESCOLARES, SL presenta el siguiente inventario de las mercancías que comercializa:

Productos	N.º de unidades	Precio por unidad	Valor total	Método de valoración
Carteras escolares	100	9	900	PMP
Estuches escolares	150	3	450	FIFO
Carpetas escolares	200	4	800	PMP
Total existencias			2.150	

A lo largo del último trimestre, recibe de sus dos únicos proveedores las siguientes facturas de compra:

- El día 1 de noviembre, recibe la factura del proveedor ESCOLARES, SL que se detalla a continuación. El pago de la factura se realizará con fecha 15 de noviembre por transferencia bancaria. Se efectúa el pago a través de la entidad bancaria BANCO PRO.

Fecha	01/11/20X6	Proveedor	ESCOLARES, SL
N.º de factura	1256	NIF	B89898989
Producto	**Uds.**	**Precio**	**Importe**
Carteras escolares	150	10	1.500
Estuches escolares	200	4	800
Carpetas escolares	250	3	750
		SUBTOTAL	**3.050**
DTO.: 5 %		152,50	
GASTOS:		60	
BI	**IVA**	**CUOTA**	**TOTAL FACTURA**
2.957,50	**21 %**	**621,08**	**3.578,58 €**

- El 30 de noviembre, recibe de otro proveedor, TODOCOLE, SL, un nuevo pedido, que entra en el almacén con la correspondiente factura de compra. Se acepta un efecto comercial del total de la factura, con vencimiento a 60 días.

Fecha	30/11/20X6	Proveedor	TODOCOLE, SL
N.º de factura	2566	NIF	B12345600
Producto	**Uds.**	**Precio**	**Importe**
Carteras escolares	300	9,50	2.850
Estuches escolares	200	3,50	700
Carpetas escolares	300	2,75	825
		SUBTOTAL	4.375
DTO.: 1 %		43,75	
GASTOS:		40	
BI	**IVA**	**CUOTA**	**TOTAL FACTURA**
4.371,25	**21 %**	**917,96**	**5.289,21 €**

- Durante el mes de diciembre, realiza dos compras más a sus proveedores y recibe una factura del 15 de diciembre de ESCOLARES, SL y otra el 30 de diciembre de TODOCOLE, SL. Los pagos de las facturas se efectuarán en el ejercicio siguiente, quedando pendiente su desembolso.

Fecha	15/12/20X6	Proveedor	Escolares, SL
N.º de factura	2010	NIF	B89898989
Producto	**Uds.**	**Precio**	**Importe**
Carteras escolares	400	10	4.000
Estuches escolares	300	4	1.200
Carpetas escolares	150	3	450
		SUBTOTAL	5.650
DTO.: 5 %		282,50	
GASTOS:		60	
BI	**IVA**	**CUOTA**	**TOTAL FACTURA**
5.427,50	**21 %**	**1.139,78**	**6.567,28**

Fecha	30/12/20X6	Proveedor	Todocole, SL
N.º de factura	4501	NIF	B12345600
Producto	**Uds.**	**Precio**	**Importe**
Carteras escolares	100	9,50	950
Estuches escolares	150	3,50	525
Carpetas escolares	300	2,75	825
		SUBTOTAL	**2.300**
DTO.: 1 %		23	
GASTOS:		40	
BI	**IVA**	**CUOTA**	**TOTAL FACTURA**
2.317,00	**21%**	**486,57**	**2.803,57 €**

Elabora para la empresa COMPLEMENTOS ESCOLARES, SL:

- El libro Diario, anotando los asientos contables que corresponden a los documentos descritos, indicando las subcuentas que hay que utilizar y valorándolas de modo adecuado (los gastos de las compras se reparten proporcionalmente según los importes brutos de la mercancía adquirida).
- Las fichas de almacén para cada uno de los productos, registrando las existencias iniciales y cada una de las entradas que se recogen en las diferentes facturas de compras. Se deben determinar, según el método de valoración, las existencias finales, el número de unidades y el precio unitario que hay que utilizar.

Recuerda

Los documentos que reflejan los descuentos o devoluciones son las **facturas rectificativas,** que son aquellas que indicarán en el caso de devoluciones las facturas que modifican. En el número del documento de la factura rectificativa, aparecerá como serie una R/ o una A/ (abono), para diferenciarla del resto de facturas.

2.3.5. Asientos rectificativos de compras: descuentos, bonificaciones y *rappels* fuera de factura

Si se realiza un descuento posterior a la emisión de la factura, tenemos que rectificar la operación principal con los ajustes en la compra y en el IVA soportado correspondiente.

Cuentas rectificativas para compras

En la práctica, se realizan descuentos o devoluciones en un momento posterior a la emisión de la factura. Para ello, el PGC tiene cuentas específicas para cada operación rectificativa. Estas cuentas son las siguientes:

- **Cuenta 606 Descuentos sobre compras por pronto pago:** descuentos concedidos por anticipar el pago antes del vencimiento acordado que está fuera de factura.

- **Cuenta 608 Devoluciones de compras y operaciones similares:** remesas devueltas por incumplimiento de las condiciones del pedido o descuentos por la misma causa.

- **Cuenta 609 *Rappels* por compras:** descuentos que se conceden por haber alcanzado un determinado volumen de pedido.

En este tipo de operaciones rectificativas, hay que ajustar el IVA soportado porque disminuye el importe a pagar al proveedor.

Asientos rectificativos

- Para descuentos por pronto pago:

Debe	N.º	Cód.	Cuentas			Cód.	Haber
				Fecha del asiento			
		400	Proveedores	a	Descuentos sobre compras por pronto pago	606	
				a	H. P. IVA soportado (606 × tipo de IVA)	472	

- Para devoluciones de compras y operaciones similares:

Debe	N.º	Cód.	Cuentas			Cód.	Haber
				Fecha del asiento			
		400	Proveedores	a	Devoluciones de compras y operaciones similares	608	
				a	H. P. IVA soportado (608 × tipo de IVA)	472	

- Para *rappels* por compras:

Debe	N.º	Cód.	Cuentas	Cód.	Haber
			Fecha del asiento		
		400	Proveedores		
			a *Rappels* por compras	609	
			a H. P. IVA soportado (609 × tipo de IVA)	472	

Importante

Si el **IVA está incluido en el importe que tenemos que descontar o recibir,** se procede del mismo modo que en los anticipos.

X/(1 + tipo de IVA) = IMPORTE DE 606, 608 o 609

Ejemplo: importe de descuento 2.420€, tipo de IVA del 21 %.

Solución: 2.420/(1 + 0,21) = 2.420/1,21 = 2.000 €, IMPORTE DE LA CUENTA 606, 608 o 609.

Actividad resuelta 2.6.

Continuando con la Actividad resuelta 2.3, el día 24/05/20X5 la empresa paga la factura n.º 5515 de OROLANDIA con un pagaré. Posteriormente, se recibe una nota de crédito por un descuento por pronto pago de 500 €, a descontar de la factura pendiente de pago de los productos correspondientes a la factura n.º 8015 del 18 de mayo de OROLANDIA.

OROLANDIA, SL

C/ Perfume n.º 30

28760 Tres Cantos

MADRID

NIF: B28045045

Cliente:	PERFUMASA			FECHA:	28/05/20X5
Domicilio:	C/ Central n.º 111				
	28999 Madrid			FACTURA R:	6056
NIF:	A28060760				
Código	Concepto			Precio ud.	Total
FRG +	Descuento por p. p. fac. 5515				500,00 €
				TOTAL	500,00 €
			BASE IMPONIBLE		–500,00 €
IVA	21,00 %	10,00 %	4,00 %	TOTAL	
	–105,00 €			CUOTAS	–105,00 €
Rec. equiv.	5,2 %	1,40 %	0,50 %	IVA	
			Total factura		–605,00 €
FORMA DE PAGO		DOCUMENTO EDUCATIVO SIN VALOR LEGAL			

(continúa)

OROLANDIA practica un descuento de 1.000 € por no cumplir lo pactado en el formato de envase de los perfumes.

OROLANDIA, SL

C/ Perfume n.º 30
28760 Tres Cantos
MADRID
NIF: B28045045

Cliente:	PERFUMASA			FECHA:	30/05/20X5
Domicilio:	C/ Central n.º 111				
	28999 Madrid			FACTURA R:	6057
NIF:	A28060760				
Código	Concepto			Precio ud.	Total
FRG +	Devolución fac. 8015				1.000,00 €
				TOTAL	1.000,00 €
			BASE IMPONIBLE		–1.000,00 €
IVA	21,00 %	10,00 %	4,00 %	TOTAL	
	–210,00 €			CUOTAS	–210,00 €
Rec. equiv.	5,2 %	1,40 %	0,50 %	IVA	
			Total factura		**–1.210,00 €**
FORMA DE PAGO		DOCUMENTO EDUCATIVO SIN VALOR LEGAL			

También concede un *rappel* de 1.500 € por alcanzar la facturación el volumen que corresponde.

OROLANDIA, SL

C/ Perfume n.º 30
28760 Tres Cantos
MADRID
NIF: B28045045

Cliente:	PERFUMASA			FECHA:	30/05/20X5
Domicilio:	C/ Central n.º 111				
	28999 Madrid			FACTURA R:	6058
NIF:	A28060760				
Código	Concepto			Precio ud.	Total
FRG +	*Rappel*				1.500,00 €
				TOTAL	1.500,00 €
			BASE IMPONIBLE		–1.500,00 €
IVA	21,00 %	10,00 %	4,00 %	TOTAL	
	–315,00 €			CUOTAS	–315,00 €
Rec. equiv.	5,2 %	1,40 %	0,50 %	IVA	
			Total factura		**–1.815,00 €**
FORMA DE PAGO		DOCUMENTO EDUCATIVO SIN VALOR LEGAL			

Realiza el libro Diario de los apuntes anteriores y confecciona el libro registro de cuentas a pagar y la ficha de almacén por PMP.

Solución:

Registro contable de las operaciones:

Debe	N.º	Código	Nombre cuenta de cargo	Fecha	Nombre cuenta de abono	Código	Haber
				24/05/20X5			
54.450,00	5	400.01	Proveedor OROLANDIA (fac. n.º 5515)	a	Proveedor OROLANDIA, efectos comerciales a pagar (fac. n.º 5515)	401.01	54.450,00
				28/05/20X5			
605,00	6	400.01	Proveedor OROLANDIA	a	Descuento p/p de mercaderías Fragance + (fac. n.º R/6056)	606.01	500,00
				a	H. P. IVA soportado 21 % (605/1,21 = 500)	472.21	105,00
				30/05/20X5			
1.210,00	7	400.01	Proveedor OROLANDIA	a	Devoluciones de compras de mercaderías Fragance + (fac. n.º R/6057)	608.01	1.000,00
				a	H. P. IVA soportado 21 % (1.210/1,21 = 1.000)	472.21	210,00
				30/05/2015			
1.815,00	8	400.01	Proveedor OROLANDIA	a	*Rappels* por compras de mercaderías Fragance + (fac. n.º R/6058)	609.01	1.500,00
				a	H. P. IVA soportado 21 % (1.815/1,21 = 1.500)	472.21	315,00

Si realizamos el libro de cuentas a pagar de OROLANDIA, veremos que ha disminuido la deuda pendiente con este proveedor, debido a los ajustes de los descuentos, devoluciones y *rappels*. El saldo final será el siguiente:

Cuentas a pagar: proveedor OROLANDIA - **NIF:** B28045045					
Empresa: PERFUMASA		**Desde:** 1 de mayo		**Año**	20X5
NIF: A28060760		**Hasta:** 31 de mayo			
Asiento	**Fecha de Fac.**	**Descripción**	**Documento**	**Importe**	**Saldo**
1	10/05/20X5	Compra Fragance +	Fac. n.º 5515	54.450,00	54.450,00
2	18/05/20X5	Compra Fragance +	Fac. n.º 8015	75.625,00	130.075,00
5	24/05/20X5	Pago de fac. n.º 5515	Pagaré n.º 1.171.171-600.1	–54.450,00	75.625,00
6	28/05/20X5	Descuento p/p	Fac. n.º R/6056	–605,00	75.020,00
7	30/05/20X5	Devolución	Fac. n.º R/6057	–1.210,00	73.810,00
8	30/05/20X5	*Rappels*	Fac. n.º R/6058	–1.815,00	71.995,00

El saldo pendiente con el proveedor OROLANDIA a fecha 30 de mayo asciende a 71.995,00 €.

(continúa)

Ficha de almacén por PMP (partimos de la ficha elaborada previamente):

Ficha de almacén	PERFUMASA			Método	PMP					
Producto	Fragance +								Ficha n.º	1
Código	FRG +			*Stock* de seguridad		10				
Fecha	Conceptos	Entradas			Salidas			Existencias		
	Documento	Cantidad	Precio	Valor	Cantidad	Precio	Valor	Cantidad	Precio	Valor
01/05/20X5	Existencias iniciales	-	-	-	-	-	-	3.000	27,00	81.000
10/05/20X5	Compra, albarán n.º A/055	1.500	30,00	45.000				4.500	28,00	126.000
18/05/20X5	Compra, albarán n.º A/080	2.500	25,00	62.500				7.000	26,93	188.500
30/05/20X5	Devolución fac. n.º 6057				-	-	1.000	7.000	(*)26,79	187.500
30/05/20X5	*Rappel* fac. n.º 6058				-	-	1.500	7.000	(**)26,57	186.000

(*) PMP = (188.500 – 1.000) / 7.000 = 26,79 (el cálculo se realiza con todos los decimales).

(**) PMP = (187.500 – 1.500) / 7.000 = 26,57 (el cálculo se realiza con todos los decimales).

Aunque el número de unidades físicas es el mismo, disminuye su valor unitario como consecuencia de las devoluciones y los *rappels*.

Actividad propuesta 2.5.

La empresa DCE, SL se dedica a la comercialización al por mayor de prendas de vestir de caballero para ceremonias y eventos. Sus productos los clasifica en tres grupos en todas sus compras: trajes de caballero, camisas y corbatas. En ocasiones, los proveedores le ofrecen unos embalajes, siempre con la posibilidad de poder realizar la devolución de estos, para que la mercancía llegue a la empresa en perfectas condiciones.

Durante el mes de octubre, realiza las siguientes operaciones:

- 01/10/20X6. Realiza una compra a su proveedor ELEGANT, SL. Verifica la mercancía y la incluye en su almacén. El pago de la factura se efectuará transcurridos 60 días, cumpliendo con las condiciones que se negociaron con el proveedor.

Fecha	01/10/20X6	Proveedor	ELEGANT, SL
N.º de factura	3555	NIF	B88888888
Producto	**Uds.**	**Precio**	**Importe**
TRAJES DE HOMBRE	500	120	60.000
CAMISAS	700	20	14.000
CORBATAS	200	5	1.000
EMBALAJES	5	50	250
A DEVOLVER		**SUBTOTAL**	75.250
DTO. *RAPPELS*	5 %	3.750	
GASTOS:		0	
BI	**IVA**	**CUOTA**	**TOTAL FACTURA**
71.500,00	**21 %**	**15.015,00**	**86.515,00**

- 15/10/20X6. Devuelve al proveedor cuatro de los embalajes y uno decide quedárselo para utilizarlo en el transporte de la mercancía a sus clientes. La empresa consulta con el proveedor la posibilidad de anticipar el pago de la deuda, y este indica que, si lo realiza, aplicará sobre el valor de la mercancía un descuento del 2%. Dado el ahorro que supondría y aprovechando el excedente de tesorería que posee, decide desembolsar la deuda pendiente por transferencia bancaria, y el proveedor emite las facturas rectificativas.

Fecha	15/10/20X6	Proveedor	ELEGANT, SL
N.º de factura rectificativa	R/253 (ABONO)	NIF	B88888888
N.º de factura	3555		
	UNIDADES	PRECIO	IMPORTE
EMBALAJES DEV.	4	50	200
		SUBTOTAL	–200
GASTOS:			
BI	**IVA**	**CUOTA**	**TOTAL ABONO**
–200,00	**21 %**	**–42,00**	**–242,00 €**

Fecha	15/10/20X6	Proveedor	ELEGANT, SL
N.º de factura rectificativa	R/254 (ABONO)	NIF	B88888888
N.º de factura	3555		
			IMPORTE
Dto. por pronto pago	2 % sobre fac. n.º 3555	1.425,00	1.425,00
		SUBTOTAL	–1.425,00
GASTOS:			
BI	**IVA**	**CUOTA**	**TOTAL ABONO**
–1.425,00	**21 %**	**–299,25**	**–1.724,25 €**

- 16/10/20X6. La empresa considera apropiado empezar a trabajar con otros fabricantes, siguiendo las recomendaciones de sus comerciales. Lleva a cabo un importante pedido al proveedor BIENVESTIR, SL; este les exige un desembolso de 3.630 €, pago que se realiza por transferencia bancaria; la empresa emite factura del anticipo. El 22/10 llega la mercancía solicitada junto con la factura, aplicando el anticipo.

BIENVESTIR, SL		FECHA:	16/10/20X6
NIF: B52454444		FAC. N.º:	25554
ANTICIPO DE FUTURAS COMPRAS			3.000
	IVA	21 %	630
		TOTAL	3.630

BIENVESTIR, SL		FECHA:	22/10/20X6
NIF: B52454444		FAC. N.º:	28456
Producto	**Uds.**	**Precio**	**Importe**
TRAJES DE HOMBRE	250	110	27.500
CAMISAS	300	15	4.500
CORBATAS	300	6	1.800
EMBALAJES A DEVOLVER	4	30	120
		SUBTOTAL	33.920
ANTICIPO		3.000	
GASTOS:		676	
BI	**IVA**	**CUOTA**	**TOTAL FACTURA**
31.596,00	**21 %**	**6.635,16**	**38.231,16 €**

(continúa)

- 24/10/20X6. La empresa verifica que la nueva mercancía adquirida cumple con las exigencias de calidad. Observa que la confección no se realiza en la línea de sus clientes más exigentes y solicita un descuento de un 5 %; en caso contrario, devolverá toda la compra realizada. BIENVESTIR, SL lamenta lo ocurrido y concede un descuento del porcentaje que se le ha indicado. Emite una factura rectificativa junto con los embalajes que se le han devuelto también. Se acepta un efecto con vencimiento a 30 días por el importe de la deuda pendiente con el proveedor.

BIENVESTIR, SL		FECHA:	24/10/20X6
NIF: B52454444		FAC. RECTIFICATIVA N.º:	R/13 (ABONO)
N.º DE FACTURA ORIGINAL:	28456		
Producto	**Uds.**	**Precio**	**Importes**
EMBALAJES A DEVOLVER	4	30	120
DTO. POR BAJA CALIDAD DEL PRODUCTO	5 %	1.690	1.690
		SUBTOTAL	–1.810
BI	**IVA**	**CUOTA**	**TOTAL ABONO**
–1.810,00	**21 %**	**–380,10**	**–2.190,10 €**

- 25/10/20X6. La empresa revisa su almacén y considera apropiado efectuar una nueva compra a un proveedor habitual, TODOVESTIR, SL. Recibe la factura y, al comprobar la mercancía, le comunica que existe una partida defectuosa que procede a devolver (recoge el departamento de almacén el albarán de salida).
- Sin ningún problema, TODOVESTIR, SL emite la factura rectificativa con fecha 30/10/20X6. La empresa acepta un efecto con vencimiento a 60 días del importe que se adeuda.

Fecha: 25/10/20X6		Proveedor: TODOVESTIR, SL	
N.º de factura	1304	NIF: B191817	
Producto	**Uds.**	**Precio**	**Importe**
TRAJES DE HOMBRE	200	115	23.000
CAMISAS	150	22	3.300
CORBATAS	150	8	1.200
		SUBTOTAL	27.500
DTO.:		0	
GASTOS:			
BI	**IVA**	**CUOTA**	**TOTAL FACTURA**
27.500,00	**21 %**	**5.775,00**	**33.275,00**

Fecha: 30/10/20X6		Proveedor: TODOVESTIR, SL	
N.º de factura rectificativa	R/13 (ABONO)	NIF: B191817	
N.º de factura	1304		
Producto	**Uds.**	**Precio**	**Importe**
TRAJES DE HOMBRE	5	115	575
CAMISAS	10	22	220
CORBATAS	5	8	40
		SUBTOTAL	–835
DTO.:		0	
GASTOS:			
BI	**IVA**	**CUOTA**	**TOTAL FACTURA**
–835,00	**21 %**	**–175,35**	**–1.010,35**

Elabora para la empresa DCE, SL:

- El libro Diario, anotando los asientos contables que corresponden a los documentos descritos, indicando las subcuentas que debemos utilizar y valorándolas de modo adecuado (los gastos de las compras se repartirán proporcionalmente según los importes brutos de la mercancía adquirida).
- El Mayor de las cuentas de proveedores.

Mapa conceptual

Esquema del proceso de compras

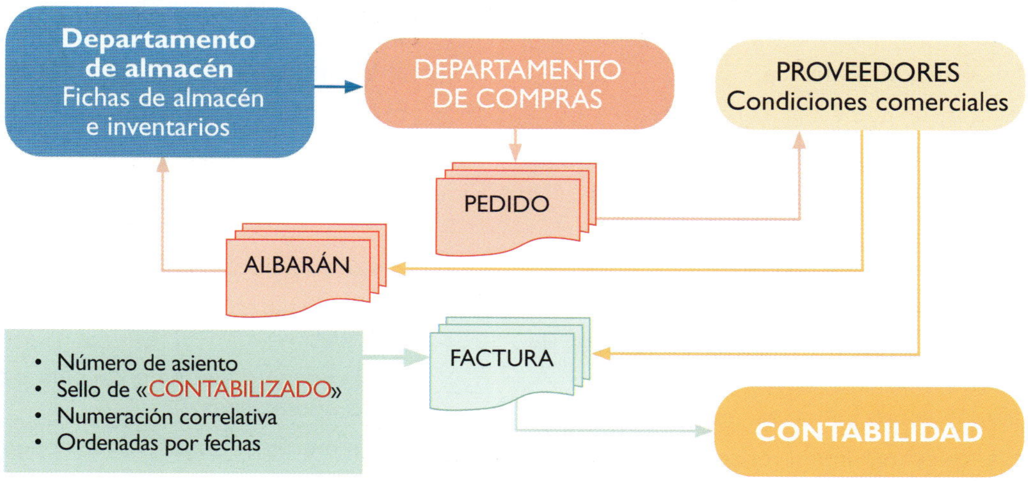

Registro contable de existencias

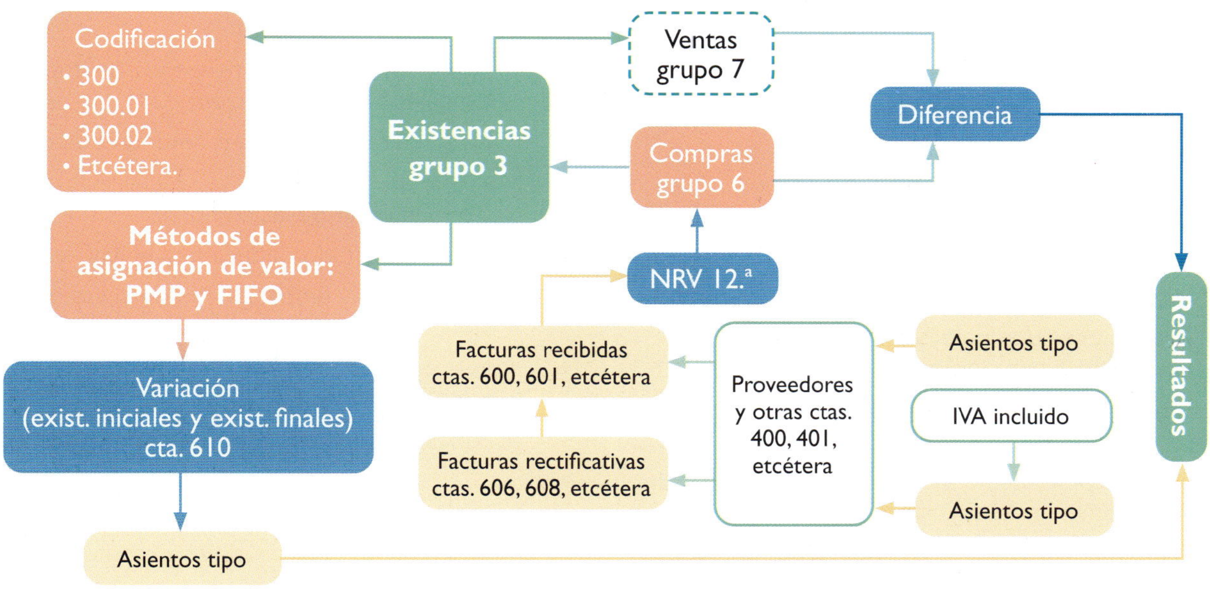

Actividades finales

De comprobación

2.1. El pedido de una compra de productos puede surgir de:

a) Una conversación telefónica.

b) Una visita de un comercial a la empresa.

c) Una necesidad surgida en la empresa.

d) Todas las opciones anteriores son correctas.

2.2. Con la factura y la factura rectificativa:

a) Se confecciona el inventario de existencias.

b) Se realizan los asientos contables de compras de mercaderías.

c) Se realiza la valoración de existencias.

d) Todas las opciones anteriores son correctas.

2.3. ¿Qué departamentos están directamente relacionados con el departamento de contabilidad?

a) El departamento de almacén, de compras y el financiero.

b) El departamento de *marketing* y el jurídico.

c) El departamento de contabilidad no está relacionado con otros departamentos.

d) Ninguna de las opciones anteriores es correcta.

2.4. Las existencias son:

a) Suministros que adquiere una empresa para ser vendidos.

b) Suministros para ser almacenados y no vendidos.

c) Activos poseídos para ser vendidos en el curso normal de la explotación.

d) Ninguna de las opciones anteriores es correcta.

2.5. Cuando se produce un ajuste en una operación de compra derivado de devoluciones o descuentos:

a) Tiene que cargarse el IVA soportado correspondiente.

b) Tiene que abonarse el IVA soportado correspondiente.

c) El IVA no se toca, pues está contabilizado en la compra correctamente.

d) Ninguna de las opciones anteriores es correcta.

2.6. En el subgrupo 32 Otros aprovisionamientos, se registran:

a) Las mercaderías y las materias primas.

b) Los envases y los embalajes.

c) Los subproductos y residuos.

d) Todas las opciones anteriores son correctas.

2.7. Los documentos contables de compras constituyen:

a) Un elemento que prueba la existencia de la empresa.

b) El elemento fundamental para poder contabilizar las operaciones.

c) Un medio de prueba de los pagos realizados.

d) Todas las opciones anteriores son correctas.

2.8. Las existencias se valoran inicialmente por:

a) El precio de compra menos los descuentos más el IVA soportado deducible.

b) El precio de compra más los descuentos más los gastos de la operación.

c) El precio de compra menos los descuentos más los gastos de la operación.

d) Ninguna de las opciones anteriores es correcta.

2.9. No forman parte de las compras:

a) El IVA soportado deducible o el IGIC en su caso.

b) Los envases y embalajes con facultad de devolución.

c) Los descuentos y las bonificaciones realizados fuera de factura.

d) Todas las opciones anteriores son correctas.

2.10. Cuando realizamos un anticipo a un proveedor:

a) Tenemos que aplicar el IVA al anticipo si está incluido.

b) Tenemos que aplicar el IVA al anticipo si no está incluido.

c) Tenemos que desglosar el IVA del anticipo si no está incluido.

d) Ninguna de las opciones anteriores es correcta.

2.11. Una factura rectificativa de compras supone:

a) Un cargo en la cuenta del proveedor correspondiente.

b) Un abono en la cuenta rectificativa correspondiente.

c) Una salida o menor valor de las existencias en el almacén.

d) Todas las opciones anteriores son correctas.

2.12. Un *rappel* por compras significa que:

a) Nos practican un descuento por anticipar el pago al proveedor.

b) Tenemos que pagar menos al proveedor porque devolvemos parte de las mercancías.

c) Nos hacen un descuento por haber alcanzado un determinado volumen de compra.

d) Ninguna de las opciones anteriores es correcta.

2.13. Copia la siguiente tabla y señala si las afirmaciones son verdaderas o falsas:

N.°	Afirmación	V/F
1	En una devolución de compras, no se rectifica el IVA soportado.	
2	Todo registro contable debe estar soportado por un documento fehaciente.	
3	Para realizar los registros contables, utilizamos el pedido y el albarán.	
4	El departamento financiero autoriza y realiza los pagos a los proveedores.	
5	Para una empresa que se dedica a vender automóviles, estos son sus mercaderías.	
6	Una empresa que presta servicios no realiza compras porque no vende productos.	
7	Las cuentas de existencias traspasan su saldo al final del ejercicio a la cuenta 129 Resultados del ejercicio.	
8	Si los envases no se devuelven por haberse roto o deteriorado, la empresa los contabiliza como compras de otros aprovisionamientos.	
9	Un anticipo para futuras compras supone la emisión por parte del proveedor de una factura.	
10	Una compra se debe materializar en un pedido para que se considere en firme.	
11	La cuota del IVA se determina aplicando el tipo de IVA a la base imponible.	
12	El libro de facturas recibidas ordenará por orden correlativo los albaranes recibidos de los proveedores.	

De aplicación

2.14. ¿Qué documentos del área de compras tienen repercusión contable?

2.15. Comenta la validez de los documentos contables.

2.16. ¿Qué documentación proporciona el departamento de compras al departamento de contabilidad?

2.17. ¿Qué libros registro elabora el departamento de contabilidad?

2.18. ¿Sabrías decir en qué consiste el *método especulativo de cuentas múltiples*?

2.19. Describe en qué consiste el método FIFO de valoración de existencias.

2.20. Explica cómo se calculan las existencias finales en unidades físicas.

2.21. ¿Qué ocurre con los gastos que son comunes a varios productos comprados?

2.22. ¿Qué se debe indicar en un documento contabilizado?

2.23. Para contabilizar una factura de una compra, ¿qué elementos tenemos que identificar en ella y en la aplicación contable?

2.24. ¿Qué se hace en contabilidad con las facturas recibidas?

2.25. Comenta qué se ha de hacer cuando el proveedor nos hace llegar su factura.

Caso práctico

La empresa MOBILIARIO DE OFICINA, SL se dedica a la comercialización de muebles de oficina y, durante el último trimestre del ejercicio 20X1, ha realizado las siguientes operaciones, recibiendo las siguientes facturas:

- **15/10/20X1.** Realiza una compra a su proveedor FABRICACIÓN DE MOBILIARIO, SL, y este le emite la siguiente factura:

— **Fac. 1.ª:**

FABRICACIÓN DE MOBILIARIO, SL
C/ Pino n.º 1
46002 Valencia

NIF: B96123333

Cliente:	MOBILIARIO DE OFICINA, SL	Fecha	15/10/20X1
Domicilio:	C/ MASÍA, 10 (P. I. MASÍA DEL JUEZ) TORRENT (VALENCIA)	Factura n.º	322
NIF:	B96000000		

Código	Artículo	Unidades	Precio ud.	Total
ESD	ESTANTERÍA DESPACHO	30	400,00 €	12.000,00 €
MED	MESAS SERIE DESPACHO	35	240,00 €	8.400,00 €
MAD	MUEBLE AUXILIAR S. DESPACHO	35	140,00 €	4.900,00 €
			TOTAL	25.300,00 €

BASE IMPONIBLE					25.300,00 €
IVA	21,00 %	10,00 %	4,00 %	TOTAL	
	5.313,00 €			CUOTA IVA	5.313,00 €
Recargo equiv.	5,2 %	1 %	0,50 %		
			Total factura		**30.613,00 €**

FORMA DE PAGO	TRANSFERENCIA BANCARIA
15.306,50 €	30/10/20X1
15.306,50 €	15/11/20X1

DOCUMENTO EDUCATIVO SIN VALOR LEGAL

- **25/10/20X1.** La empresa comprueba que parte de la mercancía es defectuosa y procede a su devolución; el proveedor nos emite la correspondiente factura rectificativa (fac. 2.ª), reduciendo el importe adeudado al proveedor.
- **30/10/20X1.** Se efectúa el primer pago al proveedor FABRICACIÓN DE MOBILIARIO, SL mediante transferencia bancaria. Se descuenta el importe de la factura rectificativa que emitieron con fecha 25/10/20X1, n.º R/25.

— **Fac. 2.ª:**

FABRICACIÓN DE MOBILIARIO, SL
C/ Pino n.º 1
46002 Valencia

NIF: B96123333

Cliente:	MOBILIARIO DE OFICINA, SL	Fecha	25/10/20X1
Domicilio:	C/ MASÍA, 10 (P. I. MASÍA DEL JUEZ) TORRENT (VALENCIA)	Factura rectificativa n.º	R/25
NIF:	B96000000		

RECTIFICA FAC. N.º 322 DE FECHA 15/10/20X5

DEVOLUCIÓN

Código	Artículo	Unidades	Precio ud.	Total
ESD	ESTANTERÍA DESPACHO	5	400,00 €	2.000,00 €
MED	MESAS SERIE DESPACHO	3	240,00 €	720,00 €
MAD	MUEBLE AUXILIAR S. DESPACHO	5	140,00 €	700,00 €
			TOTAL	3.420,00 €

BASE IMPONIBLE					3.420,00 €
IVA	21,00 %	10,00 %	4,00 %	TOTAL	
	718,20 €			CUOTA IVA	718,20 €
Recargo equivalencia	5,2 %	1 %	0,50 %		
			Total factura abono		**–4.138,20 €**

DOCUMENTO EDUCATIVO SIN VALOR LEGAL

- **05/11/20X1.** Procede a realizar un pedido a un nuevo proveedor, DESPACHOS, SL, y este exige el desembolso de 2.420 € en concepto de entrega a cuenta. Emite la correspondiente factura y se abona el importe al proveedor mediante transferencia bancaria.

DESPACHOS, SL
C/ Tardor, 54
46003 Valencia
NIF: B28951230

MOBILIARIO DE OFICINA, SL
C/ MASÍA, 10
P. INDUSTRIAL MASÍA DEL JUEZ
46900 Torrent (VALENCIA)
NIF: B96000000

FECHA	FACTURA N.º
05/11/20X1	630

UDS.	CONCEPTO	PRECIO	IMPORTE
ANTICIPO	ENTREGA A CUENTA	2.000,00	2.000,00

	BASE IMPONIBLE	2.000,00
CUOTA IVA	21 %	420,00
RECARGO E.		
	TOTAL FACTURA	**2.420,00 €**

RECIBO DOMICILIADO: 05/11/20X1

DOCUMENTO EDUCATIVO SIN VALOR LEGAL

- **10/11/20X1.** La empresa recibe el pedido, junto con la factura, donde se descuenta el importe que anticipa. El pago de esta se realizará a través de dos efectos de vencimientos a 30 y 45 días.

DESPACHOS, SL
C/ Tardor, 54
46003 Valencia
NIF: B28951230

MOBILIARIO DE OFICINA, SL
C/ MASÍA, 10
P. INDUSTRIAL MASÍA DEL JUEZ
46900 Torrent (VALENCIA)
NIF: B96000000

FECHA	FACTURA N.º
10/11/20X1	900

UDS.	CONCEPTO	PRECIO	IMPORTE
60	ESTANTERÍA DESPACHO	400,00	24.000,00
25	MESAS SERIE DESPACHO	240,00	6.000,00
10	MUEBLE AUX. S. DESPACHO	140,00	1.400,00
		SUBTOTAL	31.400,00
1	ENTREGA A CUENTA	2.000,00	–2.000,00
			29.400,00

	BASE IMPONIBLE	29.400,00
CUOTA IVA	21 %	6.174,00
RECARGO E.		
	TOTAL FACTURA	**35.574,00**

Forma de pago

EFECTOS	VENCIMIENTOS
17.787 €	10/12/20X1
17.787 €	25/12/20X1

DOCUMENTO EDUCATIVO SIN VALOR LEGAL

- **15/11/20X1.** Realiza una nueva compra al proveedor ARMOBIL, SA y recibe la siguiente factura:

ARMOBIL, SA
C/ HIVERN, 19
46910 BENETÚSSER
(VALENCIA)
A46992211

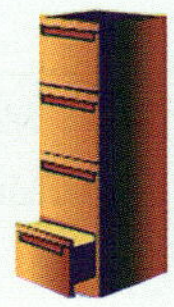

FECHA DE FACTURA	CLIENTE
15/11/20X1 N.° FACTURA 75	MOBILIARIO OFICINA, SL C/MASIA, 10. 46900 TORRENT N.I.F.: B96123456

Ref./Cod.	Descripción	Cantidad	Precio	DTO.	Importe neto
ESD	ESTANTERIA DESPACHO	35	400,00	5 %	13.300,00
MED	MESAS SERIE DESPACHO	25	240,00	5 %	5.700,00
TOTAL IMPORTE NETO					19.000,00

%	DTO. PRONTO PAGO		PORTES	BASE IMPONIBLE	
2 %	380,00		190	18.810,00	

VENCIMIENTOS	
22.760,10	15/12/20X1

CUOTA IVA	21 %	3.950,10 €
REC. EQUIV		
TOTAL FACTURA		22.760,10 €

DOCUMENTO EDUCATIVO SIN VALOR LEGAL

- **15/11/20X1.** Paga el segundo vencimiento a través de la cuenta bancaria del proveedor FABRICACIÓN DE MOBILIARIO, SL.
- **10/12/20X1.** Cargan en la cuenta bancaria el efecto del proveedor DESPACHOS, SL, de importe 17.787 €.
- **15/12/20X1.** El proveedor ARMOBIL, SA indica que, por el volumen de compras alcanzado, realiza un descuento por *rappels* del 1 %, emitiendo la correspondiente factura de abono, importe que se descontará de la deuda pendiente que se tiene con el proveedor y cuyo vencimiento coincide con esta fecha. Se procede a ingresarle en cuenta la cuantía correspondiente.

ARMOBIL, SA
C/ HIVERN, 19
46910 BENETÚSSER
(VALENCIA)
A46992211

FECHA DE FACTURA	CLIENTE
15/12/20X1	MOBILIARIO OFICINA, SL C/MASIA, 10. 46900 TORRENT NIF: B96000000
N.° FACTURA RECTIFICATIVA R/26	
Fac. n.° 75	

Ref./Cod.	Descripción	Cantidad	Precio	DTO.	Importe neto
DESCUENTO	POR VOLUMEN COMPRA		18.620,00	1 %	186,20
	EJERCICIO 20X1				
TOTAL IMPORTE NETO					186,20

%	DTO. PRONTO PAGO

PORTES	BASE IMPONIBLE
	186,20

VENCIMIENTOS	
225,30	ABONO

CUOTA IVA	21 %	39,10 €
REC. EQUIV		
TOTAL FACTURA ABONO		225,30 €

DOCUMENTO EDUCATIVO SIN VALOR LEGAL

- **25/12/20X1.** La entidad bancaria procede al cargo en la cuenta bancaria de la empresa del segundo de los efectos de DESPACHOS, SL, de importe 17.787 €.

Elabora para la empresa MOBILIARIO DE OFICINA, SL:

- El libro Diario, anotando los asientos contables que corresponden a los documentos descritos, indicando las subcuentas que se deben utilizar y valorándolas de modo adecuado (los gastos de las compras se repartirán proporcionalmente según los importes brutos de la mercancía adquirida).
- El Mayor de las cuentas de proveedores y de la cuenta del IVA.
- El libro registro de facturas recibidas. Hay que comprobar el Mayor de la cuenta del IVA con el importe que se obtiene en el libro registro de facturas recibidas.

SIMULACIÓN

Nuestro producto: el abanico

En cualquier empresa, conocer el producto es un requisito para poder llevar correctamente su contabilidad. Nosotros comercializaremos abanicos, ¿conoces cómo son y desde cuándo se utilizan? Os vamos a proponer, como actividad inicial en esta unidad, que busquéis en internet *abanico;* te sorprenderá saber desde cuándo existe.

El abanico ha variado su uso y forma a lo largo del tiempo. Se utilizaba como distintivo de poder y de intelectualidad, e incluso se creó, por mujeres de una época con escasas libertades, un lenguaje de señas con el abanico (las jóvenes se inventaron un medio para poder comunicarse con sus pretendientes y así pasar desapercibidas).

El abanico es un producto que ha ido evolucionando, y ha pasado de ser un artículo de lujo a generalizarse su uso. Actualmente, tiene una aplicación potencial como producto publicitario, artículo de regalo y complemento de moda.

Nuestro producto en la empresa ABANICOS HOYO ARCE, SLS

El producto lo dividimos en dos series claramente diferenciadas y dirigidas a clientes distintos:

1. **Abanico artesanal de madera:** recoge el producto de calidad (en determinados casos exclusivos, se realizan abanicos elaborados en madera), donde se precisará para realizar el acabado el trabajo del artesano: telas pintadas a mano, maderas caladas o grabadas, etcétera.
2. **Abanico promocional y publicitario:** recoge abanicos personalizados para promoción o publicidad de diferentes firmas empresariales o eventos sociales y deportivos. Variarán en características y se utilizarán distintas técnicas para elaborarlos. La calidad de la tela o de las maderas diferenciará, en esta línea, el producto que hay que desarrollar, y se trabajará con telas serigrafiadas y maderas de menor dureza. El coste de elaboración es menor que en el caso anterior, al igual que el margen, por lo que los pedidos se realizarán, para rentabilizarlos, con un número de unidades elevado.

Tabla de características de los productos

Características de productos y series	Productos	Costes
ABANICO ARTESANAL DE MADERA		
PINTADOS A MANO, DE SEDA, TUL, BLONDA, ETC., CALADOS Y GRABADOS POR MAESTRO ABANIQUERO	LUJO, CLÁSICOS, DE MADERA: ébano y palo santo	ALTO
	ESPECIAL NOVIAS Y CEREMONIAS	ALTO
	DE CABALLERO: madera de palo santo	MEDIO-ALTO
	DE DISEÑO, ESPECIALES: seda, estampados y tejidos especiales: crepes, tafetanes y gasas	MEDIO
ABANICO PROMOCIONAL PUBLICITARIO		
DE MADERA (peral, abedul, bocapi y plátano) ACABADOS EXCLUSIVOS Y REALIZADOS EN TEJIDOS DE SEDA, RASO, ETC.	DE MADERA SERIES LIMITADAS, ALTA GAMA EVENTOS	MEDIO
SERIGRAFÍAS	PUBLICITARIOS, SERIE BÁSICA PUBLICITARIOS: plástico y madera de sicomoro	BAJO
TELAS Y MADERA DE SICOMORO	ABANICO DETALLE PARA BODAS Y COMUNIONES	BAJO

Nombres, referencias, subcuentas y métodos de valoración de la mercancía en el almacén

Referencia	Descripción del artículo	Subcuenta contable asociada	Método de valoración de la existencia en el almacén
AAL	ABANICO ARTESANAL DE LUJO	300.100	PMP
AAC	ABANICO ARTESANAL DE CEREMONIAS	300.101	PMP
AMC	ABANICO DE MADERA PARA CABALLERO	300.102	PMP
AMD	ABANICO DE MADERA DISEÑOS ESPECIALES	300.103	PMP
APE	ABANICO PROMOCIONAL PARA EVENTOS ESPECIALES	300.200	FIFO
APB	ABANICO PUBLICITARIO SERIE BÁSICA	300.201	FIFO
ABC	ABANICO PROMOCIONAL PARA DETALLES DE BODAS Y COMUNIONES	300.202	FIFO

Proveedores

Los proveedores seleccionados, para determinados productos, son los que se indican a continuación, cada uno especializado en una clase de abanicos. Nos ofrecerán las mejores condiciones en calidad y precio. Además, para facilitar nuestra tarea comercial, nos harán entrega de modo gratuito de un maletín con las muestras de los productos.

Subcuentas contables	Proveedores	Referencia	Descripción del artículo
400.1	**MANUELA ARCE, SLS** C/ Pintor Ribera, 1 Bajo Aldaia 46960 Valencia NIF: B46002233	AAL 600.100	ABANICO ARTESANAL DE LUJO
		AAC 600101	ABANICO ARTESANAL DE CEREMONIAS
		AMC 600102	ABANICO DE MADERA PARA CABALLERO
400.2	**ELS DOS GERMANS ABANICOS, SLS** (sedas lisas, pintadas y tejidos especiales) Calle Mayor, 240 Aldaia 46960 VALENCIA NIF: B96000111	AMD 600103	ABANICO DE MADERA DISEÑOS ESPECIALES
		APE 600200	ABANICO PROMOCIONAL PARA EVENTOS ESPECIALES
400.3	**PUBLICISTAS ABANICOS PALOP, SLS** (telas, serigrafía y litografía) C/ Nuestra señora del buen consejo, 12 Torrent 46900 VALENCIA NIF: B96000003	APB 600201	ABANICO PUBLICITARIO SERIE BÁSICA
		ABC 600202	ABANICO PROMOCIONAL PARA DETALLES DE BODAS Y COMUNIONES

Descripción de las operaciones de compras realizadas

Se efectúan adquisiciones de los diferentes productos a lo largo del trimestre, en las fechas 15/10/20X0, 15/11/20X0 y 15/12/20X0. Además, se recibe del proveedor PUBLICISTAS ABANICOS PALOP, SLS un pedido el 01/12/20X0. Las agrupaciones de las compras en las fechas anteriores se establecen para facilitar el control de pagos a proveedores y no sufrir desfases de tesorería.

El detalle de las operaciones de compra se recoge en las facturas emitidas por nuestros proveedores MANUELA ARCE, SLS, ELS DOS GERMANS ABANICOS, SLS y PUBLICISTAS ABANICOS PALOP, SLS, que se muestran a continuación.

- Compras realizadas el día 15/10/20X0:

ELS DOS GERMANS ABANICOS, SLS
C/ Mayor, 240
Aldaia 46960
Valencia
NIF: B96000111

FECHA FACTURA	CLIENTE
15/10/20X0	ABANICOS HOYO ARCE, SLS
NÚMERO FACTURA	C/ JUAN XXIII, 44, 46970, ALAQUÀS (VALENCIA)
56	NIF: B96192511

Ref./cód.	Descripción	Cantidad	Precio	Dto.	Importe neto
AMD	ABANICO MADERA DISEÑOS ESPECIALES	100	25,00	1 %	2.475,00
APE	ABANICO PROMOCIONAL EVENTOS ESPECIALES	450	8,00	1 %	3.564,00
	MALETÍN MUESTRARIO PRODUCTOS	2			0,00
TOTAL IMPORTE NETO					6.039,00

%	DTO. PRONTO PAGO
2 %	120,78 €

PORTES	BASE IMPONIBLE
60,39	5.978,61

VENCIMIENTOS	
7.234,12	15/10/20X0
	TRANSFERENCIA BANCARIA

CUOTA IVA	21 %	1.255,51
REC. EQUIV.		
TOTAL FACTURA		7.234,12 €

DOCUMENTO EDUCATIVO SIN VALOR LEGAL

ABANICOS DE MADERA
ARTESANÍA

Manuela Arce, SLS
C/ Pintor Ribera, 1 Bajo
Aldaia (46960)
Valencia
NIF: B46002233

MANUELA ARCE

Cliente:	ABANICOS HOYO ARCE, SLS	FECHA	25/10/20X0
Domicilio:	C/ JUAN XXIII, 44 46970 ALAQUÀS (VALENCIA)	FACTURA	123
NIF:	NIF: B96192511		

Código	Artículo	Unidades	Precio ud.	Total
AAL	ABANICO ARTESANAL LUJO	60	120,00 €	7.200,00 €
AAC	ABANICO ARTESANAL CEREMONIAS	60	80,00 €	4.800,00 €
AMC	ABANICO MADERA CABALLERO	25	30,00 €	750,00 €
	MALETÍN MUESTRARIOS	2	0,00 €	
			TOTAL	12.750,00 €

BASE IMPONIBLE				**12.750,00 €**
IVA	21,00 %	10,00%	4,00 %	TOTAL
	2.677,50 €			CUOTA IVA 2.677,50 €
Rec. equiv.	5,2 %	1,40 %	0,50 %	
			Total factura	**15.427,50 €**

FORMA DE PAGO	
7.713,75 €	25/10/20X0
7.713,75 €	15/11/20X0

DOCUMENTO EDUCATIVO SIN VALOR LEGAL

PUBLICISTAS ABANICOS PALOP, SLS
NIF: B96000003
C/ Ntra. Sra. del Buen Consejo, 12
Torrent, 46900
Valencia

Número: 140
Fecha: 15/10/20X0

Cliente: ABANICOS HOYO ARCE, SLS
Domicilio: C/ JUAN XXIII, 44, 46970 ALAQUÀS (VALENCIA)
NIF: B96192511

ABANICOS PUBLICITARIOS

Código	Artículo	Unidades	Precio ud.	Dto.	Importe neto
APB	ABANICO PUBLICITARIO SERIE BÁSICA	15	1,50 €		22,50
ABC	ABANICO PROMOCIONAL D. BODAS Y COMUNIONES	20	2,00 €		40,00
	ENTREGA MALETÍN MUESTRARIO	2	0,00 €		

TOTAL NETO				62,50 €
BASE IMPONIBLE				62,50 €
IVA	21,00 %	10,00 %	4,00 %	
	13,13 €			13,13 €
Rec. equiv.	5,2 %	1,40 %	0,50 %	
TOTAL FACTURA				**75,63 €**

Forma de pago: RECIBO DOMICILIADO

FECHA VENCIMIENTO	IMPORTE
15/10/20X0	75,63

DOCUMENTO EDUCATIVO SIN VALOR LEGAL

- Compras realizadas el día 15/11/20X0:

Manuela Arce, SLS
C/ Pintor Ribera, 1 Bajo
Aldaia (46960)
Valencia
NIF: B46002233

ABANICOS DE MADERA
ARTESANÍA

MANUELA ARCE

Cliente: ABANICOS HOYO ARCE, SLS
Domicilio: C/ JUAN XXIII, 44
46970 ALAQUÀS (VALENCIA)
NIF: NIF: B96192511

FECHA 15/11/20X0
FACTURA 259

Código	Artículo	Unidades	Precio ud.	Total
AAL	ABANICO ARTESANAL LUJO	100	120,00 €	12.000,00 €
AAC	ABANICO ARTESANAL CEREMONIAS	40	80,00 €	3.200,00 €
AMC	ABANICO MADERA CABALLERO	20	30,00 €	600,00 €
	DTO. POR VOLUMEN 2 %	2 %	15.800,00 €	-316,00
			TOTAL	15.484,00 €

BASE IMPONIBLE					**15.484,00 €**
IVA	21,00 %	10,00 %	4,00 %	TOTAL	
	3.251,64 €			CUOTA IVA	**3.251,64 €**
Rec. equiv.	5,2 %	1,40 %	0,50 %		
TOTAL FACTURA					**18.735,64 €**

FORMA DE PAGO	
9.367,82 €	15/12/20X0
9.367,82 €	30/12/20X0

DOCUMENTO EDUCATIVO SIN VALOR LEGAL

ELS DOS GERMANS ABANICOS, SLS
C/ Mayor, 240
Aldaia, 46960
Valencia
NIF: B96000111

FECHA FACTURA	CLIENTE
15/11/20X0	ABANICOS HOYO ARCE, SLS
NÚMERO FACTURA	C/ JUAN XXIII, 44, 46970 ALAQUÀS (VALENCIA)
95	NIF: B96192511

Ref./cód.	Descripción	Cantidad	Precio	Dto.	Importe neto
AMD	ABANICO MADERA DISEÑOS ESPECIALES	210	25,00	1 %	5.197,50
APE	ABANICO PROMOCIONAL EVENTOS ESPECIALES	300	8,00	1 %	2.376,00
TOTAL IMPORTE NETO					7.573,50

%	DTO. PRONTO PAGO
2 %	151,47 €

PORTES	BASE IMPONIBLE	
75,735	7.497,77	

VENCIMIENTOS	
9.072,30	15/11/20X0
	TRANSFERENCIA BANCARIA

CUOTA IVA	21 %	1.574,53
REC. EQUIV.		
TOTAL FACTURA		9.072,30 €

DOCUMENTO EDUCATIVO SIN VALOR LEGAL

PUBLICISTAS ABANICOS PALOP, SLS
NIF: B96000003
C/ Ntra. Sra. del Buen Consejo, 12
Torrent, 46900
Valencia

Número: 250
Fecha: 15/11/20X0

Cliente: ABANICOS HOYO ARCE, SLS
Domicilio: C/ JUAN XXIII, 44, 46970 ALAQUÀS (VALENCIA)
NIF: B96192511

ABANICOS! PUBLICITARIOS

Código	Artículo	Unidades	Precio ud.	Dto.	Importe neto
APB	ABANICO PUBLICITARIO SERIE BÁSICA	200	1,50 €		300,00
ABC	ABANICO PROMOCIONAL D. BODAS Y COMUNIONES	300	2,00 €		600,00

TOTAL NETO				900,00 €
BASE IMPONIBLE				900,00 €
IVA	21,00 %	10,00 %	4,00 %	
	189,00 €			189,00 €
Rec. equiv.	5,2%	1,40 %	0,50 %	
TOTAL FACTURA				**1.089,00 €**

Forma de pago: RECIBO DOMICILIADO

FECHA VENCIMIENTO	IMPORTE
15/11/20X0	1.089,00

DOCUMENTO EDUCATIVO SIN VALOR LEGAL

- Compras realizadas el día 1/12/20X0:

PUBLICISTAS ABANICOS PALOP, SLS
NIF: B96000003
C/ Ntra. Sra. del Buen Consejo, 12
Torrent, 46900
Valencia

Número: 305
Fecha: 01/12/20X0

ABANICOS! PUBLICITARIOS

Cliente: ABANICOS HOYO ARCE, SLS
Domicilio: C/ JUAN XXIII, 44, 46970 ALAQUÀS (VALENCIA)
NIF: B96192511

Código	Artículo	Unidades	Precio ud.	Dto.	Importe neto
APB	ABANICO PUBLICITARIO SERIE BÁSICA	1.000	1,50 €	5 %	1.425,00
ABC	ABANICO PROMOCIONAL D. BODAS Y COMUNIONES	5.000	2,00 €	5 %	9.500,00

TOTAL NETO				10.925,00 €
BASE IMPONIBLE				10.925,00 €
IVA	21,00 %	10,00 %	4,00 %	
	2.294,25 €			2.294,25 €
Rec. equiv.	5,2 %	1,40 %	0,50 %	
TOTAL FACTURA				**13.219,25 €**

Forma de pago: RECIBO DOMICILIADO

FECHA VENCIMIENTO	IMPORTE
15/12/20X0	6.609,63
30/12/20X0	6.609,62

DOCUMENTO EDUCATIVO SIN VALOR LEGAL

- Compras realizadas el día 15/12/20X0:

Manuela Arce, SLS
C/ Pintor Ribera, 1 Bajo
Aldaia (46960)
Valencia
NIF: B46002233

ABANICOS DE MADERA
ARTESANÍA

MANUELA ARCE

Cliente: ABANICOS HOYO ARCE, SLS
Domicilio: C/ JUAN XXIII, 44
46970 ALAQUÀS (VALENCIA)
NIF: NIF: B96192511

FECHA 15/12/20X0
FACTURA 360

Código	Artículo	Unidades	Precio ud.	Total
AAL	ABANICO ARTESANAL LUJO	140	120,00 €	16.800,00 €
AAC	ABANICO ARTESANAL CEREMONIAS	30	80,00 €	2.400,00 €
AMC	ABANICO MADERA CABALLERO	40	30,00 €	1.200,00 €
	DTO. POR VOLUMEN	2,0 %	20.400,00 €	-408,00 €
			TOTAL	19.992,00 €

BASE IMPONIBLE					**19.992,00 €**
IVA	21,00 %	10,00 %	4,00 %	TOTAL	
	4.198,32 €			CUOTA IVA	4.198,32 €
Rec. equiv.	5,2 %	1,40 %	0,50 %		
			TOTAL FACTURA		**24.190,32 €**

FORMA DE PAGO	
12.095,16 €	15/01/20X1
12.095,16 €	30/01/20X1

DOCUMENTO EDUCATIVO SIN VALOR LEGAL

ELS DOS GERMANS ABANICOS, SLS
C/ Mayor, 240
Aldaia, 46960
Valencia
NIF: B96000111

FECHA FACTURA	CLIENTE
15/12/20X0	ABANICOS HOYO ARCE,S.L.S.
NÚMERO FACTURA	C/ JUAN XXIII, 44 46970 ALAQUÀS (VALENCIA)
156	NIF: B96192511

Ref./cód.	Descripción	Cantidad	Precio	Dto.	Importe neto
AMD	ABANICO MADERA DISEÑOS ESPECIALES	260	25,00	1 %	6.435,00
APE	ABANICO PROMOCIONAL EVENTOS ESPECIALES	450	8,00	1 %	3.564,00
TOTAL IMPORTE NETO					9.999,00

%	DTO. PRONTO PAGO
2 %	199,98 €

PORTES	BASE IMPONIBLE	
99,99	9.899,01	

VENCIMIENTOS	
11.977,80	15/12/20X0
	TRANSFERENCIA BANCARIA

CUOTA IVA	21 %	2.078,79
REC. EQUIV.		
TOTAL FACTURA		11.977,80 €

DOCUMENTO EDUCATIVO SIN VALOR LEGAL

PUBLICISTAS ABANICOS PALOP, SLS
NIF: B96000003
C/ Ntra. Sra. del Buen Consejo, 12
Torrent, 46900
Valencia

Número: 400
Fecha: 15/12/20X0

Cliente: ABANICOS HOYO ARCE, SLS
Domicilio: C/ JUAN XXIII, 44, 46970, ALAQUÀS (VALENCIA)
NIF: B96192511

ABANICOS! PUBLICITARIOS

Código	Artículo	Unidades	Precio ud.	Dto.	Importe neto
APB	ABANICO PUBLICITARIO SERIE BÁSICA	600	1,50 €	5 %	855,00
ABC	ABANICO PROMOCIONAL D. BODAS Y COMUNIONES	1.000	2,00 €	5 %	1.900,00

TOTAL NETO				2.755,00 €
BASE IMPONIBLE				2.755,00 €
IVA	21,00 %	10,00 %	4,00 %	
	578,55 €			578,55 €
Rec. equiv.	5,2 %	1,40 %	0,50 %	
TOTAL FACTURA				**3.333,55 €**

Forma de pago: RECIBO DOMICILIADO

FECHA VENCIMIENTO	IMPORTE
30/12/20X0	1.666,78
15/01/20X1	1.666,77

DOCUMENTO EDUCATIVO SIN VALOR LEGAL

Tareas que se deben realizar

- Crear las subcuentas de compras de los distintos productos que comercializa la empresa, las del IVA que se apliquen en cada caso y las necesarias para efectuar los pagos.
- Dar de alta los proveedores en el programa CONTASOL, cumplimentando la ficha correspondiente y las contrapartidas de compras utilizadas por cada uno.
- Llevar a cabo los registros contables de las compras efectuadas por la empresa a cada proveedor e introducir los asientos en el programa.
- Comprobar a través de los listados las facturas contabilizadas y archivarlas correctamente, una vez verificada su contabilización correcta. Emitir los listados del programa CONTASOL: libro registro de IVA soportado, Diario y Balance de Sumas y Saldos.
- Comenzar a elaborar las fichas de almacén de los distintos productos con los criterios de valoración aplicables a cada uno (el trabajo se finalizará en la Unidad 3).
- Realizar copia de seguridad del programa.

REGISTRO DE LA DOCUMENTACIÓN COMERCIAL Y TRATAMIENTO CONTABLE DE LAS OPERACIONES DE VENTAS

Contenidos

Objetivos

- Identificar y manejar adecuadamente las facturas emitidas y las rectificativas (los descuentos, las devoluciones y los *rappels*) e interpretar la información que contienen.
- Conocer las cuentas y subcuentas utilizadas en el registro de las operaciones de ventas, codificándolas adecuadamente y aplicar las normas de valoración del PGC de Pymes.
- Contabilizar el IVA de las ventas y elaborar los libros registro de IVA de las facturas emitidas.
- Elaborar las fichas de almacén con los criterios PMP y FIFO e interpretar la información que contienen.
- Realizar las liquidaciones trimestrales del IVA, según los modelos oficiales, y cumplimentar los libros registro de facturas emitidas.

Introducción

En esta unidad analizaremos los documentos que se generan en las operaciones de ventas de mercaderías, principalmente la factura, como justificante contable de las operaciones. Para registrar las ventas utilizaremos la cuenta 700 Ventas de mercaderías, que es la que nos va a informar de los movimientos de salidas durante el ejercicio. Analizaremos y aplicaremos la NRV n.º 16 *Ingresos por ventas y prestación de servicios* del PGC de Pymes, creando las subcuentas necesarias y realizando los ajustes de las operaciones y los derivados del IVA repercutido, teniendo en cuenta que van a afectar a las fichas de valoración del almacén por el movimiento físico de las mercaderías. Así mismo veremos las liquidaciones trimestrales de IVA y su registro en los modelos oficiales.

3.1. Documentación utilizada en las operaciones comerciales de ventas: archivo y control

De forma similar al área comercial de compras, los documentos del área comercial de ventas de una empresa sobre los que nos vamos a centrar para mostrar su manejo contablemente van a ser:

- La **factura emitida.**
- La **factura rectificativa emitida.**
- La **ficha de almacén.**

Estos documentos son los que utilizaremos para elaborar los asientos del libro Diario y para desarrollar los Mayores de las cuentas relacionadas, que también trataremos a lo largo de la unidad.

Para poder emitir la factura, es necesario que exista un **pedido** por parte de un cliente. Ante la demanda del cliente, preparamos el embarque de los productos que solicita y, para realizar la expedición, generamos el **albarán de salida.** Aunque estos documentos no se utilizan para contabilizar, sí tienen uso como herramientas de control interno (para comprobar que las mercancías embarcadas se han entregado y cumplen las condiciones del pedido realizado por el cliente). Con el albarán de salida, se emite la correspondiente **factura** y se envía al cliente para su posterior cobro.

Hay que recordar que la documentación contable va a servir de base y de justificante (soporte) de la contabilidad que elaboraremos. Además, seguramente precisaremos realizar consultas en un futuro, por lo que deberemos organizarla, codificarla y archivarla adecuadamente.

Sabías que

El área de ventas tiene la necesidad de vender y la demanda depende del mercado (clientes), en el que juega un papel muy importante el departamento de *marketing* y la red comercial (fuerza de ventas). Si no se da a conocer la empresa, nadie le comprará. Una plataforma de ventas cada vez más importante es Internet.

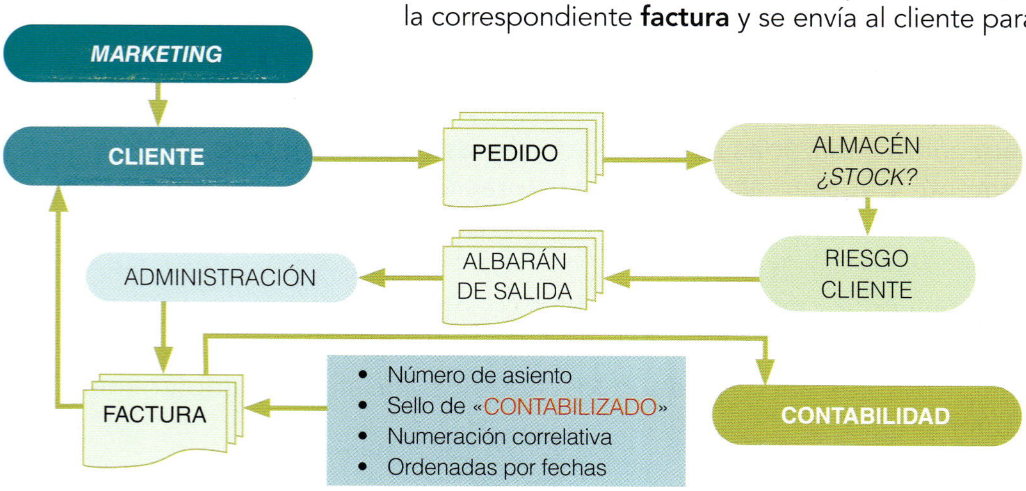

Figura 3.1. Esquema del proceso de ventas.

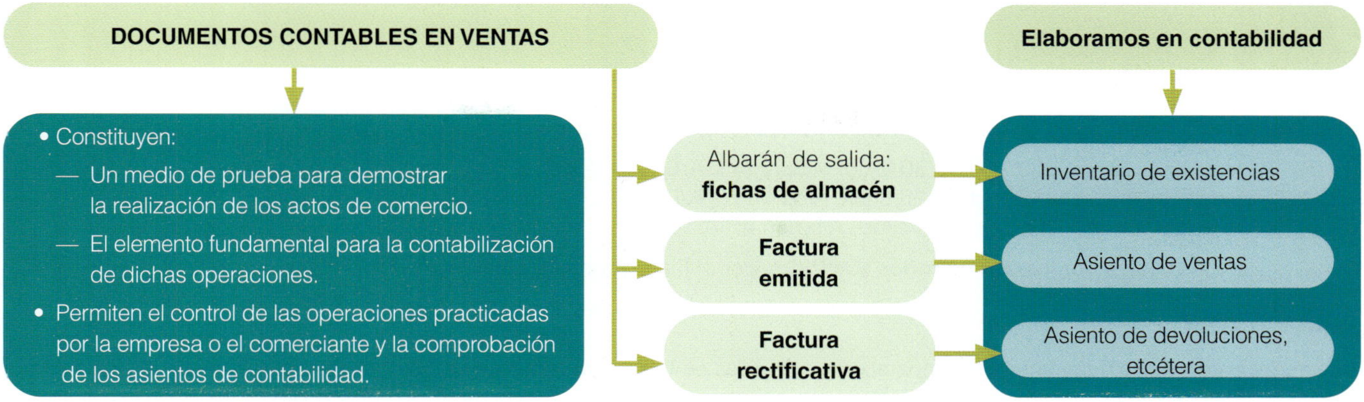

Figura 3.2. Documentos y registros del proceso de ventas.

3.1.1. Archivos generados y departamentos relacionados con el de contabilidad

Los departamentos de **almacén,** de **ventas** y **financiero** proporcionarán al departamento de contabilidad la información relativa a las ventas realizadas con los documentos correspondientes. A continuación, se procederá a su registro contable y posterior cobro por el departamento financiero. A través de los apuntes contables, se confeccionarán los libros registro pertinentes y se archivarán los documentos para posteriores usos o comprobaciones.

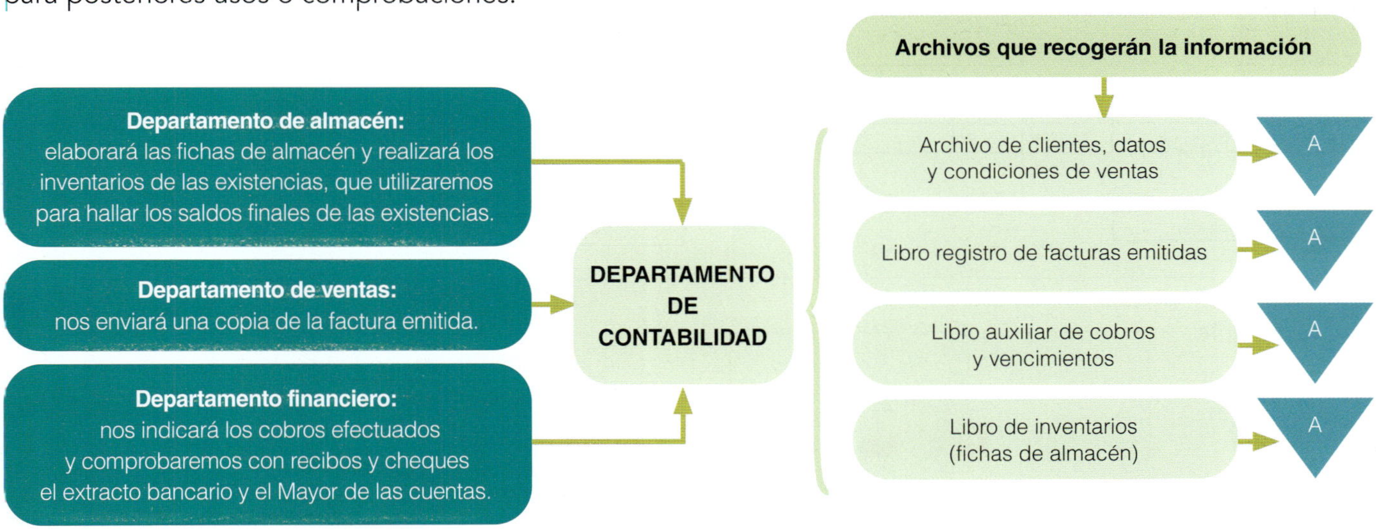

Figura 3.3. Departamentos relacionados con ventas y registro documental.

3.2. Tratamiento de la documentación y registro contable de las operaciones de venta

Para vender productos, previamente se tienen que haber comprado y se deben tener existencias en el almacén, que es lo que hemos analizado en la Unidad 2. Una vez que dispongamos de existencias en el almacén, podemos proceder a su venta y registro contable.

Actividad resuelta 3.1.

La empresa PERFUMASA comercializa perfumes de varios tipos. Del perfume Fragance + tiene, el día 1 de mayo, unas existencias iniciales en su almacén de 3.000 uds. a 27 €/ud. Durante ese mes, realiza las siguientes operaciones:

- El día 10 de mayo compra 1.500 uds. a 30 €/ud. Albarán n.° A/055.
- El día 18 de mayo compra 2.500 uds. a 25 €/ud. Albarán n.° A/080.
- El día 25 de mayo vende 4.000 uds. a 95 €/ud. Albarán n.° A/12014.

Valora las existencias finales por los dos métodos admitidos por el Plan General Contable (PMP y FIFO).

Solución:

Las existencias iniciales que tiene la empresa aparecerán reflejadas en la ficha de almacén del periodo anterior, es decir, los productos comprados y no vendidos del mes de abril. Las entradas se registrarán a partir de los albaranes de entrada procedentes de las compras realizadas en el mes de mayo, y las salidas a partir de los albaranes de salida generados por las ventas realizadas en ese mes.

Generamos los dos albaranes de entrada (suponemos que las dos compras las realizamos al mismo proveedor). Elaboramos el albarán de la venta realizada. A partir de los documentos generados, cumplimentamos la ficha de almacén correspondiente por los dos métodos: PMP y FIFO.

Albaranes de compras:

Cliente:
PERFUMASA
C/ Central n.° 111
28999 MADRID

OLORANDIA, SA
C/ Perfume n.° 30
28760 Tres Cantos (Madrid)

Albarán n.°	A/055
Fecha	10/05/20X5

Referencia	Descripción	Cantidad	Precio	Importe
FRG +	Fragance +	1.500,00	30	45.000,00
			TOTAL	45.000,00

Nota: portes pagados

Firma

Cliente:
PERFUMASA
C/ Central n.° 111
28999 MADRID

OLORANDIA, SA
C/ Perfume n.° 30
28760 Tres Cantos (Madrid)

Albarán n.°	A/080
Fecha	18/05/20X5

Referencia	Descripción	Cantidad	Precio	Importe
FRG +	Fragance +	2.500,00	25	62.500,00
			TOTAL	62.500,00

Nota: portes pagados

Firma

Albaranes de venta:

PERFUMASA
C/ Central n.° 111
28999 Madrid
Tfno.: 919876543

Cliente:
PERFUMERÍAS ULTECO
C/ Olor n.° 10
28999 MADRID
Tfno.: 911234567

Albarán n.°	A/120.14
Fecha	25/05/20X5

Referencia	Descripción	Cantidad	Precio	Importe
FRG +	Fragance +	4.000,00	95,00	380.000,00
			TOTAL	380.000,00

Nota: portes pagados

La información de las entradas de la ficha de almacén se obtiene de los datos de los albaranes de los proveedores: fecha, número de albarán, unidades y precio de compra. La información de las salidas de la ficha de almacén se obtiene del albarán de venta, pero a precio de compra, es decir, salen los productos del almacén al PMP de las compras calculado según la fórmula de la Actividad resuelta 2.1, o con criterio FIFO, quedando en el almacén los productos que han entrado en las últimas compras.

Ficha de almacén	PERFUMASA			Método	PMP					
Producto	Fragance +								**Ficha n.º**	1
Código	FRG +			***Stock* de seguridad**		10				
Fecha	Conceptos	Entradas			Salidas			Existencias		
	Documento	Cantidad	Precio	Valor	Cantidad	Precio	Valor	Cantidad	Precio	Valor
01/05/20X5	Existencias iniciales	-	-	-	-	-	-	3.000	27	81.000
10/05/20X5	Compra albarán n.º A/055	1.500	30	45.000				4.500	(1) 28,00	126.000
18/05/20X5	Compra albarán n.º A/080	2.500	25	62.500				7.000	(2) 26,93	188.500
25/05/20X5	Venta albarán n.º A/120.14				4.000	26,93	107.714	3.000	26,93	**80.786 €**

PMP (1): [(3.000 × 27) + (1.500 × 30)]/(3.000 + 1.500) = 28,00
PMP (2): [(4.500 × 28) + (2.500 × 25)]/(4.500 + 2.500) = 26,93

El valor de las existencias finales es 80.786 (3.000 uds. × 26,93).

Nota: los precios unitarios aparecen con dos decimales, pero los cálculos se han hecho con todos los decimales para que la valoración de las existencias sea lo más exacta posible.

Ficha de almacén	PERFUMASA			Método	FIFO					
Producto	Fragance +								**Ficha n.º**	1
Código	FRG +			***Stock* de seguridad**		10				
Fecha	Conceptos	Entradas			Salidas			Existencias		
	Documento	Cantidad	Precio	Valor	Cantidad	Precio	Valor	Cantidad	Precio	Valor
01/05/20X5	Existencias iniciales	-	-	-	-	-	-	3.000	27	81.000
10/05/20X5	Compra albarán n.º A/055	1.500	30	45.000				3.000 1.500	27 30	81.000 45.000
								Valor		126.000
20/05/20X5	Compra albarán n.º A/080	2.500	25	62.500				3.000 1.500 2.500	27 30 25	81.000 45.000 62.500
								Valor		188.500
25/05/20X5	Venta albarán n.º A/120.14				3.000 1.000	27 30	81.000 30.000	0 500 2.500	27 30 25	0 15.000 62.500
								Valor		**77.500 €**

Se puede observar que el valor de las existencias finales es diferente por el método PMP (80.786) y por el FIFO (77.500).

3.2.1. Cuentas y subcuentas utilizadas

Las cuentas que intervienen en el registro contable de las operaciones de ventas se recogen en la Tabla 3.1.

Tabla 3.1. Cuentas relacionadas con las ventas

Cuentas de ingresos por ventas	
700	Ventas de mercaderías
701	Ventas de productos terminados
702	Ventas de productos semiterminados
703	Ventas de subproductos y residuos
704	Ventas de envases y embalajes
705	Prestaciones de servicios
Cuentas que disminuyen las ventas	
706	Descuentos sobre ventas por pronto pago
708	Devoluciones de ventas y operaciones similares
709	*Rappels* sobre ventas
759	Ingresos por servicios diversos
Contrapartidas de las cuentas de ventas	
430	Clientes
431	Clientes, efectos comerciales a cobrar
432	Clientes, operaciones de *factoring*
Otras cuentas relacionadas con ventas	
437	Envases y embalajes a devolver por clientes
438	Anticipos de clientes
477	H. P. IVA repercutido
477.21	H. P. IVA repercutido 21 %
477.10	H. P. IVA repercutido 10 %
477.04	H. P. IVA repercutido 4 %
477.52/14/05	H. P. IVA repercutido recargo de equivalencia

Crearemos las subcuentas que necesitemos en cada uno de los casos para identificar cada operación.

Recuerda

Las cuentas se codifican en función de las necesidades de desglose que posea cada empresa, según los productos que utilice en su actividad y comercialice. Hay que tener en cuenta que este desglose guardará relación con las cuentas de existencias de compras y ventas de cada mercancía.
Como ejemplo el producto zapatos de caballero tendrá relacionadas las siguientes cuentas: de existencias (300.1), de compras (600.1) y de ventas (700.1).

3.2.2. Normas de registro y valoración de las ventas

El PGC de Pymes establece la **NRV número 16 Ingresos por ventas y prestación de servicios** para valorar los ingresos procedentes de la venta de bienes y de la prestación de servicios, que se valorarán por el valor razonable de la contrapartida.

NRV n.º 16 → Valor razonable
- Precio acordado de los bienes y servicios
- – Descuentos o rebajas incluidos en factura
- – Intereses por aplazamiento (*)
- + IVA, IGIC y otros impuestos no deducibles (NRV n.º 14).
- • Aplicación del tipo de cambio en la fecha de compra (NRV n.º 13).

(*) Podrán incluirse los intereses incorporados a los créditos con vencimiento no superior a un año que no tengan un tipo de interés contractual, cuando el efecto de no actualizar los flujos de efectivo no sea significativo.

Figura 3.4. Normas de valoración de las ventas.

Sabías que

Las operaciones en moneda extranjera se convertirán al euro al tipo de cambio de contado, es decir, en la fecha de la transacción (NRV n.º 13).

Recuerda

No forman parte de la **cuenta de ventas:**

- Los **gastos** relacionados con las ventas que sean **a cargo del vendedor** (la empresa), que se registrarán en las cuentas del grupo 6, según la naturaleza del gasto. Y si se lo repercutimos al cliente, en la cuenta **759 Ingresos por servicios diversos.**
- El **IVA devengado,** que se registra en la cuenta **477 H. P. IVA repercutido.**
- Los **envases y embalajes** cargados a los clientes con facultad de devolución, que se registran en la cuenta **437 Envases y embalajes a devolver por clientes.**
- Los **descuentos** y las **bonificaciones posteriores a la venta,** que se registrarán en las cuentas **706 Descuento sobre ventas por pronto pago,** cuando obedezcan a este concepto; **708 Devoluciones de ventas y operaciones similares,** generalmente por el incumplimiento de las condiciones de entrega, y **709 *Rappels* sobre compras,** por haber alcanzado un determinado volumen de pedidos.

Importante

La venta de los envases y embalajes diferenciados que formen parte de los productos se registrará en la cuenta 704. Si son diferenciables del producto principal y con capacidad de poder devolverlos (retornables), se abonan en la cuenta 437.

Actividad resuelta 3.2.

La sociedad CEMENVASA realiza una venta a su cliente ALMACENES MURCIA, SA (ALMACEMUSA) el 20 de abril del año en curso, de 1.500 sacos de cemento (mercaderías) a un precio unitario de 4,50 €. Se establecen las siguientes condiciones de venta por parte del cliente dentro de la factura: se realiza un descuento comercial del 5%, se facturan envases a devolver por importe de 1.000 € y, de los gastos que asume la empresa por la operación de seguros y transporte, que ascienden a un total de 300 €, se repercute el 50% (150 €). El IVA es del tipo general. La operación es a crédito. Determina la valoración que corresponde a la venta del producto y el coste unitario.

CEMENVASA
C/ Camino Paterna, 44
46015 VALENCIA
NIF: A96811123
Teléfono: 965001050 Fax: 965001051

FECHA: 20/04/20X5
FACTURA N.º: 6015

CLIENTE:
ALMACEMUSA
C/ Cartagena, 55
30008 MURCIA
NIF: A73544554 Teléfono: 968323232

Forma de pago: 30 días fecha de factura

DESCRIPCIÓN	UDS.	PRECIO	IMPORTE €
Cemento gris 40 kg	1.500	4,50	6.750,00
Descuento 5 %			–337,50
Portes	1	150,00	150,00
Palés a devolver	50	20,00	1.000,00
		SUBTOTAL	7.562,50
DOCUMENTO EDUCATIVO SIN VALOR LEGAL		IVA 21 %	1.588,13
		TOTAL	9.150,63

Solución:

Según la NRV, el importe que registraríamos por la factura de venta sería el valor de adquisición menos los descuentos; los gastos y envases a devolver no disminuyen o aumentan el importe de la mercancía vendida.

Concepto	Cantidad	Precio	Importe
Sacos de cemento	1.500,00	4,5	6.750,00
Descuento comercial			337,5
TOTAL VENTA			6.412,50
Precio unitario de venta			4,275

3.2.3. Los gastos en las ventas

Los gastos que se generan en las operaciones de ventas, como transportes, seguros, derechos aduaneros, etc., pueden ser a cargo de la empresa, en cuyo caso se registran en la cuenta correspondiente del grupo 6, o a cargo del comprador (cliente), y en este caso se le cargarán al cliente en su cuenta.

Como sabemos, uno de los gastos típicos que generan las ventas de mercaderías son los transportes, pudiendo ser por cuenta del cliente o por cuenta de la empresa que vende. El tratamiento contable es distinto según el titular del gasto (Figura 3.5).

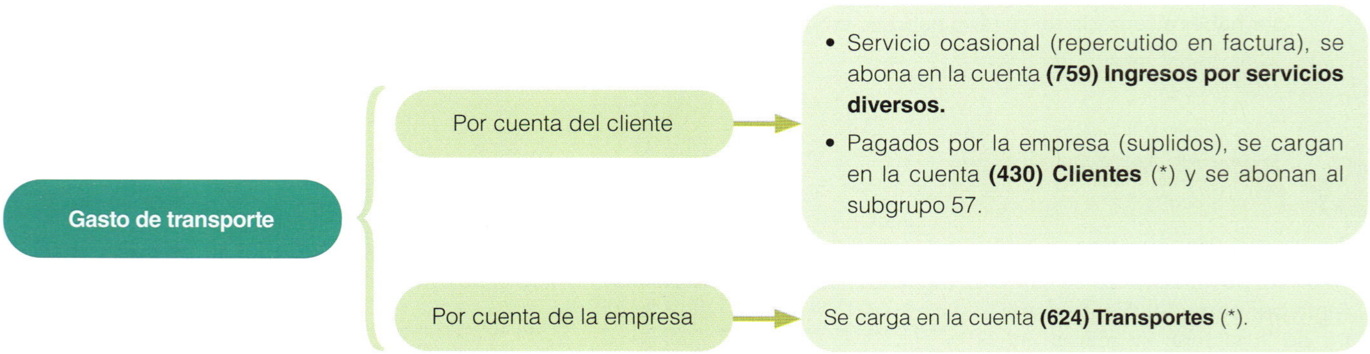

(*) En los suplidos, la factura se emite a nombre del cliente, por lo que nosotros hacemos de meros intermediarios en el pago. Si son por nuestra cuenta, la factura se emite a nombre de la empresa. Contabilizaremos el IVA soportado correspondiente.

Figura 3.5. Esquema de los transportes de ventas.

Actividad resuelta 3.3.

Indica las subcuentas que se deben utilizar y el importe que hay que reflejar en cada una para la Actividad resuelta 3.2.

Solución:

Para la subcuenta 700, solo tendremos en cuenta el importe del descuento, pero no los gastos recogidos en la factura, pues se anotarán por una parte en la cuenta 759 Ingresos por servicios diversos, el importe de 150 €, y, cuando obtengamos las facturas de gastos, en las cuentas correspondientes (624). Tampoco tendremos en cuenta los envases a devolver ni el IVA de la operación, por ser importes que se registran en cuentas distintas.

Los datos de las subcuentas e importes a contabilizar, según la factura de ventas, son los siguientes:

Subcuenta de descripción	Código	Importe
Venta de sacos de cemento gris	700.01	6.412,50
Ingresos por servicios diversos	759.00	150,00
ALMACENES MURCIA, SA	430.01	9.150,63
Palés de cemento a devolver por clientes	437.01	1.000,00
H. P. IVA repercutido 21 %	477.21	1.588,13

3.2.4. Aspectos relacionados con el IVA en ventas

Como podéis comprobar en las facturas de venta, al ser una entrega de bienes, recae sobre estas operaciones la obligación de repercutir el impuesto indirecto IVA.

Su cuota se determina aplicando el tipo de IVA a la base imponible. En el caso de ventas a clientes acogidos al régimen especial del recargo de equivalencia, se aplicará además el tipo de recargo de equivalencia * que corresponde. El importe lo recogeremos en ambos casos en la subcuenta 477 (Hacienda Pública IVA repercutido).

La contabilidad registrará cada una de las facturas emitidas ordenadas por fecha y número de factura en los libros registro de IVA, donde se anotan los datos relacionados con cada factura emitida a los clientes.

> **Importante**
>
> * En el régimen especial del recargo de equivalencia, se establecen los siguientes recargos a los tipos de IVA: 5,2% para el tipo general del 21%; 1,4% para el tipo reducido del 10%; y 0,5% para el tipo superreducido del 4%.

Libro registro de facturas emitidas

EMPRESA:					Desde:			Año	
NIF: A28060760					Hasta:				
N.º	Asiento	N.º de fac.	Fecha de fac.	Clientes/acreedor	NIF	Base imponible	Tipo de IVA	Cuota	Importe total

3.2.5. Asientos tipo de ventas

Ya comentamos en la unidad anterior que lo fundamental del proceso contable es la confección del libro Diario, a partir del cual se generan todos los demás libros registro relacionados con las ventas.

Asientos tipo

Los asientos tipo de ventas de mercaderías se recogen en las siguientes tablas:

- Al realizar la venta de mercaderías al cliente, emitiendo la correspondiente factura:

Debe	N.º	Cód.	Cuentas	Cód.	Haber
			Fecha del asiento		
		430	Clientes (importe 700 + 477) a Ventas de mercaderías a H. P. IVA repercutido (BI = 700 × tipo de IVA)	700 477	

- Si se formaliza el crédito en un efecto aceptado:

Debe	N.º	Cód.	Cuentas	Cód.	Haber
			Fecha del asiento		
		431	Clientes, efectos comerciales a cobrar a Cliente	430	

- Si en la factura de venta se incluyen gastos ocasionados que repercutimos al cliente:

Debe	N.º	Cód.	Cuentas			Cód.	Haber
				Fecha del asiento			
		430	Clientes (importe 700 + 759 + 477)	a a a	Ventas de mercaderías Ingresos por servicios diversos H. P. IVA repercutido [BI = (700 + 759) × tipo de IVA]	700 759 477	

- Los gastos ocasionados en operaciones de ventas con cargo a la empresa se registrarán en las correspondientes cuentas de gastos:

Debe	N.º	Cód.	Cuentas			Cód.	Haber
				Fecha del asiento			
		62 472	Servicios exteriores H. P. IVA soportado (BI = 62 × tipo de IVA)	a	Acreedores	410	

- Si la venta de mercancías se realiza con la entrega de envases con facultad de devolución:

Debe	N.º	Cód.	Cuentas			Cód.	Haber
				Fecha del asiento			
		430	Clientes (importe 700 + 437 + 477)	a a a	Ventas de mercaderías Envases a devolver por clientes H. P. IVA repercutido [BI = (700 + 437) × tipo de IVA]	700 437 477	

- Si el cliente realiza la devolución de los envases, el asiento será el siguiente:

Debe	N.º	Cód.	Cuentas			Cód.	Haber
				Fecha del asiento			
		437 477	Envases a devolver por clientes H. P. IVA repercutido (BI = 437 × tipo de IVA)	a	Clientes (437 + 477)	430	

- Si los envases no se devuelven por haberse roto o deteriorado, la empresa los contabiliza como venta de envases y embalajes. En este caso, no hay que ajustar el IVA repercutido porque ya está contabilizado en la venta de mercaderías y, al no devolver los envases, el cliente los debe:

Debe	N.º	Cód.	Cuentas			Cód.	Haber
				Fecha del asiento			
		437	Envases a devolver por clientes	a	Venta de envases y embalajes	704	

Anticipos de clientes

En ocasiones, el cliente nos anticipa una cantidad de dinero para una futura venta, bien para reservar las mercancías, bien para asegurar la operación, en cuyo caso se generan los siguientes asientos:

- Al emitir la factura de anticipo y recibir el importe de esta del cliente:

Debe	N.º	Cód.	Cuentas			Cód.	Haber
			Fecha del asiento				
		430	Clientes (438 + 477)	a	Anticipos de clientes H. P. IVA repercutido (BI = 438 × tipo de IVA)	438 477	
		570 572	Caja, euros Bancos c/c vista, euros	a	Clientes	430	

- Cuando se emite la factura de la venta donde se descuenta el anticipo:

Debe	N.º	Cód.	Cuentas			Cód.	Haber
			Fecha del asiento				
		430	Clientes (importe 700 + 477 − 438)				
		438	Anticipos de clientes	a a	Ventas de mercaderías H. P. IVA repercutido [BI = (700 − 438) × tipo de IVA]	700 477	

Recuerda que, contablemente, las existencias están relacionadas con las compras y con las ventas, tal y como se recoge en la Tabla 3.2.

Tabla 3.2. Cuentas de existencias, compras y ventas en las empresas

Cuentas de existencias	Cuentas de compras	Cuentas de ventas	Tipo de empresa
300. Mercaderías	600. Compra de mercaderías	700. Ventas de mercaderías	Comercial 
310. Materias primas	601. Compra de materias primas	701. Venta de productos terminados	Industrial 
32. Otros aprovisionamientos	602. Compra de otros aprovisionamientos	704. Venta de envases y embalajes	Ambas

Aspectos que debemos tener en cuenta en cada documento

Vamos a examinar qué contiene la **factura emitida** y en qué debemos fijarnos para poder contabilizar correctamente el documento; lo mostraremos a través de un modelo de factura que tomamos como ejemplo:

Nuestra empresa es quien emite la factura

El número se indicará en la descripción del asiento: FAC. N.° 322 y en el registro de IVA se indicará el número de documento 322

Fecha de la factura, que será la del asiento contable

FABRICACIÓN DE MOBILIARIO, SL
C/ Pino n.° 1
46002 Valencia

NIF: B96123333

Cliente:	MOBILIARIO DE OFICINA, SL	FECHA	15/10/201X
Domicilio:	C/ MASÍA, 10 (P. I. MASÍA DEL JUEZ) TORRENT (VALENCIA)	FACTURA N.°	322
NIF:	B96000000		

Código	Artículo	Unidades	Precio ud.	Total
ESD	ESTANTERÍA DESPACHO	30	400,00 €	12.000,00 €
MED	MESAS SERIE DESPACHO	35	240,00 €	8.400,00 €
MAD	MUEBLE AUXILIAR S. DESPACHO	35	400,00 €	14.000,00 €
			TOTAL	34.400,00 €

BASE IMPONIBLE					34.400,00 €
IVA	21,00 %	10,00 %	4,00 %	TOTAL CUOTA IVA	7.224,00 €
	7.224,00 €				
Recargo equiv.	5,2 %	1,4 %	0,50 %		
				Total Factura	**41.624,00 €**

FORMA DE PAGO	TRANSFERENCIA BANCARIA
20.812,00 €	30/10/201X
20.812,00 €	15/11/201X

DOCUMENTO EDUCATIVO SIN VALOR LEGAL

Los datos del cliente: servirán para dar de alta la subcuenta de Clientes (430) e identificar a quién corresponde la factura

De aquí extraemos: las subcuentas de Ventas: 700.1 Venta estantería despacho, 700.2 Venta mesa serie, etc. Los importes de las subcuentas serán 12.000,00; 8.400,00, etcétera

La información de cómo se realizará el cobro, que supondrá un movimiento posterior y un asiento contable donde utilizaremos las cuentas de tesorería del grupo 57

Total de la factura: importe de la subcuenta 430 Clientes

Importe de la **cuota de IVA:** subcuenta contable 477

Figura 3.6. Detalle del desglose contable de una factura emitida.

Actividad resuelta 3.4.

La empresa PERFUMASA comercializa perfumes de varios tipos. Del perfume Fragance + realiza una venta el día 25 de mayo según el albarán n.° A/120.14 y las condiciones establecidas con el cliente. Recibe, además, una factura de los portes, cuyo importe repercute íntegramente al cliente y refleja en la factura de venta con dicho concepto.

Indica cuál sería la valoración que se le debería dar a la venta y detalla las subcuentas y los importes a reflejar, de acuerdo con las facturas que aparecen en la solución.

Solución:

Una vez que tenemos la factura de venta, debemos localizar la información que necesitamos para realizar el asiento contable: la fecha de la factura; su número; la identificación del cliente, para crear la subcuenta correspondiente; la descripción de los artículos, para crear las subcuentas de ventas respectivas; el importe de la factura sin IVA, que se registrará en la cuenta de ventas; el importe de la cuota de IVA, que se contabilizará en la cuenta correspondiente de IVA repercutido, y el total de la factura, que reflejaremos en la cuenta del cliente.

PERFUMASA
C/ Central n.° 111
28999 MADRID
Tfno.: 919876543
NIF: A28060760

Cliente: PERFUMERÍAS ULTICO C/ Olor n.° 10 28999 MADRID Tfno.: 911234567 NIF: B28011111	
Factura n.°:	120.14
Albarán n.°:	A/120.14
Fecha de factura:	25/05/20X5

Referencia	Descripción	Cantidad	Precio	Importe
FRG +	Fragance +	4.000,00	95	380.000,00
DESCUENTO COMERCIAL		1,00%		−3.800,00
		SUBTOTAL		376.200,00
PORTES				200,00
			TOTAL	376.400,00

BI	% IVA	CUOTA		
376.400,00	21%	79.044	TOTAL FACTURA	455.444,00 €

FORMA DE PAGO: Pagaré nominativo a la recepción de la factura

DOCUMENTO EDUCATIVO SIN VALOR LEGAL

- Identificación del cliente → • Cuenta 430 • Subcuenta 430.0, etcétera
- N.° de factura → Campo n.° de fac. y n.° documento
- Fecha de factura → Fecha de introducción del asiento
- Importe de la venta – – descuentos dentro de factura → Abono en la subcuenta 700.0, etcétera
- Gastos repercutidos al cliente → Abono en la subcuenta 759, etcétera
- Descripción de los artículos → • Cuenta 700 • Subcuenta 700.0, etcétera
- Importe de la cuota de IVA → Abono en la subcuenta 477.21
- Forma de cobro → Adeudo en la subcuenta 4310.0, etcétera
- Total de la factura → Adeudo en la subcuenta 430.0, etcétera

PORTAEXPRÉS, SL
C/ Ronda n.° 555
28995 Madrid
NIF: B28033333

Cliente: PERFUMASA C/ Central n.° 111 28999 Madrid Tfno.: 919876543	
NIF: A28060760	
FAC. N.°	125558
Fecha	25/05/20X5

Referencia	Descripción		Importe
PORTES	PERFUMERÍAS ULTICO C/ Olor n.° 10 28999 MADRID		200,00
		SUBTOTAL	200,00

Base imponible	% IVA	CUOTA		
200,00	21%	42,00	TOTAL FACTURA	242,00 €

FORMA DE PAGO: EFECTIVO A LA RECEPCIÓN DE LA FACTURA

DOCUMENTO EDUCATIVO SIN VALOR LEGAL

Factura de gastos:
Subcuentas del gasto:
- **Transportes (624)**
- **IVA soportado (472.21)**

Acreedor de la factura:
PORTAEXPRÉS, SL (410.01)
Importe total de la factura

(continúa)

Tenemos que crear las subcuentas correspondientes de ventas del producto y del cliente, gastos, etc., así como la del IVA, para poder contabilizar:

Código	Nombre de la cuenta
700.01	Venta de mercaderías Fragance +
430.01	PERFUMERÍAS ULTICO, SL
431.01	PERFUMERÍAS ULTICO, SL, efectos comerciales a cobrar
477.21	H. P. IVA repercutido 21 %
572.01	Banco Comercial
759	Ingresos por servicios diversos
624	Transportes
410.01	PORTAEXPRÉS, SL
472.21	H. P. IVA soportado 21 %

Recuerda

La documentación y la contabilización de los cobros van a estudiarse en la Unidad 5.

Una vez que tenemos las subcuentas y los documentos, realizamos el registro contable de la venta en el libro Diario:

Debe	N.º	Cód.	Nombre cuenta de cargo	Fecha	Nombre cuenta de abono	Cód.	Haber
			25/05/20X5				
455.444,00	1	430.01	PERFUMERÍAS ULTICO, SL	a	Venta de mercaderías Fragance +	700.01	376.200,00
				a	Ingresos por servicios diversos	759	200,00
			N/FAC. N.º 120.14	a	H. P. IVA repercutido 21 %	477.21	79.044,00
			25/05/20X5				
455.444,00	2	4310.01	PERFUMERÍAS ULTICO, SL, efectos comerciales a cobrar	a	PERFUMERÍAS ULTICO, SL	430.01	455.444,00
			25/05/20X5				
200,00 42,00		624 472.21	Transportes H. P. IVA soportado, 21 % (fac. gastos n.º 125558)	a	PORTAEXPRÉS, SL	410.01	242,00
			25/05/20X5				
242,00		410.01	PORTAEXPRÉS, SL (pago efectivo fac. n.º 12558)	a	Caja	570	242,00

Confección del libro registro de facturas emitidas de la empresa que estamos contabilizando:

Libro registro de facturas emitidas									
EMPRESA: PERFUMASA					Desde: 1 de mayo			Año	20X5
NIF: A28060760					Hasta: 31 de mayo				
N.º	Asiento	N.º de fac.	Fecha de fac.	Clientes/acreedor	NIF	Base imponible	Tipo de IVA	Cuota	Importe total
1	1	120.14	25/05/20X5	PERFUMERÍAS ULTICO, SL	B28011111	376.400,00	21 %	79.044,00	455.444,00

Actividad resuelta 3.5.

Vamos a contabilizar la factura de venta de cemento de CEMENVASA de la Actividad resuelta 3.2 en la que aparecen envases a devolver para, posteriormente, realizar la devolución de los envases. La nota de crédito es la que aparece a continuación. Realiza el libro registro de facturas emitidas.

CEMENVASA
C/ Camino Paterna, 44
46015 VALENCIA
NIF: A96811123
Teléfono: 965001050
Fax: 965001051

FECHA: 30/04/20X5

FAC. RECTIFICATIVA
R/606

CLIENTE:
ALMACEMUSA
C/ Cartagena, 55
30008 MURCIA
NIF: A73544554
Teléfono: 968323232

Factura original: 6015

DESCRIPCIÓN	UDS.	PRECIO	IMPORTE €
Palés a devolver	50	20	1.000,00
		SUBTOTAL	–1.000,00
		IVA 21 %	–210,00
DOCUMENTO EDUCATIVO SIN VALOR LEGAL		**TOTAL**	–1.210,00

Solución:

Registro contable de la venta del cemento y de la devolución de los envases:

Debe	N.º	Cód.	Nombre cuenta de cargo	Fecha	Nombre cuenta de abono	Cód.	Haber
				20/04/20X5			
9.150,63	1	430.01	ALMACENES MURCIA, SA	a	Venta mds. cemento gris 40 kg (6.750 – 337,5)	700.01	6.412,50
				a	Ingresos por servicios diversos	759	150,00
				a	Palés de cemento a devolver por clientes	437.01	1.000,00
			N/FAC. N.º 6015	a	H. P. IVA repercutido 21 %	477.21	1.588,13
				30/04/20X5			
1.000,00	2	437.1	Palés de cemento a devolver por clientes				
210,00		477.21	H. P. IVA repercutido 21 %				
			N/fac. rectificativa R/606	a	ALMACENES MURCIA, SA	430.01	1.210,00

Actividad propuesta 3.1.

La empresa INFORMÁTICOS, SL se dedica a la comercialización de componentes informáticos. Durante el mes de junio, realiza las siguientes operaciones de ventas de las mercancías que adquirió para su posterior venta: ordenadores, impresoras y monitores, que son los tres productos que comercializa.

- Emite dos facturas a sus clientes: OFICINAS CENTRO, SL y CENTRO DE INFORMÁTICOS REUNIDOS, SL, con fecha 15 de junio. Las condiciones comerciales que cada uno posee se reflejan en las facturas, aplicando descuentos comerciales y asumiendo, solo el primero de los clientes, parte del gasto ocasionado por el transporte y la entrega de la mercancía vendida. La empresa acepta un efecto comercial a cada uno por el total de las operaciones, de vencimiento a 30 días.

INFORMÁTICOS, SL **Fecha: 15/06/20X5**		**NIF: B96222222**	
N.º de factura:	**126**	**Cliente: B91486524**	**OFICINAS CENTRO, SL**
Producto	**Unidades**	**Precio**	**Total**
ORDENADOR	5	800	4.000,00
MONITOR	5	190	950,00
IMPRESORAS	4	150	600,00
		Subtotal	5.550,00
DESCUENTO: 1 %		55,50	
GASTOS:		55,50	
BI	**IVA**	**CUOTA**	**TOTAL FACTURA**
5.550,00	**21 %**	**1.165,50**	**6.715,50 €**

INFORMÁTICOS, SL **Fecha: 15/06/20X5**		**NIF: B96222222**	
N.º de factura:	**127**	**Cliente: B91486524**	**CENTRO DE INFORMÁTICOS REUNIDOS, SL**
Producto	**Unidades**	**Precio**	**Total**
ORDENADOR	8	800	6.400,00
MONITOR	25	190	4.750,00
IMPRESORAS	20	150	3.000,00
		Subtotal	14.150,00
DESCUENTO: 2 %		283	
GASTOS:		0	
BI	**IVA**	**CUOTA**	**TOTAL FACTURA**
13.867,00	**21 %**	**2.912,07**	**16.779,07 €**

- Los gastos de transporte que la empresa debe pagar por las anteriores ventas ocasionan la siguiente factura de gastos que nos emite la empresa de transportes RAPIDTEN, SL. Se paga por banco.

RAPIDTEN, SL **NIF: B12333444**		**FECHA:** **FAC. N.º:**	**16/06/20X5** **332211**
CONCEPTO			
TRANSPORTE DE MERCANCÍAS	IVA	BI	125,00 €
Clientes: OFICINAS CENTRO, SL; INFORMÁTICOS REUNIDOS, SL		21 %	26,25 €
		TOTAL	151,25 €

- Un nuevo cliente, LOCOS POR LA RED, SL realiza un importante pedido de artículos; le solicitamos el desembolso de 3.630 €, el cual abona a través de nuestra cuenta bancaría con fecha 20/06/20X5. Emitimos la correspondiente factura.
- Transcurridos 5 días, cuando la empresa prepara el pedido, emite la factura de venta junto con la mercancía. El cliente recoge de nuestro almacén la venta efectuada. Acepta un efecto a 30 días por el importe adeudado.

INFORMÁTICOS, SL Fecha: 20/06/20X5	NIF: B96222222		
N.° de factura:	128	Cliente: B91486524	LOCOS POR LA RED, SL
CONCEPTO			
ANTICIPO	Pedido número 1		3.000,00 €
		Subtotal	3.000,00 €
BI	**IVA**	**CUOTA**	**TOTAL FACTURA**
3.000,00	**21 %**	**630,00**	**3.630,00 €**

INFORMÁTICOS, SL Fecha: 25/06/20X5	NIF: B96222222		
N.° de factura:	129	Cliente: B25322154	LOCOS POR LA RED, SL
Producto	**Unidades**	**Precio**	**Total**
ORDENADOR	12	800	9.600,00
MONITOR	20	190	3.800,00
IMPRESORAS	50	150	7.500,00
		Subtotal	20.900,00
ANTICIPO		3.000	
GTOS.:			
BI	**IVA**	**CUOTA**	**TOTAL FACTURA**
17.900,00	**21 %**	**3.759,00**	**21.659,00 €**

Elabora el libro Diario, anotando los asientos contables que corresponden a los documentos descritos, indicando las subcuentas que debemos utilizar y valorándolas de modo adecuado.

Actividad propuesta 3.2.

A lo largo del último trimestre, la empresa COMPLEMENTOS ESCOLARES, SL realiza las siguientes operaciones de ventas y emite las correspondientes facturas:

- El día 30 de noviembre, recibe un pedido del cliente Juan Gil, quien realiza una actividad comercial y está sujeto al recargo de equivalencia. La empresa le emite la factura de venta junto con la mercancía, que le remite a través de la empresa de transporte RAPIYA, SL. El cliente, tras revisar la mercancía y comprobar que todo está correcto, acepta un efecto a 45 días. Las facturas correspondientes son las que se detallan a continuación. La empresa paga en efectivo la factura de transporte.

(continúa)

COMPLEMENTOS ESCOLARES, SL	B01000000		
Fecha:	30/11/20X6	CLIENTE	JUAN GIL
N.º de factura:	25	NIF	52111222L
Producto	**Unidades**	**Precio**	**Total**
Carteras escolares	400	20	8.000,00
Estuches escolares	350	7	2.450,00
Carpetas escolares	500	4	2.000,00
		Subtotal	12.450,00
DESCUENTO: 2 %		249	
GASTOS:		60	
BI	**IVA**	**CUOTA**	**TOTAL FACTURA**
12.261	**21 %**	**2.574,81**	
	R. E.		
	5,2 %	**637,57**	**15.473,38 €**

RAPIYA, SL NIF: B11223333		FECHA : FAC. N.º:	30/11/20X6 86592
CONCEPTO	**CLIENTE:** COMPLEMENTOS ESCOLARES, SL		B01000000
TRANSPORTE MERCANCÍAS		BI	120,00
Clientes: JUAN GIL, SL	IVA	21 %	25,20
		TOTAL	145,20 €

- El mes de diciembre la empresa emitió una nueva factura a su cliente PAPEL, SL, y la entregó junto con la mercancía el día 30/12/20X6. El cliente entregó un cheque por valor del importe total de la factura, que la empresa ingresa en su cuenta bancaria. Paga en efectivo el importe de la factura de transporte.

COMPLEMENTOS ESCOLARES, SL	B01000000		
Fecha:	30/12/20X6	CLIENTE	PAPEL, SL
N.º de factura:	26	NIF	B22333444
Producto	**Unidades**	**Precio**	**Total**
Carteras escolares	500	19	9.500,00
Estuches escolares	450	7	3.150,00
Carpetas escolares	450	4	1.800,00
		Subtotal	14.450,00
DESCUENTO: 1 %		144,5	
GASTOS:		40	
BI	**IVA**	**CUOTA**	**TOTAL FACTURA**
14.345,50	**21 %**	**3.012,56**	**17.358,06 €**

RAPIYA, SL NIF: B12333444		FECHA: FAC. N.º:	30/12/20X6 9881
CONCEPTO	CLIENTE:	COMPLEMENTOS ESCOLARES, SL	B01000000
TRANSPORTE MERCANCÍAS		BI	80,00
Clientes: PAPEL, SL	IVA	21 %	16,80
		TOTAL	96,80 €

Elabora para la empresa COMPLEMENTOS ESCOLARES, SL:

- El libro Diario, anotando los asientos contables que corresponden a los documentos descritos e indicando las subcuentas que se deben utilizar, valorándolas de modo adecuado.
- Las fichas de almacén para cada uno de los productos, registrando las existencias iniciales y cada una de las entradas que se recogen en las diferentes facturas de compras de la Actividad propuesta 2.4.

3.2.6. Asientos rectificativos de ventas: descuentos, bonificaciones y *rappels* fuera de factura

Sabemos que en las operaciones comerciales, tanto de compras como de ventas, se realizan descuentos o devoluciones en un momento posterior a la emisión de la factura. El PGC tiene cuentas específicas para cada operación rectificativa. Estas cuentas, para las operaciones de ventas, son las siguientes:

- **Cuenta 706 Descuentos sobre ventas por pronto pago:** descuentos concedidos a los clientes por anticipar el pago antes del vencimiento acordado y que está fuera de factura.

- **Cuenta 708 Devoluciones de ventas y operaciones similares:** remesas devueltas por los clientes, por incumplimiento de las condiciones del pedido o descuentos por la misma causa.

- **Cuenta 709 *Rappels* sobre ventas:** descuentos que se conceden a los clientes por haber alcanzado un determinado volumen de pedido.

En este tipo de operaciones rectificativas, hay que ajustar el IVA repercutido porque disminuye el importe del crédito del cliente.

Importante

Si el **IVA está incluido** en el importe que tenemos que descontar o recibir, se procede del mismo modo que en los anticipos:

X/(1 + tipo de IVA) =
= IMPORTE DE 706, 708 o 709

Ejemplo: importe descuento 2.420 €, tipo de IVA del 21 %.

Solución: 2.420/(1 + 0,21) =
= 2.420/1,21 = 2.000 €,
IMPORTE DE LA CUENTA 706, 708 o 709

Asientos rectificativos

- Para descuentos por pronto pago, si todavía tenemos derecho de cobro sobre el cliente, disminuimos el importe del crédito y procedemos al cobro:

Debe	N.º	Cód.	Cuentas			Cód.	Haber
			Fecha del asiento				
		706	Descuentos sobre ventas por pronto pago				
		477	H. P. IVA repercutido (BI = 706 × tipo de IVA)	a	Clientes (706 + 477)	430	
		570 572	Caja, euros (o) Bancos c/c vista, euros	a	Clientes (importe adeudado por este – el total de la factura rectificativa del descuento)	430	

- Para devoluciones de ventas, descuentos por defectos de calidad de los productos y operaciones similares:

Debe	N.º	Cód.	Cuentas			Cód.	Haber
			Fecha del asiento				
		708	Devoluciones de ventas y operaciones similares				
		477	H. P. IVA repercutido (BI = 708 × tipo de IVA)	a	Clientes (708 + 477)	430	

- Para descuentos concedidos por el volumen de ventas alcanzado por los clientes:

Debe	N.º	Cód.	Cuentas			Cód.	Haber
			Fecha del asiento				
		709	*Rappels* sobre ventas				
		477	H. P. IVA repercutido (BI = 709 × tipo de IVA)	a	Clientes (709 + 477)	430	

Actividad resuelta 3.6.

La empresa OLORANDIA, SA entrega a su cliente PERFUMASA dos facturas de venta pendientes de contabilizar, del 10 y 18 de mayo de 20X5. El día 24/05/20X5 el cliente abona la primera de las facturas. Posteriormente, se emite la factura rectificativa de abono n.º R/6055, por un descuento por pronto pago de 500 € a descontar de la factura pendiente de pago. De los productos correspondientes a la factura n.º 8015 del 18 de mayo de OLORANDIA practica un descuento, emitiendo la factura rectificativa n.º R/6056 de 1.000 € por no cumplir lo pactado en el formato de envase de los perfumes. También se emite en concepto de *rappel* la factura rectificativa n.º R/6057 por importe de 1.500 € por alcanzar la facturación el volumen que corresponde a este.

Realiza los registros contables, detallando las subcuentas y su contabilización en el libro Diario de las facturas, de acuerdo con la documentación que se detalla a continuación.

OLORANDIA, SA

C/ Perfume, 30
28760 Tres Cantos MADRID
NIF: B28045045

Cliente:	PERFUMASA			FECHA	10/05/20X5
Domicilio:	C/ Central, 111			FACTURA	5515
	28999 Madrid				
NIF:	A28060760				
Código	Artículo		Unidades	Precio unitario	Total
FRG +	Fragance +		1.500	30,00 €	45.000,00 €
				TOTAL	45.000,00 €
			BASE IMPONIBLE		45.000,00 €
IVA	21,00 %	10,00 %	4,00 %	TOTAL	
	9.450,00 €			CUOTAS	9.450,00 €
Rec. equiv.	5,2 %	1,40 %	0,50 %	IVA	
			Total factura		**54.450,00 €**
FORMA DE PAGO		DOCUMENTO EDUCATIVO SIN VALOR LEGAL			
Vencimiento	24/05/20X5				

OLORANDIA, SA

C/ Perfume, 30
28760 Tres Cantos MADRID
NIF: B28045045

Cliente:	PERFUMASA			FECHA	18/05/20X5
Domicilio:	C/ Central, 111			FACTURA	8015
	28999 Madrid				
NIF:	A28060760				
Código	Artículo		Unidades	Precio unitario	Total
FRG +	Fragance +		2.500	25,00 €	62.500,00 €
				TOTAL	62.500,00 €
			BASE IMPONIBLE		62.500,00 €
IVA	21,00 %	10,00 %	4,00 %	TOTAL	
	13.125,00 €			CUOTAS	13.125,00 €
Rec. equiv.	5,2 %	1,40 %	0,50 %	IVA	
			Total factura		**75.625,00 €**
FORMA DE PAGO		DOCUMENTO EDUCATIVO SIN VALOR LEGAL			
Vencimiento	17/06/20X5				

OLORANDIA, SA

C/ Perfume, 30
28760 Tres Cantos MADRID
NIF: B28045045

Cliente:	PERFUMASA			FECHA	28/05/20X5
Domicilio:	C/ Central, 111			FACTURA RECTIFICATIVA R/6055	
	28999 Madrid				
NIF:	A28060760				
Código	Concepto			Precio unitario	Total
FRG +	Descuento p. p. p. fac. 5515				500,00 €
				TOTAL	500,00 €
			BASE IMPONIBLE		−500,00 €
IVA	21,00 %	10,00 %	4,00 %	TOTAL	
	−105,00 €			CUOTAS	−105,00 €
Rec. equiv.	5,2 %	1,40 %	0,50 %	IVA	
			Total factura abono		**−605,00 €**
FORMA DE PAGO		DOCUMENTO EDUCATIVO SIN VALOR LEGAL			

(continúa)

OLORANDIA, SA

C/ Perfume, 30
28760 Tres Cantos MADRID
NIF: B28045045

Cliente:	PERFUMASA			FECHA	30/05/20X5
Domicilio:	C/ Central, 111				
	28999 Madrid			FACTURA RECTIFICATIVA R/6056	
NIF:	A28060760				
Código	Concepto			Precio unitario	Total
FRG +	Devolución fac. 8015				1.000,00 €
				TOTAL	1.000,00 €
			BASE IMPONIBLE		–1.000,00 €
IVA	21,00 %	10,00 %	4,00 %	TOTAL	
	–210,00 €			CUOTAS	–210,00 €
Rec. equiv.	5,2 %	1,40 %	0,50 %	IVA	
			Total factura abono		**–1.210,00 €**
FORMA DE PAGO		DOCUMENTO EDUCATIVO SIN VALOR LEGAL			

OLORANDIA, SA

C/ Perfume, 30
28760 Tres Cantos MADRID
NIF: B28045045

Cliente:	PERFUMASA			FECHA	30/05/20X5
Domicilio:	C/ Central, 111				
	28999 Madrid			FACTURA RECTIFICATIVA R/6057	
NIF:	A28060760				
Código	Concepto			Precio unitario	Total
FRG +	*Rappel*				1.500,00 €
				TOTAL	1.500,00 €
			BASE IMPONIBLE		–1.500,00 €
IVA	21,00 %	10,00 %	4,00 %	TOTAL	
	–315,00 €			CUOTAS	–315,00 €
Rec. equiv.	5,2 %	1,40 %	0,50 %	IVA	
			Total factura abono		**–1.815,00 €**
FORMA DE PAGO		DOCUMENTO EDUCATIVO SIN VALOR LEGAL			

Solución:

Tenemos que crear las subcuentas correspondientes de ventas del producto y del cliente, gastos, etc., así como la del IVA, para poder contabilizar, como muestra el siguiente cuadro:

Código	Nombre de la cuenta
700.01	Venta de mercaderías Fragance +
430.01	PERFUMASA
477.21	H. P. IVA repercutido 21%
572.01	Banco Comercial
706.1	Descuento sobre ventas por pronto pago Fragance +
708.1	Devoluciones de ventas y op. similares Fragance +
709.1	*Rappels* sobre ventas Fragance +

Una vez que tenemos las subcuentas, realizamos el registro contable de los documentos en el libro Diario:

Debe	N.º	Cód.	Nombre cuenta de cargo	Fecha	Nombre cuenta de abono	Cód.	Haber
				10/05/20X5			
54.450,00	1	430.01	PERFUMASA N/fac. n.º 5515	a a	Venta de mercaderías Fragance + H. P. IVA repercutido 21 %	701.1 477.21	45.000,00 9.450,00
				18/05/20X5			
75.625,00	2	430.01	PERFUMASA N/fac. n.º 8015	a a	Venta de mercaderías Fragance + H. P. IVA repercutido 21 %	701.1 477.21	62.500,00 13.125,00
				24/05/20X5			
54.450,00	3	572.1	Banco Comercial (cobro fac. 5515)	a	PERFUMASA	430.01	54.450,00
				28/05/20X5			
500,00 105,00		706 477.21	Descuento sobre ventas por pronto pago Fragance + H. P. IVA repercutido 21 % N/fac. R/6055	a	PERFUMASA	430.01	605,00
				30/05/20X5			
1.000,00 210,00		708.1 477.21	Devoluciones de ventas y op. similares Fragance + H. P. IVA repercutido 21 % N/fac. R/6056	a	PERFUMASA	430.01	1.210,00
				30/05/20X5			
1.500,00 315,00		709.1 477.21	*Rappels* sobre ventas Fragance + H. P. IVA repercutido 21 % N/fac. R/6057	a	PERFUMASA	430.01	1.815,00

Actividad propuesta 3.3.

La empresa DCE, SL se dedica a la comercialización al por mayor de prendas de vestir de caballero para ceremonias y eventos. Sus productos los clasifica en tres grupos en todas sus compras: trajes de caballero, camisas y corbatas. También se ofrecen unos embalajes, siempre con la facultad de poder realizar la devolución de estos, para que la mercancía llegue a la empresa en perfectas condiciones.

Durante el mes de octubre, realiza las siguientes operaciones:

- 15/10/20X6. Realiza una venta a su cliente PEPE MODELO, SL, quien recoge la mercancía comprobando que determinados productos están defectuosos, por lo que procede a devolverla. Le emite la factura rectificativa unos días después. El cliente acepta un efecto por el importe pendiente a 30 días.

DCE, SL	Fecha:	15/10/20X6	PEPE MODELO, SL
B03001111	N.º factura: 48	Cliente:	
Productos	**Ud.**	**Precio**	**Total**
Trajes de hombre	200	225	45.000,00 €
Camisas	400	35	14.000,00 €
Corbatas	200	8	1.600,00 €
DTO. *RAPPELS*: 5 %	3.030,00	Subtotal	60.600,00 €
BI	**IVA**	**CUOTA**	**TOTAL FACTURA**
57.570,00	**21%**	**12.089,70**	**69.659,70 €**

DCE, SL	16/10/20X6	CLIENTE	PEPE MODELO, SL
B03001111	R/18	ABONO	
Productos	**Ud.**	**Precio**	**Total**
Trajes de hombre	−10	225	−2.250,00
Camisas	−4	35	−140,00
Corbatas	−5	8	−40,00
DTO.: 5 %	121,50	Subtotal	−2.430,00
BI	**IVA**	**CUOTA**	**TOTAL ABONO**
−2.308,50	**21%**	**−484,79**	−2.793,29 €

(continúa)

- 22/10/20X6. Realiza una nueva venta al cliente PEPE MODELO, SL. Este recoge la mercancía, que verifica para que no surja ningún problema, junto con la factura. El cliente comunica por teléfono a la empresa que podría anticipar el pago de esta factura, y negocia con ella la aplicación de un descuento del 2%. La empresa procede a realizar la factura rectificativa correspondiente con esa misma fecha. Abona el importe a través de transferencia bancaria el mismo día.

DCE, SL	Fecha:	22/10/20X6	PEPE MODELO, SL
B03001111	N.º factura: 49	Cliente:	
Productos	Ud.	Precio	Total
Trajes de hombre	200	225	45.000,00 €
Camisas	150	35	5.250,00 €
Corbatas	150	8	1.200,00 €
DTO.: 5 %	2.572,50	Subtotal	51.450,00 €
BI	IVA	CUOTA	TOTAL FACTURA
48.877,50	21%	10.264,28	59.141,78 €

DCE, SL	22/10/20X6	CLIENTE	PEPE MODELO, SL
B03001111	R/19	ABONO	
N.º factura modifica: 49		IMPORTE	TOTAL
DESCUENTO P/P	2%	48.877,50	–977,55
POR PRONTO PAGO S/FAC. 49			
BI	IVA	CUOTA	TOTAL ABONO
–977,55	21%	–205,29	–1.182,84 €

- 22/10/20X6. El cliente nuevo ALMACENES TODOMAN, SL realiza un importante pedido; la empresa le indica que debe realizar el pago de un anticipo a cuenta de 3.630 €, que ingresa en la cuenta bancaria. Días más tarde, se le entrega la mercancía, y se cobran 50 € por dicho concepto (portes). La empresa emite la factura donde aparece, además del descuento del anticipo y los gastos mencionados, la entrega de unos envases con facultad de devolución.

DCE, SL	Fecha:	22/10/20X6	ALMACENES
B03001111	N.º factura: 50	Cliente:	TODOMAN, SL
	ANTICIPO FUTURAS COMPRAS		
		BI	3.000,00 €
	CUOTA IVA	21%	630,00 €
	TOTAL FACTURA:		3.630,00 €

DCE, SL	Fecha:	25/10/20X6	ALMACENES
B03001111	N.º factura: 51	Cliente:	TODOMAN, SL
Productos	Ud.	Precio	Total
Trajes de hombre	300	225	67.500,00
Camisas	300	35	10.500,00
Corbatas	300	8	2.400,00
Embalajes a devolver	1	100	100,00
Anticipo	3.000,00	Subtotal	80.500,00
PORTES:	50,00		
BI	IVA	CUOTA	TOTAL FACTURA
77.550,00	21%	16.285,50	93.835,50 €

- 30/10/20X6. El cliente devuelve los embalajes y, por el volumen alcanzado, se le abona en factura un descuento del 5%. Entrega un cheque como pago del saldo que adeuda.

DCE, SL	Fecha:	30/10/20X6	ALMACENES
B03001111	N.º factura: R/20	Cliente:	TODOMAN, SL
Productos	Ud.	Precio	Total
Embalajes a devolver	–1	100	–100,00
DTO. POR *RAPPELS*	5%	80.400,00	–4.020,00
		Subtotal	–4.120,00
BI	IVA	CUOTA	TOTAL ABONO
–4.120,00	21%	–865,20	–4.985,20 €

Elabora para la empresa DCE, SL:

- El libro Diario, anotando los asientos contables que corresponden a los documentos descritos, indicando las subcuentas que se deben utilizar y valorándolas de modo adecuado.
- El Mayor de las cuentas de clientes y de la cuenta del IVA repercutido.
- Las fichas de almacén para cada uno de los productos, registrando las existencias iniciales que se detallan y cada una de las entradas que se recogen en las diferentes facturas de compras y devoluciones de la Actividad propuesta 2.5, así como las salidas o ventas recogidas en el ejercicio.
- El libro registro de facturas emitidas.

3.2.7. Realización y contabilización de las liquidaciones del IVA

El IVA es un tributo de naturaleza indirecta que recae sobre el consumo y grava las entregas de bienes y prestaciones de servicios efectuadas por empresarios y profesionales, las adquisiciones intracomunitarias y las importaciones de bienes.

La liquidación se realiza por la diferencia entre el IVA repercutido y el IVA soportado. Puede ser la diferencia positiva (ingreso) o negativa (compensación o devolución).

En las liquidaciones trimestrales, la devolución solo se puede solicitar en la liquidación del 4.º trimestre.

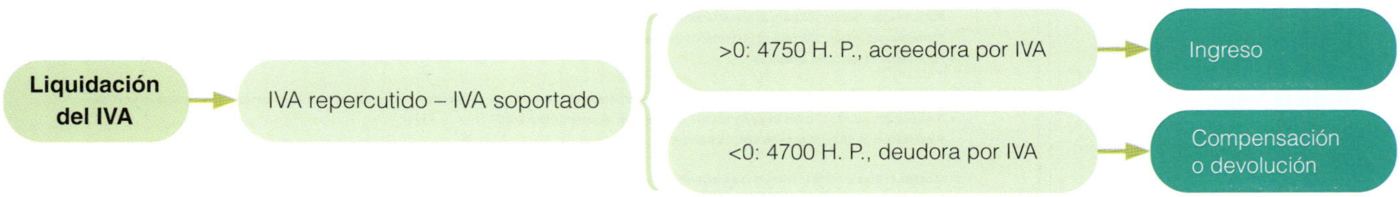

Figura 3.7. Esquema de liquidación del IVA.

Recuerda

En las operaciones de ventas, se ajustará el IVA repercutido de las devoluciones, de los descuentos y de los *rappels*, y se hará un cargo en la cuenta 477. Igualmente sucede con las operaciones de compras; en estas se realizará un abono en la cuenta 472 por los mismos conceptos.

¿Cuándo se realiza la liquidación y cuándo se presenta?

El asiento contable de liquidación se realiza con el IVA soportado y el IVA repercutido el último día del último mes del trimestre natural correspondiente, es decir, el 31 de marzo, el 30 de junio, el 30 de septiembre y el 31 de diciembre.

La presentación se realiza en el modelo 303, por vía telemática, cumplimentando el formulario que proporciona la Agencia Tributaria, durante los 20 primeros días del mes siguiente al trimestre natural, para los 3 primeros trimestres, y hasta el 30 de enero del año siguiente, para el cuarto trimestre.

Con la liquidación del último trimestre, se presenta el modelo 390, que es el resumen anual de las liquidaciones de todo el año.

Para acceder al modelo de forma sencilla, realizaremos una búsqueda en Google de Modelo 303, y la primera opción que nos aparece es la página de la Agencia Tributaria www.aeat.es (también a través del enlace https://www.agenciatributaria.gob.es/AEAT.sede/tramitacion/G414.shtml).

Accedemos a la página y esta nos proporciona los formularios para hacer las distintas liquidaciones del IVA (Figura 3.8).

Sabías que

Las empresas que presentan la declaración mensual del IVA están obligadas a enviar el detalle de su facturación y toda la información recogida en los Libros Registros de IVA; la llevanza de estos se realizará a través de la sede Electrónica de la AEAT, lo que se conoce como Suministro Inmediato de Información (SII), un nuevo sistema que busca mejorar el control tributario.

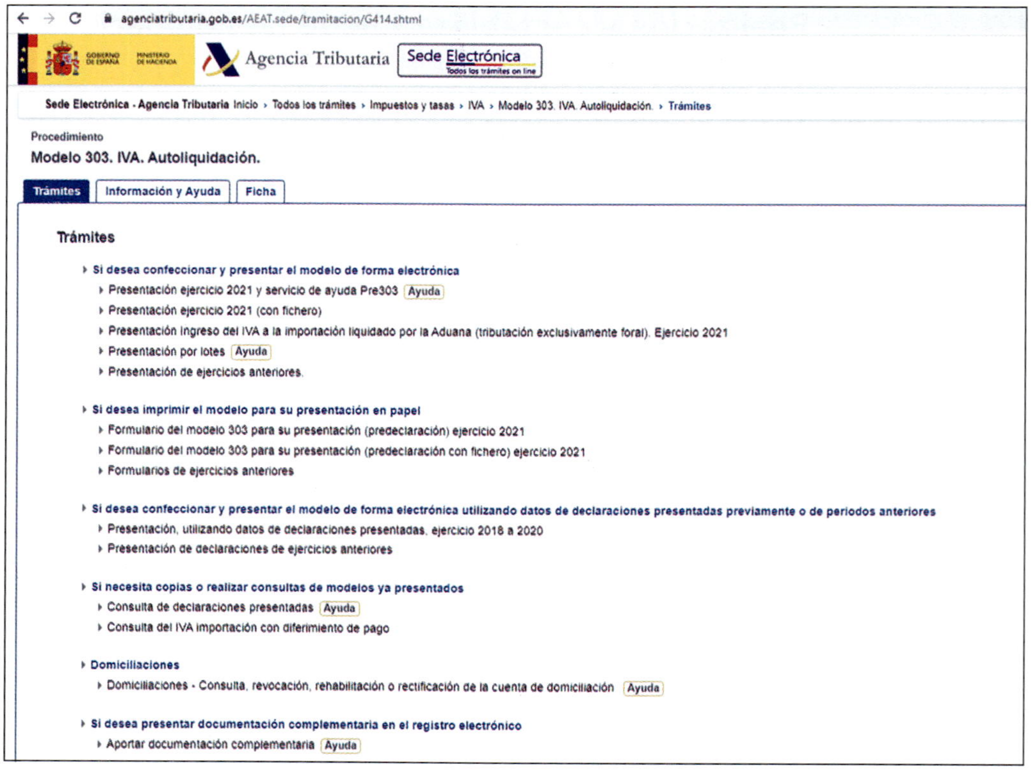

Figura 3.8. Interfaz de la Agencia Tributaria para acceder al modelo 303.

El régimen más común es el general y, al ejecutarlo, nos proporciona el formulario para hacer la liquidación:

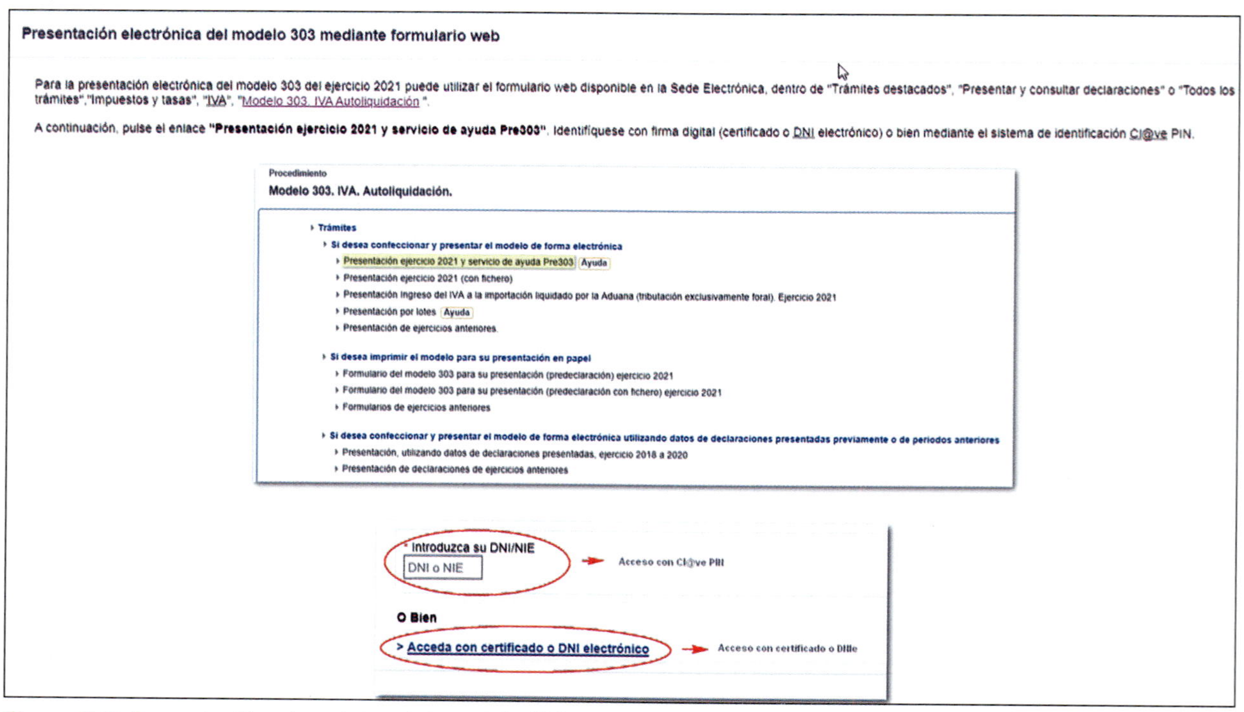

Figura 3.9. Presentación electrónica del modelo 303.

Introducimos los datos que nos solicita y aceptamos para continuar.

Los importes del IVA repercutido y soportado los obtenemos de la contabilidad de los saldos de las cuentas 477 y 472, respectivamente. El programa informático de contabilidad nos proporciona las liquidaciones trimestrales del IVA, y con esos datos podemos cumplimentar el formulario.

Registro contable

Los programas de contabilidad realizan las liquidaciones del IVA de forma automática, seleccionando el usuario el periodo que se está liquidando en cada caso (trimestre o mes). Asimismo, realizan el asiento del registro contable correspondiente y nos proporcionan los modelos oficiales de las liquidaciones periódicas (303) y el resumen anual (390).

- El registro contable de la liquidación del IVA es el siguiente:

Debe	N.º	Cód.	Cuentas	Cód.	Haber
			Fecha		
		477	H. P. IVA repercutido		
		4700	H. P., deudora por IVA		
			(IVA repercutido < IVA soportado) a H. P. IVA soportado	472	
			a H. P., acreedora por IVA	4750	
			(IVA repercutido > IVA soportado)		

- Cuando llegue la fecha de pago, el asiento será el siguiente:

Debe	N.º	Cód.	Cuentas	Cód.	Haber
			Fecha		
		4750	H. P., acreedora por IVA a Tesorería	57	

- Si la liquidación es negativa, se compensa con liquidaciones positivas de los trimestres posteriores. La devolución solo se puede solicitar en el cuarto trimestre.

  El asiento de la compensación será el siguiente:

Debe	N.º	Cód.	Cuentas	Cód.	Haber
			Fecha		
		477	H. P. IVA repercutido a H. P. IVA soportado	472	
			a H. P., deudora por IVA	4700	
			(liquidación negativa anterior)		
			a H. P., acreedora por IVA	4750	
			(si las diferencias son positivas)		

Actividad resuelta 3.7.

Disponemos de la siguiente información sobre el IVA del periodo de enero a marzo del año 2021 de Benito Jiménez Valor, con NIF 00697464N, que tiene una tienda de repuestos de vehículos:

Periodos	Concepto	Importe	IVA	Cuota
Enero	Ventas	15.800,00	21 %	3.318,00
	Descuentos	−1.500,00	21 %	−315,00
Febrero	Ventas	10.200,00	21 %	2.142,00
Marzo	Ventas	11.000,00	21 %	2.310,00
	Descuentos	−600,00	21 %	−126,00
	TOTALES	34.900,00		**7.329,00**

Periodos	Concepto	Importe	IVA	Cuota
Enero	Compras	3.500,00	21 %	735,00
	Devoluciones	−200,00	21 %	−42,00
	Gastos	1.500,00	21 %	315,00
Febrero	Compras	4.000,00	21 %	840,00
	Gastos	1.200,00	21 %	252,00
Marzo	Compras	5.000,00	21 %	1.050,00
	Devoluciones	−800,00	21 %	−168,00
	Gastos	1.300,00	21 %	273,00
	TOTALES	15.500,00		**3.255,00**

Calcula la liquidación del IVA del primer trimestre, realiza los asientos contables y cumplimenta el modelo 303.

Solución:

Vamos a realizar la liquidación del IVA del primer trimestre con la información anterior. En la primera tabla, tenemos el IVA devengado (repercutido) en las operaciones de ingresos (ventas) y, en la segunda tabla, el IVA soportado en las operaciones de compras y gastos correspondientes al primer trimestre. Para elaborar la liquidación trimestral, realizaremos las operaciones siguientes:

IVA devengado del periodo:	7.329,00
IVA soportado del periodo:	−3.255,00
Diferencia:	4.074,00

Como la diferencia es positiva, implica que tenemos que reconocer una deuda con Hacienda, pues el IVA que hemos cobrado por ventas es superior al pagado por compras y gastos. El registro contable es el siguiente:

Debe	N.º	Cód.	Cuentas			Cód.	Haber
			30/03/21				
7.329,00	1	477	H. P. IVA repercutido	a	H. P. IVA soportado	472	3.255,00
				a	H. P., acreedora por IVA	4750	4.074,00

Por el pago:

Debe	N.º	Cód.	Cuentas			Cód.	Haber
			20/04/21				
4.074,00	2	4750	H. P., acreedora por IVA	a	Tesorería	57	4.074,00

Para cumplimentar el formulario del modelo 303, introducimos los datos que nos pide y hacemos la liquidación por el régimen general. Nos genera un PDF que aparece a continuación:

MINISTERIO DE HACIENDA

Agencia Tributaria

Teléfono: 901 33 55 33
www.agenciatributaria.es

Impuesto sobre el Valor Añadido
Autoliquidación
Ingreso del Impuesto sobre el Valor Añadido a la importación liquidado por la Aduana.

Modelo **303**

Identificación (1)

Borrador

Devengo (2) Ejercicio 2021 Periodo 1T

NIF	Apellidos o Razón social	Nombre
00697464N	JIMENEZ VALOR BENITO	

☐ **Tributación exclusivamente foral.** Sujeto pasivo que tributa exclusivamente a una Administración tributaria Foral con IVA a la importación liquidado por la Aduana pendiente de ingreso

Espacio reservado para numeración por código de barras

	SI	NO
¿Está inscrito en el Registro de devolución mensual (art. 30 RIVA)?	☐	☐
¿Tributa exclusivamente en régimen simplificado?	☐	☐
¿Es autoliquidación conjunta?	☐	☐
¿Ha sido declarado en concurso de acreedores en el presente periodo de liquidación?	☐	☐
¿Ha optado por el régimen especial del criterio de Caja (art. 163 undecies LIVA)?	☐	☐
¿Es destinatario de operaciones a las que se aplique el régimen especial del criterio de caja?	☐	☐
Opción por la aplicación de la prorrata especial (art. 103.Dos.1° LIVA)	☐	
Revocación de la opción por la aplicación de la prorrata especial (art. 103. Dos.1° LIVA)	☐	
Lleva voluntariamente los Libros registro del IVA a través de la Sede electrónica de la AEAT?	☐	
¿Está exonerado de la Declaración-resumen anual del IVA, modelo 390?	☐	☐
¿Existe volumen anual de operaciones (art. 121 LIVA)?	☐	☐

Fecha en que se dictó el auto de declaración de concurso: Día / Mes / Año

Si se ha dictado auto de declaración de concurso en este periodo indique el tipo de autoliquidación: Preconcursal ☐ Postconcursal ☐

Liquidación (3)

Régimen general

IVA devengado

		Base imponible		Tipo %		Cuota
Régimen general	01	37.000,00	02	21,00	03	7.770,00
	04		05		06	
	07		08		09	
Adquisiciones intracomunitarias de bienes y servicios	10				11	
Otras operaciones con inversión del sujeto pasivo (excepto. adq. intracom)	12				13	
Modificación bases y cuotas	14	2.100,00-			15	441,00-
Recargo equivalencia	16		17		18	
	19		20		21	
	22		23		24	
Modificaciones bases y cuotas del recargo de equivalencia	25				26	
Total cuota devengada ([03] + [06] + [09] + [11] + [13] + [15] + [18] + [21] + [24] + [26])					27	7.329,00

IVA deducible

		Base		Cuota
Por cuotas soportadas en operaciones interiores corrientes	28	16.500,00	29	3.465,00
Por cuotas soportadas en operaciones interiores con bienes de inversión	30		31	
Por cuotas soportadas en las importaciones de bienes corrientes	32		33	
Por cuotas soportadas en las importaciones de bienes de inversión	34		35	
En adquisiciones intracomunitarias de bienes y servicios corrientes	36		37	
En adquisiciones intracomunitarias de bienes de inversión	38		39	
Rectificación de deducciones	40	1.000,00-	41	210,00-
Compensaciones Régimen Especial A.G. y P.			42	
Regularización bienes de inversión			43	
Regularización por aplicación del porcentaje definitivo de prorrata			44	
Total a deducir ([29] + [31] + [33] + [35] + [37] + [39] + [41] + [42] + [43] + [44])			45	3.255,00

Resultado régimen general ([27] - [45])	46	4.074,00

Ejemplar para el sujeto pasivo

(continúa)

Modelo **303** | NIF 00697464N | Apellidos y Nombre o Razón social | **Página 3**

Información adicional

Entregas intracomunitarias de bienes y servicios	59	
Exportaciones y operaciones asimiladas	60	
Operaciones no sujetas o con inversión del sujeto pasivo que originan el derecho a deducción	61	

Exclusivamente para aquellos sujetos pasivos acogidos al régimen especial del criterio de caja y para aquéllos que sean destinatarios de operaciones afectadas por el mismo:

		Base imponible		Cuota
Importes de las entregas de bienes y prestaciones de servicios a las que habiéndoles sido aplicado el régimen especial del criterio de caja hubieran resultado devengadas conforme a la regla general de devengo contenida en el art. 75 LIVA	62		63	

		Base imponible		Cuota soportada
Importes de las adquisiciones de bienes y servicios a las que sea de aplicación o afecte el régimen especial del criterio de caja	74		75	

Resultado

Regularización cuotas art. 80.Cinco.5ª LIVA	76	
Suma de resultados ([46] + [58] + [76])	64	4.074,00
Atribuible a la Administración del Estado 65 [100,00]	66	4.074,00
IVA a la importación liquidado por la Aduana pendiente de ingreso	77	
Cuotas a compensar de periodos anteriores	67	
Resultado ([66] + [77] - [67] + [68])	69	4.074,00
A deducir (exclusivamente en caso de autoliquidación complementaria: Resultado de la anterior o anteriores declaraciones del mismo concepto, ejercicio y periodo)	70	
Resultado de la liquidación ([69] - [70])	71	4.074,00

Exclusivamente para sujetos pasivos que tributan conjuntamente a la Administración del Estado y a las Haciendas Forales. Resultado de la regularización anual. 68 [ ] euros

Compensación (4): Si resulta [71] negativa consignar el importe a compensar 72 C [ ]

Sin actividad (5): Sin actividad - [ ]

Devolución (6): Manifiesto a esa Delegación que el importe a devolver reseñado deseo me sea abonado mediante transferencia bancaria a la cuenta indicada de la que soy titular:

Importe: 73 D [ ]

Código SWIFT-BIC [ ]

Código IBAN [ ]

Ingreso (7): Ingreso efectuado a favor del Tesoro Público, cuenta restringida de colaboración en la recaudación de la AEAT de autoliquidaciones.

Importe: I 4.074,00

Código IBAN [ ]

Complementaria (8): Si esta autoliquidación es complementaria de otra autoliquidación anterior correspondiente al mismo concepto, ejercicio y periodo, indíquelo marcando con una "X" esta casilla.

[ ] Autoliquidación complementaria

En este caso, consigne a continuación el número de justificante identificativo de la autoliquidación anterior.

Nº. de justificante [ ]

Exclusivamente a cumplimentar en el último periodo de liquidación por aquellos sujetos pasivos que queden exonerados de la Declaración-resumen anual del IVA

	A **Actividades a las que se refiere la declaración** (de mayor a menor importancia por volumen de operaciones)	B **Clave**	C **Epígrafe IAE**
Principal			
Otras			

Si ha efectuado operaciones por las que tenga obligación de presentar la declaración anual de operaciones con terceras personas, marque una "X" D [ ]

Información de la tributación por razón de territorio (sólo para sujetos pasivos que tributan a varias Administraciones)

Álava .... 89 [ ] % Guipúzcoa .... 90 [ ] % Vizcaya .... 91 [ ] % Navarra .... 92 [ ] % Territorio común .. 107 [ ] %

Operaciones realizadas en el ejercicio

Operaciones en régimen general	80	
Operaciones a las que habiéndoles sido aplicado el régimen especial del criterio de caja hubieran resultado devengadas conforme a la regla general de devengo contenida en el art. 75 LIVA	81	
Entregas intracomunitarias exentas	93	
Exportaciones y otras operaciones exentas con derecho a deducción	94	
Operaciones exentas sin derecho a deducción	83	
Operaciones no sujetas por reglas de localización o con inversión del sujeto pasivo	84	
Entregas de bienes objeto de instalación o montaje en otros Estados miembros	85	
Operaciones en régimen simplificado	86	
Operaciones en régimen especial de la agricultura, ganadería y pesca	95	
Operaciones realizadas por sujetos pasivos acogidos al régimen especial del recargo de equivalencia	96	
Operaciones en Régimen especial de bienes usados, objetos de arte, antigüedades y objetos de colección	97	
Operaciones en régimen especial de Agencias de Viajes	98	
Entregas de bienes inmuebles, operaciones financieras y relativas al oro de inversión no habituales	79	
Entregas de bienes de inversión	99	
Total volumen de operaciones (art. 121 Ley IVA) *(80 + 81 + 93 + 94 + 83 + 84 + 85 + 86 + 95 + 96 + 97 + 98 - 79 - 99)*	88	

Ejemplar para el sujeto pasivo

Actividad propuesta 3.4.

Los registros auxiliares del IVA de la empresa MERCASA se reflejan en las siguientes tablas:

Periodos	Concepto	Importe	IVA	Cuota
1.º trimestre	Compras	35.000,00	21 %	7.350,00
	Devoluciones	–2.000,00	21 %	–420,00
	Gastos	15.000,00	21 %	3.150,00
TOTALES				**10.080,00**
2.º trimestre	Compras	40.000,00	21 %	8.400,00
	Gastos	12.000,00	21 %	2.520,00
TOTALES				**10.920,00**
3.º trimestre	Compras	50.000,00	21 %	10.500,00
	Devoluciones	–800,00	21 %	–168,00
	Gastos	13.000,00	21 %	2.730,00
TOTALES				**13.062,00**
TOTAL GENERAL				**34.062,00**

Periodos	Concepto	Importe	IVA	Cuota
1.º trimestre	Ventas	150.000,00	21 %	31.500,00
	Descuentos	–1.500,00	21 %	–315,00
TOTALES				**31.185,00**
2.º trimestre	Ventas	45.000,00	21 %	9.450,00
TOTALES				**9.450,00**
3.º trimestre	Ventas	180.000,00	21 %	37.800,00
	Descuentos	–600,00	21 %	–126,00
TOTALES				**37.674,00**
TOTAL GENERAL				**78.309,00**

Realiza las liquidaciones trimestrales del IVA y los registros contables correspondientes.

Mapa conceptual

Esquema del proceso de ventas

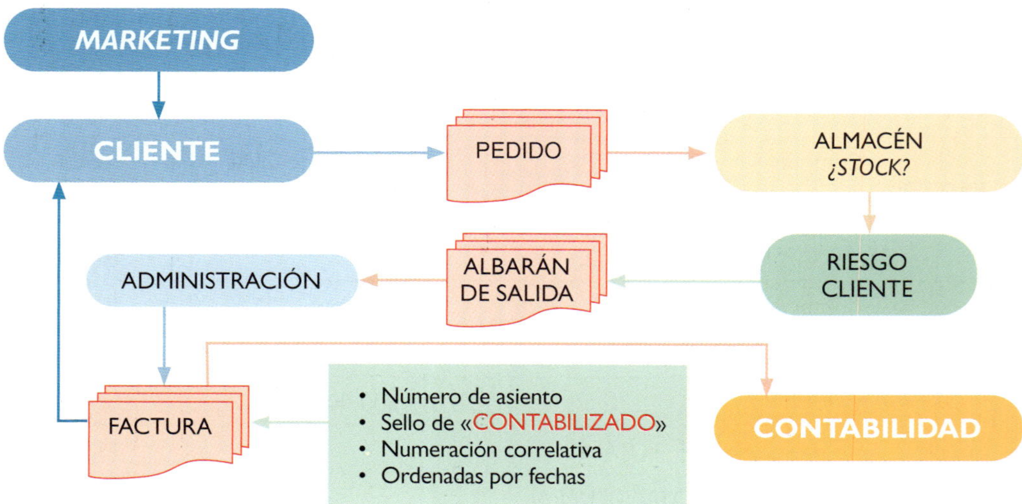

Documentación utilizada en las operaciones comerciales de ventas

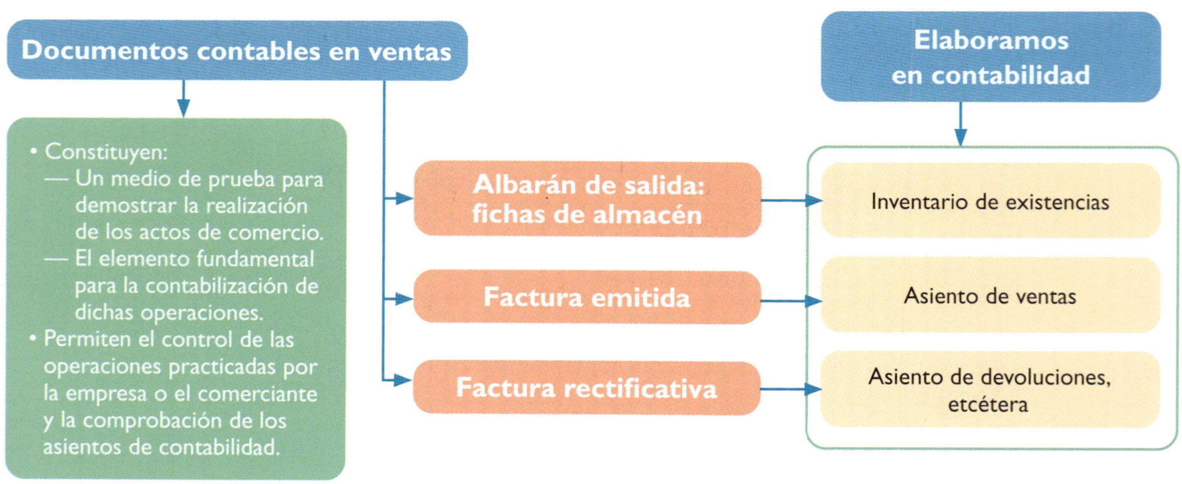

Archivos generados, departamentos relacionados con el de contabilidad y registro contable de las operaciones de ventas

Departamento de almacén: elaborará las fichas de almacén y realizará los inventarios de las existencias, que utilizaremos para hallar los saldos finales de las existencias.

Departamento de ventas: nos enviará una copia de la factura emitida.

Departamento financiero: nos indicará los cobros efectuados y comprobaremos con recibos y cheques el extracto bancario y el Mayor de las cuentas.

DEPARTAMENTO DE CONTABILIDAD

Archivos que recogerán la información

- Archivo de clientes, datos y condiciones de ventas → A
- Libro registro de facturas emitidas → A
- Libro auxiliar de cobros y vencimientos → A
- Libro de inventarios (fichas de almacén) → A

Esquema de los transportes de ventas

Gasto de transporte

- Por cuenta del cliente →
  - Servicio ocasional (repercutido en fac.), se abona en la cuenta **(759) Ingresos por servicios diversos.**
  - Pagados por la empresa (suplidos), se cargan en la cuenta **(430) Clientes** y se abonan al subgrupo 57.
- Por cuenta de la empresa → Se carga en la cuenta **(624) Transportes.**

Actividades finales

De comprobación

3.1. Con las facturas emitidas y las facturas rectificativas emitidas, confeccionamos:

a) El libro Diario y Mayor de contabilidad.

b) El libro registro de facturas emitidas.

c) El libro registro de IVA repercutido.

d) Todas las opciones anteriores son correctas.

3.2. No forman parte de las ventas:

a) Los gastos relacionados con las ventas a cargo del vendedor.

b) Los envases y embalajes cargados al cliente con facultad de devolución.

c) El IVA devengado en la operación.

d) Todas las opciones anteriores son correctas.

3.3. El departamento de contabilidad emite los siguientes libros registro:

a) Libro registro de facturas emitidas.

b) Libro registro de cuentas a cobrar.

c) Libro registro de IVA repercutido.

d) Todas las opciones anteriores son correctas.

3.4. En un anticipo recibido de un cliente:

a) Tenemos que aplicar el IVA al anticipo si este está incluido.

b) No tenemos que aplicar el IVA al anticipo si este no está incluido.

c) Tenemos que desglosar el IVA del anticipo si este está incluido.

d) No tenemos que desglosar el IVA del anticipo si este está incluido.

3.5. Cuando realizamos un *rappel* a un cliente:

a) Emitimos una factura rectificativa al cliente por el importe del *rappel.*

b) Emitimos una factura rectificativa al cliente por el importe del *rappel* más el IVA.

c) El cliente nos emite una factura con el *rappel* más el IVA.

d) Todas las opciones anteriores son correctas.

3.6. Copia la siguiente tabla y señala si las afirmaciones son verdaderas o falsas:

N.°	Afirmación	V/F
1	El documento soporte de los asientos de devoluciones y descuentos son las facturas rectificativas.	
2	El importe que se carga en la cuenta 430 Clientes es el importe de la base imponible.	
3	El IVA repercutido no deducible forma parte del precio de las ventas.	
4	Los envases y embalajes diferenciables (retornables) se cargan en la cuenta 437.	
5	Cuando la factura del transporte de ventas es emitida a nombre del cliente, la empresa contabiliza el gasto en la cuenta 624 Transportes.	

De aplicación

3.7. En una factura emitida, ¿qué utilidad tiene el número de la factura?

3.8. Cuando el cliente no devuelve los envases retornables, ¿qué hace la empresa?

3.9. Si se produce un descuento de una venta por parte de un cliente, pero sin devolución física de las mercaderías, ¿afectaría este hecho a la ficha del almacén del producto? Razona la respuesta.

3.10. ¿Cuándo se da por finalizado el proceso de venta?

3.11. ¿Cómo se tratan contablemente los gastos de transporte de las ventas?

Caso práctico

La empresa MOBILIARIO DE OFICINA, SL se dedica a la comercialización de muebles de oficina y, durante el cuarto trimestre del ejercicio 20X1, ha realizado las siguientes operaciones (la documentación contable que genera se muestra a continuación):

- **15/10/20X1.** Recibe un pedido de un nuevo cliente. La empresa les solicita el desembolso de 2.420 €; entregan cheque nominativo por dicho importe que ingresa en la cuenta del banco y la empresa les emite la correspondiente factura.

Cliente:	HABMODER, SL	**MOBILIARIO DE OFICINA, SL**			
Domicilio: C/ Mas, 5 (29005) Málaga		NIF: B9600000			
CIF:	B02050600	**C/MASIA, 10**	**(46000) VALENCIA**		
FECHA: 15/10/20X1	**FAC. N.º: 128**		DOCUMENTO EDUCATIVO SIN VALOR LEGAL		
Código	Artículo	Unidades	Precio Unidad	Dto.	Importe neto
ANTICIPO	ENTREGA A CUENTA	1	2.000,00 €		2.000,00
Forma de Pago:		**BASE IMPONIBLE**		2.000,00 €	
CHEQUE BANCARIO		21 %	10 %	4 %	T. CUOTAS
	IVA	420,00 €			420,00 €
	Total Factura			**2.420,00 €**	

- **25/10/20X1.** La empresa entrega al cliente HABMODER el pedido solicitado, con la correspondiente factura de venta, estableciendo los precios y portes pactados; además, se descuenta la cantidad entregada anteriormente como anticipo y se les concede un plazo para efectuar el pago por transferencia de 30 y 60 días.

Cliente:	HABMODER, S.L.	**MOBILIARIO DE OFICINA, SL**			
Domicilio: C/ Mas, 5 (29005) Málaga		NIF: B9600000			
CIF:	B02050600	**C/MASIA, 10**	**(46000) VALENCIA**		
FECHA: 25/10/20X1	**FAC. N.º: 129**		DOCUMENTO EDUCATIVO SIN VALOR LEGAL		
Código	Artículo	Unidades	Precio Unidad	Dto.	Importe neto
ESD	Estantería despacho	40	400,00 €	5 %	15.200,00 €
MED	Mesas despacho	50	240,00 €	5 %	11.400,00 €
MAD	Mueble auxiliar despacho	10	210,00 €	5 %	1.995,00 €
CONDICIONES ESPECIALES			**TOTAL NETO**		28.595,00 €
PORTES	**DTO. PRONTO PAGO**	**ANTICIPOS**			
400,00 €		2.000	**BASE IMPONIBLE**		26.995,00 €
Forma de Pago:		21 %	10 %	4 %	TOTAL CUOTAS
RECIBO DOMICILIADO	**IVA**	5.668,95 €			5.668,95 €
FECHA VENCIMIENTO / IMPORTE	**RECARGO**	5,2%	1,40%	0,50 %	
25/11/20X1 / 16.331,98	**EQUIVALENCIA**				
25/12/20X1 / 16.331,97	**Total Factura**			**32.663,95 €**	

- **01/11/20X1.** El cliente considera que puede desembolsar el importe íntegro de la factura antes del plazo indicado y negocia con la empresa la aplicación de un descuento, del 2 %. Recibe la correspondiente factura rectificativa y abona el importe pendiente a través de transferencia bancaria.

Cliente: HABMODER, SL		**MOBILIARIO DE OFICINA, SL**			
Domicilio: C/ Mas, 5 (29005) Málaga		NIF: B9600000			
CIF: B02050600		**C/MASIA, 10**	**(46000) VALENCIA**		
FECHA: 01/11/20X1	**FAC. N.º: R/56**	Rectifica FAC.: 129	DOCUMENTO EDUCATIVO SIN VALOR LEGAL		
Código	Artículo	Unidades	Precio Unidad	Dto.	Importe neto
DESCUENTO	POR PRONTO PAGO Fac.		28.595,00 €	2 %	571,90 €
Forma de Pago:		**BASE IMPONIBLE**		571,90 €	
	IVA	21,00 %	10,00 %	4,00 %	T. CUOTAS
		120,10 €			120,10 €
	Total Factura ABONO			**-692,00€**	

- **15/11/20X1.** La empresa realiza una venta a un cliente de Galicia, a quien se le concede un descuento por pronto pago por realizar a la recepción de la factura el pago de la mitad del importe. Las condiciones y datos se indican en la correspondiente factura que se emite.

Cliente: TIENDAS MOBITODO, SL		**MOBILIARIO DE OFICINA, SL**			
Domicilio: C/ Canteidos, 5 (1550) Cantodomuro		NIF: B9600000			
CIF: B15252525 CORUÑA		**C/MASIA, 10**	**(46000) VALENCIA**		
FECHA: 15/11/20X1	**FAC. N.º: 130**		DOCUMENTO EDUCATIVO SIN VALOR LEGAL		
Código	Artículo	Unidades	Precio Unidad	Dto.	Importe neto
ESD	Estantería despacho	30	400,00 €	2 %	11.760,00 €
MED	Mesas despacho	20	240,00 €	2 %	4.704,00 €
MAD	Mueble auxiliar despacho	15	210,00 €	2 %	3.087,00 €
CONDICIONES ESPECIALES			**TOTAL NETO**		19.551,00€
PORTES	**DTO. PRONTO PAGO**	**ANTICIPOS**			
400,00 €	2 % 391,02 €		**BASE IMPONIBLE**		19.559,98 €
Forma de Pago:		21 %	10 %	4 %	TOTAL CUOTAS
RECIBO DOMICILIADO	**IVA**	4.107,60 €			4.107,60 €
FECHA VENCIMIENTO / IMPORTE	**RECARGO**	5,2 %	1,40 %	0,50 %	
15/11/20X1 / 11.833,79	**EQUIVALENCIA**				
15/12/20X1 / 11.833,79	**Total Factura**			**23.667,58 €**	

- **30/11/20X1.** El cliente revisa la mercancía y, debido al transporte, se deterioran determinados artículos, que proceden a devolver; se remite a la empresa la factura de abono, cuyo importe se compensará con el cobro del segundo de los recibos de fecha 15/12/20X1.

Cliente: TIENDAS MOBITODO, SL		**MOBILIARIO DE OFICINA, SL**			
Domicilio: C/ Canteidos, 5 (1550) Cantodomuro		NIF: B9600000			
CIF:B15252525 CORUÑA		**C/MASIA, 10**	**(46000) VALENCIA**		
FECHA: 30/11/20X1	**FAC. N.º: R/57 Rectifica FAC.: 130**		DOCUMENTO EDUCATIVO SIN VALOR LEGAL		
Código	Artículo	Unidades	Precio Unidad	Dto.	Importe neto
ESD	Estantería despacho	-5	400,00 €	2%	-1.960,00 €
MED	Mesas despacho	-4	240,00 €	2%	-940,80 €
MAD	Mueble auxiliar despacho	-1	210,00 €	2%	-205,80 €
CONDICIONES ESPECIALES			**TOTAL NETO**		–3.106,60 €
PORTES	**DTO. PRONTO PAGO**	**ANTICIPOS**			
	2 % -62,13 €		**BASE IMPONIBLE**		**-3.044,47€**
Forma de Pago:		21 %	10 %	4 %	TOTAL CUOTAS
RECIBO DOMICILIADO	**IVA**	–639,34€			–639,34€
FECHA VENCIMIENTO / IMPORTE	**RECARGO**	5,2 %	1,40 %	0,50 %	
	EQUIVALENCIA				
15/12/20X1 / -3.683,81	**Total Factura** ABONO			**-3.683,81 €**	

- **15/12/20X1.** Se cobra el segundo de los recibos del cliente TIENDAS MOBITODO, SL y se le atiende un nuevo pedido, pero, debido a los problemas surgidos con el transporte, se entregan con unos embalajes con facultad de devolución. Acepta dos efectos comerciales por el importe de la factura.

Cliente: TIENDAS MOBITODO, SL Domicilio: C/ Canteidos, 5 (1550) Cantodomuro CIF: B15252525 CORUÑA		MOBILIARIO DE OFICINA, SL NIF: B9600000 C/MASIA, 10 (46000) VALENCIA			
FECHA: 15/12/20X1	FAC N.º: 131		DOCUMENTO EDUCATIVO SIN VALOR LEGAL		
Código	Artículo	Unidades	Precio Unidad	Dto.	Importe neto
ESD	Estantería despacho	25	400,00 €	2 %	9.800,00 €
MED	Mesas despacho	20	240,00 €	2 %	4.704,00 €
MAD	Mueble auxiliar despacho	10	210,00 €	2 %	2.058,00 €
EMB	Embalajes	15	50,00 €		750,00
PORTES	DTO. PRONTO PAGO	ANTICIPOS	TOTAL NETO		17.312,00€
400,00 €	0% 0,00 €		BASE IMPONIBLE		17.712,00 €
Forma de Pago: RECIBO DOMICILIADO	IVA	21 %	10 %	4 %	TOTAL CUOTAS
		3.719,52 €			3.719,52 €
FECHA VENCIMIENTO / IMPORTE	RECARGO EQUIVALENCIA	5,2 %	1,40 %	0,50 %	
15/01/20X2 / 10.715,76					
15/02/20X2 / 10.715,76	Total Factura				21.431,52 €

- **25/12/20X1.** Procede a la devolución de 10 embalajes y decide quedarse con el resto; le emitimos la factura de abono y, para regularizar el saldo, la empresa emite factura de anticipo del importe devuelto que será compensado con futuras ventas.

Cliente: TIENDAS MOBITODO, SL Domicilio: C/ Canteidos, 5 (1550) Cantodomuro CIF: B15252525 CORUÑA		MOBILIARIO DE OFICINA, SL NIF: B9600000 C/MASIA, 10 (46000) VALENCIA			
FECHA: 25/12/20X1	FAC. N.º: R/58 Rectifica FAC.: 131		DOCUMENTO EDUCATIVO SIN VALOR LEGAL		
Código	Artículo	Unidades	Precio Unidad	Dto.	Importe neto
EMB	Embalajes	-10	50,00 €		-500,00 €
PORTES	DTO. PRONTO PAGO	ANTICIPOS	TOTAL NETO		-500,00€
	0 % 0,00 €		BASE IMPONIBLE		-500,00 €
Forma de Pago: RECIBO DOMICILIADO	IVA	21 %	10 %	4 %	TOTAL CUOTAS
		-105,00 €			-105,00 €
FECHA VENCIMIENTO / IMPORTE	RECARGO EQUIVALENCIA	5,2 %	1,40 %	0,50 %	
	Total Factura ABONO				-605,00 €

Cliente: TIENDAS MOBITODO, SL Domicilio: C/ Canteidos, 5 (1550) Cantodomuro CIF: B15252525 CORUÑA		MOBILIARIO DE OFICINA, SL NIF: B9600000 C/MASIA, 10 (46000) VALENCIA			
FECHA: 25/12/20X1	FAC. N.º: 132		DOCUMENTO EDUCATIVO SIN VALOR LEGAL		
Código	Artículo	Unidades	Precio Unidad	Dto.	Importe neto
ANTICIPO	ENTREGA A CUENTA	1	500,00 €		500,00 €
Forma de Pago:		BASE IMPONIBLE		500,00 €	
	IVA	21 %	10 %	4 %	T. CUOTAS
		105,00 €			105,00 €
	Total Factura				605,00 €

- **30/12/20X1.** Realizamos una venta compensando el anticipo anterior. En la factura, se incluyen la entrega de embalajes, que el cliente adquiere de manera firme, en el momento de la entrega de la mercancía.

Cliente: TIENDAS MOBITODO, SL		**MOBILIARIO DE OFICINA, SL**			
Domicilio: C/ Canteidos,5 (1550) Cantodomuro		NIF: B9600000			
CIF: B15252525	CORUÑA	**C/MASIA, 10**	**(46000) VALENCIA**		
FECHA: 30/12/20X1	**FAC. N.º: 133**		DOCUMENTO EDUCATIVO SIN VALOR LEGAL		
Código	Artículo	Unidades	Precio Unidad	Dto.	Importe neto
ESD	Estantería despacho	15	400,00 €	2 %	5.880,00 €
MED	Mesas despacho	10	240,00 €	2 %	2.352,00 €
MAD	Mueble auxiliar despacho	10	210,00 €	2 %	2.058,00 €
EMB	Embalajes	5	50,00 €		250,00
PORTES	**DTO. PRONTO PAGO**	**ANTICIPOS**	**TOTAL NETO**		10.540,00€
400,00 €	0 % 0,00 €	500	**BASE IMPONIBLE**		10.440,00 €
Forma de Pago:		21 %	10 %	4 %	TOTAL CUOTAS
RECIBO DOMICILIADO	**IVA**	2.192,40 €			2.192,40 €
FECHA VENCIMIENTO / IMPORTE	**RECARGO EQUIVALENCIA**	5,2 %	1,40 %	0,50 %	
25/01/20X2 / 6.316,20					
25/02/20X2 / 6.316,20	**Total Factura**				**12.632,40 €**

- **30/12/20X1.** La empresa procede a la revisión de las ventas efectuadas por todos los clientes, se le concede un *rappel* del 2 % a TIENDAS MOBITODO, SL y se emite factura de abono.

Cliente: TIENDAS MOBITODO, SL		**MOBILIARIO DE OFICINA, SL**			
Domicilio: C/ Canteidos, 5 (1550) Cantodomuro		NIF: B9600000			
CIF: B15252525	CORUÑA	**C/MASIA, 10**	**(46000) VALENCIA**		
FECHA:30/12/20X1	**FAC. N.º: R/59**		DOCUMENTO EDUCATIVO SIN VALOR LEGAL		
Código	Artículo	Unidades	Precio Unidad	Dto.	Importe neto
DTO.	Rappels 20X1		43.796,40 €	2 %	875,93 €
Forma de Pago:		**BASE IMPONIBLE**		875,93 €	
		21 %	10 %	4 %	T. CUOTAS
	IVA	183,94 €			183,94 €
	Total Factura ABONO		**-1.059,87€**		

Elabora para la empresa MOBILIARIO DE OFICINA, SL:

- El libro Diario, anotando los asientos contables que corresponden a los documentos descritos, indicando las subcuentas que debemos utilizar y valorándolas de modo adecuado.
- El Mayor de las cuentas de clientes y de la cuenta del IVA.
- El libro registro de facturas emitidas.
- La comprobación del Mayor de la cuenta del IVA con el importe que obtenemos en el libro registro de facturas emitidas.
- Liquidación de IVA, asiento de contabilización y cumplimentación del modelo 303, teniendo en cuenta el IVA soportado obtenido por la empresa en el caso práctico de la Unidad 2.

SIMULACIÓN

Las ventas

Nuestra empresa

Los clientes que se relacionarán son los que nuestra empresa madrina posee. Hemos establecido diferentes condiciones, aplicando unos precios y márgenes que no son los reales, pero sí representan la importancia y el coste de cada artículo.

Los plazos de cobro establecidos serán: al contado, 15 o 30 días –en ocasiones, para el inicio de la facturación, se ha reducido el plazo del cobro–. Sobre los precios de venta se aplica un 5 % de descuento comercial cuando la compra sobrepase 50 unidades, exceptuando las ventas realizadas en el abanico publicitario, serie básica y el promocional de bodas y comuniones, ya que, en dichas facturas, no se aplicará ningún tipo de descuento.

Además, cuando el cobro se realice en el momento de la venta, se aplicará en factura un descuento por pronto pago del 2 %. Con respecto a los gastos de transporte, la empresa repercutió al cliente en factura parte de este hasta que se toma la decisión de adquirir una furgoneta, a través de la cual se realizará el reparto del producto y la visita de clientes por los comerciales.

Datos y subcuentas de nuestros clientes

ABANICOS HOYO ARCE, SLS ha podido ir formando su cartera de clientes y, en el primer trimestre, ha emitido 12 facturas. Se han establecido periodos de facturación, el 20 de cada mes, excepto en diciembre, que se facturará los días 5 y 20 por ser un mes donde aumentan considerablemente las ventas por la campaña de Navidad, al tratarse el producto que comercializa la empresa, sobre todo, de un artículo de regalo. Agrupar las ventas mensuales permite organizar mejor el área de administración y ayudará para la gestión del cobro de los recibos emitidos a los clientes.

La relación de los clientes que posee se resume en el siguiente cuadro, donde se recogen los datos que necesita, la subcuenta asignada y la información referente al tipo de artículo que se va a vender, así como el número de las facturas que se han emitido:

Subcuentas contables	Clientes	N.º de facturas emitidas			
430.1 438.1 anticipo	JOSÉ VICENTE FLORES, SLS C/ Fernández de Ribera, 40 41005 Sevilla NIF: B90333555	1	4	7	9
		Abanico publicitario, salvo en la factura 9 donde se venden también abanicos de madera artesanal			
430.2	VICTORIA ALFONSO GÓMEZ C/ Santa Ana, 55 08002 Barcelona NIF: 52777111L	2	8	11	
		Este cliente en las facturas recogerá el régimen especial del recargo de equivalencia. Se venderá el abanico artesanal y el publicitario de alta gama.			

Subcuentas contables	Clientes	N.° de facturas emitidas	
430.3	PILI ALCOBA, SLS C/ María Blanca, 22 28934 Móstoles (MADRID) NIF: B80222111	3	12
		Las ventas son del abanico de madera artesanal.	
430.4	ABANICARTE, SLS C/ Fernández de Ribera, 38 41005 Sevilla NIF: B41999222	5	10
		A este cliente se realiza la venta del abanico artesanal y del publicitario de alta gama.	
430.5	ARRIZABALAGA, SLS AVDA. San Ignacio, 4 31002 Pamplona (Navarra) NIF: B31777111	6	
		Las ventas son del abanico de madera artesanal y el publicitario de alta gama.	

Para dar de alta a sus clientes, ABANICOS HOYO ARCE, SLS dispone en el programa de contabilidad de los datos de la tabla anterior.

Relación de artículos con sus precios de venta y las subcuentas de ventas asociadas a cada artículo

Dada la naturaleza de los artículos de publicidad, el pedido realizado a los proveedores corresponde a los pedidos efectuados por los clientes de la empresa. Son productos bajo pedido y no existe un *stock* mínimo de unidades. La empresa ha considerado que, por el alto coste, el carácter de exclusividad y el deterioro que se podría producir en un almacenaje muy largo del producto abanico artesanal lujo, se establecerá un *stock* de seguridad de 0 unidades al finalizar cada periodo.

Las compras que se efectuaron de cada producto responden a las necesidades de abastecer los pedidos solicitados por los clientes. Los albaranes recogidos en la empresa que reflejan las salidas de cada producto se corresponden con las facturas emitidas, excepto el albarán de salida número 1, que se detallará con anterioridad a la emisión de las facturas y que reflejará la salida de un producto publicitario que fue entregado por los comerciales en las primeras visitas efectuadas.

Referencia	Precio de venta	Artículo	Código subcuentas
AAL	250	VENTA AAL, ABANICO ARTESANAL DE LUJO	700.100
AAC	150	VENTA AAC, ABANICO ARTESANAL DE CEREMONIAS	700.101
AMC	50	VENTA AMC, ABANICO DE MADERA PARA CABALLERO	700.102
AMD	40	VENTA AMD, ABANICO DE MADERA DISEÑOS ESPECIALES	700.103
APE	15	VENTA APE, ABANICO PROMOCIONAL PARA EVENTOS ESPECIALES	700.200
APB	2	VENTA APB, ABANICO PUBLICITARIO SERIE BÁSICA	700.201
ABC	3	VENTA ABC, ABANICO PROMOCIONAL DE BODAS Y COMUNIONES	700.202

SUBCUENTAS	DESCRIPCIÓN
759.001	INGRESOS POR PORTES EN VENTAS
477.021	H.P. IVA REPERCUTIDO 21 %
477.052	H.P. RECARGO DE EQUIVALENCIA 5,2 %

Albarán n.° 1

ABANICOS HOYO ARCE, SLS
C/ JUAN XXIII, 44
46970 ALAQUÁS (VALENCIA)

Hoyo Arce

NIF: B96192511 — **ALBARÁN N.° 1**

Fecha ALBARÁN	15/10/20X0
Albarán	1

ALBARÁN INTERNO

CONSUMO INTERNO

Ref./Cód.	Descripción	Cantidad	Precio	Importe neto
APB	ABANICO PUBLICITARIO SERIE BÁSICA	15	1,50	22,50
ABC	ABANICO PROMOCIONAL D. BODAS Y COMUNIONES	20	2,00	40,00
	ABANICO PROMOCIÓN EMPRESA			
			TOTAL IMPORTE ALBARÁN	62,50 €

	0,00		62,50
		TOTAL ALBARÁN	62,50 €

DOCUMENTO EDUCATIVO SIN VALOR LEGAL

Facturas emitidas

Las facturas emitidas durante el trimestre son las que se muestran a continuación correlativamente:

ABANICOS HOYO ARCE, SLS
C/ JUAN XXIII, 44
46970 ALAQUÁS (VALENCIA)

Hoyo Arce

NIF: B96192511 — **Factura n.° 1**

Fecha FAC	20/10/20X0	**CLIENTE:**	**NIF** B90333555
Albarán			**JOSÉ VICENTE FLORES, SLS**
PEDIDO: N.° 1	ABANICO PUBLICITARIO		**C/ Fernández de Ribera, 40**
			41005 Sevilla

FORMA DE PAGO: RECIBO A LA VISTA

Ref./Cód.	Descripción	Cantidad	Precio	Descuento	Importe neto
	ANTICIPO, PEDIDO				
	ABANICO PUBLICITARIO				700,00
	50 % PEDIDO 1.300,00 €				
				TOTAL IMPORTE NETO	700,00

%	DTO. PRONTO PAGO

PORTES	BASE IMPONIBLE	
	700,00	

VENCIMIENTOS
COBRO 20/10/20X0

CUOTA IVA	21 %	147,00
REC. EQUIV.		
TOTAL FACTURA		847,00 €

DOCUMENTO EDUCATIVO SIN VALOR LEGAL

ABANICOS HOYO ARCE, SLS

C/ JUAN XXIII, 44
46970 ALAQUÁS (VALENCIA)

Hoyo Arce

NIF: B96192511

Factura n.º 2

Fecha FAC 20/10/20X0

Albarán 2

CLIENTE: **NIF** 52777111L

VICTORIA ALFONSO GÓMEZ
C/ Santa Ana, 55
08002 Barcelona

FORMA DE PAGO: RECIBO A 30 DÍAS

Ref./Cód.	Descripción	Cantidad	Precio	Descuento	Importe neto
AAL	ABANICO ARTESANAL LUJO	10	250,00		2.500,00
AAC	ABANICO ARTESANAL CEREMONIAS	40	150,00		6.000,00
AMC	ABANICO MADERA CABALLERO	5	50,00		250,00
AMD	ABANICO MADERA DISEÑOS ESPECIALES	30	40,00		1.200,00
APE	ABANICO PROMOCIONAL EVENTOS ESPECIALES	200	15,00	5 %	2.850,00
				TOTAL IMPORTE NETO	12.800,00

%	DTO. PRONTO PAGO

PORTES	BASE IMPONIBLE
20	12.820,00

VENCIMIENTOS	
16.178,84	20/11/20X0

CUOTA IVA	21,00 %	2.692,20
REC. EQUIV.	5,20 %	666,64
TOTAL FACTURA		16.178,84 €

DOCUMENTO EDUCATIVO SIN VALOR LEGAL

ABANICOS HOYO ARCE, SLS

C/ JUAN XXIII, 44
46970 ALAQUÁS (VALENCIA)

Hoyo Arce

NIF: B96192511

Factura n.º 3

Fecha fra. 20/10/20X0

Albarán 3

CLIENTE: **NIF** B80222111

PILI ALCOBA, SLS
C/ María Blanca, 22
28934 Móstoles
Madrid

FORMA DE PAGO: RECIBO A LA VISTA

Ref./Cód.	Descripción	Cantidad	Precio	Descuento	Importe neto
AAL	ABANICO ARTESANAL LUJO	50	250,00	5 %	11.875,00
AAC	ABANICO ARTESANAL CEREMONIAS	20	150,00		3.000,00
AMC	ABANICO MADERA CABALLERO	15	50,00		750,00
AMD	ABANICO MADERA DISEÑOS ESPECIALES	30	40,00		1.200,00
				TOTAL IMPORTE NETO	16.825,00

%	DTO. PRONTO PAGO
2%	336,50

PORTES	BASE IMPONIBLE
	16.488,50

VENCIMIENTOS	
19.951,09	20/10/20X0

CUOTA IVA	21 %	3.462,59
REC. EQUIV.		
TOTAL FACTURA		19.951,09 €

DOCUMENTO EDUCATIVO SIN VALOR LEGAL

ABANICOS HOYO ARCE, SLS

C/ JUAN XXIII, 44
46970 ALAQUÁS (VALENCIA)

Hoyo Arce

NIF: B96192511

Factura n.º 4

Fecha FAC 20/11/20X0

Albarán 4

CLIENTE: **NIF** B90333555

JOSÉ VICENTE FLORES, SLS
C/ Fernández de Ribera, 40
41005 Sevilla

FORMA DE PAGO: RECIBO A LA VISTA

Ref./Cód.	Descripción	Cantidad	Precio	Descuento	Importe neto
APB	ABANICO PUBLICITARIO SERIE BÁSICA	200	2,00		400,00
ABC	ABANICO PROMOCIONAL D. BODAS Y COMUNIONES	300	3,00		900,00
	ANTICIPO, FAC N.° 1				–700
				TOTAL IMPORTE NETO	600,00

%	DTO. PRONTO PAGO

PORTES	BASE IMPONIBLE
20	620,00

VENCIMIENTOS	
750,20	20/11/20X0

CUOTA IVA	21 %	130,20
REC. EQUIV.		
TOTAL FACTURA		750,20 €

DOCUMENTO EDUCATIVO SIN VALOR LEGAL

ABANICOS HOYO ARCE, SLS

C/ JUAN XXIII, 44
46970 ALAQUÁS (VALENCIA)

Hoyo Arce

NIF: B96192511

Factura n.º 5

Fecha fra. 20/11/20X0

Albarán 5

CLIENTE: **NIF:** B41999222

ABANICARTE, S.L.S.
C/ Femández de Ribera, 38
41005 Sevilla

FORMA DE PAGO: RECIBO DOMICILIADO A LA VISTA

Ref./Cód.	Descripción	Cantidad	Precio	Descuento	Importe neto
AAL	ABANICO ARTESANAL LUJO	30	250,00		7.500,00
AAC	ABANICO ARTESANAL CEREMONIAS	30	150,00		4.500,00
AMC	ABANICO MADERA CABALLERO	20	50,00		1.000,00
AMD	ABANICO MADERA DISEÑOS ESPECIALES	80	40,00	5 %	3.040,00
				TOTAL IMPORTE NETO	16.040,00

%	DTO. PRONTO PAGO
2%	320,80

PORTES	BASE IMPONIBLE
	15.719,20

VENCIMIENTOS	
19.020,23	20/11/20X0

CUOTA IVA	21 %	3.301,03
REC. EQUIV.		
TOTAL FACTURA		19.020,23 €

DOCUMENTO EDUCATIVO SIN VALOR LEGAL

ABANICOS HOYO ARCE, SLS

C/ JUAN XXIII, 44
46970 ALAQUÁS (VALENCIA)

Hoyo Arce

NIF: B96192511 Factura n.º 6

Fecha fra. 20/11/20X0	CLIENTE: NIF B31777111
Albarán 6	ARRIZABALAGA, SLS Avda. San Ignacio, 4 31002 Pamplona Navarra
	FORMA DE PAGO: RECIBO DOMICILIADO, 30 DÍAS

Ref./Cód.	Descripción	Cantidad	Precio	Descuento	Importe neto
AAL	ABANICO ARTESANAL LUJO	20	250,00		5.000,00
AAC	ABANICO ARTESANAL CEREMONIAS	10	150,00		1.500,00
AMC	ABANICO MADERA CABALLERO	5	50,00		250,00
AMD	ABANICO MADERA DISEÑOS ESPECIALES	50	40,00	5 %	1.900,00
APE	ABANICO PROMOCIONAL EVENTOS ESPECIALES	300	15,00	5 %	4.275,00
				TOTAL IMPORTE NETO	12.925,00

%	DTO. PRONTO PAGO

PORTES	BASE IMPONIBLE
	12.925,00

VENCIMIENTOS	
15.639,25	20/12/20X0

CUOTA IVA	21 %	2.714,25
REC. EQUIV.		
TOTAL FACTURA		15.639,25 €

DOCUMENTO EDUCATIVO SIN VALOR LEGAL

ABANICOS HOYO ARCE, SLS

C/ JUAN XXIII, 44
46970 ALAQUÁS (VALENCIA)

Hoyo Arce

NIF: B96192511 Factura n.º 7

Fecha fra. 05/12/20X0	CLIENTE: NIF: B90333555
Albarán 7	JOSÉ VICENTE FLORES, SLS C/ Fernández de Ribera, 40 41005 Sevilla
	FORMA DE PAGO: RECIBO A 15 DÍAS

Ref./Cód.	Descripción	Cantidad	Precio	Descuento	Importe neto
APB	ABANICO PUBLICITARIO SERIE BÁSICA	1.000	2,00	5 %	1.900,00
ABC	ABANICO PROMOCIONAL D. BODAS Y COMUNIONES	5.000	3,00	5 %	14.250,00
				TOTAL IMPORTE NETO	16.150,00

%	DTO. PRONTO PAGO

PORTES	BASE IMPONIBLE
	16.150,00

VENCIMIENTOS	
19.541,50	20/12/20X0

CUOTA IVA	21 %	3.391,50
REC. EQUIV.		
TOTAL FACTURA		19.541,50 €

DOCUMENTO EDUCATIVO SIN VALOR LEGAL

ABANICOS HOYO ARCE, SLS
C/ JUAN XXIII, 44
46970 ALAQUÁS (VALENCIA)

NIF: B96192511

Hoyo Arce

Factura n.º 8

Fecha fra. 05/12/20X0

Albarán 8

CLIENTE: NIF: 52777111L
VICTORIA ALFONSO GÓMEZ
C/ Santa Ana, 55
08002 Barcelona

FORMA DE PAGO: RECIBO DOMICILIADO A 30 DÍAS

Ref./Cód.	Descripción	Cantidad	Precio	Descuento	Importe neto
AAL	ABANICO ARTESANAL LUJO	10	250,00		2.500,00
AMD	ABANICO MADERA DISEÑOS ESPECIALES	80	40,00	5 %	3.040,00
APE	ABANICO PROMOCIONAL EVENTOS ESPECIALES	250	15,00	5 %	3.562,50
				TOTAL IMPORTE NETO	9.102,50 €

%	DTO. PRONTO PAGO

PORTES	BASE IMPONIBLE
25,00	9.127,50 €

VENCIMIENTOS	
11.518,91	05/01/20X1

CUOTA IVA	21 %	1.916,78 €
REC. EQUIV.	5,20 %	474,63 €
TOTAL FACTURA		11.518,91 €

DOCUMENTO EDUCATIVO SIN VALOR LEGAL

ABANICOS HOYO ARCE, SLS
C/ JUAN XXIII, 44
46970 ALAQUÁS (VALENCIA)

NIF: B96192511

Hoyo Arce

Factura n.º 9

Fecha fra. 20/12/20X0

Albarán 9

CLIENTE: NIF: B90333555
JOSE VICENTE FLORES, SLS
C/ Fernández de Ribera, 40
Sevilla 41005

FORMA DE PAGO: RECIBO DOMICILIADO A 15 días

Ref./Cód.	Descripción	Cantidad	Precio	DTO.	Importe Neto
AAL	ABANICO ARTESANAL LUJO	40	250,00		10.000,00
AMD	ABANICO MADERA DISEÑOS ESPECIALES	40	40,00		1.600,00
APE	ABANICO PROMOCIONAL EVENTOS ESPECIALES	250	15,00	5 %	3.562,50
APB	ABANICO PUBLICITARIO SERIE BÁSICA	600	2,00	5 %	1.140,00
ABC	ABANICO PROMOCIONAL D. BODAS Y COMUNIONES	1.000	3,00	5 %	2.850,00
				TOTAL IMPORTE NETO	19.152,50

%	DTO. PRONTO PAGO
0%	0

PORTES	BASE IMPONIBLE
	19.152,50

VENCIMIENTOS	
23.174,53	05/01/20X1

CUOTA IVA	21 %	4.022,03
REC. EQUIV.		
TOTAL FACTURA		23.174,53 €

DOCUMENTO EDUCATIVO SIN VALOR LEGAL

ABANICOS HOYO ARCE, SLS

C/ JUAN XXIII, 44
46970 ALAQUÁS (VALENCIA)

NIF: B96192511

Hoyo Arce

Factura n.º 10

Fecha fra. 20/12/20X0

Albarán 10

CLIENTE: **NIF:** B41999222

ABANICARTE, SLS
C/ Fernández de Ribera, 38
41005 Sevilla

FORMA DE PAGO: RECIBO DOMICILIADO A 15 DÍAS

Ref./Cód.	Descripción	Cantidad	Precio	Descuento	Importe neto
AAL	ABANICO ARTESANAL LUJO	30	250,00		7.500,00
AAC	ABANICO ARTESANAL CEREMONIAS	10	150,00		1.500,00
AMC	ABANICO MADERA CABALLERO	10	50,00		500,00
AMD	ABANICO MADERA DISEÑOS ESPECIALES	80	40,00	5 %	3.040,00
APE	ABANICO PROMOCIONAL EVENTOS ESPECIALES	200	15,00	5 %	2.850,00
				TOTAL IMPORTE NETO	15.390,00

%	DTO. PRONTO PAGO

PORTES	BASE IMPONIBLE
	15.390,00

VENCIMIENTOS	
18.621,90	05/01/20X1

CUOTA IVA	21 %	3.231,90
REC. EQUIV.		
TOTAL FACTURA		18.621,90 €

DOCUMENTO EDUCATIVO SIN VALOR LEGAL

ABANICOS HOYO ARCE, SLS

C/ JUAN XXIII, 44
46970 ALAQUÁS (VALENCIA)

NIF: B96192511

Hoyo Arce

Factura n.º 11

Fecha fra. 20/12/20X0

Albarán 11

CLIENTE: **NIF:** 52777111L

VICTORIA ALFONSO GÓMEZ
C/ Santa Ana, 55
08002 Barcelona

FORMA DE PAGO: RECIBO DOMICILIADO A 30 DÍAS

Ref/Cod.	Descripción	Cantidad	Precio	Descuento	Importe Neto
AAL	ABANICO ARTESANAL LUJO	60	250,00	5 %	14.250,00
AAC	ABANICO ARTESANAL CEREMONIAS	15	150,00		2.250,00
AMC	ABANICO MADERA CABALLERO	10	50,00		500,00
AMD	ABANICO MADERA DISEÑOS ESPECIALES	110	40,00	5 %	4.180,00
APE	ABANICO PROMOCIONAL EVENTOS ESPECIALES		15,00		
				TOTAL IMPORTE NETO	21.180,00

%	DTO. PRONTO PAGO

PORTES	BASE IMPONIBLE
	21.180,00

VENCIMIENTOS	
26.729,16	20/01/20X1

CUOTA IVA	21,00 %	4.447,80
REC. EQUIV	5,20 %	1.101,36
TOTAL FACTURA		26.729,16 €

DOCUMENTO EDUCATIVO SIN VALOR LEGAL

ABANICOS HOYO ARCE, SLS
C/ JUAN XXIII, 44
46970 ALAQUÁS (VALENCIA)

Hoyo Arce

NIF: B96192511 **Factura n.º 12**

Fecha fra.	20/12/20X0
Albarán	12

CLIENTE: **NIF:** B80222111
PILI ALCOBA, SLS
C/ María Blanca, 22
28934 Móstoles
Madrid

FORMA DE PAGO: RECIBO DOMICILIADO A 30 DÍAS

Ref./Cód.	Descripción	Cantidad	Precio	Descuento	Importe neto
AAL	ABANICO ARTESANAL LUJO	50	250,00	5 %	11.875,00
AMC	ABANICO MADERA CABALLERO	15	50,00		750,00
AMD	ABANICO MADERA DISEÑOS ESPECIALES	65	40,00	5 %	2.470,00
				TOTAL IMPORTE NETO	15.095,00

%	DTO. PRONTO PAGO
0%	0,00

PORTES	BASE IMPONIBLE
	15.095,00

VENCIMIENTOS	
18.264,95	20/01/20X1

CUOTA IVA	21 %	3.169,95
REC. EQUIV.		
TOTAL FACTURA		18.264,95 €

DOCUMENTO EDUCATIVO SIN VALOR LEGAL

También tenemos una factura de transporte de ventas, realizado a Barcelona, Madrid y Sevilla.

TRANSPORTES, SLS

POL. IND. VARA DE QUART, 46025
VALENCIA NIF: B46222333

CLIENTE: ABANICOS HOYO ARCE, SLS
C/ JUAN XXIII, 44
46970 ALAQUÀS (VALENCIA)
NIF: B96192511

FACTURA N.º: 2.525
FECHA FACTURA: 30/10/20X0

RUTA	CONCEPTO	IMPORTE
SEVILLA	ENTREGA ENVÍO FAC. 4	25,00
BARCELONA	ENTREGA ENVÍO FAC. 2	20,00
MADRID	ENTREGA ENVÍO FAC. 3	20,00
	TOTAL	65,00
	BASE IMPONIBLE	65,00
	CUOTA IVA 21 %	13,65
	TOTAL FACTURA	78,65 €

FORMA DE PAGO: RECIBO DOMICILIADO, CAIXA RURAL TORRENT
VENCIMIENTOS:
30/10/20X0 78,65 €

DOCUMENTO EDUCATIVO SIN VALOR LEGAL

Tareas que se deben realizar

- Crear las subcuentas específicas para las operaciones de venta, tanto las de ingresos como el IVA, así como las fichas de clientes.
- Realizar los asientos contables de las facturas de ventas y de transporte y registrarlos en el programa CONTASOL.
- Emitir a través del programa los listados de IVA repercutido y verificar con las facturas de venta contabilizadas antes de proceder a su archivo.
- Terminar de cumplimentar las fichas de almacén iniciadas en la Unidad 2 con las salidas que se han producido por las ventas, aplicando en cada caso el criterio de valoración que está establecido.
- Llevar a cabo una copia de seguridad del programa.

REGISTRO DE LA DOCUMENTACIÓN Y TRATAMIENTO CONTABLE DE OTROS GASTOS E INGRESOS DE EXPLOTACIÓN

Contenidos

4.1. Documentación utilizada en las operaciones generadas en la actividad de la empresa. Principios contables

4.2. Tratamiento de la documentación y registro contable de servicios exteriores

4.3. Tratamiento de la documentación y registro contable de gastos de personal

4.4. Tratamiento de la documentación y registro contable de otros gastos e ingresos de gestión

4.5. Modelos de liquidación y contabilización de las retenciones practicadas

Objetivos

- Identificar los documentos de servicios exteriores y otros ingresos de explotación, así como las cuentas aplicables de los grupos 6 y 7 y las normas del PGC de Pymes.
- Interpretar los documentos relativos y realizar el registro contable de las operaciones anteriores, del personal de la empresa, de la Seguridad Social y de la Agencia Tributaria.

Introducción

Hemos visto en unidades anteriores que las empresas, para llevar a cabo su actividad, realizan compras de bienes y los venden para generar el beneficio que les permite continuar en el mercado. Pero, además, necesitan otra serie de bienes y servicios que generan gastos, como la luz, el agua, las comunicaciones, el personal, etcétera. Asimismo, realizan otras operaciones menos habituales que las ventas que les generan ingresos, como los de carácter financiero, por arrendamientos o por servicios diversos, entre otros, que contribuyen a incrementar su cifra de ingresos. En esta unidad, vamos a analizar los gastos e ingresos distintos a los generados por las operaciones de compras y ventas. También analizaremos el tratamiento de las obligaciones contables con la Seguridad Social y la Agencia Tributaria, derivadas de los gastos de personal de la empresa.

4.1. Documentación utilizada en las operaciones generadas en la actividad de la empresa. Principios contables

Importante

Hay que distinguir entre ingreso y beneficio y entre gasto y pérdida. Los beneficios o pérdidas se determinan por la diferencia entre los ingresos y gastos de un determinado periodo. El gasto es la adquisición o el consumo de bienes y servicios y el ingreso se produce por la venta de bienes o la prestación de servicios.

Ya sabemos que las compras y ventas son la actividad principal de las empresas comerciales, con las que obtienen el beneficio que les permite actuar en el mercado. Si solamente tuviéramos en cuenta los gastos generados por las compras a la hora de determinar el beneficio, estaríamos cometiendo un gran error, puesto que las empresas generan otros muchos gastos que tenemos que registrar y detraer de los ingresos de las ventas. Además, no podemos despreciar otros ingresos obtenidos por las empresas, aunque de cuantía inferior a las ventas, porque también contribuyen a aumentar el beneficio.

En este apartado, vamos a analizar los principales documentos que se generan en las otras operaciones de la vida de las empresas, como son los siguientes:

- La contratación de los servicios exteriores (luz, agua, teléfono, publicidad, etcétera).
- Los documentos que se derivan de las relaciones laborales de los empleados de las empresas.
- Los documentos que representan ingresos de carácter financiero, por arrendamientos de bienes o por servicios diversos que puedan prestar las empresas, distintos de su actividad habitual.
- Los modelos de las liquidaciones de las retenciones del IRPF.

Al realizar los registros contables, se debe tener en cuenta la aplicación de las normas y los principios del PGC de Pymes. Si bien no hay ninguna norma de valoración específica para el contenido de esta unidad, siempre hay que aplicar todos los principios contables, pues están en la primera parte del plan y son obligatorios. En esta unidad, aplicaremos fundamentalmente:

- El principio del devengo.
- El principio de no compensación.

El **principio del devengo** implica que las operaciones se deben registrar cuando ocurran, con independencia de cuándo se realicen los cobros o pagos derivados de estas. Es decir, se contabilizan en las fechas que contengan los documentos justificantes de dichas operaciones. Por ejemplo, en el pago de una prima de seguros anual, si no coincide el devengo con el periodo que estamos contabilizando, esto supone periodificar (prorratear) el gasto entre el periodo contable y el siguiente.

El **principio de no compensación** supone que no se pueden compensar *(netear)* las partidas de gastos con las de ingresos (o cargos y abonos), y viceversa, en una misma operación o entre distintas operaciones, y se debe valorar separadamente cada una de ellas. Por ejemplo, no podemos contabilizar la nómina por el líquido (neto) que percibe el trabajador porque las otras partidas van restando el importe bruto, por lo que debemos registrar todos los importes por separado, cada uno en su cuenta correspondiente.

4.2. Tratamiento de la documentación y registro contable de servicios exteriores

Una vez localizados los documentos que corresponden a los servicios exteriores, como las facturas de los suministros, de profesionales independientes, de alquileres, de transporte, los recibos de seguros, etc., procedemos a identificar las cuentas y subcuentas con las que tenemos que realizar el registro contable.

Recuerda

El PGC de Pymes establece las cuentas y nosotros tenemos que crear las subcuentas necesarias para identificar en la aplicación contable cada uno de los gastos, con el desglose de dígitos suficiente, según exija la aplicación o requiera el detalle de los distintos gastos.

4.2.1. Subcuentas utilizadas

Consultamos el PGC de Pymes y buscamos en el grupo 6 (Compras y gastos) el subgrupo 62 Servicios exteriores. En este subgrupo, disponemos de todas las cuentas que necesitamos para contabilizar los documentos correspondientes a los diversos servicios que nos presten terceras personas. Para saber qué incluimos en cada cuenta, consultamos la 5.ª parte del plan (Definiciones y relaciones contables), en la que nos informa de lo que recoge cada una.

Tabla 4.1. Subgrupo 62: Servicios exteriores

Códigos	Cuentas	Descripción
621	Arrendamientos y cánones	• Arrendamientos: alquileres de bienes muebles o inmuebles a disposición de la empresa. • Cánones: cantidades que se satisfacen por el derecho al uso o a la concesión de uso de la propiedad industrial.
622	Reparaciones y conservación	Los servicios de sostenimiento de los bienes del activo no corriente.
623	Servicios de profesionales independientes	Importe que se satisface a profesionales como economistas, abogados, auditores, notarios, etc., por los servicios prestados a la empresa.
624	Transportes	Transportes a cargo de la empresa, realizados por terceros, cuando no proceda incluirlos en el precio de adquisición del inmovilizado o de las existencias; entre otros, los transportes de ventas.
625	Primas de seguros	Cantidades satisfechas en concepto de primas de seguros, que no se refieran al personal de la empresa ni sean de naturaleza financiera.
627	Publicidad, propaganda y relaciones públicas	Importe de los gastos satisfechos por los conceptos que indica la cuenta.
628	Suministros	Electricidad y cualquier otro abastecimiento que no tenga la cualidad de almacenable.
629	Otros servicios	Los no comprendidos en las cuentas anteriores, como los gastos de viaje del personal de la empresa, incluidos los de transporte, y los gastos de oficina no incluidos en otras cuentas.

4.2.2. Asientos contables tipo de las diferentes operaciones

Vamos a presentar los asientos tipo de las operaciones de gastos y prestación de servicios más comunes:

- En primer lugar, para los gastos de la actividad que están sujetos a IVA. Por ejemplo, reparaciones y conservación:

Debe	N.º	Cód.	Cuentas			Cód.	Haber
				Fecha			
		622	Reparaciones y conservación				
		472	H. P. IVA soportado (622 × 21 %)	a	Acreedores por prestación de servicios	410	

- En segundo lugar, para gastos de la actividad que están sujetos a IVA y tienen retención de IRPF.

  Este sería el asiento para los servicios de profesionales independientes:

Debe	N.º	Cód.	Cuentas			Cód.	Haber
				Fecha			
		623	Servicio de profesionales independientes	a	H. P., acreedora por retenciones practicadas (623 × P %)	4751	
		472	H. P. IVA soportado (623 × 21%)	a	Acreedores por prestación de servicios	410	

Importante

El **porcentaje de retención** aplicable:

- Para profesionales: 15 %.
- Por rentas inmobiliarias (alquileres): 19 %.

- En tercer lugar, para gastos de la actividad que están exentos de IVA.

  Este sería el asiento para las primas de seguros:

Debe	N.º	Cód.	Cuentas			Cód.	Haber
				Fecha			
		625	Primas de seguros (*)	a	Acreedores por prestación de servicios	410	

(*) Las primas de seguros están exentas de IVA (artículo 20.16 de la Ley del Impuesto sobre el Valor Añadido).

Actividad resuelta 4.1.

La empresa PRODUCTOS DEL CAMPO, SL realiza una reparación en la instalación eléctrica de su nave del almacén. El importe facturado por la empresa que la ha realizado es el que aparece en la factura emitida por REFORMAS, SL. Asimismo, ASESORES TOTAL, SL le envía la factura de los servicios prestados por el asesoramiento contable, fiscal y laboral del segundo trimestre de 20X5 y SEGUROS DELTA, el recibo de seguro del inmueble. Los documentos se presentan a continuación:

REFORMAS, SL
C/ Villaverde, 24
28110 MADRID
Teléfono: 915001234
Correo electrónico: refin@hotmail.com
NIF: B85455404

FECHA: 10/09/20X5
N.º DE FACTURA: A15-100
PARA: Revisión instalación eléctrica
FACTURAR A: PRODUCTOS DEL CAMPO, SL
C/ Naranjos,10
10195 CÁCERES
Teléfono: 927121212
NIF: B10456789

DESCRIPCIÓN	I	IMPORTE €
Revisión y reparación de la instalación del almacén	I	15.000,00
	SUBTOTAL	15.000,00
	TIPO IVA	21,00 %
	CUOTA IVA	3.150,00
	OTROS	0,00
	TOTAL	**18.150,00**

Extienda todos los cheques a favor del **nombre de su compañía.** Si tiene alguna pregunta acerca de esta factura, póngase en contacto con Andrés. Correo electrónico: andresrefin@hotmail.com

ASESORES TOTAL, SL

AS-TOT

C/ Villaescusa, 50
MADRID 28111
NIF: B8141230
Teléfono: (91) 500-1050 Fax: (91) 500-1051

FECHA: 15/07/20X5
FACTURA N.º AT-125/15

CLIENTE:
PRODUCTOS DEL CAMPO SA
C/ Aranjuez 45 Nave C
MADRID 28999
NIF: A 80544554
Teléfono: 912323232

Forma de pago
30 días fecha de factura

DESCRIPCIÓN	HORAS	PRECIO	IMPORTE €
Servicios de asesoramiento 2.º T	Fijo	Fijo	300,00
		SUBTOTAL	300,00
		IVA 21%	63,00
		RETENCIÓN IRPF 15 %	-45,00
		TOTAL	318,00

(continúa)

SEGUROS DELTA δ

C/ Arcoíris n.º 30
28000 MADRID
Tfno.: 910000001
NIF: A78222553
segurosdelta@hotmail.com
www.segurosdelta.es

N.º de factura	15-650
Fecha de factura	30/06/20X5
Destinatario	Talleres NEW-CAR
	C/ Virgen del Portillo, 20
	28666 MADRID
Teléfono	911110022
Correo electrónico	newcar@gmail.com
NIF	B72545680

Vencimiento
30 días fecha de factura

Depósito recibido	0,00 €
Subtotal de la factura	1.500,00 €
Descuentos	0,00 €
Total de la factura	1.500,00 €
Importe total debido	1.500,00 €
Importe a pagar	1.500,00 €

Descripción	Importe
Seguro nave calle Virgen del Portillo, 50	
Segundo semestre 20X5	1.500,00 €

DOCUMENTO EDUCATIVO SIN VALOR LEGAL

Crea las subcuentas para los acreedores de las facturas anteriores y la subcuenta de IVA soportado correspondiente. Realiza los registros contables.

Solución:

Crearemos subcuentas si tenemos que distinguir entre diferentes gastos de la misma cuenta; si no es necesario, se usa la cuenta genérica.

Código	Subcuenta
41001	ASESORES TOTAL, SL
41002	REFORMAS, SL
41003	SEGUROS DELTA
47221	H. P. IVA soportado 21 %
475101	IRPF ASESORES TOTAL, SL
62501	Seguro nave del taller

Los registros contables son los siguientes:

Debe	N.º	Cód.	Cuentas			Cód.	Haber
			30/06/X5				
1.500,00	1	62501	Seguro nave del taller	a	SEGUROS DELTA	41003	1.500,00

Debe	N.º	Cód.	Cuentas	Cód.	Haber
			15/07/X5		
300,00 63,00	1	623 47221	Servicios de profesionales independientes H. P. IVA soportado 21 % (300 × 21 %) a ASESORES TOTAL, SL a IRPF ASESORES TOTAL, SL 2.º trimestre (300 × 15 %)	 41001 475101	 318,00 45,00
			10/09/X5		
15.000,00 3.150,00	1	622 47221	Reparación y conservación H. P. IVA soportado 21 % a REFORMAS, SL (15.000 × 21 %)	 41002	 18.150,00

Actividad propuesta 4.1.

La empresa COMPLEMENTOS ESCOLARES, dedicada a la comercialización de artículos escolares, recibe las siguientes facturas de gastos:

SUMILUZ, SAS		A01250000	FAC. N.º: 11111
		CLIENTE:	B01000000
Fecha	01/10/20X6	COMPLEMENTOS ESCOLARES	
FACTURACIÓN			€
POTENCIA CONTRATADA			4,50 €
Energía consumida			220,00 €
Alquiler de equipos de medida y control			4,50 €
		Subtotal	229,00 €
BI	IVA	CUOTA	TOTAL FACTURA
229,00 €	21,00 %	48,09 €	277,09 €
FORMA DE PAGO		DOMICILIACIÓN BANCARIA, 1/10/20X6	

PITICLIN, SAS		A01230000	FAC. N.º: 25252555
		CLIENTE:	B01000000
Fecha	20/10/20X6	COMPLEMENTOS ESCOLARES	
FACTURACIÓN			€
LÍNEA DE ADSL			55,00 €
LÍNEA DE TELÉFONO MÓVIL			65,00 €
LÍNEA FIJA			40,00 €
		Subtotal	160,00 €
BI	IVA	CUOTA	TOTAL FACTURA
160,00 €	21,00 %	33,60 €	193,60 €
FORMA DE PAGO		DOMICILIACIÓN BANCARIA	

(continúa)

PUBLITODO, SLS		B02220000	FAC. N.º: 125
		CLIENTE:	B01000000
Fecha	**30/10/20X6**	**COMPLEMENTOS ESCOLARES**	
FACTURACIÓN			**€**
CAMPAÑA PUBLICIDAD			550,00 €
CARTELES PUBLICITARIOS			125,00 €
TARJETAS VISITA			25,00 €
		Subtotal	700,00 €
BI	**IVA**	**CUOTA**	**TOTAL FACTURA**
700,00 €	**21,00%**	**147,00 €**	**847,00 €**
FORMA DE PAGO		DOMICILIACIÓN BANCARIA	

ÁLVARO ROS ROS	RECIBO N.º:	10
Fac.: 10	FECHA: 05/10/20X6	
NIF: 55226741J	**CLIENTE:**	B01000000
ALQUILER MES OCTUBRE	**COMPLEMENTOS ESCOLARES**	
ALQUILER BAJO COMERCIAL		**€**
IMPORTE MES		1.000,00 €
	IVA 21 %	210,00 €
	RETENCIÓN IRPF 19 %	–190,00 €
	TOTAL RECIBO	1.020,00 €
FORMA DE PAGO: ENTREGA DE CHEQUE NOMINATIVO		

Efectuamos el pago de las dos primeras facturas y cargamos el importe en la cuenta bancaria.

Contabiliza en el libro Diario las facturas recibidas y abre las subcuentas a cada uno de los acreedores, utilizando las subcuentas de gastos que corresponden a cada documento.

4.3. Tratamiento de la documentación y registro contable de gastos de personal

Cuando se tienen localizados e identificados los documentos con trascendencia contable que se derivan de las relaciones con los trabajadores de la empresa, se procederá a identificar las subcuentas que se utilizarán para su registro contable. Los más habituales son las nóminas de los empleados, los recibos de liquidación de cotizaciones de los seguros sociales de la empresa y los trabajadores y los pagos a cuenta del IRPF de los trabajadores. Se pueden generar otros documentos por gastos de carácter social de la empresa a favor de los trabajadores, como comedores, becas de estudio y transportes, entre otros.

Importante

Las nóminas son los justificantes de los registros contables de los salarios, las bonificaciones y las deducciones de los empleados de una empresa.

4.3.1. Documentos justificantes

Manejaremos los siguientes documentos para soportar los registros contables:

- **Nóminas** (recibos de salarios), firmadas o autorizadas, en su caso, por el departamento de recursos humanos.
- **Retenciones a cuenta del IRPF** practicadas a los trabajadores en sus nóminas, mediante el modelo 111.
- **Documentos de cotización a la Seguridad Social,** mediante los RLC que liquida directamente la Tesorería a la empresa, en función de los datos aportados. Se acompaña la RNT (relación nominal de trabajadores).

Recuerda

Los ingresos se realizan trimestralmente en los 20 primeros días de los meses de abril, julio, octubre y enero, mientras las grandes empresas han de hacer el ingreso mediante el mismo modelo (111), pero con periodicidad mensual, durante los 20 primeros días del mes siguiente.

4.3.2. Subcuentas utilizadas

Los gastos de personal implican el uso de varias cuentas del subgrupo 64. El caso más habitual es el de las nóminas y los seguros sociales, generalmente de periodicidad mensual, en el que intervienen, además de las cuentas del grupo 6, las de tesorería (por el pago) y las del subgrupo 47 para las retenciones de Hacienda y Seguridad Social practicadas a los empleados. Las resumimos en el siguiente esquema:

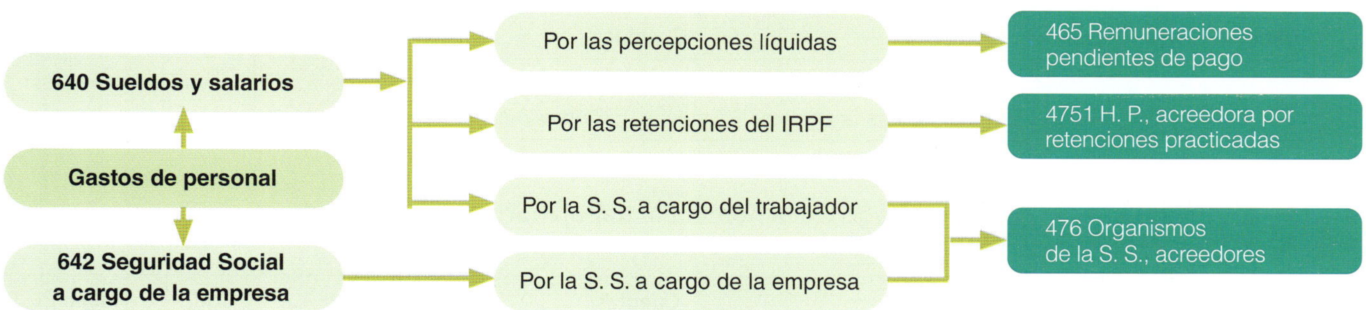

Figura 4.1. Esquema de las distintas cuentas para registrar los gastos de personal.

Tabla 4.2. Subgrupo 64: Gastos de personal; 46: Personal, y 47: Administraciones Públicas

Códigos	Cuentas	Descripción
640	Sueldos y salarios	Remuneraciones, fijas y eventuales, al personal de la empresa.
641	Indemnizaciones	Cantidades que se entregan al personal de la empresa para resarcirlo de un daño o perjuicio (despido y jubilación anticipada).
642	Seguridad Social a cargo de la empresa	Cuotas de la empresa a favor de los organismos de la Seguridad Social por las diversas prestaciones que estos realizan.
649	Otros gastos sociales	Gastos de naturaleza social realizados en cumplimiento de una disposición legal o voluntariamente por la empresa, como economatos y comedores, becas de estudio, etcétera.
460	Anticipos de remuneraciones	Entregas a cuenta de remuneraciones devengadas al personal de la empresa.
465	Remuneraciones pendientes de pago	Débitos de la empresa al personal por sueldos y salarios e indemnizaciones.
4751	H. P., acreedora por retenciones practicadas	Importe de las retenciones tributarias efectuadas (IRPF) pendientes de pago a la Hacienda Pública.
476	Organismos de la Seguridad Social, acreedores	Deudas pendientes con organismos de la Seguridad Social como consecuencia de las prestaciones que estos realizan.

4.3.3. Asientos contables tipo de las diferentes operaciones

Los asientos que se derivan de la contabilización de las nóminas los reflejamos a continuación.

- Asiento de contabilización de la nómina:

Debe	N.º	Cód.	Cuentas	Cód.	Haber
			Fecha del asiento		
		640.0	Sueldos y salarios a Remuneraciones pendientes de pago	465.0	
			a H. P., acreedora por retenciones practicadas	4751.0	
			a Organismos de la S. S., acreedores	476.0	

- Asiento de contabilización de seguros sociales:

Debe	N.º	Cód.	Cuentas	Cód.	Haber
			Fecha del asiento		
		642	S. S. a cargo de la empresa a Organismos de la S. S., acreedores	476	

- Por el pago de la nómina al trabajador:

Debe	N.º	Cód.	Cuentas	Cód.	Haber
			Fecha del asiento		
		465.0	Remuneraciones pendientes de pago a Tesorería	57	

- Por el pago de las cuotas de la Seguridad Social:

Debe	N.º	Cód.	Cuentas	Cód.	Haber
			Fecha del asiento		
		476	Organismos de la S. S., acreedores a Tesorería (importe del modelo TC1 o RLC)	57	

- Por el pago de las retenciones de IRPF:

Debe	N.º	Cód.	Cuentas	Cód.	Haber
			Fecha del asiento		
		4751	H. P., acreedora por retenciones practicadas a Tesorería (importe del modelo 111)	57	

Actividad resuelta 4.2.

Sobre la nómina que se presenta a continuación, analiza los importes que se explican en los bocadillos de las casillas correspondientes y realiza su registro contable. Haz lo mismo con el recibo de liquidación de cotizaciones RLC.

EMPLEADOR	Razón social de la empresa	**TRABAJADOR/A**	Nombre y apellidos del trabajador
CIF	Código de identificación fiscal de la empresa	**NIF**	Número de Identificación Fiscal NIF
DOMICILIO	Domicilio social de la empresa	**N.º S. SOCIAL**	N.º de afiliación a la Seguridad Social
POBLACIÓN	Localidad/provincia	**CATEGORÍA**	Categoría profesional
CCC	Código de cuenta de cotización a la Seguridad Social	**ANTIGÜEDAD**	Fecha desde que está contratado

Datos identificativos del trabajador para crear las subcuentas específicas

Periodo liquidación	Del 1 de / mes / año al 30 (31) de mes / año	N.º días/horas	30
I. DEVENGOS			**TOTALES**
1. Percepciones salariales			
Salario base			1.100,00 €
Complementos salariales			
Horas extraordinarias			
Gratificaciones extraordinarias			
Salario en especie			
Prestaciones en especie (valoración económica)			
2. Percepciones no salariales			
Indemnizaciones o suplidos			
Prestaciones e indemnizaciones de la Seguridad Social			
Otras percepciones no salariales			
	A. TOTAL DEVENGADO		1.100,00 €

Importe de la remuneración mensual a incluir en la subcuenta 640.01 Sueldos y salarios

II. DEDUCCIONES			
1. Aportaciones del trabajador a las cotizaciones a la S. S. y conceptos de recaudación conjunta			
	Porcentaje		
Contingencias comunes	4,70 %	60,32	
Desempleo	1,55 %	19,89	
Formación profesional	0,10 %	1,28	
Horas extraordinarias fuerza mayor	4,70 %	0,00	
Resto horas extraordinarias	2,00 %	0,00	
TOTAL APORTACIONES		81,49	81,49 €
2. IRPF	10 %		110,00 €
3. Anticipos			
4. Valor de los productos recibidos en especie			- €
5. Otras deducciones (...)			
B. TOTAL A DEDUCIR			191,49 €
LÍQUIDO TOTAL A PERCIBIR (A – B)			908,51 €
Firma del empleador	Fecha		Recibí

Importe de la deducción por S. S. a la subcuenta 476.01

Importe de la retención a cuenta del IRPF a la cuenta 4751.01

Importe de la cantidad a percibir a la subcuenta 465.01

DETERMINACIÓN DE LAS BASES DE COTIZACIÓN A LA SEGURIDAD SOCIAL Y CONCEPTOS DE RECAUDACIÓN CONJUNTA Y DE LA BASE SUJETA A LA RETENCIÓN DEL IRPF Y APORTACIÓN DE LA EMPRESA

			BASE	TIPO	APORTACIÓN EMPRESA
1. Contingencias comunes					
	Remuneración mensual		1.100,00 €		
	Prorrata de pagas extraordinarias		183,33 €		
	TOTAL		1.283,33 €	23,60 %	302,87 €
2. Contingencias profesionales	(AT y EP)	IT IMS	1.283,33 €	1,00 %	12,83 €
		0,65 % 0,35 %			
y conceptos de recaudación conjunta	Desempleo		1.283,33 €	5,50 %	70,58 €
	Formación profesional		1.283,33 €	0,60 %	7,70 €
	Fondo de garantía salarial		1.283,33 €	0,20 %	2,57 €
3. Cotización adicional por horas extras			0,00 €	12 %	396,55 €
4. Base sujeta a retención del IRPF			1.100,00 €		

DOCUMENTO EDUCATIVO SIN VALOR LEGAL

Importe de la Seguridad Social a cargo de la empresa a la subcuenta 642

(continúa)

Solución:

El registro contable de la nómina es el siguiente:

Debe	N.º	Cód.	Cuentas			Cód.	Haber
			Fecha liquidación nómina				
1.100,00	1	64001	Sueldo de (nombre del empleado y mes/año)	a	Remuneraciones pendientes (nombre del empleado y mes/año)	46501	908,51
				a	H. P., acreedora IRPF (nombre del empleado y mes/año)	475101	110,00
				a	Organismos de la Seguridad Social, acreedores (nombre del empleado y mes/año)	47601	81,49

El importe del recibo de liquidación de cotizaciones se presenta resumido en el siguiente documento (el modelo se realiza vía telemática enviando los datos a la Tesorería General de la Seguridad Social).

CÁLCULOS DEL TC1							
COTIZACIONES GENERALES	BASES	TIPOS		CUOTAS	Total	Empresa	Trabajador
Contingencias comunes	1.283,33	28,30 %		363,18	28,3	23,6	4,7
Horas extraordinarias					14	12	2
Otras contingencias							
Deducciones							
Compensaciones							
LÍQUIDO COTIZACIONES GENERALES				363,18			
		IT	IMS				
Accidentes de trabajo y enfermedad profesional	1.283,33	8,34	4,49	12,83	0,7	0,6	0,1
					7,05	5,5	1,55
Desempleo, FOGASA y FP	1.283,33	7,95 %		102,025	8,3	6,7	1,6
Bonificaciones					0,2	0,2	
Recargo por fuera de plazo							
TOTALES (A INGRESAR)				478,04			

Importe de la cantidad a ingresar por la empresa a la subcuenta 476

Importante

El departamento de contabilidad tendrá asignada una subcuenta para cada trabajador. Por ejemplo:

640.01 Sueldo de José Pérez.
465.01 Remuneraciones pendientes de José Pérez.
4751.01 Retenciones IRPF de José Pérez.
476.01 Cuota Seguridad Social de José Pérez.

Registro contable:

Debe	N.º	Cód.	Cuentas			Cód.	Haber
			Fecha liquidación nómina				
396,55	2	64200	Seguridad Social a cargo de la empresa (mes/año) (*)	a	Organismos de la Seguridad Social, acreedores (mes/año)	476	396,55

(*) El importe de las cargas sociales a cargo de la empresa es la diferencia entre el importe del documento del recibo de las liquidaciones a la Seguridad Social y las aportaciones del trabajador deducidas en su nómina.

Actividad propuesta 4.2.

La empresa COMPLEMENTOS ESCOLARES, SLS cuenta en su plantilla con cuatro trabajadores fijos. Los gastos reflejados por el personal se registran en el siguiente resumen del mes de octubre:

NOMBRE	SALARIO BASE	OTRAS RETRIBUCIONES	S. S. TRABAJADOR	RET. IRPF	ANTICIPOS	LÍQUIDO	S. S. EMPRESA	DOCUMENTO DE COTIZACIÓN S. S.	TOTAL COSTE TRABAJADOR
JUAN GIL	2.000,00 €	200,00 €	162,98 €	374,00 €	500,00 €	1.163,02 €	793,10 €	956,08 €	2.993,10 €
PEDRO ÁLVAREZ	1.850,00 €	250,00 €	155,58 €	336,00 €		1.608,43 €	757,05 €	912,63 €	2.857,05 €
JAVIER GÓMEZ	950,00 €	125,00 €	79,64 €	75,25 €		920,11 €	387,54 €	467,18 €	1.462,54 €
ANA MAS	1.500,00 €	100,00 €	118,53 €	176,00 €		1.305,47 €	576,80 €	695,33 €	2.176,80 €
MAR ROS	1.600,00 €	100,00 €	125,94 €	255,00 €		1.319,06 €	612,85 €	738,79 €	2.312,85 €
TOTALES	**7.900,00 €**	**775,00 €**	**642,67 €**	**1.216,25 €**	**500,00 €**	**6.316,08 €**	**3.127,34 €**	**3.770,01 €**	**11.802,34 €**

Realiza las siguientes tareas:

- Crea las subcuentas necesarias para realizar los registros contables de la tabla de datos salariales.
- Con fecha 10/10, la empresa entregó un cheque por valor de 500 € a cuenta de la nómina del mes de octubre al trabajador Juan Gil. Contabiliza el asiento correspondiente.
- Contabiliza el asiento de la nómina con fecha 31/10/20X6 que se registraría para cada trabajador, así como el gasto que la empresa asume, por la Seguridad Social, en el mes de octubre de acuerdo con los datos reflejados en la tabla anterior.
- La empresa abona por transferencia a cada trabajador el importe líquido de la nómina el 2/11/20X6. Realiza el registro de los pagos correspondientes.

4.4. Tratamiento de la documentación y registro contable de otros gastos e ingresos de gestión

En los apartados anteriores, hemos visto cómo organizar y clasificar los documentos relativos a servicios exteriores y a gastos de personal según los contenidos contables.

Existen otros documentos que se generan en el desarrollo de la actividad de la empresa y que no se pueden ubicar en ninguna de las categorías anteriores, como pueden ser los generados por tributos de carácter local, gastos por intereses de deudas contraídas por la empresa o pérdidas de carácter excepcional, entre otros (los generados por gastos de tipo financiero y pérdidas de carácter excepcional los analizaremos en las Unidades 5 y 6, respectivamente).

No todo en la empresa son gastos, sino que también se generan ingresos distintos de los habituales de la actividad (ventas o prestaciones de servicios), como pueden ser los derivados de los alquileres de inmuebles de su propiedad, de prestación ocasional de servicios diversos, de carácter financiero por préstamos al personal, de depósitos bancarios (igualmente los ingresos de carácter financiero los analizaremos en la Unidad 6), etcétera.

En este apartado, vamos a analizar los documentos correspondientes a gastos e ingresos de esta naturaleza.

4.4.1. Subcuentas utilizadas

Las subcuentas que se tengan que crear dependerán de la necesidad de detallar gastos de la misma naturaleza, como puede ser un tributo de carácter local de diferentes elementos patrimoniales (vehículos) que sea necesario desglosar. En la mayor parte de los casos, no será necesario crear subcuentas para contabilizar el gasto o ingreso.

Analizaremos el gasto que se recoge en la cuenta de la Tabla 4.3.

Recuerda

Los ingresos que son propios de la actividad de la empresa se recogen en el subgrupo 70. Los que se produzcan de modo ocasional o por alquiler de maquinarias o locales propiedad de la empresa se registrarán en el subgrupo 75.

Tabla 4.3. Subgrupo 63: Tributos

Código	Cuenta	Descripción
631	Otros tributos	Importe de los tributos de los que la empresa es contribuyente y que no tengan asiento específico en otras cuentas de este subgrupo, como el IBI, IVTM, etcétera.

Igualmente, analizaremos los ingresos que se recogen en la Tabla 4.4.

Tabla 4.4. Subgrupo 75: Otros ingresos de gestión

Códigos	Cuentas	Descripción
752	Ingresos por arrendamientos	Los devengados por el alquiler o arrendamiento operativo (no financiero) de bienes muebles o inmuebles cedidos para el uso o la disposición por terceros.
754	Ingresos por comisiones	Cantidades fijas o variables percibidas como contraprestación a servicios de mediación realizados de manera accidental u ocasional.
755	Ingresos por servicios al personal	Ingresos por servicios varios facilitados por la empresa a su personal, como economatos, comedores, transportes, viviendas, etcétera.
759	Ingresos por servicios diversos	Ingresos originados por la prestación eventual de ciertos servicios a otras empresas o particulares. Por ejemplo, los de transporte, reparaciones, asesorías, informes, etcétera.

4.4.2. Asientos contables tipo de las diferentes operaciones

Vamos a estudiar los asientos tipo de algunos de los gastos anteriores con la realización de actividades resueltas, para una mejor comprensión de estos.

- Asiento tipo de otros tributos:

Debe	N.º	Cód.	Cuentas	Cód.	Haber
			Fecha del asiento		
		631	Otros tributos a Administraciones Públicas	47	

Actividad resuelta 4.3.

El 30 de septiembre, el ayuntamiento de nuestra localidad nos envía el recibo anual de IBI (impuesto sobre bienes inmuebles) de la nave del almacén, por importe de 1.200 €, siendo el periodo de pago voluntario hasta el 30 de noviembre.

Crea una cuenta para reconocer las deudas con las Administraciones locales y autonómicas y realiza el registro contable.

Solución:

En este caso, podemos utilizar un código que no haya utilizado el PGC, como el 478 Administraciones locales y autonómicas; desglosaremos en más dígitos para separar el ayuntamiento de la comunidad autónoma. Así tendremos:

Código	Subcuenta
47801	Ayuntamiento de (nombre de la localidad)
47802	Comunidad autónoma de (nombre de la comunidad)

El registro contable será el siguiente:

Debe	N.º	Cód.	Cuentas	Cód.	Haber
			30/09/20X5		
1.200,00	1	631	Otros tributos a Ayuntamiento de (nombre de la localidad)	47801	1.200,00

- Asiento tipo de ingresos por arrendamientos:

Debe	N.º	Cód.	Cuentas	Cód.	Haber
			Fecha del asiento		
		440	Deudores		
		473	H. P., retenciones y pagos a cta. a Ingresos por arrendamientos	752	
			a H. P. IVA repercutido	477	

- Asiento tipo de ingresos por servicios diversos:

Debe	N.º	Cód.	Cuentas	Cód.	Haber
			Fecha del asiento		
		440	Deudores a Ingresos por servicios diversos	759	
			a H. P. IVA repercutido	477	

Tanto los arrendamientos como los servicios diversos son rendimientos que devengan IVA, por lo que tenemos que contabilizarlos en la cuenta 477 H.P. IVA repercutido. Además, si el ingreso por alquiler corresponde a un inmueble, el rendimiento estará sujeto a una retención a favor de la empresa que se recoge en la cuenta 473: H.P. retenciones y pagos a cuenta.

Actividad resuelta 4.4.

La empresa SYON emite la factura del alquiler de un local comercial de su propiedad el día 1 de octubre, correspondiente al trimestre octubre-diciembre del año en curso, por importe de 3.000 €, con IVA del 21 % y retención del IRPF del 19 %.

También realiza un informe para uno de sus clientes sobre el mercado nacional, aunque no es su actividad habitual. Factura por este concepto 300 € más IVA del tipo general. Realiza el registro contable.

Solución:

El alquiler de locales para negocio está sujeto a IVA y a retención del IRPF, por lo que el importe del arrendamiento ascenderá a 3.000 €. El registro contable es el siguiente:

Debe	N.º	Cód.	Cuentas			Cód.	Haber
			1/10/20X5				
3.060,00 570,00		440 473	Deudores H. P., retenciones y pagos a cuenta (19 % de 3.000)	 a a	 Ingresos por arrendamientos H. P. IVA repercutido (BI = 3.000)	 752 477	 3.000,00 630,00

Los ingresos de carácter excepcional procedentes de actividades distintas a la principal de la empresa se registran en la cuenta 759 Ingresos por servicios diversos. El registro contable de este servicio es el siguiente:

Debe	N.º	Cód.	Cuentas			Cód.	Haber
			1/10/20X5				
363,00		440	Deudores	a a	Ingresos por servicios diversos H. P. IVA repercutido	759 477	300,00 63,00

Actividad propuesta 4.3.

La empresa DCE, SLS, dedicada a la comercialización de artículos para vestir de caballero, realiza servicios a dos de sus clientes independientes de su actividad principal: asesoramiento en la iniciación de su negocio e informes emitidos por la empresa. Además, la empresa alquila un bajo que no utiliza y que es de su propiedad a un taller de mecánica. Los documentos relacionados con los ingresos de estas operaciones son los siguientes:

DCE, SLS	B03001111	Fac. n.º: 125	
		CLIENTE:	B22200000
Fecha	01/10/20X6	JUAN GUTIÉRREZ, MODA, SLS	
FACTURACIÓN			€
INFORME DE PRODUCTOS Y PUNTOS DE VENTAS			
			500,00 €
		Subtotal	500,00 €
BI	IVA	CUOTA	TOTAL FACTURA
500,00 €	21,00%	105,00 €	605,00 €
FORMA DE PAGO		DOMICILIACIÓN BANCARIA	

DCE, SLS	**B03001111**	Fac. n.º: 135	
		CLIENTE:	B11000000
Fecha	**20/10/20X6**	**PEPE TIENDAS, SL**	
FACTURACIÓN			**€**
ASESORAMIENTO EN LA INICIACIÓN			
DEL NEGOCIO			**400,00 €**
		Subtotal	**400,00 €**
BI	**IVA**	**CUOTA**	**TOTAL FACTURA**
400,00 €	**21,00 %**	**84,00 €**	**484,00 €**
FORMA DE PAGO		RECIBO DOMICILIADO A 30 DÍAS	

DCE, SLS	**B03001111**	RECIBO n.º: 10	
		CLIENTE:	B33000000
Fecha	**05/10/20X6**	**TALLERES MORA, SLS**	
ALQUILER BAJO COMERCIAL			**€**
IMPORTE MES			800,00 €
		IVA 21,00 %	168,00 €
		RETENCIÓN IRPF 19,00 %	-152,00 €
		TOTAL RECIBO	816,00 €
FORMA DE PAGO: ENTREGA CHEQUE NOMINATIVO			

La empresa DCE, SLS recibe la factura de RESTAURANTES FLORES, que corresponde a las comidas realizadas en su local por el personal de la empresa. El personal disfruta del servicio y tan solo se le descuenta de las nóminas el 20 % del coste de este, como un ingreso por el servicio facilitado al personal. La factura del gasto recibida y la liquidación de los gastos del personal se detallan a continuación.

RESTAURANTES FLORES, SLS		B21000000	FAC. N.º: 11112
		CLIENTE:	**B03001111**
Fecha	**30/10/20X6**	**DCE, SLS**	
FACTURACIÓN			**€**
SERVICIO COMIDAS OCTUBRE			
PERSONAL EMPRESA			450,00 €
BI	**IVA**	**CUOTA**	450,00 €
450,00 €	10,00 %	45,00 €	**TOTAL FACTURA**
0,00	21,00 %	0,00 €	495,00 €
FORMA DE PAGO		DOMICILIACIÓN BANCARIA	

NOMBRE	SALARIO BASE	OTRAS RETRIBUCIONES	S. S. TRABAJADOR	RETENC. IRPF	COBRO SERV. COMEDOR	LÍQUIDO	S. S. EMPRESA	DOCUMENTO DE COTIZACIÓN S. S.	TOTAL COSTE TRABAJADOR
HÉCTOR ROMERO	1.200,00	200,00	103,72	238,00	45,00	1.013,28	504,70	608,42	1.904,70
JUAN MORENO	1.500,00	250,00	129,65	280,00	45,00	1.295,35	630,88	760,52	2.380,88
TOTALES	2.700,00	450,00	233,37	518,00	90,00	2.308,63	1.135,58	1.368,94	4.285,58

La empresa realiza una transferencia bancaria para pagar el importe de las nóminas y recibe el ingreso de las facturas de JUAN GUTIÉRREZ y de TALLERES MORA el mismo día que las emite. Queda pendiente de realizar el cobro y pago del resto de facturas.

Contabiliza los documentos en el libro Diario, utilizando las subcuentas necesarias para reflejar los ingresos y gastos ocasionados.

4.5. Modelos de liquidación y contabilización de las retenciones practicadas

Las retenciones de IRPF son cantidades detraídas (restadas) al contribuyente (sujeto pasivo) por el pagador, para ingresar en la Administración Tributaria a cuenta del impuesto que el contribuyente ha de pagar posteriormente.

Están sometidos a retención los siguientes rendimientos satisfechos (pagados) por la empresa:

- Salarios de los trabajadores, con porcentajes de retención distintos, según la cuantía percibida y situación personal de los perceptores.
- Pagos realizados a profesionales por los servicios prestados a la empresa, como notarios, registradores, etcétera.
- Pagos realizados por el arrendamiento de inmuebles urbanos, que son edificios en general, con determinadas excepciones (vivienda).

Las liquidaciones se realizan trimestralmente, en el modelo 111 y el modelo 115 para los alquileres, durante los veinte primeros días naturales de los meses de abril, julio, octubre y enero, por las retenciones e ingresos a cuenta que correspondan al trimestre natural inmediato anterior. La presentación se hace vía internet, con firma electrónica avanzada, y no se permite la presentación en papel. A las personas físicas se les permite la presentación a través de internet con el sistema de firma con clave de acceso (PIN 24 horas).

Para realizar las presentaciones de los modelos, debemos introducir los datos en la declaración o importar el fichero que nos crea el programa contable que utilicemos.

A continuación, mostramos los enlaces y las páginas de acceso a los modelos:

Importante

Las grandes empresas realizarán liquidaciones mensuales durante los 20 primeros días del mes siguiente al de la liquidación. Para más información, podemos consultar la página de la Agencia Tributaria: http://www.aeat.es

Figura 4.2. Acceso a la Agencia Tributaria.

Figura 4.3. Sede electrónica de la Agencia Tributaria.

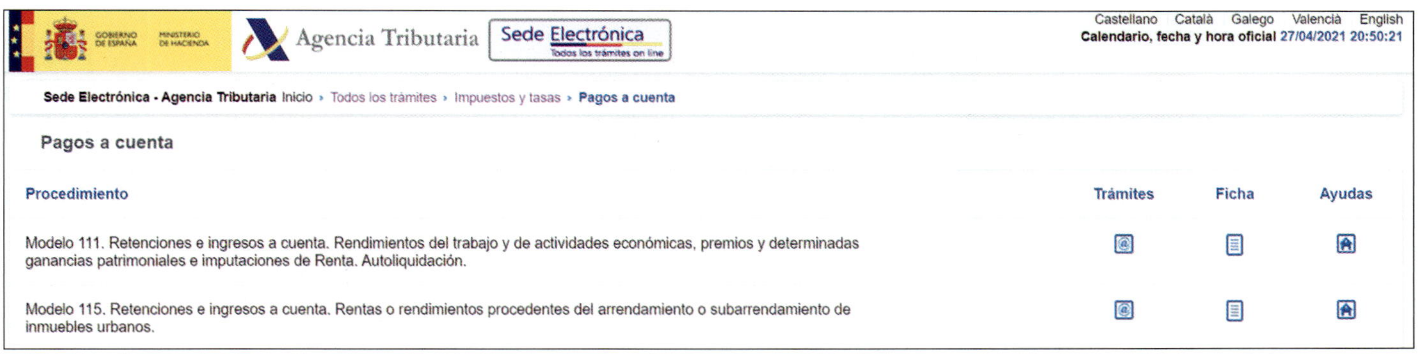

Figura 4.4. Procedimiento para obtener y cumplimentar los modelos 111 y 115.

Importante

Los programas informáticos poseen herramientas para la cumplimentación de los modelos 111 y 115. Podemos elaborarlos de forma automática, importando los datos incorporados en los asientos contables que introducimos en el Diario y de la información generada en las subcuentas. Así, se generará un fichero que se puede utilizar opcionalmente para hacer la presentación de los modelos oficiales, a través de la página web de la Agencia Tributaria.

Recuerda

Los cálculos y la confección de nóminas y seguros sociales se realizarán con el programa informático correspondiente (NominaSOL, NominaPlus, NominaWin, etcétera).

Mapa conceptual

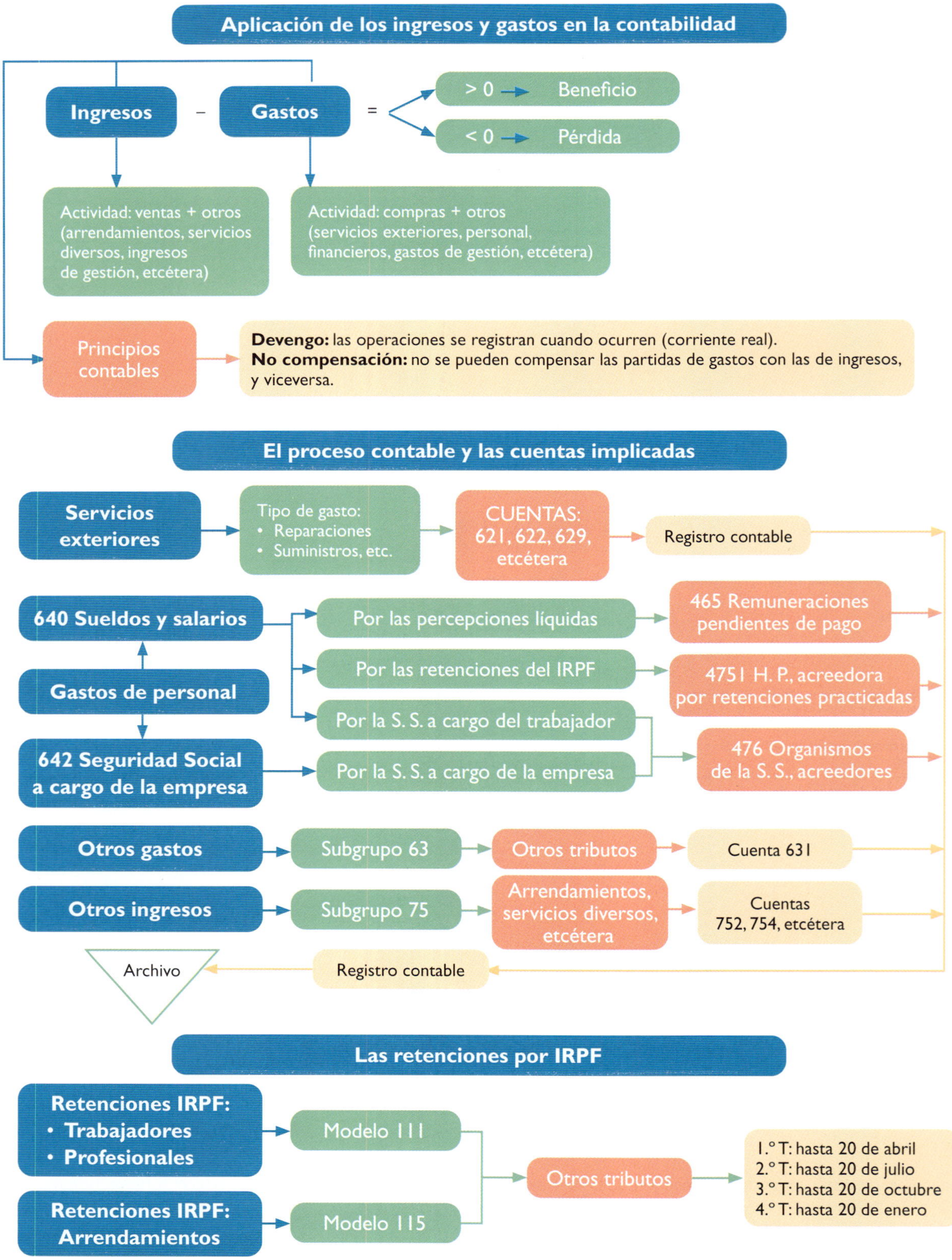

Actividades finales

De comprobación

4.1. Son documentos que representan gastos para la empresa:

a) Las facturas de suministros de la empresa.
b) Las nóminas de los empleados de la empresa.
c) Las facturas de compras que realiza la empresa.
d) Todas las opciones anteriores son correctas.

4.2. ¿Qué principio se incumple si se compensan gastos e ingresos en una operación o entre distintas operaciones?

a) El principio de importancia relativa.
b) El principio del valor razonable.
c) El principio del devengo.
d) El principio de no compensación.

4.3. Las percepciones brutas que devenga un trabajador de una empresa se registran en la cuenta:

a) 640 Sueldos y salarios.
b) 642 Seguridad Social a cargo de la empresa.
c) 641 Indemnizaciones.
d) Ninguna de las opciones anteriores es correcta.

4.4. Son ingresos de las empresas, además de los generados por las ventas:

a) La prestación ocasional de servicios diversos.
b) Los transportes de ventas pagados a un tercero.
c) Los *rappels* a clientes.
d) Ninguna de las opciones anteriores es correcta.

4.5. Son rendimientos sometidos a retención del IRPF los siguientes:

a) Las horas extraordinarias remuneradas a los trabajadores.
b) Los pagos realizados al banco por la amortización de un préstamo.
c) Los pagos realizados por la empresa por los gastos de suministros.
d) Ninguna de las opciones anteriores es correcta.

4.6. Copia la siguiente tabla y señala si las afirmaciones son verdaderas o falsas:

N.°	Afirmación	V/F
1	Se produce pérdida cuando los gastos de un determinado periodo son inferiores a los ingresos de este.	
2	Las operaciones derivadas de la realización de gastos e ingresos deben registrarse cuando se produzca su pago o cobro.	
3	Las retenciones a cuenta del IRPF son parte de los gastos de personal que tienen las empresas.	
4	Los alquileres de inmuebles propiedad de la empresa son ingresos para ella.	
5	Las grandes empresas realizarán liquidaciones del IRPF trimestrales durante los 20 primeros días del mes siguiente al de la liquidación.	

De aplicación

4.7. ¿Qué diferencia hay entre ingreso y beneficio?

4.8. ¿En qué cuentas del PGC de Pymes se registran los siguientes gastos de una empresa?

- Alquileres de bienes muebles o inmuebles a disposición de la empresa.
- Electricidad y cualquier otro abastecimiento que no tenga la cualidad de almacenable.
- Cantidades satisfechas en concepto de primas de seguros de los inmuebles de la empresa.
- Cantidades que se satisfacen por el derecho al uso de la propiedad industrial.

4.9. ¿Qué son los recibos de salarios?

4.10. ¿Cuáles son los periodos de pago de las retenciones efectuadas a los trabajadores en sus nóminas?

4.11. ¿En qué cuenta se registran las deudas con la Seguridad Social por las cuotas a cargo de la empresa?

Caso práctico

La empresa COMERMADER, SLS, dedicada a la compraventa de productos para la madera, tableros de madera de pino y pulimentos para la madera, con domicilio en Sevilla, posee la siguiente documentación pendiente de contabilizar:

1. Recibe durante el mes de junio las siguientes facturas de gastos; los recibos están domiciliados y se desembolsan a través de la cuenta bancaria. Los documentos son los siguientes:

ILUMINAR, SAS		A01250000	FAC. N.º: 11111
		CLIENTE:	B41223334
Fecha	**01/06/20X6**	**COMERMADER, SLS**	
FACTURACIÓN			**€**
POTENCIA CONTRATADA			20,00
Energía consumida			650,00
Alquiler equipos de medida y control			25,00
		Subtotal	695,00
BI	**IVA**	**CUOTA**	**TOTAL FACTURA**
695,00 €	**21,00 %**	**145,95 €**	**840,95 €**
FORMA DE PAGO		DOMICILIACIÓN BANCARIA	

JUAN FERNÁNDEZ MAS		RECIBO N.º:	12
		FECHA: 05/06/20X6	
NIF: 50000005J		**CLIENTE:**	B41223334
ALQUILER MES JUNIO		**COMERMADER, SLS**	
ALQUILER NAVE INDUSTRIAL, P. I. MASÍA DEL JUEZ N.º 5			**€**
IMPORTE MES			2.000
		IVA 21 %	420
		RETENCIÓN IRPF 19 %	-380
	TOTAL RECIBO		2.040
FORMA DE PAGO: DOMICILIACIÓN BANCARIA			

COMUNICACIONES RIN, SAS		A01230000	FAC. N.º: 25252555
		CLIENTE:	B41223334
Fecha	05/06/20X6	COMERCADER, SLS	
FACTURACIÓN			€
LÍNEA DE ADSL			120,00
LÍNEA DE TELÉFONO MÓVIL			80,00
LÍNEA FIJO			40,00
		Subtotal	240,00
BI	IVA	CUOTA	TOTAL FACTURA
240,00 €	21,00 %	50,40 €	290,40 €
FORMA DE PAGO		DOMICILIACIÓN BANCARIA	

SERVIAGUAS, SAS		A01000000	FAC. N.º: 125232
		CLIENTE:	B41223334
Fecha	25/06/20X6	COMERMADER, SLS	
FACTURACIÓN			€
CUOTA MESES MAYO, JUNIO, SERVICIO			25,00
CONSUMO DE AGUA			220,00
Alquiler equipos de medida y control			9,00
BI	IVA	CUOTA	254,00
220,00 €	10 %	22,00 €	TOTAL FACTURA
34,00 €	21,00 %	7,14 €	283,14 €
FORMA DE PAGO		DOMICILIACIÓN BANCARIA	

SEGUROS OMEGA		A33220000	FAC. N.º: 2222
		CLIENTE:	B41223334
Fecha	25/06/20X6	COMERMADER, SLS	
FACTURACIÓN			€
CARGO PRIMA ANUAL SEGURO			956,00
NAVE INDUSTRIAL P. I. MASÍA DEL JUEZ N.º 5			
FORMA DE PAGO		DOMICILIACIÓN BANCARIA	

ALBERTO MONTERO , NOTARIO ALBERTO MONTERO RIUS NIF: 52444555J		FAC. N.º:	252
		FECHA: 25/06/20X6	
		CLIENTE:	B41223334
CONCEPTO SERVICIOS		COMERMADER, SLS	
MODIFICACIÓN, ESCRITURAS EMPRESA Y COPIAS			€
			550
		IVA 21 %	115,5
		RETENCIÓN IRPF 15 %	-82,5
	TOTAL RECIBO		583
FORMA DE PAGO		DOMICILIACIÓN BANCARIA	

AYUNTAMIENTO DE SEVILLA			RECIBO: 19122233334
IBI URBANO 20X6		TITULAR:	B41223334
Fecha	25/06/20X6	COMERMADER, SLS	
IMPUESTO SOBRE BIENES INMUEBLES		REF. CATASTRAL	12358SS021548H
C/ ALTA N.º 25, 2.º-3		VALOR CATASTRAL	63.562,00 €
VALOR CATASTRAL SUELO		16.256,12 €	EJERCICIO 20X6
VALOR CATASTRAL CONSTRUCCIÓN		47.305,88 €	
BASE LIQUIDABLE	TIPO DE GRAVAMEN	CUOTA ÍNTEGRA	TOTAL RECIBO
63.562,00 €	0,6523 %	414,61 €	414,61 €
FORMA DE PAGO		DOMICILIACIÓN BANCARIA, 30/06/20X6	

2. Además, emite dos facturas de ingresos no propios de su actividad, una por el alquiler de una oficina que posee y otra por un informe realizado a un proveedor de las características del mercado, que los comerciales de la empresa han elaborado. Los documentos son los siguientes:

COMERMADER, SLS			N.º FAC.: 256 B41223334
Fecha	**05/06/20X6**	**CLIENTE:** **ASESORES MORA, SLS**	B3300000
ALQUILER OFICINA: AVDA. AL VEDAT N.º 125-5			**€**
IMPORTE MES			400,00
		IVA 21 %	84,00
		RETENCIÓN IRPF 19 %	−76,00
	TOTAL RECIBO		408,00
FORMA DE PAGO: ENTREGA CHEQUE NOMINATIVO			

COMERMADER, SLS			N.º FAC.: 255 B41223334
Fecha	**05/06/20X6**	**CLIENTE:** **MADERTIC, SL**	B2220000
FACTURACIÓN			**€**
INFORME DE PRODUCTOS Y PUNTOS DE VENTAS			
			500,00
		Subtotal	500,00
BI	**IVA**	**CUOTA**	**TOTAL FACTURA**
500,00 €	**21,00 %**	**105,00 €**	**605,00 €**
FORMA DE PAGO		DOMICILIACIÓN BANCARIA	

3. La empresa liquida las nóminas del mes; además, recibe una factura de los gastos ocasionados por el *catering* contratado para el comedor de la empresa. A los empleados se les repercute el 20 % del coste del servicio. Satisface el importe líquido de las nóminas de abril por transferencia bancaria el día 2 de mayo.

SERVICIOS CATERING, SLS		B21000000	FAC. N.º: 11112
		CLIENTE:	**B41223334**
Fecha	**25/06/20X6**	**COMERMADER, SLS**	
FACTURACIÓN			**€**
SERVICIO COMIDAS COMEDOR EMPRESA			
MES JUNIO			675,00
BI	**IVA**	**CUOTA**	675,00
675,00 €	10,00 %	67,50 €	**TOTAL FACTURA**
0,00 €	21,00 %	0,00 €	742,50 €
FORMA DE PAGO		DOMICILIACIÓN BANCARIA	

Las liquidaciones de las nóminas de la empresa han sido las siguientes:

NOMBRE	SALARIO BASE	S. S. TRABAJADOR	RET. IRPF	COBRO SERV. COMEDOR	LÍQUIDO	S. S. EMPRESA	DOCUMENTO DE COTIZACIÓN S. S.	TOTAL COSTE TRABAJADOR
JUAN FERRER	1.350,00 €	100,01 €	108,00 €	45,00 €	1.096,99 €	486,68 €	586,69 €	1.836,68 €
JESÚS PLANELLS	975,00 €	72,23 €	48,75 €	45,00 €	809,02 €	351,49 €	423,72 €	1.326,49 €
ÓSCAR SIMÓ	950,00 €	70,38 €	66,50 €	45,00 €	768,12 €	342,48 €	412,85 €	1.292,48 €
TOTALES	**3.275,00 €**	**242,62 €**	**223,25 €**	**135,00 €**	**2.674,13 €**	**1.180,65 €**	**1.423,26 €**	**4.455,65 €**

Contabiliza la documentación detallada utilizando las subcuentas apropiadas.

Según los datos recogidos, y suponiendo que la liquidación de los modelos se realiza mensualmente, realiza la cumplimentación que correspondería presentar de los modelos 115 y 111.

SIMULACIÓN

Otros gastos de la actividad

La relación de operaciones iniciales y gastos, así como los acreedores de nuestra empresa, se reflejan en la siguiente tabla:

Concepto	Acreedor	Subcuenta	Observaciones
Fianza y alquiler	D. JUAN ROMERO MAS C/ Iglesia, 27 46960 ALDAIA (VALENCIA) NIF: 30123456B	410.001	• La fianza no lleva IVA. • Alquiler trimestral.
Registro Mercantil de Valencia	D. JAVIER PÉREZ GIL C/ Gran Vía Marqués del Turia, 55 46900 VALENCIA NIF: 52111032Q	410.002	Factura de profesional.
Notario	NOTARIO JUSTO MONTERDE BAENA C/ Gran Vía del Turia, 15 46005 VALENCIA NIF: 53000212M	410.003	Factura de profesional.
Suministro de luz	SUMILUZ, SAS C/ Las Comedias, 25 28080 Madrid NIF: A28555333	410.004	Facturación bimensual.
Servicio de teléfono	SERVITELEFON VAN DE ESPAÑA, SAS C/ Gran Vía, 23 28023 Madrid NIF: A72019000	410.005	Facturación bimensual.
Suministro de agua	AGUAS, SAS C/ Mayor, 12 46970 ALAQUÀS (VALENCIA) NIF: A96523333	410.006	
Publicidad	IMPRESPUCHADES ARTS GRÀFIQUES C/ Hernández Malillos, 59 Bajo 46970 TORRENT (VALENCIA) NIF: A52444555	410.007	
Servicio de transportes	TRANSPORTES, SLS POL. IND. VARA DE QUART 46025 VALENCIA NIF: B46222333	410.008	Contabilizado en la Unidad 3 al realizar las ventas el día 30/10/20X0.

Concepto	Acreedor	Subcuenta	Observaciones
Compras de material de oficina	TODOMATERIALES, SLS C/ Subida, 12 46002 VALENCIA NIF: B96111222	410.009	
Suministros de combustibles	E. S. BANON, SLS C/ Fernando Furió, 4 46900 TORRENT (VALENCIA) NIF: B96333333	410.010	Combustible del vehículo.
Seguro	SEGUROS REUNIDOS ASEGURADOS, SAS	410.011	Seguro del vehículo.

Para dar de alta a los acreedores en el programa CONTASOL, disponemos de los datos de la tabla anterior con las subcuentas correspondientes a cada uno.

Las facturas de gastos por los servicios y suministros prestados a nuestra empresa son las siguientes:

1. Fianza y alquiler del local:

RECIBO N.º 11

LOCALIDAD DE EXPEDICIÓN
TORRENT (VALENCIA)

IMPORTE
2.100,00

FECHA DE EXPEDICIÓN
01/10/20X0

PROPIETARIO:
JUAN ROMERO MAS

DNI:
30123456B

CONCEPTO:
FIANZA LOCAL

IMPORTE FIANZA	2.100,00
IVA	
RETENCIÓN	
TOTAL:	**2.100,00 €**

DOMICILIO DE COBRO: CAIXA RURAL TORRENT
IBAN: ES81 31180011223344556677

FECHA VENCIMIENTO:
15/10/20X0

ARRENDATARIO:
ABANICOS HOYO ARCE, SLS

NIF: B96192511

SITUACIÓN DEL INMUEBLE: POL. INDUST. BOVALAR
C/ JUAN XXIII, 44, ALAQUÀS (VALENCIA)

DOCUMENTO EDUCATIVO SIN VALOR LEGAL

RECIBO N.º 12

LOCALIDAD DE EXPEDICIÓN
ALDAIA (VALENCIA)

IMPORTE
2.142,00

FECHA DE EXPEDICIÓN
01/10/20X0

PROPIETARIO:
JUAN ROMERO MAS

DNI:
30123456B

CONCEPTO:
ARRENDAMIENTO LOCAL OCTUBRE, NOVIEMBRE Y DICIEMBRE 20X0

IMPORTE ALQUILER		2.100,00
IVA	21 %	441,00
RETENCIÓN	19 %	399,00
TOTAL:		2.142,00 €

DOMICILIO DE COBRO: CAIXA RURAL TORRENT
IBAN: ES81 31180011223344556677

FECHA VENCIMIENTO:
15/10/20X0

ARRENDATARIO:
ABANICOS HOYO ARCE, SLS

NIF: B96192511

SITUACIÓN DEL INMUEBLE: POL. INDUST. BOVALAR
C/ JUAN XXIII, 44, ALAQUÀS (VALENCIA)

DOCUMENTO EDUCATIVO SIN VALOR LEGAL

2. Registro Mercantil de Valencia:

REGISTRO MERCANTIL DE VALENCIA
GRAN VÍA MARQUÉS DEL TURIA, 55, 46900 VALENCIA

FAC. N.° 1.256	
Asiento/diario	8601/14
FECHA:	04/10/20X0

ABANICOS HOYO ARCE, SLS
Domicilio: C/ JUAN XXII, 44 ALAQUÀS (VALENCIA)
NIF: B96192511

HA ENTREGADO LA CANTIDAD DE: **Doscientos cuarenta y cuatro euros y dieciséis céntimos**

POR LOS SIGUIENTES CONCEPTOS CORRESPONDIENTES A OPERACIONES REGISTRALES DE

HONORARIOS REGISTRO S/ARANCEL		220,22
SUPLIDOS		10,73
IVA	21%	46,25
RETENCIÓN IRPF	15%	33,03
TOTAL:		244,16

Valencia a 4 de octubre de 20X0
El Registrador
D. JAVIER PÉREZ GIL NIF: 52.111.032Q

SUPLIDO: ADMINISTRADOR ABANICOS HOYO ARCE, SLS

DOCUMENTO EDUCATIVO SIN VALOR LEGAL

3. Notario:

NOTARIO JUSTO MONTERDE BAENA
53.000.212M
GRAN VÍA DEL TURIA, 15, 46005 VALENCIA

FAC.: N.° 256	
FECHA	01/10/20X0

ABANICOS HOYO ARCE, SLS
Domicilio: C/ JUAN XXII, 44 ALAQUÀS (VALENCIA)
NIF: B96192511

DESCRIPCIÓN SERVICIO		
HONORARIOS ESCRITURA CONSTITUCIÓN		260,00
COPIAS SIMPLES		10,73
IVA	21%	54,60
RETENCIÓN IRPF	15%	39,00
TOTAL:		286,33 €

FORMA DE PAGO: RECIBO DOMICILIADO.
CTA: IBAN ES81/3118**** VTO: 05/10/20X0

DOCUMENTO EDUCATIVO SIN VALOR LEGAL

4. Suministro de luz:

SUMILUZ, SAS

N.º factura: 322011111
Periodo de consumo: 1 de octubre a 31 de octubre de 20X0
Referencia contrato suministro: 22200222
Fecha de cargo: 31 octubre de 20X0

C/ Las Comedias, 25, 28080 Madrid
A28555333

IMPORTE FACTURA 132,46 €

HOJA NÚMERO 1/1

DATOS CLIENTE

TITULAR:
ABANICOS HOYO ARCE, SLS
C/ Juan XXIII, 44
46970 ALAQUÀS (Valencia)
NIF: B96192511

ABANICOS HOYO ARCE, SLS
C/ JUAN XXIII, 44
POL. INDUSTRIAL BOVALAR
46970 ALAQUÀS (VALENCIA)

Tarifa
Forma de pago DOMICILIACIÓN BANCARIA

ENTIDAD: CAIXA RURAL TORRENT
IBAN: ES81/3118/001122334455****

FACTURACIÓN			**EUROS**
1. Potencia contratada			9,00
2. Energía consumida			100,00
3. Impuesto sobre electricidad			0,57
4. Alquiler equipos de medida y control			
5. IVA	21 % sobre	109,00	22,89
		IMPORTE	132,46

CONSUMO **EUROS**

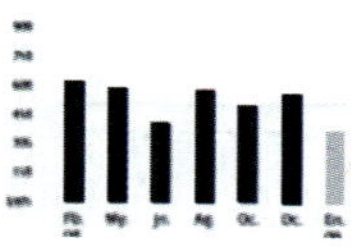

N.º de contador	50814412
Desde	01/10/20X0
Lectura	4780
Hasta	31/10/20X0
Lectura	5145
TOTAL kW	365

DOCUMENTO EDUCATIVO SIN VALOR LEGAL

RECIBO DOMICILIADO
CARGO EN CUENTA A FECHA 31/10/20X0

SUMILUZ, SAS

N.º factura: 822055551
Periodo de consumo: 1 de noviembre a 31 de diciembre de 20X0
Referencia contrato suministro: 22200222
Fecha de cargo: 31 diciembre de 20X0

C/ Las Comedias, 25, 28080 Madrid
A28555333

IMPORTE FACTURA 676,96 €

HOJA NÚMERO 1/1

1 DATOS CLIENTE

TITULAR:
ABANICOS HOYO ARCE, SLS
C/ Juan XXIII, 44
46970 ALAQUÀS (Valencia)
NIF: B96192511

ABANICOS HOYO ARCE, SLS
C/ JUAN XXIII, 44
POL. INDUSTRIAL BOVALAR
46970 ALAQUÀS (VALENCIA)

Tarifa

Forma de pago DOMICILIACIÓN BANCARIA

ENTIDAD: CAIXA RURAL TORRENT
IBAN: ES81/3118/001122334455****

2 FACTURACIÓN			**EUROS**
1. Potencia contratada			9,00
2. Energía consumida			550,00
3. Impuesto sobre electricidad			0,57
4. Alquiler equipos de medida y control			
5. IVA	21 % sobre	559,00	117,39
		IMPORTE	676,96

3 CONSUMO **EUROS**

N.º de contador	50814412
Desde	01/11/20x0
Lectura	5145
Hasta	31/12/20X0
Lectura	6788
TOTAL kW	1643

DOCUMENTO EDUCATIVO SIN VALOR LEGAL

RECIBO DOMICILIADO
CARGO EN CUENTA A FECHA 31/12/20X0

5. Servicio de teléfono:

SERVITELEFON, SAS

SERVITELEFON VAN DE ESPAÑA, SAS
Gran Vía, 23, 28023 Madrid NIF: A72019000

FACTURA: 2011099
FECHA: 31/10/20X0

TITULAR:
ABANICOS HOYO ARCE, SLS
C/ Juan XXIII, 44
46970 ALAQUÀS (Valencia)
NIF: B96192511

CONTRATO: 4652111222

DOMICILIACIÓN BANCARIA
ENTIDAD: CAIXA RURAL TORRENT
IBAN: ES81/3118/001122334455****

DETALLE DE CONSUMOS

		Importes
LÍNEA DE ADSL FIBRA		40,00
TELÉFONO FIJO		20,00
LÍNEAS DE MÓVIL 4G		50,00
INSTALACIÓN LÍNEA FIBRA		20,00
TOTAL (EUROS)		130,00
IVA	21 %	27,30
TOTAL FACTURA		157,30 €

DOCUMENTO EDUCATIVO SIN VALOR LEGAL

RECIBO DOMICILIADO
CARGO EN CUENTA A FECHA 31/10/20X0

SERVITELEFON, SAS

SERVITELEFON VAN DE ESPAÑA, SAS
Gran Vía, 23, 28023 Madrid NIF: A72019000

FACTURA: 4011100
FECHA: 31/12/20X0

TITULAR:
ABANICOS HOYO ARCE, SLS
C/ Juan XXIII, 44
46970 ALAQUÀS (Valencia)
NIF: B96192511

CONTRATO: 4652111222

DOMICILIACIÓN BANCARIA
ENTIDAD: CAIXA RURAL TORRENT
IBAN: ES81/3118/001122334455****

DETALLE DE CONSUMOS

		Importes
LÍNEA DE ADSL FIBRA		40,00
TELÉFONO FIJO		35,00
LÍNEAS DE MÓVIL 4G		130,00
TOTAL (EUROS)		205,00
IVA	21 %	43,05
TOTAL FACTURA		248,05 €

DOCUMENTO EDUCATIVO SIN VALOR LEGAL

RECIBO DOMICILIADO
CARGO EN CUENTA A FECHA 31/12/20X0

6. Suministro de agua:

AGUAS, SAS

NÚM. CONTRATO 77889	FECHA EMISIÓN 31/10/20X0
NÚM. FACTURA 201188999	PERIODO 20X0
NÚM. CONTADOR	NÚM. UNIDADES 2010/4
LECTURA ANTERIOR 0	LECTURA ACTUAL 99

AGUAS, SAS - NIF: A96523333
C/ Mayor, 12, 46970 ALAQUÀS (VALENCIA)
R. M. VALENCIA, tomo 5490, libro 2800

NIF: A96123456

TITULAR / DOMICILIO DEL SUMINISTRO
ABANICOS HOYO ARCE, SLS
C/ Juan XXIII, 44
46970, ALAQUÀS (VALENCIA)
NIF: B96192511

TITULAR
ABANICOS HOYO ARCE, SLS
C/ Juan XXIII, 44
46970 ALAQUÀS (VALENCIA)
NIF: B96192511

Agua: BOPV N.º 11 14/01/2009
Alcantarillado: BOPV N.º 292 08/2008
C. saneamiento: DOGV N.º 6176 31/12/2009
TAMER BOPV 205 28/08/2008

AGUAS, SAS - NIF: A96123456 - C/ MAYOR, 12, ALAQUÀS (VALENCIA). Tomo 5490, libro 2800

Detalle conceptos	CANTIDAD	PRECIO	IMPORTE	SUBTOTAL	% IVA
Agua					
Cuota servicio			18,45		
De 0 a 10 m^3	10	0,580900	5,81		
De 11 a 150 m^3	150	0,695800	104,37	128,63	10
Contador					
Cuota contador			0,90	0,90	21
Alcantarillado					
Cuota servicio			2,48		
De 0 a 100 m^3	99	0,046000	4,55	7,03	10
Canon saneamiento					
Cuota servicio			7,92		
Consumo	99	0,298000	29,50	37,42	NS
(*) Concepto imputable a la Generalitat					
IVA 10 % SOBRE 135,66				13,57	
IVA 21 % SOBRE 0,90				0,19	
IVA 0 % (NO SUJETO) 37,42				0,00	
TOTAL FACTURA (EUROS)				**187,74 €**	

Su gasto medio en el periodo ha sido de 0,99 euros/día

DOCUMENTO EDUCATIVO SIN VALOR LEGAL

RECIBO DOMICILIADO
CARGO EN CUENTA A FECHA 31/10/X0

7. Publicidad:

imprespuchades
ARTS GRÀFIQUES

CLIENTE
ABANICOS HOYO ARCE, SLS
C/JUAN XXIII, 44
46970 ALAQUÀS (Valencia)
NIF: B96192511

FACTURA N.° 525
FECHA FACTURA: 5/10/20X0

CANTIDAD	CONCEPTO	PRECIO	IMPORTE
500	TARJETAS DE VISITA		125,00
	CELSO HOYO		
	RAMÓN HOYO		
60	CATÁLOGOS, IMPRESIÓN	5,00	300,00
1	LOGO, DISEÑO		250,00
		SUBTOTAL	675,00
	BASE IMPONIBLE		675,00
	CUOTA IVA 21 %		141,75
	TOTAL FACTURA		816,75 €

FORMA DE PAGO: RECIBO DOMICILIADO, CAIXA RURAL TORRENT.
VENCIMIENTOS:
25/10/20X0 816,75 €

ENRIQUE PUCHADES NACHER, NIF: 52.444.555L
C/ HERNÁNDEZ MALILLOS, 59 BAJO 46900 TORRENT (VALENCIA)

DOCUMENTO EDUCATIVO SIN VALOR LEGAL

8. Transporte: la factura de transporte está incluida en la Unidad 3.

9. Material de oficina:

TODOMATERIAL, SLS

NIF: 96111222
C/SUBIDA, N.° 12, 46002 VALENCIA

CLIENTE:
ABANICOS HOYO ARCE, SLS
C/JUAN XXIII, 44
46970 ALAQUÀS (Valencia)
NIF: B96192511

FECHA: 15/10/20X0 FACTURA N.° 248

CONCEPTO	CANT.	PRECIO	IMPORTE
CAJA FOLIOS DIN-4	10,00	3,00	30,00
CAJA BOLÍG. AZULES	3,00	5,00	15,00
ARCHIVADORES	20,00	5,00	100,00
FUNDAS PLÁSTICO	100,00	0,30	30,00
		SUBTOTAL	175,00

BASE IMPONIBLE
175,00

CUOTA IVA
21 %
36,75

TOTAL FACTURA
211,75 €

FORMA DE PAGO: RECIBO DOMICILIADO

Importe	FECHA VENCIMIENTO
211,75 €	15/10/20X0

DOCUMENTO EDUCATIVO SIN VALOR LEGAL

10. Combustible:

E. S. BANON, SLS

GASÓLEOS MEDITERRÁNEO
NIF: B96333333

CLIENTE
ABANICOS HOYO ARCE, SLS
C/ JUAN XXIII, 44
46970 ALAQUÀS (Valencia)
NIF: B96192511

FACTURA N.º: 8.525
FECHA DE FACTURA: 30/12/20X0

FECHA	PRODUCTO	PRECIO €/LITRO	IMPORTE
1/11 AL 30/11	DIÉSEL e+, LITROS 1.385,68	1,30	1.800,00
	IMPORTE DEL PRODUCTO		1.800,00
	BASE IMPONIBLE		1.800,00 €
	CUOTA IVA 21 %		378,00 €
	TOTAL FACTURA		2.178,00 €

FORMA DE PAGO: RECIBO DOMICILIADO, CAIXA RURAL TORRENT
VENCIMIENTO:
30/12/20X0 2.178,00 €

E. S. BANON, SLS COMERCIALIZADORA DE GASÓLEOS DEL MEDITERRÁNEO
C/ FERNANDO FURIÓ, 4, 46900 TORRENT (VALENCIA)

DOCUMENTO EDUCATIVO SIN VALOR LEGAL

11. Seguro del vehículo:

CAIXA RURAL TORRENT

GRUPO COOPERATIVO CAJAMAR

Recibo domiciliado

FECHA: 30/10/20X0 | OFICINA ALDAIA | IBAN ES81 3118 0011223344556677

DETALLE DE LA OPERACIÓN | IMPORTE

ENTIDAD ACREEDORA: ES03303B100000 SEGUROS REUNIDOS ASEGURADOS, SAS
REFERENCIA MANDATO: 52000000111
ESTADO: APLICADO
FECHA DE ADEUDO: 30/10/20X0
N.º DE RECIBO: 0004683883
CONCEPTO: PRIMA VEHÍCULO 2568 CDH SEGUROS REUNIDOS, ASEGURADOS
NIF: A95222200 - PLAZA NUEVA, 11, 48005 BILBAO
IMPORTE: 338,51
TITULAR DOMICILIACIÓN: ABANICOS HOYO ARCE, SLS
CUENTA DOMICILIACIÓN: ES81/3118/0011223344556677

USUARIO
ABANICOS HOYO ARCE, SLS

IMPORTE TOTAL 338,51

DOCUMENTO EDUCATIVO SIN VALOR LEGAL

Las nóminas del trimestre son las siguientes:

- Nóminas de octubre:

EMPLEADOR	ABANICOS HOYO ARCE, SLS	**TRABAJADOR**	RAMÓN HOYO ARCE
NIF	B96192511	**NIF**	30888123C
DOMICILIO	C/ JUAN XXIII, 44	**N.º S. SOCIAL**	46/2255667788
POBLACIÓN	46970, ALAQUÀS (VALENCIA)	**CATEGORÍA**	ADMINISTRADOR
CCC	1111/22/111111111	**ANTIGÜEDAD**	01/10/20X6

Periodo liquidación	Del 1 de octubre 20X0 al 31 de octubre 20X0	N.º días/horas	30
I. DEVENGOS			**TOTALES**
1. Percepciones salariales			
Salario base			1.500,00 €
Complementos salariales			
Horas extraordinarias			
Gratificaciones extraordinarias			
Salario en especie			
Prestaciones en especie (valoración económica)			
2. Percepciones no salariales			
Indemnizaciones o suplidos			
Prestaciones e indemnizaciones de la Seguridad Social			
Otras percepciones no salariales			
A. TOTAL DEVENGADO			**1.500,00 €**

II. DEDUCCIONES			
1. Aportaciones del trabajador a las cotizaciones a la S. S. y conceptos de recaudación conjunta			
	Porcentaje		
Contingencias comunes	4,70 %	0,00	
Desempleo	1,60 %	0,00	
Formación profesional	0,10 %	0,00	
Horas extraordinarias fuerza mayor	4,70 %	0,00	
Resto horas extraordinarias	2,00 %	0,00	
TOTAL APORTACIONES		0,00	- €
2. IRPF	10 %		150,00 €
3. Anticipos			
4. Valor de los productos recibidos en especie			- €
5. Otras deducciones (...)			
B. TOTAL A DEDUCIR			**150,00 €**
LÍQUIDO TOTAL A PERCIBIR (A – B)			**1.350,00 €**

Firma del empleador | Fecha | Recibí

DOCUMENTO EDUCATIVO SIN VALOR LEGAL

EMPLEADOR	ABANICOS HOYO ARCE, SLS	**TRABAJADOR**	CELSO HOYO ARCE
NIF	B96192511	**NIF**	30600300L
DOMICILIO	C/ JUAN XXIII, 44	**N.º S. SOCIAL**	46/2255665588
POBLACIÓN	46970, ALAQUÀS (VALENCIA)	**CATEGORÍA**	ADMINISTRADOR
CCC	1111/22/111111111	**ANTIGÜEDAD**	01/10/20X6

Periodo liquidación	Del 1 de octubre 20X0 al 31 de octubre 20X0	N.º días/horas	30
I. DEVENGOS			**TOTALES**
1. Percepciones salariales			
Salario base			1.500,00 €
Complementos salariales			
Horas extraordinarias			
Gratificaciones extraordinarias			
Salario en especie			
Prestaciones en especie (valoración económica)			
2. Percepciones no salariales			
Indemnizaciones o suplidos			
Prestaciones e indemnizaciones de la Seguridad Social			
Otras percepciones no salariales			
	A. TOTAL DEVENGADO		**1.500,00 €**

II. DEDUCCIONES			
1. Aportaciones del trabajador a las cotizaciones a la S. S. y conceptos de recaudación conjunta			
	Porcentaje		
Contingencias comunes	4,70 %	0,00	
Desempleo	1,60 %	0,00	
Formación profesional	0,10 %	0,00	
Horas extraordinarias fuerza mayor	4,70 %	0,00	
Resto horas extraordinarias	2,00 %	0,00	
TOTAL APORTACIONES		0,00	- €
2. IRPF	10 %		150,00 €
3. Anticipos			
4. Valor de los productos recibidos en especie			- €
5. Otras deducciones (...)			
B. TOTAL A DEDUCIR			**150,00 €**
LÍQUIDO TOTAL A PERCIBIR (A - B)			**1.350,00 €**

Firma del empleador   Fecha   Recibí

DOCUMENTO EDUCATIVO SIN VALOR LEGAL

- Nóminas de noviembre:

EMPLEADOR	ABANICOS HOYO ARCE, SLS	**TRABAJADOR**	RAMÓN HOYO ARCE
NIF	B96192511	**NIF**	30888123C
DOMICILIO	C/ JUAN XXIII, 44	**N.º S. SOCIAL**	46/2255667788
POBLACIÓN	46970, ALAQUÀS (VALENCIA)	**CATEGORÍA**	ADMINISTRADOR
CCC	1111/22/111111111	**ANTIGÜEDAD**	01/10/20X0

Periodo liquidación	Del 1 de noviembre 20X0 al 30 de noviembre 20X0	N.º días/horas	30
I. DEVENGOS			**TOTALES**
1. Percepciones salariales			
Salario base			1.800,00 €
Complementos salariales			
Horas extraordinarias			
Gratificaciones extraordinarias			
Salario en especie			
Prestaciones en especie (valoración económica)			
2. Percepciones no salariales			
Indemnizaciones o suplidos			
Prestaciones e indemnizaciones de la Seguridad Social			
Otras percepciones no salariales			
	A. TOTAL DEVENGADO		**1.800,00 €**

II. DEDUCCIONES

1. Aportaciones del trabajador a las cotizaciones a la S. S. y conceptos de recaudación conjunta

	Porcentaje		
Contingencias comunes	4,70 %	0,00	
Desempleo	1,60 %	0,00	
Formación profesional	0,10 %	0,00	
Horas extraordinarias fuerza mayor	4,70 %	0,00	
Resto horas extraordinarias	2,00 %	0,00	
TOTAL APORTACIONES		0,00	- €
2. IRPF	10 %		180,00 €
3. Anticipos			
4. Valor de los productos recibidos en especie			- €
5. Otras deducciones (...)			
B. TOTAL A DEDUCIR			**180,00 €**
LÍQUIDO TOTAL A PERCIBIR (A – B)			**1.620,00 €**

Firma del empleador — Fecha — Recibí

DOCUMENTO EDUCATIVO SIN VALOR LEGAL

EMPLEADOR	ABANICOS HOYO ARCE, SLS	TRABAJADOR	CELSO HOYO ARCE
NIF	B96192511	NIF	30600300L
DOMICILIO	C/ JUAN XXIII, 44	N.º S. SOCIAL	46/2255665588
POBLACIÓN	46970, ALAQUÀS (VALENCIA)	CATEGORÍA	ADMINISTRADOR
CCC	1111/22/111111111	ANTIGÜEDAD	01/10/20X6

Periodo liquidación	Del 1 de noviembre 20X0 al 30 de noviembre 20X0	N.º días/horas	30
I. DEVENGOS			**TOTALES**
1. Percepciones salariales			
Salario base			1.800,00 €
Complementos salariales			
Horas extraordinarias			
Gratificaciones extraordinarias			
Salario en especie			
Prestaciones en especie (valoración económica)			
2. Percepciones no salariales			
Indemnizaciones o suplidos			
Prestaciones e indemnizaciones de la Seguridad Social			
Otras percepciones no salariales			
	A. TOTAL DEVENGADO		**1.800,00 €**

II. DEDUCCIONES			
1. Aportaciones del trabajador a las cotizaciones a la S. S. y conceptos de recaudación conjunta			
	Porcentaje		
Contingencias comunes	4,70 %	0,00	
Desempleo	1,60 %	0,00	
Formación profesional	0,10 %	0,00	
Horas extraordinarias fuerza mayor	4,70 %	0,00	
Resto horas extraordinarias	2,00 %	0,00	
TOTAL APORTACIONES		0,00	- €
2. IRPF	10 %		180,00 €
3. Anticipos			
4. Valor de los productos recibidos en especie			- €
5. Otras deducciones (...)			
B. TOTAL A DEDUCIR			**180,00 €**
LÍQUIDO TOTAL A PERCIBIR (A – B)			**1.620,00 €**
Firma del empleador		Fecha	Recibí

DOCUMENTO EDUCATIVO SIN VALOR LEGAL

EMPLEADOR	ABANICOS HOYO ARCE, SLS	TRABAJADOR	ELVIRA GARCÍA MAS
NIF	B96192511	NIF	52000222C
DOMICILIO	C/ JUAN XXIII, 44	N.º S. SOCIAL	46/00002222/90P
POBLACIÓN	46970, ALAQUÀS (VALENCIA)	CATEGORÍA	ADMINISTRATIVA
CCC	1111/22/111111111	ANTIGÜEDAD	01/11/20X0

Periodo liquidación	Del 1 de noviembre 20X0 al 30 de noviembre 20X0	N.º días/horas	30
I. DEVENGOS			**TOTALES**
1. Percepciones salariales			
Salario base			900,00 €
Complementos salariales			
Horas extraordinarias			
Gratificaciones extraordinarias			
Salario en especie			
Prestaciones en especie (valoración económica)			
2. Percepciones no salariales			
Indemnizaciones o suplidos			
Prestaciones e indemnizaciones de la Seguridad Social			
Otras percepciones no salariales			
	A. TOTAL DEVENGADO		**900,00 €**

II. DEDUCCIONES			
1. Aportaciones del trabajador a las cotizaciones a la S. S. y conceptos de recaudación conjunta			
	Porcentaje		
Contingencias comunes	4,70 %	49,35	
Desempleo	1,60 %	16,80	
Formación profesional	0,10 %	1,05	
Horas extraordinarias fuerza mayor	4,70 %	0,00	
Resto horas extraordinarias	2,00 %	0,00	
TOTAL APORTACIONES		67,20	67,20 €
2. IRPF	8 %		72,00 €
3. Anticipos			
4. Valor de los productos recibidos en especie			- €
5. Otras deducciones (...)			
	B. TOTAL A DEDUCIR		**139,20 €**
	LÍQUIDO TOTAL A PERCIBIR (A – B)		**760,80 €**

Firma del empleador — Fecha — Recibí

DETERMINACIÓN DE LAS BASES DE COTIZACIÓN A LA SEGURIDAD SOCIAL Y CONCEPTOS DE RECAUDACIÓN CONJUNTA Y DE LA BASE SUJETA A LA RETENCIÓN DEL IRPF Y APORTACIÓN DE LA EMPRESA

		BASE	TIPO	APORTACIÓN EMPRESA
1. Contingencias comunes				
Remuneración mensual		900,00 €		
Prorrata de pagas extraordinarias		150,00 €		
TOTAL		1.050,00 €	23,60 %	247,80 €
2. Contingencias profesionales	(AT y EP) IT 0,65 % IMS 0,35 %	1.050,00 €	1,00 %	10,50 €
y conceptos de recaudación conjunta	Desempleo	1.050,00 €	6,70 %	70,35 €
	Formación profesional	1.050,00 €	0,60 %	6,30 €
	Fondo de Garantía Salarial	1.050,00 €	0,20 %	2,10 €
3. Cotización adicional por horas extras		0,00 €	12 %	0,00 €
4. Base sujeta a retención del IRPF		900,00 €		
DOCUMENTO EDUCATIVO SIN VALOR LEGAL			TOTAL	337,05 €

EMPLEADOR	ABANICOS HOYO ARCE, SLS	TRABAJADOR	JAVIER FERRER ROS
NIF	B96192511	NIF	51123222L
DOMICILIO	C/ JUAN XXIII, 44	N.º S. SOCIAL	46/00003322/60P
POBLACIÓN	46970, ALAQUÀS (VALENCIA)	CATEGORÍA	OFICIAL ALMACÉN
CCC	1111/22/111111111	ANTIGÜEDAD	01/11/20X0

Periodo liquidación	Del 1 de noviembre 20X0 al 30 de noviembre 20X0	N.º días/horas	30
I. DEVENGOS			**TOTALES**
1. Percepciones salariales			
Salario base			1.100,00 €
Complementos salariales			
Horas extraordinarias			
Gratificaciones extraordinarias			
Salario en especie			
Prestaciones en especie (valoración económica)			
2. Percepciones no salariales			
Indemnizaciones o suplidos			
Prestaciones e indemnizaciones de la Seguridad Social			
Otras percepciones no salariales			
	A. TOTAL DEVENGADO		**1.100,00 €**

II. DEDUCCIONES			
1. Aportaciones del trabajador a las cotizaciones a la S. S. y conceptos de recaudación conjunta			
	Porcentaje		
Contingencias comunes	4,70 %	60,32	
Desempleo	1,60 %	20,53	
Formación profesional	0,10 %	1,28	
Horas extraordinarias fuerza mayor	4,70 %	0,00	
Resto horas extraordinarias	2,00 %	0,00	
TOTAL APORTACIONES		82,13	82,13 €
2. IRPF	8 %		88,00 €
3. Anticipos			
4. Valor de los productos recibidos en especie			- €
5. Otras deducciones (...)			
B. TOTAL A DEDUCIR			**170,13 €**
LÍQUIDO TOTAL A PERCIBIR (A – B)			**929,87 €**
Firma del empleador		Fecha	Recibí

DETERMINACIÓN DE LAS BASES DE COTIZACIÓN A LA SEGURIDAD SOCIAL Y CONCEPTOS DE RECAUDACIÓN CONJUNTA Y DE LA BASE SUJETA A LA RETENCIÓN DEL IRPF Y APORTACIÓN DE LA EMPRESA

			BASE	TIPO	APORTACIÓN EMPRESA
1. Contingencias comunes					
	Remuneración mensual		1.100,00 €		
	Prorrata de pagas extraordinarias		183,33 €		
	TOTAL		1.283,33 €	23,60 %	302,87 €
2. Contingencias profesionales y conceptos de recaudación conjunta	(AT y EP)	IT 0,65 % IMS 0,35 %	1.283,33 €	1,00 %	12,83 €
	Desempleo		1.283,33 €	6,70 %	85,98 €
	Formación profesional		1.283,33 €	0,60 %	7,70 €
	Fondo de Garantía Salarial		1.283,33 €	0,20 %	2,57 €
3. Cotización adicional por horas extras			0,00 €	12 %	0,00 €
4. Base sujeta a retención del IRPF			1.100,00 €		
DOCUMENTO EDUCATIVO SIN VALOR LEGAL				TOTAL	411,95 €

- Nóminas de diciembre:

EMPLEADOR	ABANICOS HOYO ARCE, SLS	**TRABAJADOR**	RAMÓN HOYO ARCE
NIF	B96192511	**NIF**	30888123C
DOMICILIO	C/ JUAN XXIII, 44	**N.º S. SOCIAL**	46/2255667788
POBLACIÓN	46970, ALAQUÀS (VALENCIA)	**CATEGORÍA**	ADMINISTRADOR
CCC	1111/22/111111111	**ANTIGÜEDAD**	01/10/20X0

Periodo liquidación	Del 1 de diciembre 20X0 al 31 de diciembre 20X0	N.º días/horas	30
I. DEVENGOS			**TOTALES**
1. Percepciones salariales			
Salario base			1.800,00 €
Complementos salariales			
Horas extraordinarias			
Gratificaciones extraordinarias			900,00 €
Salario en especie			
Prestaciones en especie (valoración económica)			
2. Percepciones no salariales			
Indemnizaciones o suplidos			
Prestaciones e indemnizaciones de la Seguridad Social			
Otras percepciones no salariales			
A. TOTAL DEVENGADO			**2.700,00 €**

II. DEDUCCIONES			
1. Aportaciones del trabajador a las cotizaciones a la S.S. y conceptos de recaudación conjunta			
	Porcentaje		
Contingencias comunes	4,70 %	0,00	
Desempleo	1,60 %	0,00	
Formación profesional	0,10 %	0,00	
Horas extraordinarias fuerza mayor	4,70 %	0,00	
Resto horas extraordinarias	2,00 %	0,00	
TOTAL APORTACIONES		0,00	- €
2. IRPF	10 %		270,00 €
3. Anticipos			
4. Valor de los productos recibidos en especie			- €
5. Otras deducciones (...)			
B. TOTAL A DEDUCIR			**270,00 €**
LÍQUIDO TOTAL A PERCIBIR (A – B)			**2.430,00 €**
Firma del empleador		Fecha	Recibí

DOCUMENTO EDUCATIVO SIN VALOR LEGAL

EMPLEADOR	ABANICOS HOYO ARCE, SLS	**TRABAJADOR**	CELSO HOYO ARCE
NIF	B96192511	**NIF**	30600300L
DOMICILIO	C/ JUAN XXIII, 44	**N.º S. SOCIAL**	46/2255665588
POBLACIÓN	46970, ALAQUÀS (VALENCIA)	**CATEGORÍA**	ADMINISTRADOR
CCC	1111/22/111111111	**ANTIGÜEDAD**	01/10/20X6

Periodo liquidación	Del 1 de diciembre 20X0 al 31 de diciembre 20X0	N.º días/horas		30
I. DEVENGOS				**TOTALES**
1. Percepciones salariales				
Salario base				1.800,00 €
Complementos salariales				
Horas extraordinarias				
Gratificaciones extraordinarias				900,00 €
Salario en especie				
Prestaciones en especie (valoración económica)				
2. Percepciones no salariales				
Indemnizaciones o suplidos				
Prestaciones e indemnizaciones de la Seguridad Social				
Otras percepciones no salariales				
	A. TOTAL DEVENGADO			**2.700,00 €**
II. DEDUCCIONES				
1. Aportaciones del trabajador a las cotizaciones a la S. S. y conceptos de recaudación conjunta				
		Porcentaje		
Contingencias comunes		4,70 %	0,00	
Desempleo		1,60 %	0,00	
Formación profesional		0,10 %	0,00	
Horas extraordinarias fuerza mayor		4,70 %	0,00	
Resto horas extraordinarias		2,00 %	0,00	
TOTAL APORTACIONES			0,00	- €
2. IRPF		10 %		270,00 €
3. Anticipos				
4. Valor de los productos recibidos en especie				- €
5. Otras deducciones (...)				
	B. TOTAL A DEDUCIR			**270,00 €**
	LÍQUIDO TOTAL A PERCIBIR (A – B)			**2.430,00 €**
	Firma del empleador	Fecha		Recibí

DOCUMENTO EDUCATIVO SIN VALOR LEGAL

EMPLEADOR	ABANICOS HOYO ARCE, SLS	**TRABAJADOR**	ELVIRA GARCÍA MAS
NIF	B96192511	**NIF**	52000222C
DOMICILIO	C/ JUAN XXIII, 44	**N.º S. SOCIAL**	46/00002222/90P
POBLACIÓN	46970, ALAQUÀS (VALENCIA)	**CATEGORÍA**	ADMINISTRATIVA
CCC	1111/22/111111111	**ANTIGÜEDAD**	01/11/20X0

Periodo liquidación	Del 1 de diciembre 20X0 al 31 de diciembre 20X0	N.º días/horas	31
I. DEVENGOS			**TOTALES**
1. Percepciones salariales			
Salario base			900,00 €
Complementos salariales			
Horas extraordinarias			
Gratificaciones extraordinarias			300,00 €
Salario en especie			
Prestaciones en especie (valoración económica)			
2. Percepciones no salariales			
Indemnizaciones o suplidos			
Prestaciones e indemnizaciones de la Seguridad Social			
Otras percepciones no salariales			
A. TOTAL DEVENGADO			**1.200,00 €**

II. DEDUCCIONES			
1. Aportaciones del trabajador a las cotizaciones a la S. S. y conceptos de recaudación conjunta			
	Porcentaje		
Contingencias comunes	4,70 %	49,35	
Desempleo	1,60 %	16,80	
Formación profesional	0,10 %	1,05	
Horas extraordinarias fuerza mayor	4,70 %	0,00	
Resto horas extraordinarias	2,00 %	0,00	
TOTAL APORTACIONES		67,20	67,20 €
2. IRPF	8 %		96,00 €
3. Anticipos			
4. Valor de los productos recibidos en especie			- €
5. Otras deducciones (...)			
B. TOTAL A DEDUCIR			**163,20 €**
LÍQUIDO TOTAL A PERCIBIR (A – B)			**1.036,80 €**

Firma del empleador — Fecha — Recibí

DETERMINACIÓN DE LAS BASES DE COTIZACIÓN A LA SEGURIDAD SOCIAL Y CONCEPTOS DE RECAUDACIÓN CONJUNTA Y DE LA BASE SUJETA A LA RETENCIÓN DEL IRPF Y APORTACIÓN DE LA EMPRESA

			BASE	TIPO	APORTACIÓN EMPRESA
1. Contingencias comunes					
	Remuneración mensual		900,00 €		
	Prorrata de pagas extraordinarias		150,00 €		
	TOTAL		1.050,00 €	23,60 %	247,80 €
2. Contingencias profesionales	(AT y EP)	IT / IMS	1.050,00 €	1,00 %	10,50 €
y conceptos de recaudación conjunta		0,65 % / 0,35 %			
	Desempleo		1.050,00 €	6,70 %	70,35 €
	Formación profesional		1.050,00 €	0,60 %	6,30 €
	Fondo de Garantía Salarial		1.050,00 €	0,20 %	2,10 €
3. Cotización adicional por horas extras	....		0,00 €	12 %	0,00 €
4. Base sujeta a retención del IRPF	....		1.200,00 €		
DOCUMENTO EDUCATIVO SIN VALOR LEGAL				TOTAL	337,05 €

EMPLEADOR	ABANICOS HOYO ARCE, SLS	TRABAJADOR	JAVIER FERRER ROS
NIF	B96192511	NIF	51123222L
DOMICILIO	C/ JUAN XXIII, 44	N.º S. SOCIAL	46/00003322/60P
POBLACIÓN	46970, ALAQUÀS (VALENCIA)	CATEGORÍA	OFICIAL ALMACÉN
CCC	1111/22/111111111	ANTIGÜEDAD	01/11/20X0

Periodo liquidación	Del 1 de diciembre 20X0 al 31 de diciembre 20X0	Nº días/horas	31
I. DEVENGOS			**TOTALES**
1. Percepciones salariales			
Salario base			1.100,00 €
Complementos salariales			
Horas extraordinarias			
Gratificaciones extraordinarias			366,67 €
Salario en especie			
Prestaciones en especie (valoración económica)			
2. Percepciones no salariales			
Indemnizaciones o suplidos			
Prestaciones e indemnizaciones de la Seguridad Social			
Otras percepciones no salariales			
A. TOTAL DEVENGADO			**1.466,67 €**

II. DEDUCCIONES

1. Aportaciones del trabajador a las cotizaciones a la S. S. y conceptos de recaudación conjunta

	Porcentaje		
Contingencias comunes	4,70 %	60,32	
Desempleo	1,60 %	20,53	
Formación profesional	0,10 %	1,28	
Horas extraordinarias fuerza mayor	4,70 %	0,00	
Resto horas extraordinarias	2,00 %	0,00	
TOTAL APORTACIONES		82,13	82,13 €
2. IRPF	8 %		117,33 €
3. Anticipos			
4. Valor de los productos recibidos en especie			- €
5. Otras deducciones (...)			
B. TOTAL A DEDUCIR			**199,46 €**
LÍQUIDO TOTAL A PERCIBIR (A – B)			**1.267,21 €**

Firma del empleador — Fecha — Recibí

DETERMINACIÓN DE LAS BASES DE COTIZACIÓN A LA SEGURIDAD SOCIAL Y CONCEPTOS DE RECAUDACIÓN CONJUNTA Y DE LA BASE SUJETA A LA RETENCIÓN DEL IRPF Y APORTACIÓN DE LA EMPRESA

			BASE	TIPO	APORTACIÓN EMPRESA
1. Contingencias comunes					
	Remuneración mensual		1.100,00 €		
	Prorrata de pagas extraordinarias		183,33 €		
	TOTAL		1.283,33 €	23,60 %	302,87 €
2. Contingencias profesionales	(AT y EP)	IT IMS	1.283,33 €	1,00 %	12,83 €
y conceptos de recaudación conjunta		0,65 % 0,35 %			
	Desempleo		1.283,33 €	6,70 %	85,98 €
	Formación profesional		1.283,33 €	0,60 %	7,70 €
	Fondo de Garantía Salarial		1.283,33 €	0,20 %	2,57 €
3. Cotización adicional por horas extras	....		0,00 €	12 %	0,00 €
4. Base sujeta a retención del IRPF	....		1.466,67 €		
DOCUMENTO EDUCATIVO SIN VALOR LEGAL				TOTAL	411,95 €

- RLC de noviembre:

MINISTERIO DE EMPLEO Y SEGURIDAD SOCIAL

TESORERÍA GENERAL DE LA SEGURIDAD SOCIAL

Recibo de liquidación de cotizaciones

Datos de envío
N.º de autorización: 5555
Código de envío: 04364492283
Referencia del envío: 0001

Datos de empresa
Código de cuenta de cotización: 1111/22/111111111
Razón social: ABANICOS HOYO ARCE, SLS
Entidad AT y EP: 888
P. liq.: 11/20X0
N.º de trabajadores: 2
Cal. liq.: 223
Identificador de empresario: 0001112200363
Modalidad de pago: Pago electrónico

Codificaciones informáticas:

REFERENCIA:	FECHA:	HORA:	HUELLA:	PÁGINA:
528286966GH	25/12/20X0	08:32	22233	1

Periodo de pago:	Núm. emisora:	Núm. referencia:	Identificación:	Importe:
11/20X0-12/20X0	0252700052		22233331	898,34 €

Descripción	Base	Importe	CLV
Contingencias comunes	2.333,33	660,33	
Cuotas IT por AT y EP	2.333,33	15,17	
Cuotas IMS por AT y EP	2.333,33	8,17	
Otras cotizaciones (desempleo, FOGASA y FP)	2.333,33	214,67	
Suma de bonificaciones contractuales	0,00	0,00	
Líquido cotizaciones generales	0,00	660,33	
Líquido AT y EP	0,00	23,34	
Líquido otras cotizaciones	0,00	214,67	
Importe a ingresar	0,00	**898,34**	

DOCUMENTO EDUCATIVO SIN VALOR LEGAL

Tareas que se deben realizar

- Elaborar las distintas subcuentas de gastos, retenciones y acreedores necesarias para realizar los registros contables, en el programa.
- Contabilizar los gastos que reflejan las facturas anteriores e incluirlos posteriormente en el programa CONTASOL.
- Crear las subcuentas necesarias para contabilizar los gastos del personal de la empresa y las cuotas de la Seguridad Social, así como las retenciones a cuenta del IRPF.
- Realizar los asientos contables de los gastos relativos a las nóminas y a la Seguridad Social, para posteriormente registrarlos en el programa CONTASOL.
- Cumplimentar los modelos de retenciones 111 y 115. Emitir listados: balance de sumas y saldos y de retenciones practicadas para comprobar las operaciones de contabilización efectuadas.
- Archivar adecuadamente la documentación, tanto las facturas por servicios como los gastos del personal.
- Llevar a cabo una copia de seguridad del programa.

Unidad 5

OPERACIONES DE TESORERÍA Y FINANCIACIÓN

Contenidos

5.1. Documentación utilizada en las operaciones de tesorería

5.2. Tratamiento de las cuentas bancarias, documentación generada y registro contable de gastos e ingresos financieros

5.3. Tratamiento de la documentación y registro contable de las operaciones de gestión de cobro de las cuentas de clientes

5.4. Tratamiento y registro contable de devoluciones de efectos y gestión de impagados: los clientes de dudoso cobro y el deterioro de créditos por operaciones comerciales

5.5. Tratamiento de la documentación y registro de otras operaciones de financiación bancarias: pólizas de crédito y préstamos bancarios

Objetivos

- Identificar, clasificar y analizar los documentos que corresponden a las operaciones de tesorería y financiación.
- Reconocer las cuentas y subcuentas aplicables a tesorería y financiación.
- Diferenciar las operaciones de ingresos y gastos de naturaleza financiera.
- Analizar la gestión de los cobros a clientes en sus diferentes formas.
- Estudiar los saldos de dudoso cobro y su análisis contable.
- Interpretar y registrar los deterioros de créditos por operaciones comerciales.
- Contabilizar operaciones de financiación: pólizas de crédito y préstamos.

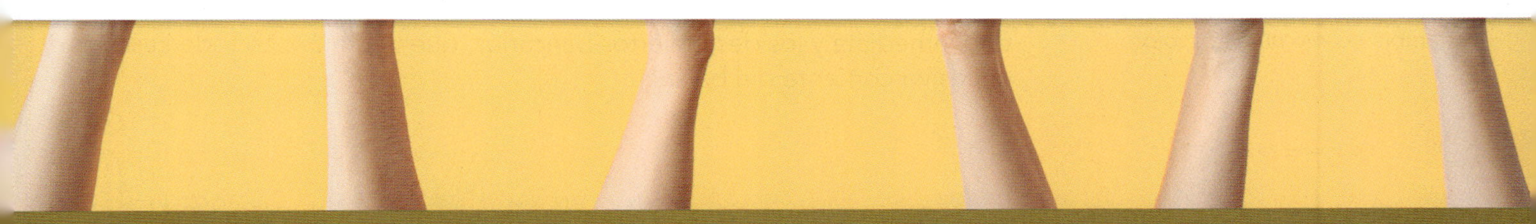

Introducción

Se puede decir que el área de tesorería tiene un carácter transversal en las empresas, pues prácticamente todas las operaciones que se realizan durante el ejercicio económico pasan por ella. La tesorería recoge las disponibilidades líquidas de la empresa y es susceptible de riesgos que no se dan en otras áreas: es más fácil que se produzcan errores en las operaciones en efectivo que si se opera de forma bancaria.

La gestión del área de tesorería de cualquier actividad productiva se lleva a cabo a través de su relación con las entidades financieras. Debemos estudiar la financiación ajena que precisa, es decir, de dónde obtiene los recursos líquidos que no aportan los socios o generan las propias empresas y el coste que suponen (intereses).

5.1. Documentación utilizada en las operaciones de tesorería

Una consecuencia directa de la aplicación del principio del devengo es la distinción entre la corriente real de bienes y servicios, asociada a los ingresos y gastos, y la corriente financiera derivada de estos, asociada a cobros y pagos.

El **ingreso** y el **gasto** se producen por la corriente real de bienes y servicios dentro del periodo contable y están directamente vinculados a la gestión de la empresa (cuenta de resultados).

El **cobro** y el **pago** se producen por las entradas y salidas del dinero *físico* o bancario y están directamente relacionados con la tesorería de la empresa.

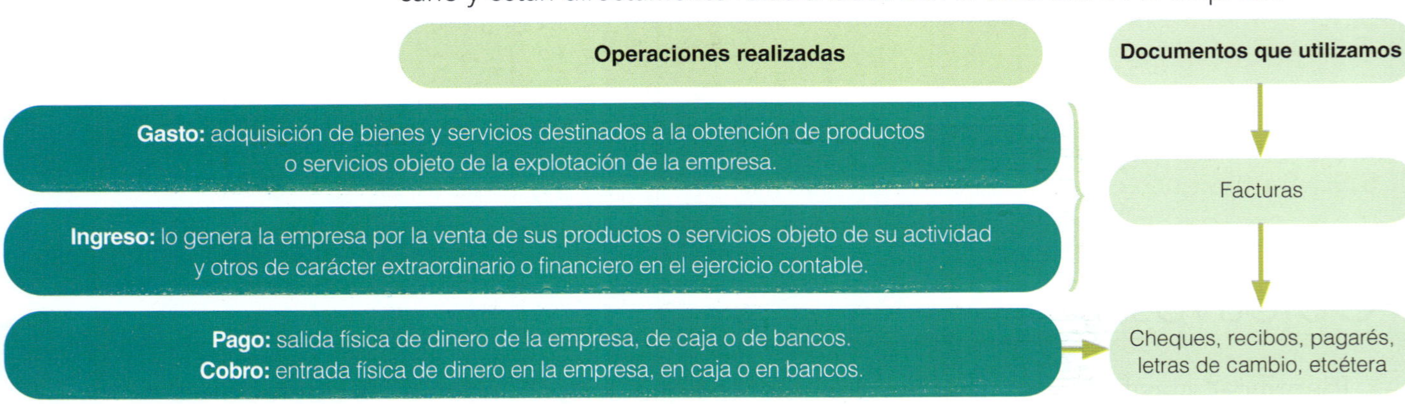

Figura 5.1. Esquema de la corriente real y la corriente financiera en una empresa.

> **Sabías que**
>
> El **descubierto bancario** se produce cuando hay una retirada de dinero sin que haya saldo suficiente, por lo que el banco anticipa los fondos. Se conoce también como *números rojos*.

El PGC de Pymes considera como tesorería lo siguiente:

- Las disponibilidades de medios líquidos en caja.
- Los saldos a favor de la empresa en cuentas corrientes a la vista y de ahorro, de disponibilidad inmediata, en bancos e instituciones de crédito.

Sin embargo, matiza que se excluirán los saldos que no sean de disponibilidad inmediata y los descubiertos bancarios, que figurarán, en todo caso, en el pasivo corriente del balance.

5.1.1. Documentos de cobro y pago: cheques, recibos, letras de cambio y pagarés

En la empresa, se efectúan movimientos de dinero con mucha frecuencia como consecuencia de la actividad que realiza. Una empresa tiene que afrontar los pagos de las adquisiciones de elementos del activo, de las mercaderías que comercializa, de los servicios exteriores, de los sueldos de los empleados, tributos, etc., que suponen salidas de dinero. Evidentemente, también tiene entradas de dinero procedentes de los cobros, por ventas fundamentalmente. En este flujo continuado de entradas y salidas de dinero, se puede producir algún desequilibrio si en un momento dado no hay dinero suficiente para hacer frente a los pagos: son los llamados *desfases de tesorería.*

Para evitar estos desequilibrios, se ha de realizar una adecuada planificación de la tesorería, que permita anticiparse con tiempo suficiente a los pagos previstos y prever las necesidades de liquidez.

En esta unidad vamos a explicar el uso en la gestión de los cobros y pagos de los documentos utilizados en tesorería y financiación.

Para las operaciones en efectivo, utilizaremos **recibos,** como justificantes de las entradas y salidas de dinero de caja (también llamados *vales de caja*), y **cartas de pago** de las liquidaciones con la Administración.

Para las operaciones realizadas a través de bancos, utilizaremos **cheques, tarjetas bancarias, letras de cambio, pagarés, transferencias** y **domiciliaciones** fundamentalmente. Para ello, necesitamos realizar gestiones presenciales en las oficinas de la entidad o a través de banca electrónica por internet.

Sabías que

La Ley 7/2012, de 29 de octubre, estableció como límite en el pago en efectivo de operaciones entre empresarios, profesionales con particulares, 2.500 €. Según propuesta establecida por la ley de Presupuestos, se rebajará por debajo de los 1.000 € el techo máximo legal para las operaciones en metálico.

5.1.2. Documentos de control: libro de caja, libro de bancos y libro de vencimientos

Para un adecuado control de las disponibilidades líquidas y las previsiones de cobros y pagos, hemos de llevar un riguroso seguimiento de todos los movimientos de dinero y elaborar los libros de vencimientos de cobros y pagos pendientes, anticipándonos, en la medida de lo posible, a los desequilibrios que se puedan presentar en la tesorería.

La forma de los libros de caja y bancos es libre, aunque deben contener una información mínima. Proponemos el siguiente modelo de libro de bancos (el modelo de caja puede ser similar):

LIBRO DE BANCOS

PERIODO:		EMPRESA:						
ENTIDAD:				N.º DE CUENTA:				
				Cuenta asociada		Movimientos		Saldo
Documento	N.º de registro	Fecha	Descripción de la operación	Código	Denominación	Debe	Haber	
Nómina x	1	dd/mm/aaaa	Pago salario	465.10	Juan López Miranda		xxx	zzz
	2							
					TOTALES	A	B	A – B

Figura 5.2. Modelo de libro de bancos.

Una herramienta útil para llevar el control de vencimientos es el presupuesto de tesorería, que nos permite anticiparnos a las posibles situaciones de déficit o superávit de tesorería. Ante un déficit de tesorería, podemos negociar un aplazamiento de pago a los proveedores o acreedores, descontar efectos, abrir una línea de crédito, recurrir al *factoring*, etcétera. Si se produce una situación de superávit o excedente de tesorería, la empresa debe estudiar dónde colocar los excedentes para que no permanezcan ociosos, y así obtener una rentabilidad.

Para llevar un adecuado control de vencimientos, debemos establecer un cronograma de cobros y pagos por operaciones y cuantificado, especificando si está pendiente, anticipado o cobrado.

Tabla 5.1. Modelo de cronograma de cobros y pagos

Operación	Situación	Fecha	Cuenta	Importes	Saldos
Cobros	• Pendiente • Anticipado (*)		• Caja • Bancos		
Pagos	• Pendiente • Anticipado (*)		• Caja • Bancos		
Superávit / déficit del periodo (1)					

(*) Situaciones de descuentos o anticipos. (1) Diario, semanal, mensual, etcétera.

Los libros de vencimientos se elaboran con las aplicaciones contables a partir de los datos introducidos en el libro Diario, por lo que la forma puede ser diferente según la aplicación.

5.2. Tratamiento de las cuentas bancarias, documentación generada y registro contable de gastos e ingresos financieros

La gestión del área de tesorería de cualquier actividad productiva se lleva a cabo a través de su relación con las entidades financieras, que ofrecerán herramientas para poder realizar los cobros y pagos generados, obtener los fondos necesarios y dar rentabilidad a los diferentes activos financieros que posean.

En contabilidad, se recogen en las partidas denominadas ***instrumentos financieros de activo:*** depósitos, paquetes de inversiones en acciones, etc., o **de pasivo:** préstamos, créditos, etcétera. La forma de valoración se especifica en las normas de registro y valoración 8 y 9 del PGC de Pymes.

La empresa establecerá una relación con la entidad bancaria para:

- Solicitar determinados **servicios,** necesarios para su gestión: contratación de depósitos a la vista, emisión de cheques, e-cuentas, órdenes de transferencias, gestiones de cobro, instalación de datáfonos, etcétera.
- Solicitar formas de **financiación** para:
  - Cubrir desajustes temporales de tesorería y problemas de liquidez, utilizando para ello la financiación a **corto plazo:** líneas de descuento, anticipo de crédito, *factoring* y las cuentas de las pólizas de crédito.

Sabías que

En la transmisión electrónica de datos con entidades financieras, se utiliza lo que se conoce como *cuadernos bancarios:*

- Cuaderno o norma 58 de anticipo de crédito.
- Cuaderno o norma 32 de descuento comercial.

— Solicitar los fondos que los recursos generados por las empresas o aportados por sus socios no son capaces de sufragar, siendo los **préstamos** los que constituirán la forma de financiación ajena **a corto** y **largo plazo,** utilizada en las adquisiciones del inmovilizado (maquinaria, vehículos, inmuebles, etcétera).

Los productos más básicos que las empresas contratan con las entidades financieras, necesarios para poder realizar los cobros y pagos y gestionar su tesorería, son los **depósitos a la vista,** y en particular las cuentas corrientes o las cuentas de ahorro. También se utilizan los depósitos a plazo para excesos de liquidez.

Habitualmente, y cada vez más, las empresas trabajan con las entidades financieras a través de internet, abriendo e-cuentas y gestionando todos los servicios sin necesidad de acercarse a las oficinas de estas.

Importante

Para operar a través de internet necesitamos registrar nuestra firma electrónica y darnos de alta como usuarios. Además, debemos poseer contraseñas y firmar los acuerdos que establece la normativa bancaria.

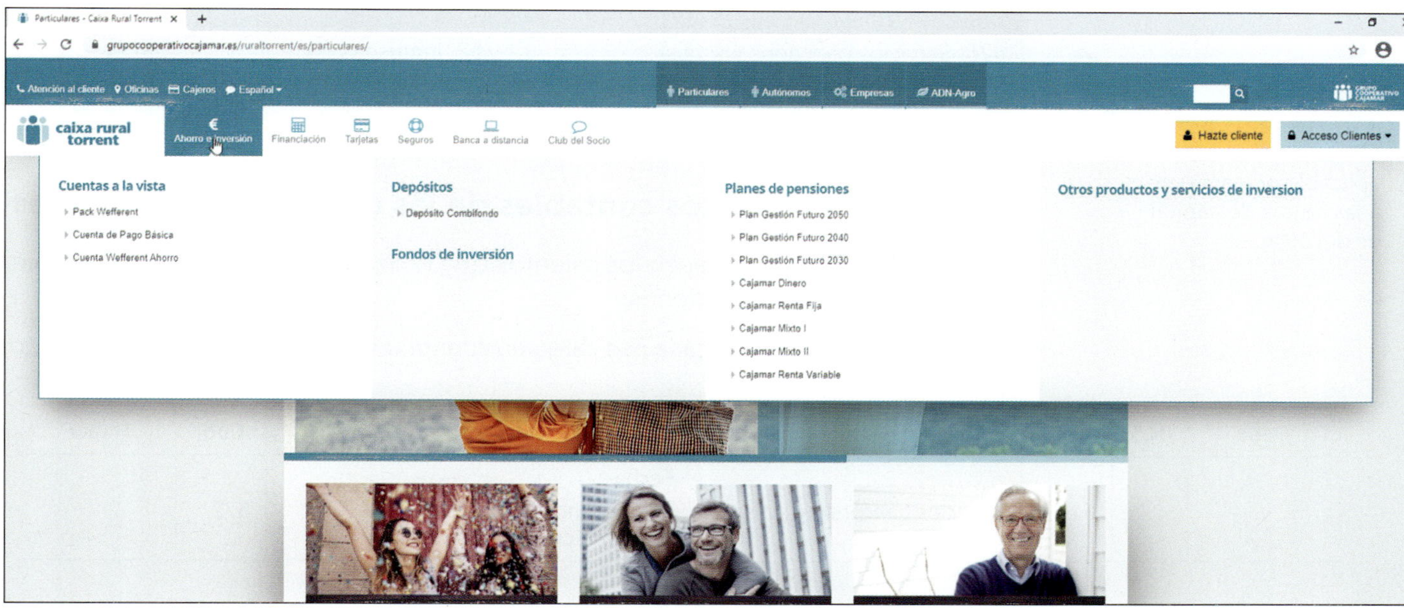

Figura 5.3. Banca de particulares, página web de Caixa Rural Torrent.

5.2.1. Subcuentas utilizadas

En contabilidad, estos productos quedan recogidos en el subgrupo 57 Tesorería y clasificados como activos financieros (Tabla 5.2).

Tabla 5.2. Cuentas de bancos del subgrupo 57

572	Bancos e instituciones de crédito, c/c vista, euros
573	Bancos e instituciones de crédito, c/c vista, moneda extranjera
574	Bancos e instituciones de crédito, cuentas de ahorro, euros
575	Bancos e instituciones de crédito, cuentas de ahorro, moneda extranjera
576	Inversiones a corto plazo de gran liquidez

Debemos crear subcuentas para diferenciar a qué entidad financiera corresponden e indicar, con el objeto de identificarlas mejor, algunos dígitos de la cuenta.

Recuerda

Las subcuentas nos permiten identificar las distintas entidades financieras y diferentes cuentas en cada una de ellas. Por ejemplo: (572.001) Banco Cole c/c n.° 4250, (572.002) Banco Expo c/c n.° 3250, etcétera.

Sabías que

Algunos servicios que prestan las entidades financieras son: las domiciliaciones bancarias, las transferencias, las tarjetas bancarias, el uso de datáfonos, la gestión de cobro y el descuento de efectos, etcétera.

Sabías que

El tipo de retención aplicable actualmente a las rentas de capital es del 19 %.

Gastos e ingresos de un depósito a la vista

Las **comisiones** son el coste fundamental de las cuentas corrientes y de ahorro y se establecen para compensar a la entidad financiera de los servicios que nos presta.

Si solicitamos financiación a la entidad, tendremos un coste financiero en forma de **intereses** por descubiertos en depósitos a la vista.

Los **ingresos** que genera un depósito a la vista son la remuneración, en forma de intereses, que ofrece la entidad financiera por el dinero depositado. Sobre ellos las entidades bancarias practican una retención que ingresan en la Hacienda Pública.

Los recogeremos en las siguientes cuentas señaladas en la Tabla 5.3.

Tabla 5.3. Cuentas relacionadas con gastos e ingresos de carácter financiero

Gastos	Ingresos
626. Servicios bancarios y similares 662. Intereses de deudas 669. Otros gastos financieros	762. Ingresos de créditos 769. Otros ingresos financieros 473. H. P., retenciones y pagos a cuenta

5.2.2. Asientos contables de las diferentes operaciones

A continuación, se establecen los asientos que utilizaremos para reflejar contablemente las distintas operaciones:

- Cuando la entidad bancaria nos carga en cuenta una comisión por mantenimiento:

Debe	N.º	Cód.	Cuentas	Cód.	Haber
			Fecha		
		626	Servicios bancarios y similares a Bancos e instituciones de crédito, c/c vista, euros	572	

- Por el cargo del importe de intereses y comisiones por descubierto en cuenta:

Debe	N.º	Cód.	Cuentas	Cód.	Haber
			Fecha		
		669	Otros gastos financieros (comisión por descubierto)		
		662	Intereses de deudas a Bancos e instituciones de crédito, c/c vista, euros	572	

- Cuando la entidad bancaria nos ingresa los intereses, a nuestro favor, generados durante el periodo:

Debe	N.º	Cód.	Cuentas	Cód.	Haber
			Fecha		
		572	Bancos e instituciones de crédito, c/c vista, euros		
		473	H. P., retenciones y pagos a cuenta a Otros ingresos financieros	769	

El extracto bancario nos servirá para verificar el cargo de recibos que hemos domiciliado y la fecha de cargo de los cheques y los pagarés emitidos.

Actividad resuelta 5.1.

La empresa MUEBLERÍA, SL trabaja con la entidad financiera CAIXA RURAL 2000. En la entidad bancaria posee diferentes cuentas para realizar sus cobros y pagos. El control y la gestión de estas los realiza a través de internet. El día 6 de octubre consulta los movimientos producidos en su cuenta en los últimos 7 días e imprime dicho extracto, que detallamos a continuación:

DOCUMENTO EDUCATIVO SIN VALOR LEGAL

CUENTA EN EUR: ES8131182044556600778899OO - cuenta corriente

Fecha	Fecha valor	Concepto	Importe	Saldo
30/09/20X4	30-sep	SALDO INICIAL		2.898,84
30/09/20X4	30-sep	INTRS. APORT. - LIQ. TRIMEST.	2,29	2.901,13
30/09/20X4	30-sep	I. R. C. INTRS.	−0,44	2.900,69
30/09/20X4	30-sep	RECIBO (AD. SEPA) - 20140929044 FINANCIERA	−421,32	2.479,37
30/09/20X4	30-sep	INTERESES DE PRÉSTAMO - PTMO.: 000204407180006079	−64,02	2.415,35
30/09/20X4	30-sep	AMORTIZACIÓN PRÉSTAMO - PTMO.: 000204407180006079	−469,38	1.945,97
30/09/20X4	30-sep	RECIBO (AD. SEPA) - 201409309 BANK, SL	−103,85	1.842,12
30/09/20X4	30-sep	RECIBO (AD. SEPA) - 2014093004 VOZFONE ESPANA, SA	−61,33	1.780,79
30/09/20X4	30-sep	ORDEN TRANSFERENCIA PAGO COMERMOBIL, SL	−1.870,54	−89,75
30/09/20X4	30-sep	INGRESO, COBRO CLIENTE, EMPRESA COMERCIAL, SL	1.871,22	1.781,47
01/10/20X4	01-oct	PAGO FAC. 254 TORRENT - REF.: 20440000313	−911,37	870,10
02/10/20X4	02-oct	RECIBO (AD. SEPA) - 20141002044467 1414 GAS SERVICIOS, SL	−7,55	862,55
02/10/20X4	02-oct	REINTEGRO CAJERO - 00001******3058 CAIXA RURAL 2000	−100	762,55
04/10/20X4	04-oct	REINTEGRO CAJERO - 00001******3058 CAIXA RURAL 2000	−100	662,55
06/10/20X4	06-oct	COMISIÓN MANTENIMIENTO CUENTA	−15	647,55
06/10/20X4	30-sep	GASTOS ENVÍO TRANSFERENCIA PROVEEDOR COMERMOBIL	−25	622,55
06/10/20X4	06-oct	INTERESES LIQUIDACIÓN CUENTA DEPÓSITO N.º 1265236	15	637,55
06/10/20X4	06-oct	I. R. C. INTERESES LIQUIDACIÓN CUENTA DEPÓSITO N.º 1265236	−2,85	634,70

Realiza los registros contables de MUEBLERÍA, SL correspondientes a los gastos por comisiones e intereses.

Solución:

Vamos a mostrar la contabilización de los cargos por gastos y abonos de intereses del extracto anterior, información que ha sido obtenida por la empresa a través de la consulta por internet de su cuenta corriente.

Por los intereses producidos por la cuenta, la entidad ha procedido a ingresar el importe de los intereses y cargar en cuenta la retención correspondiente:

Debe	N.º	Código	Nombre cuenta de cargo	Fecha	Nombre cuenta de abono	Código	Haber
				30/09			
2,29		572.1	CAIXA RURAL 2000, c/c n.º 889900				
0,44		473	H. P., retenciones y pagos a cuenta	a	Otros ingresos financieros	769	2,29
				a	CAIXA RURAL 2000, c/c n.º 889900	572.1	0,44

Cuando la entidad bancaria nos carga en cuenta:

a) Una comisión por mantenimiento:

Debe	N.º	Código	Nombre cuenta de cargo	Fecha	Nombre cuenta de abono	Código	Haber
				06/10			
15,00		626	Servicios bancarios y similares	a	CAIXA RURAL 2000, c/c n.º 889900	572.1	15,00

(continúa)

b) Gastos por el pago por transferencia realizado a un proveedor:

Debe	N.º	Código	Nombre cuenta de cargo	Fecha	Nombre cuenta de abono	Código	Haber
				06/10			
25,00		626	Servicios bancarios y similares	a	CAIXA RURAL 2000, c/c n.º 889900	572.1	25,00

Cuando la entidad bancaria nos ingresa los intereses, a nuestro favor, generados durante el periodo por un depósito:

Debe	N.º	Código	Nombre cuenta de cargo	Fecha	Nombre cuenta de abono	Código	Haber
				06/10			
15,00		572.1	CAIXA RURAL 2000, c/c n.º 889900				
2,85		473	H. P., retenciones y pagos a cuenta	a	Otros ingresos financieros	769	15,00
				a	CAIXA RURAL 2000, c/c n.º 889900	572.1	2,85

Sabías que

La numeración de los efectos que componen una remesa está formada por tres partes:

1. Número, que se corresponde normalmente con el número de factura.
2. Serie, que al igual que el número, se corresponde habitualmente con el de la factura.
3. Orden, que consiste en un número de 2 dígitos, empezando por 01, que indica los diversos efectos creados para una misma factura.

Ejemplo: para la factura 20/14, de la que se emiten 2 efectos para el cobro, tendríamos los efectos 000020/14-01 y 000020/14-02. En caso de renovar por impago cualquiera de ellos, se crearía el 03, y así sucesivamente.

5.3. Tratamiento de la documentación y registro contable de las operaciones de gestión de cobro de las cuentas de clientes

La gestión del cobro de los diferentes ingresos o de las ventas a crédito que obtiene la empresa se lleva a cabo habitualmente a través de entidades financieras. La empresa deberá determinar, con la suficiente anticipación, los ingresos que precisa realizar para poder hacer frente al pago de todas sus obligaciones.

En el caso de que los plazos de cobro y pagos no coincidan, la empresa buscará mecanismos para ajustarlos y solicitará a la entidad bancaria la apertura de algún tipo de financiación a corto plazo, como pueden ser las líneas de descuento o los anticipos de crédito. Incluso puede recurrir a empresas de *factoring,* donde podrá anticipar el cobro de las facturas de sus clientes.

Los documentos mercantiles más habituales, donde se materializan los créditos concedidos a los clientes y deudores, son: los cheques, los pagarés, las letras de cambio y los recibos normalizados, denominados también *papel comercial* o *efectos comerciales.* Estos los agruparemos en ***remesas,*** para realizar las principales operaciones bancarias de:

- **Gestión del cobro:** de los recibos *a la vista* o del papel comercial que esperaremos a la fecha del vencimiento.
- **Gestión de líneas de crédito o de descuento:** debido a que las empresas precisan liquidez para hacer frente a sus diferentes pagos, anticiparemos el cobro de las facturas de los clientes. Utilizaremos para ello la contratación de una línea de descuento, para operaciones de *descuento comercial,* o una póliza de crédito, para realizar los *anticipos de crédito* que financian esas necesidades temporales de tesorería.

5.3.1. Subcuentas utilizadas

Contablemente, se refleja el proceso que se sigue en estas operaciones en cuentas que recogen los derechos de cobro de clientes o deudores o subcuentas de efectos en cartera, donde se indicará si se ha iniciado la gestión del cobro o el descuento o si, tras su vencimiento, ha resultado impagado. También se reflejarán los gastos financieros ocasionados por los servicios y las deudas que surgen al anticiparnos el importe de los derechos de crédito.

Tabla 5.4. Cuentas y subcuentas relacionadas con la gestión de efectos comerciales

Código	Descripción	Código	Descripción
4310 4311 4312 4315	Clientes, efectos comerciales en cartera (*) Clientes, efectos comerciales descontados (*) Clientes, efectos comerciales en gestión de cobro (*) Clientes, efectos comerciales impagados (*)	4410 4411 4412 4415	Deudores, efectos comerciales en cartera Deudores, efectos comerciales descontados Deudores, efectos comerciales en gestión de cobro Deudores, efectos comerciales impagados
Gastos generados		**Deuda por operaciones de descuento**	
Código	Descripción	Código	Descripción
626 629 6653 669	Servicios bancarios y similares Otros servicios Intereses por descuento de efectos en otras entidades de crédito Otros gastos financieros	5208	Deudas por efectos descontados

(*) Aunque las cuentas 4310, 4311, 4312 y 4315 no van precedidas de «Clientes» en el PGC de Pymes, se ha añadido para identificarlas más fácilmente.

5.3.2. Gestión del cobro

La gestión del cobro de los efectos comerciales (recibos, letras de cambio o pagarés) se produce cuando la empresa decide esperar a hacer efectivo el cobro en el momento de su vencimiento. En este caso, la gestión se puede realizar en papel o de modo telemático. El procedimiento es el siguiente:

- La empresa prepara la remesa con los efectos o recibos: describe los datos de los clientes, los importes, los vencimientos y el IBAN de las cuentas bancarias donde puede realizar el cobro.
- La entidad bancaria presenta al cobro cada uno de ellos y solo procederá a ingresarnos aquellos que efectivamente haya cobrado. Por los trámites y el servicio de gestión, nos cobrará una comisión, que está sujeta a un tipo de IVA del 21 %.
- Por el servicio de aquellos que no se han conseguido cobrar, se producirá el cargo de una comisión por devolución y la empresa lo clasificará como un efecto comercial impagado. La empresa se pondrá en contacto con el cliente para renegociar el efecto impagado.

Sabías que

En el caso de que la gestión del cobro de recibos domiciliados e ingresos de cheques entregados por los clientes se realice a través de la banca electrónica, la entidad financiera ofrecerá las herramientas para realizar dicha gestión. Los adeudos por domiciliación, llamados recibos de la **norma 19,** son emitidos por las empresas para que se realice el cobro de modo instantáneo. Los clientes aceptan la domiciliación de los recibos para que, de este modo, se pueda cargar el importe en las cuentas indicadas por ellos.

Asientos tipo

A continuación, describimos los asientos tipo para cada momento de la operación:

- Si la empresa espera **hasta el vencimiento** del efecto o una fecha próxima, prepara la remesa para presentarla al cobro en una entidad bancaria: se envía al banco en gestión de cobro.

Por el envío de los efectos en gestión de cobro:

Debe	N.º	Cód.	Cuentas			Cód.	Haber
				Fecha			
		4312	Clientes, efectos comerciales en gestión de cobro	a	Clientes, efectos comerciales en cartera	4310	

- El banco presenta en la fecha del vencimiento el efecto para su cobro, nos cobra una comisión por la gestión efectuada y abona el importe de los efectos que ha cobrado de la remesa:

Debe	N.º	Cód.	Cuentas			Cód.	Haber
				Fecha			
		572	Bancos e instituciones de crédito, c/c vista, euros	a	Clientes, efectos comerciales en gestión de cobro	4312	

Debe	N.º	Cód.	Cuentas			Cód.	Haber
				Fecha			
		626	Servicios bancarios y similares (gastos de la gestión de cobro)				
		472	H. P. IVA soportado	a	Bancos e instituciones de crédito, c/c vista, euros	572	

- Si el cliente no realiza el pago, el banco nos cargará un gasto por la devolución del efecto y, además, clasificaremos al efecto del cliente como impagado:

Debe	N.º	Cód.	Cuentas			Cód.	Haber
				Fecha			
		4315	Clientes, efectos comerciales impagados	a	Clientes, efectos comerciales en gestión de cobro	4312	
Debe	**N.º**	**Cód.**	**Cuentas**			**Cód.**	**Haber**
				Fecha			
		626/669	Servicios bancarios y similares (por los gastos de devolución)				
		472	H. P. IVA soportado	a	Bancos e instituciones de crédito, c/c vista, euros	572	

Actividad resuelta 5.2.

La empresa INFORMÁTICOS, SL se dedica a la comercialización de componentes informáticos. Durante el mes de julio, realiza operaciones para efectuar el cobro por las ventas del mes anterior. La empresa, de modo habitual, espera al vencimiento de los efectos, y las gestiones por el cobro las lleva a cabo la entidad financiera BANCO COLE. Realiza la contabilización de las operaciones que describimos a continuación:

1. El día 15/06 se registraron por ventas los derechos de cobro de sus clientes OFICINAS CENTRO, SL, por un valor de 6.715,50 €, y CENTRO DE INFORMÁTICOS REUNIDOS, SL, por un valor de 16.779,07 €. Ambos aceptaron un efecto por el total de las operaciones, con vencimiento a 30 días. La empresa prepara el 10 de julio una remesa de los dos efectos para entregarla a la entidad financiera BANCO COLE. Esta se encargará de la gestión de su cobro.

Bc BANCO COLE AVDA. ESTUDIO, 10 46900 TORRENT	REMESA DE EFECTOS GESTIÓN DE COBRO FECHA: 10/07/20X0	N.º 2		
	INFORMÁTICOS, SL B96222222 C/ REDES LEVANTE, 46000 (VALENCIA)			
OFICINA		IBAN		
VALENCIA - AVDA. GRAN VÍA, 1		ES45 1000 2014 1104 0304 1215		
LIBRADO	DOCUMENTO	PLAZA	VENCIMIENTO	IMPORTE
OFICINAS CENTRO, SL	FAC. 126	VALENCIA	15/07/20X0	6.715,50 €
CENTRO DE INFORMÁTICOS REUNIDOS, SL	FAC. 127	VALENCIA	15/07/20X0	16.779,07 €
TOTAL				23.494,57 €

2. El día 15 de julio, la entidad financiera realiza la gestión del cobro. Los clientes abonan el importe que nos adeudan y el banco carga los gastos de la gestión y abona en cuenta el importe de la remesa.

Bc BANCO COLE AVDA. ESTUDIO, 10 46900 TORRENT	ABONO REMESA DE EFECTOS N.º 2 INFORMÁTICOS, SL B96222222 C/ REDES LEVANTE, 46000 (VALENCIA)			
	OFICINA		IBAN	
	VALENCIA - AVDA. GRAN VÍA, 1		ES45 1000 2014 1104 0304 1215	
	FECHA	DESCRIPCIÓN	ABONO	FECHA VALOR
	15/07/20X0	ABONO EFECTOS ENTREGADOS GEST. COBRO REMESA N.º 2 OFICINAS CENTRO, SL CENTRO DE INFORMÁTICOS REUNIDOS, SL	 6.715,50 € 16.779,07 €	15/07/20X0
		TOTAL	23.494,57 €	

Bc BANCO COLE AVDA. ESTUDIO, 10 46900 TORRENT	ADEUDO - FAC. 4568/14 INFORMÁTICOS, SL B96222222 C/ REDES LEVANTE, 46000 (VALENCIA)			
	OFICINA		IBAN	
	VALENCIA - AVDA. GRAN VÍA, 1		ES45 1000 2014 1104 0304 1215	
	FECHA	DESCRIPCIÓN	CARGO	FECHA VALOR
	15/07/20X0	GASTOS REMESA N.º 2 EFECTOS GESTIÓN COBRO FECHA REMESA: 10/07/20X0 NOMINAL 23.494,57 € COMISIÓN: 7 ‰ NOMINAL IVA 21 % SOBRE COMISIÓN	 164,46 € 34,54 €	15/07/20X0
		TOTAL	199,00 €	

(continúa)

3. El día 20/07 decide enviar en gestión de cobro el efecto aceptado de la factura n.º 128, del 25/06/20X0, a un nuevo cliente, LOCOS POR LA RED, SL, por un importe de 21.659,00 €. El día 25/07, el banco presenta al cobro el efecto y carga la comisión correspondiente.

Bc BANCO COLE AVDA. ESTUDIO, 10 46900 TORRENT	REMESA DE EFECTOS GESTIÓN DE COBRO FECHA: 20/07/20X0	N.º 3
	INFORMÁTICOS, SL B96222222 C/ REDES LEVANTE, 46000 (VALENCIA)	

OFICINA	IBAN
VALENCIA - AVDA. GRAN VÍA, 1	ES45 1000 2014 1104 0304 1215

LIBRADO	DOCUMENTO	PLAZA	VENCIMIENTO	IMPORTE
LOCOS POR LA RED, SL	FAC. 128	VALENCIA	25/07/20X0	21.659,00 €
TOTAL				21.659,00 €

Bc BANCO COLE AVDA. ESTUDIO, 10 46900 TORRENT	ADEUDO - FAC. 5684/14 INFORMÁTICOS, SL B96222222 C/ REDES LEVANTE, 46000 (VALENCIA)

OFICINA	IBAN
VALENCIA - AVDA. GRAN VÍA, 1	ES45 1000 2014 1104 0304 1215

FECHA	DESCRIPCIÓN		CARGO	FECHA VALOR
25/07/20X0	GASTOS REMESA N.º 3 EFECTOS GESTIÓN COBRO FECHA REMESA: 20/07/20X0 NOMINAL	21.659,00 €		
	COMISIÓN: 7 ‰ NOMINAL		151,61 €	25/07/20X0
	IVA 21 % SOBRE COMISIÓN		31,84 €	
	TOTAL		183,45 €	

4. El cliente no abona el efecto, por lo que resulta impagado, y la entidad vuelve a cargar una comisión por los gastos ocasionados en la devolución.

Bc BANCO COLE AVDA. ESTUDIO, 10 46900 TORRENT	ADEUDO - FAC. 5994/14 INFORMÁTICOS, SL B96222222 C/ REDES LEVANTE, 46000 (VALENCIA)

OFICINA	IBAN
VALENCIA - AVDA. GRAN VÍA, 1	ES45 1000 2014 1104 0304 1215

FECHA	DESCRIPCIÓN		CARGO	FECHA VALOR
25/07/20X0	GASTOS DEVOLUCIÓN EFECTO IMPAGADO LOCOS POR LA RED, SL NOMINAL	21.659,00 €		
	COMISIÓN: 5 ‰ NOMINAL		108,30 €	25/07/20X0
	IVA 21 % SOBRE COMISIÓN		22,74 €	
	TOTAL		131,04 €	

Solución:

Las subcuentas que tendremos que utilizar al registrar contablemente la remesa son las de la siguiente tabla:

Efectos comerciales en cartera		Efectos comerciales en gestión de cobro	
Código	**Descripción**	**Código**	**Descripción**
4310.1	OFICINAS CENTRO, SL, efectos en cartera	4312.1	OFICINAS CENTRO, SL, efectos en gestión de cobro
4310.2	CENTRO DE INFORMÁTICOS REUNIDOS, SL, efectos en cartera	4312.2	CENTRO DE INFORMÁTICOS REUNIDOS, SL, efectos en gestión de cobro
4310.3	LOCOS POR LA RED, SL, efectos en cartera	4312.3	LOCOS POR LA RED, SL, efectos en gestión de cobro

La contabilización que debemos realizar por los documentos descritos es la siguiente:

1. Día 10/07: al preparar la remesa para presentarla al cobro en la entidad bancaria.

Debe	N.º	Cód.	Cuentas			Cód.	Haber
			10/07/20X0				
6.715,50		4312.1	OFICINAS CENTRO, SL, efectos en gestión de cobro				
16.779,07		4312.2	CENTRO DE INFORMÁTICOS REUNIDOS, SL, efectos en gestión de cobro				
			(presentación de la remesa n.º 2)	a	OFICINAS CENTRO, SL, efectos en cartera	4310.1	6.715,50
				a	CENTRO DE INFORMÁTICOS REUNIDOS, SL, efectos en cartera	4310.2	16.779,07

2. Día 15/07: el banco presenta en la fecha del vencimiento el efecto para su cobro, cobra una comisión por la gestión efectuada y abona el importe de los efectos que ha cobrado de la remesa.

Debe	N.º	Cód.	Cuentas			Cód.	Haber
			15/07/20X0				
23.494,57		572.01	BANCO COLE				
			(abono de la remesa n.º 2)	a	OFICINAS CENTRO, SL, efectos en gestión de cobro	4312.1	6.715,50
				a	CENTRO DE INFORMÁTICOS REUNIDOS, SL, efectos en gestión de cobro	4312.2	16.779,07

(continúa)

Debe	N.º	Cód.	Cuentas		Cód.	Haber
			15/07/20X0			
164,46		626	Servicios bancarios y similares (gastos de la gestión de cobro)			
34,54		472.21	H. P. IVA soportado (gastos de la remesa n.º 2, factura 4568/14)	a BANCO COLE	572.01	199,00

3. Día 20/07: cuando la empresa envía la remesa en gestión de cobro al banco del cliente LOCOS POR LA RED, SL:

Debe	N.º	Cód.	Cuentas		Cód.	Haber
			20/07/20X0			
21.659,00		4312.3	LOCOS POR LA RED, SL, efectos en gestión de cobro (presentación de la remesa n.º 3)	a LOCOS POR LA RED, SL, efectos en cartera	4310.3	21.659,00

4. Por el cobro de la comisión de gestión, realizado por el banco:

Debe	N.º	Cód.	Cuentas		Cód.	Haber
			25/07/20X0			
151,61		626	Servicios bancarios y similares (gastos de la gestión de cobro)			
31,84		472.21	H. P. IVA soportado (gastos de la remesa n.º 3, factura 5684/14)	a BANCO COLE	572.01	183,45

5. Al resultar impagado, el banco carga el gasto por la devolución del efecto. Además, clasificaremos al efecto del cliente LOCOS POR LA RED, SL como impagado.

Debe	N.º	Cód.	Cuentas		Cód.	Haber
			25/07/20X0			
21.659,00		4315.3	LOCOS POR LA RED, SL, efectos comerciales impagados	a LOCOS POR LA RED, SL, efectos comerciales en gestión de cobro	4312.3	21.659,00
Debe	**N.º**	**Cód.**	**Cuentas**		**Cód.**	**Haber**
			25/07/20X0			
108,30		626/669	Servicios bancarios y similares (por los gastos de devolución)			
22,74		472.21	H. P. IVA soportado (gastos de devolución del efecto, factura 5994/14)	a BANCO COLE	572.01	131,04

Actividad propuesta 5.1.

La empresa COMERMADER, SLS, dedicada a la comercialización de artículos utilizados en la fabricación de muebles, y con domicilio en Sevilla, presenta el día 30/04/20X0 la siguiente cartera de efectos que se detalla a continuación:

N.º de efecto	Librado	Fecha de vencimiento	Importe	IBAN
1256/01	MUEBLES SI, SL	15/05	15.425,00 €	ES00 3222 2000 5555 1000 4321
1256/02	MUEBLES SI, SL	30/05	15.425,00 €	ES00 3222 2000 5555 1000 4321
1257/01	FABRIM, SL	15/05	4.500,00 €	ES02 3812 2562 5678 0000 4567
1257/02	FABRIM, SL	30/05	4.500,00 €	ES02 3812 2562 5678 0000 4567

1. El día 10/05 presenta la siguiente remesa a su entidad financiera BANCO COLE, con el objeto de que gestionen el cobro al vencimiento de los efectos:

Bc BANCO COLE AVDA. ESTUDIO, 10 46900 TORRENT	REMESA DE EFECTOS GESTIÓN DE COBRO FECHA: 10/05/20X0 COMERMADER, SLS B91342022 C/ MADERÍA, 41500 SOLEDAD (SEVILLA)	N.º 25

OFICINA	IBAN
SEVILLA - C/ GIRALDA,1	ES25 2000 2014 1902 0304 1512

LIBRADO	DOCUMENTO	IBAN	VENCIMIENTO	IMPORTE
MUEBLES SI, SL	1256/01	ES0032222000555510004321	15/05/20X0	15.425,00 €
FABRIM, SL	1257/01	ES0238122562567800004567	15/05/20X0	4.500,00 €
TOTAL				19.925,00 €

2. El banco realiza las gestiones de cobro y abona el importe de la remesa. Además, carga los gastos ocasionados y la empresa recibe la siguiente documentación:

Bc BANCO COLE AVDA. ESTUDIO, 10 46900 TORRENT	ABONO REMESA DE EFECTOS N.º 25 COMERMADER, SLS B91342022 C/ MADERÍA, 41500 SOLEDAD (SEVILLA)

OFICINA	IBAN
SEVILLA - C/ GIRALDA, 1	ES25 2000 2014 1902 0304 1512

FECHA	DESCRIPCIÓN	ABONO	FECHA VALOR
15/05/20X0	ABONO EFECTOS ENTREGADOS GEST. COBRO REMESA N.º 25		
	MUEBLES SI, SL	15.425,00 €	15/05/20X0
	FABRIM, SL	4.500,00 €	
	TOTAL	19.925,00 €	

(continúa)

Bc BANCO COLE AVDA. ESTUDIO, 10 46900 TORRENT			
	ADEUDO - FAC. 2528/X0		
	COMERMADER, SLS B91342022 C/ MADERÍA, 41500 SOLEDAD (SEVILLA)		
OFICINA		IBAN	
SEVILLA - C/ GIRALDA, 1		ES25 2000 2014 1902 0304 1512	
FECHA	DESCRIPCIÓN	CARGO	FECHA VALOR
15/05/20X0	GASTOS REMESA N.º 25 EFECTOS GESTIÓN COBRO FECHA REMESA: 10/05/201X NOMINAL 19.925,00 €		
	COMISIÓN: 7 ‰ NOMINAL	139,48 €	15/05/20X0
	IVA 21 % SOBRE COMISIÓN	29,29 €	
	TOTAL	168,77 €	

3. El día 25/05 se presenta al cobro la remesa n.º 26. El banco gestiona el cobro y presenta la factura por los gastos ocasionados.

Bc BANCO COLE AVDA. ESTUDIO, 10 46900 TORRENT	REMESA DE EFECTOS GESTIÓN DE COBRO FECHA: 25/05/20X0 COMERMADER, SLS B91342022 C/ MADERÍA, 41500 SOLEDAD (SEVILLA)		N.º 26	
OFICINA		IBAN		
SEVILLA - C/ GIRALDA,1		ES25 2000 2014 1902 0304 1512		
LIBRADO	DOCUMENTO	IBAN	VENCIMIENTO	IMPORTE
MUEBLES SI, SL	1256/01	ES0032222000555510004321	30/05/20X0	15.425,00 €
FABRIM, SL	1257/01	ES0238122562567800004567	30/05/20X0	4.500,00 €
		TOTAL		19.925,00 €

Bc BANCO COLE AVDA. ESTUDIO, 10 46900 TORRENT			
	ADEUDO - FAC. 3054/X0		
	COMERMADER, SLS B91342022 C/ MADERÍA, 41500 SOLEDAD (SEVILLA)		
OFICINA		IBAN	
SEVILLA - C/ GIRALDA, 1		ES25 2000 2014 1902 0304 1512	
FECHA	DESCRIPCIÓN	CARGO	VALOR
30/05/20X0	GASTOS REMESA N.º 26 EFECTOS GESTIÓN COBRO FECHA REMESA: 20/07/201X NOMINAL 19.925,00 €		
	COMISIÓN: 7‰ NOMINAL	139,48 €	30/05/20X0
	IVA 21 % SOBRE COMISIÓN	29,29 €	
	TOTAL	168,77 €	

4. Solo uno de los clientes ha hecho efectivo el importe del efecto, por lo que BANCO COLE abona el importe de MUEBLES SI, SL. El otro efecto de FABRIM, SL ocasiona unos gastos de devolución reflejados en la factura de cargo emitida por el banco.

		ADEUDO - FAC. 3051/X0		
BANCO COLE AVDA. ESTUDIO, 10 46900 TORRENT	COMERMADER, SLS B91342022 C/ MADERÍA, 41500 SOLEDAD (SEVILLA)			
	OFICINA		IBAN	
	SEVILLA - C/ GIRALDA, 1		ES25 2000 2014 1902 0304 1512	
	FECHA	DESCRIPCIÓN	CARGO	FECHA VALOR
	30/05/20X0	GASTOS DEVOLUCIÓN EFECTO IMPAGADO FABRIM, SL NOMINAL 4.500,00 €		
		COMISIÓN: 5‰ NOMINAL	22,50 €	30/05/20X0
		IVA 21 % SOBRE COMISIÓN	4,73 €	
		TOTAL	27,23 €	

	ABONO			
	REMESA DE EFECTOS N.º 26			
	COMERMADER, SLS B91342022 C/ MADERÍA, 41500 SOLEDAD (SEVILLA)			
BANCO COLE AVDA. ESTUDIO, 10 46900 TORRENT	OFICINA		IBAN	
	SEVILLA - C/ GIRALDA, 1		ES25 2000 2014 1902 0304 1512	
	FECHA	DESCRIPCIÓN	ABONO	FECHA VALOR
	30/05/20X0	ABONO EFECTOS ENTREGADOS GEST. COBRO REMESA N.º 26 MUEBLES SI, SL	15.425,00 €	30/05/20X0
		TOTAL	15.425,00 €	

Elabora el libro Diario, anotando los asientos contables que corresponden a los documentos descritos e indicando las subcuentas que se deben utilizar.

5.3.3. Operaciones de gestión de descuento y anticipo de crédito

Las operaciones de gestión de descuento y anticipo de crédito son una modalidad de financiación a corto plazo y consisten en anticipar el importe de las ventas con pago aplazado realizadas a terceros, así como en gestionar su cobro. Suponen la contratación de una línea de descuento o de crédito, la cual permitirá a la empresa la obtención de una cantidad de dinero de manera anticipada al vencimiento de los derechos de cobro que posee de sus clientes.

La entidad financiera le adelantará el importe de las cuentas de clientes. Previamente, estudiará la actividad de la empresa, su cifra de negocio, las ventas que realiza, los clientes que posee y su solvencia. En función de este análisis, le concederá un límite hasta el cual está dispuesta a anticipar el cobro de sus clientes y asumir el riesgo (podríamos compararlo con la tarjeta de crédito que utilizamos para pagar las compras: según nuestros ingresos nos fijan un límite de compras que podemos realizar).

El procedimiento que hay que realizar, y su registro contable, es el siguiente:

- La empresa firma una **póliza** de garantías (de descuento o de crédito, cuyas diferencias analizaremos en apartados posteriores) y se abre la *línea de gestión de descuento o del crédito* y se establecen las condiciones y los costes de esta:

Sabías que

La vigencia de la línea de descuento, *a priori*, es indefinida, aunque anualmente las entidades bancarias solicitan la actualización de la documentación económica, las liquidaciones del IVA, impuesto de sociedades, etc., y revisan las condiciones establecidas.

Recuerda

Se define ***endoso*** como la transmisión a un tercero de los derechos, en este caso de cobro, que detenta una persona, física o jurídica, sobre otra.

— A la firma de la póliza de descuento o de crédito, la operación generará unos gastos iniciales:

- **Comisión de apertura:** que es la comisión cobrada por la entidad financiera para suplir los gastos ocasionados en su formalización.
- **Fedatario público:** que es la comisión que se satisface en el momento de la firma de la póliza ante el notario (cualquier contratación con una entidad financiera supone la verificación de las firmas de los obligados al pago; el fedatario público certifica que quien firma es quien dice ser).

El registro contable debe efectuarse de la siguiente forma:

Debe	N.º	Cód.	Cuentas	Cód.	Haber
			Fecha		
		626 669	Servicios bancarios y similares Otros gastos financieros (gastos de renovación o firma de la línea de descuento) a Bancos e instituciones de crédito, c/c vista, euros	572	

Sabías que

Las **líneas de descuento** suelen estar **limitadas** en cuanto **al volumen máximo de recibos** descontados simultáneamente, así como al **plazo** que puede mediar entre la fecha de descuento y la de vencimiento (por ejemplo: la entidad limita el importe de la línea de descuento a un máximo de 100.000 € a 60 días). La entidad se **reserva** el **derecho** de estudiar, uno por uno, los efectos presentados al descuento y **decidir cuáles descuenta y cuáles no.**

— En las liquidaciones efectuadas en cada remesa de efectos comerciales:

- **Tipo de descuento.** Fijado como coste por la anticipación del dinero. El tipo de interés aplicable es el establecido en la póliza.
- **Comisión por efecto.** Porcentaje aplicable al nominal donde, en ocasiones, se establecen importes mínimos (ejemplo: la gestión del cobro).
- **Gastos.** Como el correo, los timbres, la devolución o el impago de los efectos, etcétera.

- Se entrega la remesa del papel comercial (recibos normalizados negociables, letras de cambio o pagarés) al banco. Dependiendo del sistema que utilicemos para entregar la remesa, los costes de su gestión y la puesta en circulación pueden variar sustancialmente.

  En el caso de presentar recibos físicos, los costes de gestión son elevados. Si lo hacemos a través de un fichero electrónico y transferimos la remesa **vía internet al banco,** los costes de gestión son más bajos.

- La entidad financiera procesa y pone en circulación la remesa para su compensación en las correspondientes fechas de vencimiento. El banco estudiará el contenido de la remesa, sus importes y los clientes y tendrá en cuenta los vencimientos que posee cada uno, con el objeto de seleccionar los que está dispuesta a anticipar el crédito, así como para liquidar la remesa.

  En este momento, realizaremos el asiento de reclasificación de los efectos:

Debe	N.º	Cód.	Cuentas	Cód.	Haber
			Fecha		
		4311	Efectos comerciales descontados a Efectos comerciales en cartera	4310	

- El banco nos abona el nominal de la remesa y nos carga los gastos ocasionados por la liquidación. La empresa obtiene así el cobro de sus clientes, pero asume un coste por esa anticipación del dinero, que serán los intereses y gastos.

  Efectuaremos los asientos contables al recibir el abono del nominal y el cargo de los gastos de la operación.

Debe	N.º	Cód.	Cuentas	Cód.	Haber
			Fecha		
		572	Bancos e instituciones de crédito, c/c vista, euros a Deudas por efectos descontados	5208	

Debe	N.º	Cód.	Cuentas	Cód.	Haber
			Fecha		
		6653	Intereses por descuento de efectos		
		626	Servicios bancarios y similares (por los gastos de la gestión de cobro, comisiones, correo, etcétera)		
		472	H. P. IVA soportado (solo en el caso de operaciones de anticipo de crédito sobre el importe de las comisiones) a Bancos e instituciones de crédito, c/c vista, euros	572	

  Algunas entidades ingresan el nominal menos los gastos realizando solo un único apunte contable.

- Cuando vencen los efectos, la entidad financiera realiza la gestión del cobro en las cuentas domiciliadas de los clientes. En este momento, puede suceder:

  — Que el cliente abone el efecto: en cuyo caso, desaparece la deuda que tenemos con la entidad financiera.

  El registro contable es el siguiente:

Debe	N.º	Cód.	Cuentas	Cód.	Haber
			Fecha		
		5208	Deudas por efectos descontados a Efectos comerciales descontados	4311	

  — Que el cliente no pague al vencimiento el efecto: en este momento, el banco cargará en nuestra cuenta bancaria el nominal del efecto y unos gastos ocasionados por la devolución de este (la comisión por devolución, que se calculará sobre el nominal del efecto). Paralelamente, se abrirá un proceso de reclamación del derecho de cobro del cliente.

El registro contable es el siguiente: reclasificamos los efectos, devolvemos el crédito y registramos los gastos.

Debe	N.º	Cód.	Cuentas			Cód.	Haber
			Fecha				
		4315	Efectos comerciales impagados	a	Efectos comerciales descontados	4311	

Debe	N.º	Cód.	Cuentas			Cód.	Haber
			Fecha				
		5208	Deudas por efectos descontados (importe nominal del efecto devuelto)				
		626/669	Servicios bancarios y similares/ otros gastos financieros (por los gastos de devolución)	a	Bancos e instituciones de crédito, c/c vista, euros (nominal + gastos de devolución)	572	

Actividad resuelta 5.3.

La empresa INFORMÁTICOS, SL se dedica a la comercialización de componentes informáticos. Realiza la contabilización de las operaciones que describimos a continuación:

1. Debido a que el plazo concedido a sus clientes es superior al que realiza a sus proveedores, la empresa precisa anticipar el cobro, por lo que negoció con la entidad financiera BANCO COLE a principios de mes la renovación y ampliación de la línea de descuento. Los gastos ocasionados ascendieron a 30 €, que fueron cargados en la cuenta corriente del banco.
2. La empresa presenta para su descuento, por internet, la siguiente remesa de los efectos (recibos domiciliados) de las ventas realizadas durante el mes a la entidad financiera BANCO COLE.

Bc		REMESA DE EFECTOS	N.º 1	
		GESTIÓN DE DESCUENTO		
		FECHA: 25/06/20X0		
BANCO COLE AVDA. ESTUDIO, 10 46900 TORRENT		INFORMÁTICOS, SL B96222222 C/ REDES LEVANTE, 46000 (VALENCIA)		
OFICINA		IBAN		
VALENCIA - AVDA. GRAN VÍA, 1		ES45 1000 2014 1104 0304 1215		
LIBRADO	DOCUMENTO	PLAZA	VENCIMIENTO	IMPORTE
OFICINAS CENTRO, SL	FAC. 126	VALENCIA	15/07/20X0	6.715,50 €
CENTRO DE INFORMÁTICOS REUNIDOS, SL	FAC. 127	VALENCIA	15/07/20X0	16.779,07 €
LOCOS POR LA RED, SL	FAC. 128	VALENCIA	25/07/20X0	21.659,00 €
TOTAL				45.153,57 €

3. El banco realiza la liquidación de la remesa según la norma bancaria 32 y entrega a la empresa la siguiente liquidación. A continuación, ingresa en cuenta el importe correspondiente.

Bc

BANCO COLE
AVDA. ESTUDIO, 10
46900 TORRENT

Registro Mercantil de Valencia. Libro 00, tomo 00, sección 2.ª, hoja 00

DESCUENTO COMERCIAL

INFORMÁTICOS, SL B96222222
C/ REDES LEVANTE, 46000 (VALENCIA)

N.º REMESA	FECHA REMESA
1	25/06/20X0

OFICINA	IBAN
VALENCIA - AVDA. GRAN VÍA, 1	ES45 1000 2014 1104 0304 1215

					INTERESES		COMISIONES			
NOMINAL	PLAZA	CL	VENCIMIENTO	DÍAS	%	IMPORTE	%	IMPORTE	CORREO	TIMBRES
6.715,50	VALENCIA	RD	15/07/20X0	40	4 %	29,85	0,40 %	26,86	0,28	33,66
16.779,07	VALENCIA	RD	15/07/20X0	40	4 %	74,57	0,40 %	67,12	0,28	67,31
21.659,00	VALENCIA	RD	25/07/20X0	30	4 %	72,20	0,40 %	86,64	0,28	67,31

Nominal remesa	Fecha valor	Total gastos	Efectivo
45.153,57	25/06/20X0	526,35	44.627,22

Intereses
176,62

Comisión	Correo	Timbres
180,61	0,84	168,28

4. El día 15/07/20X0 los clientes atienden los efectos y la entidad comunica que ha realizado el cobro y que disminuye la deuda contraída por la operación de descuento. El día 25/07/20X0, el cliente LOCOS POR LA RED, SL no atiende el pago y, por tanto, la entidad BANCO COLE carga el importe nominal más unos gastos generados por la devolución, según indica el siguiente documento emitido por la entidad financiera. La empresa procede a clasificar el efecto como impagado.

Bc

BANCO COLE
AVDA. ESTUDIO, 10
46900 TORRENT

INFORMACIÓN COBRO EFECTOS

INFORMÁTICOS, SL B96222222
C/ REDES LEVANTE, 46000 (VALENCIA)

OFICINA	IBAN
VALENCIA - AVDA. GRAN VÍA, 1	ES45 1000 2014 1104 0304 1215

FECHA	DESCRIPCIÓN	ABONO	FECHA VALOR
15/07/20X0	Relación de efectos descontados cobrados a su vencimiento:		
	OFICINAS CENTRO, SL	6.715,50 €	15/07/20X0
	CENTRO DE INFORMÁTICOS REUNIDOS, SL	16.779,07 €	
	TOTAL	23.494,57 €	

Bc

BANCO COLE
AVDA. ESTUDIO, 10
46900 TORRENT

ADEUDO - FAC. 5999/X0

INFORMÁTICOS, SL B96222222
C/ REDES LEVANTE, 46000 (VALENCIA)

OFICINA	IBAN
VALENCIA - AVDA. GRAN VÍA, 1	ES45 1000 2014 1104 0304 1215

FECHA	DESCRIPCIÓN	CARGO	FECHA VALOR
25/07/20X0	DEVOLUCIÓN EFECTO IMPAGADO LOCOS POR LA RED, SL NOMINAL 21.659,00 €	21.659,00 €	
	COMISIÓN: 5 ‰ NOMINAL	108,30 €	
	TOTAL ADEUDO	21.767,30 €	25/07/20X0

Solución:

Las subcuentas que tendremos que utilizar al registrar contablemente la remesa, para cada uno de los efectos de los distintos clientes, son las siguientes:

(continúa)

Efectos comerciales en cartera		Efectos comerciales descontados	
Código	**Descripción**	**Código**	**Descripción**
4310.1	OFICINAS CENTRO, SL, efectos en cartera	4311.1	OFICINAS CENTRO, SL, efectos descontados
4310.2	CENTRO DE INFORMÁTICOS REUNIDOS, SL, efectos en cartera	4311.2	CENTRO DE INFORMÁTICOS REUNIDOS, SL, efectos descontados
4310.3	LOCOS POR LA RED, SL, efectos en cartera	4311.3	LOCOS POR LA RED, SL, efectos descontados

Los asientos contables que debemos realizar por cada documento descrito serán los siguientes:

1. Por el cargo de los gastos generados en la operación de renovación de la línea de descuento:

Debe	N.º	Cód.	Cuentas		Cód.	Haber
			01/06/20X0			
30,00	1	626*	Servicios bancarios y similares (gastos de renovación de la línea de descuento)	a BANCO COLE	572	30,00

* También podíamos haber utilizado para reflejar el gasto la cuenta (669) Otros gastos financieros.

2. Día 25/06: al preparar la remesa para presentarla al descuento en la entidad bancaria.

Debe	N.º	Cód.	Cuentas		Cód.	Haber
			25/06/20X0			
6.715,50	2	4311.1	OFICINAS CENTRO, SL, efectos descontados			
16.779,07		4311.2	CENTRO DE INFORMÁTICOS REUNIDOS, SL, efectos descontados			
21.659,00		4311.3	LOCOS POR LA RED, SL efectos descontados (presentación de la remesa n.º 1)	a OFICINAS CENTRO, SL, efectos en cartera	4310.1	6.715,50
				a CENTRO DE INFORMÁTICOS REUNIDOS, SL, efectos en cartera	4310.2	16.779,07
				a LOCOS POR LA RED, SL, efectos en cartera	4310.3	21.659,00

3. El banco liquida la remesa e ingresa el nominal menos los gastos generados por la operación del descuento.

Debe	N.º	Cód.	Cuentas		Cód.	Haber
			25/06/20X0			
44.627,22	3	572	Bancos e instituciones de crédito, c/c vista, euros (ingresa el nominal menos los gastos)			
176,62		6653	Intereses por descuento de efectos			
349,73		626	Servicios bancarios y similares (por los gastos de las comisiones, el correo, los timbres, etcétera)(*) (liquidación de la remesa n.º 1)	a Deudas por efectos descontados BANCO COLE (nominal de la remesa)	5208.1	45.153,57

(*) El importe de los gastos por timbres se puede contabilizar también en la subcuenta (629) Otros servicios.

4. Al llegar el vencimiento de los efectos el día 15/07, la entidad financiera presenta la remesa para su cobro a los clientes y estos lo hacen efectivo.

Debe	N.º	Cód.	Cuentas			Cód.	Haber
			15/07/20X0				
23.494,97	4	5208.1	Deudas por efectos descontados BANCO COLE (vencimiento de los efectos de la remesa n.º 1)	a	OFICINAS CENTRO, SL, efectos comerciales descontados	4311.1	6.715,50
				a	CENTRO DE INFORMÁTICOS REUNIDOS, SL, efectos comerciales descontados	4311.2	16.779,07

El día 25/07, cuando llega el vencimiento del efecto del cliente LOCOS POR LA RED, SL, resulta impagado y la entidad carga el nominal de este más los gastos ocasionados por la devolución. Además, procede a clasificar el efecto del cliente como impagado.

Debe	N.º	Cód.	Cuentas			Cód.	Haber
			25/07/20X0				
21.659,00	5	4315.3	LOCOS POR LA RED, SL, efectos comerciales impagados	a	LOCOS POR LA RED, SL, efectos comerciales descontados	4311.3	21.659,00

Debe	N.º	Cód.	Cuentas			Cód.	Haber
			25/07/20X0				
21.659,00	6	5208	Deudas por efectos descontados (importe nominal del efecto devuelto)				
108,30		626/669	Servicios bancarios y similares (por los gastos de devolución)	a	Bancos e instituciones de crédito, c/c vista, euros (nominal + gastos de devolución)	572	21.767,30

Actividad propuesta 5.2.

La empresa COMERMADER, SLS, dedicada a la comercialización de artículos utilizados en la fabricación de muebles y con domicilio en Sevilla, realiza las siguientes operaciones:

1. Debido a que el plazo concedido a sus clientes es superior al que realiza a sus proveedores, precisa anticipar el cobro, por lo que negoció con la entidad financiera CAJANORTE, a principios del mes de abril, una línea de anticipo de crédito de la norma 58 y otra línea de descuento de la norma 32, y firmó la póliza de riesgo correspondiente. Los gastos ocasionados ascendieron a 300 €, que fueron cargados en la cuenta corriente del banco.
2. La empresa presenta para su descuento el día 01/04, por internet, la siguiente remesa de los efectos (recibos domiciliados) de las ventas realizadas durante el mes de marzo a la entidad financiera CAJANORTE.

(continúa)

N.º de efecto	Librado	Fecha de vencimiento	Importe	IBAN
1256/01	MUEBLES SI, SL	15/05	15.425,00 €	ES00 3222 2000 5555 1000 4321
1256/02	MUEBLES SI, SL	30/05	15.425,00 €	ES00 3222 2000 5555 1000 4321
1257/01	FABRIM, SL	15/05	4.500,00 €	ES02 3812 2562 5678 0000 4567
1257/02	FABRIM, SL	30/05	4.500,00 €	ES02 3812 2562 5678 0000 4567

3. El banco realiza la liquidación de la remesa según la norma 32 bancaria y entrega a la empresa la siguiente liquidación. A continuación, ingresa en cuenta el importe correspondiente.

CAJANORTE

CAJANORTE
AVDA. SUR, 20
BILBAO

Registro Mercantil de Bilbao. Libro 00, tomo 00, sección 2.ª, hoja 00

DESCUENTO COMERCIAL

COMERMADER, SLS B031342022
C/ MADERÍA, 41500 SOLEDAD (SEVILLA)

N.º REMESA	FECHA REMESA	OFICINA	IBAN
1	10/04/20X0	SEVILLA - AVDA. MAYOR, 1	ES55 1000 2014 1104 0304 1200

NOMINAL	PLAZA	CL	VENCIMIENTO	DÍAS	INTERESES %	INTERESES IMPORTE	COMISIONES %	COMISIONES IMPORTE	CORREO	TIMBRES
15.425,00 €	SEVILLA	RD	15/05/20X0	35	4 %	59,99	0,40 %	61,70	0,28	67,31
4.500,00 €	SEVILLA	RD	15/05/20X0	35	4 %	17,50	0,40 %	18,00	0,28	16,83
15.425,00 €	SEVILLA	RD	30/05/20X0	50	4 %	85,69	0,40 %	61,70	0,28	67,31
4.500,00 €	SEVILLA	RD	30/05/20X0	50	4 %	25,00	0,40 %	18,00	0,28	16,83

Nominal remesa	Fecha valor	Total gastos	Efectivo	Intereses	Comisión	Correo	Timbres
39.850,00 €	10/04/20X0	516,98 €	**39.333,02 €**	188,18 €	159,40 €	1,12 €	168,28 €

4. El día 15/05, los clientes atienden los efectos y la entidad comunica que ha realizado el cobro y que disminuye la deuda contraída por la operación de descuento.

5. El día 30/05, el cliente FABRIM, SL no atiende el pago y, por tanto, la entidad CAJANORTE carga el importe nominal de 4.500 € más unos gastos generados por la devolución, según indica el siguiente documento emitido por la entidad financiera. La empresa procede a clasificar el efecto como impagado. El cliente MUEBLES SI, SL abona a la entidad financiera el importe del efecto.

CAJANORTE

CAJANORTE
AVDA. SUR, 20
BILBAO

ADEUDO - FAC. 3011/X0

COMERMADER, SLS B031342022
C/ MADERÍA, 41500 SOLEDAD (SEVILLA)

OFICINA	IBAN
SEVILLA - AVDA. MAYOR, 1	ES55 1000 2014 1104 0304 1200

FECHA	DESCRIPCIÓN	CARGO	FECHA VALOR
30/05/20X0	GASTOS DEVOLUCIÓN		
	EFECTO IMPAGADO		
	FABRIM, SL		
	NOMINAL		
	4.500,00 €		
	COMISIÓN: 5 ‰ NOMINAL	22,50 €	30/05/20X0
		22,50 €	

6. El día 30/4, la empresa presentó una nueva remesa a la entidad CAJANORTE, vía internet, de acuerdo con la norma 58 (anticipo de crédito), que detallamos a continuación:

N.º de efecto	Librado	Fecha de vencimiento	Importe	IBAN
1266/01	MUEBLES SI, SL	15/06	10.250,00 €	ES00 3222 2000 5555 1000 4321
1266/02	MUEBLES SI, SL	30/06	10.250,00 €	ES00 3222 2000 5555 1000 4321
1267/01	FABRIM, SL	15/06	6.500,00 €	ES02 3812 2562 5678 0000 4567
1267/02	FABRIM, SL	30/06	6.500,00 €	ES02 3812 2562 5678 0000 4567

7. El banco realiza la liquidación de la remesa según la norma 58 bancaria y entrega a la empresa la siguiente liquidación. A continuación, ingresa en cuenta el importe correspondiente:

CAJANORTE
CAJANORTE
AVDA. SUR, 20
BILBAO
Registro Mercantil de Bilbao. Libro 00, tomo 00, sección 2.ª, hoja 00

ANTICIPO DE CRÉDITO NORMA N.º 58
COMERMADER, SLS B031342022
C/ MADERÍA, 41500 SOLEDAD (SEVILLA)

N.º REMESA	FECHA REMESA
1	10/05/20X0

OFICINA	IBAN
SEVILLA - AVDA. MAYOR, 1	ES55 1000 2014 1104 0304 1200

NOMINAL	PLAZA	CL	VENCIMIENTO	DÍAS	INTERESES %	INTERESES IMPORTE	COMISIONES %	COMISIONES IMPORTE	IVA 21 %	CORREO
10.250,00 €	SEVILLA	RD	15/06/20X0	35	4 %	39,86	0,40 %	41,00	8,61	0,28
6.500,00 €	SEVILLA	RD	15/06/20X0	35	4 %	25,28	0,40 %	26,00	5,46	0,28
10.250,00 €	SEVILLA	RD	30/06/20X0	50	4 %	56,94	0,40 %	41,00	8,61	0,28
6.500,00 €	SEVILLA	RD	30/06/20X0	50	4 %	36,11	0,40 %	26,00	5,46	0,28

Nominal remesa	Fecha valor	Total gastos	**Efectivo**	**Intereses**	**Comisión**	IVA 21 %	Correo
33.500,00 €	10/05/20X0	321,45 €	**33.178,55 €**	158,19 €	134,00 €	28,14 €	1,12 €
					BASE IMPONIBLE	CUOTA IVA	

8. Tanto el día 15/06 como el 30/06, los efectos son atendidos por los clientes y la empresa procede a registrar dicha operación.

Elabora el libro Diario, anotando los asientos contables que corresponden a los documentos descritos e indicando las subcuentas que se deben utilizar.

5.3.4. Operaciones de *factoring*

El *factoring* es una operación por la que una empresa cede las facturas generadas por sus ventas a una compañía de *factoring* para que se ocupe de su gestión de cobro. Además, puede solicitar un conjunto de servicios de carácter financiero, administrativo y comercial, entre los que se encuentran el pago anticipado de las facturas. A cambio, recibirá una comisión por el cobro y unos intereses por la financiación.

Las compañías de *factoring*, antes de ofrecer este producto, analizan con detalle la solvencia de los clientes obligados al pago de las facturas, aspecto que condiciona tanto la posibilidad de pactar la operación como su coste final.

> **Importante**
>
> Un control riguroso de los créditos facilitará la detección de errores en las cuentas o en el IBAN y evitará una deuda creciente por impago de un mismo cliente o deudor.

5.4. Tratamiento y registro contable de devoluciones de efectos y gestión de impagados: los clientes de dudoso cobro y el deterioro de créditos por operaciones comerciales

Ante una situación de impago (un recibo domiciliado devuelto, un efecto que resultó impagado, etc.), la empresa iniciará las gestiones necesarias para intentar hacer efectivo el cobro y clasificará a dicho cliente como ***moroso*** en una cuenta que permita diferenciarlo de los demás, además de registrar el riesgo inherente a la operación.

> **Importante**
>
> Si aplicamos el principio de prudencia y la NRV n.º 8 del PGC de Pymes, si existen dudas respecto a la realización del cobro de un cliente, debemos contabilizar las reclasificaciones oportunas y la posible pérdida del crédito.

5.4.1. Subcuentas utilizadas

El PGC de Pymes establece la utilización de las cuentas recogidas en la Tabla 5.5.

Tabla 5.5. Cuentas de dudoso cobro, deterioro y créditos impagados

Clasificar las deudas del cliente/deudor	Para registrar el riesgo y la posible pérdida, cuándo surge y cuándo hay que eliminarla o revertirla	Cuando la empresa conoce con certeza que el cliente o deudor no va a realizar el pago
436. Clientes de dudoso cobro	490. Deterioro de valor de créditos por operaciones comerciales (cuenta que corregirá el valor del cliente/deudor de dudoso cobro)	
446. Deudores de dudoso cobro	694. Pérdidas por deterioro de créditos por operaciones comerciales	650. Pérdidas de créditos comerciales incobrables
	794. Reversión del deterioro de créditos por operaciones comerciales	

5.4.2. Asientos contables de las diferentes operaciones

A continuación, vamos a indicar la contabilización que realizaremos ante determinadas situaciones que nos podemos encontrar en el tratamiento de los efectos o créditos impagados.

- Si el cliente asume los gastos y cobramos de este el importe del nominal del efecto más los gastos:

Debe	N.º	Cód.	Cuentas			Cód.	Haber
				Fecha			
		572	Bancos e instituciones de crédito, c/c vista, euros	a	Efectos comerciales impagados	4315	
				a	Otros ingresos financieros (por los gastos de devolución)	769	
				a	Ingresos por servicios diversos (si emitimos factura con gastos, deberemos repercutirle el IVA)	759	

- Si el cliente nos indica que pagará más tarde y que asume un nuevo vencimiento (renegociando nosotros este). El nuevo efecto será por el nominal más los gastos.

  La empresa envía un nuevo efecto por el nominal del impagado más los gastos:

Debe	N.º	Cód.	Cuentas			Cód.	Haber
				Fecha			
		4310	Efectos comerciales en cartera	a	Efectos comerciales impagados	4315	
				a	Otros ingresos financieros (*)	769	

(*) En el caso de que la empresa emita factura por el cargo de los gastos financieros.

- Si el cliente está en una situación que podemos clasificar como *delicada* en términos económicos (concurso de acreedores, etcétera).

— Si tenemos dudas de que vamos a cobrar, pasaremos a los clientes de dudoso cobro la totalidad de los derechos de cobro que tengamos con el cliente:

Debe	N.º	Cód.	Cuentas			Cód.	Haber
				Fecha			
		436	Clientes de dudoso cobro	a	Efectos comerciales impagados	4315	
				a	Clientes (si tenemos otros derechos de cobro pendientes)	430	

— Se considera la posible pérdida (principio de prudencia) y, sobre todo, cuando realicemos el cierre del ejercicio.

En este momento, deberemos registrar el deterioro de valor sufrido sobre el crédito del cliente:

Debe	N.º	Cód.	Cuentas			Cód.	Haber
				Fecha			
		694	Pérdidas por deterioro de créditos por operaciones comerciales	a	Deterioro de valor de créditos por operaciones comerciales	490	

— Cuando la empresa no tiene dudas de lo que va a suceder con la deuda del cliente o porque desaparecen las causas, se anula el deterioro de valor:

Debe	N.º	Cód.	Cuentas			Cód.	Haber
				Fecha			
		490	Deterioro de valor de créditos por operaciones comerciales	a	Reversión del deterioro de créditos por operaciones comerciales	794	

— Por la parte que sabemos que no vamos a cobrar, se considera pérdida producida por el crédito. Por la parte que cobremos, registramos el ingreso en la cuenta de tesorería que corresponda:

Debe	N.º	Cód.	Cuentas			Cód.	Haber
				Fecha			
		57	Tesorería (por la parte del crédito que conseguimos cobrar)				
		650	Pérdidas de créditos comerciales incobrables (por la parte del crédito que no cobramos)	a	Clientes de dudoso cobro	436	

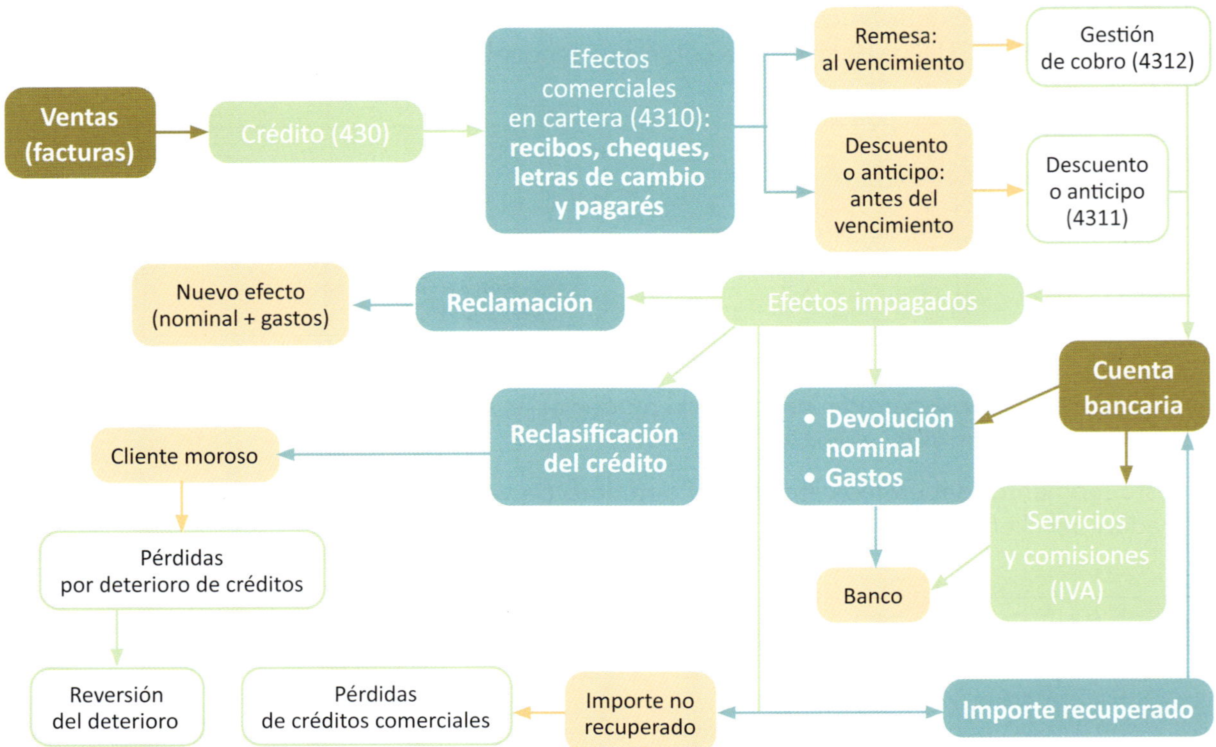

Figura 5.4. Esquema de gestión de cobro, impagos, deterioros y pérdidas de créditos comerciales.

Actividad resuelta 5.4.

La empresa INFORMÁTICOS, SL se dedica a la comercialización de componentes informáticos. Durante el mes de julio, realiza las siguientes operaciones para efectuar el cobro por las ventas efectuadas en el mes anterior:

1. La entidad financiera BANCO COLE le informa de que el día 25/07 recibió del cliente LOCOS POR LA RED, SL la comunicación de que el efecto ha resultado como impagado.

Bc

BANCO COLE
AVDA. ESTUDIO, 10
46900 TORRENT

ADEUDO - FAC. 5994/X0

INFORMÁTICOS, SL B96222222
C/ REDES LEVANTE, 46000 (VALENCIA)

OFICINA	IBAN
VALENCIA - AVDA. GRAN VÍA, 1	ES45 1000 2014 1104 0304 1215

FECHA	DESCRIPCIÓN	CARGO	FECHA VALOR
25/07/20X0	GASTOS DEVOLUCIÓN		
	EFECTO IMPAGADO		
	LOCOS POR LA RED, SL		
	NOMINAL		
	21.659,00 €		
	COMISIÓN: 5 ‰ NOMINAL	108,30 €	25/07/20X0
	IVA 21 % SOBRE COMISIÓN	22,74 €	
	TOTAL	131,04 €	

2. La empresa realiza con su cliente las gestiones oportunas y procede a emitir un nuevo efecto con el nominal más los gastos de devolución (21.767,30 €).

3. La empresa presenta el nuevo efecto a la entidad bancaria para que gestione su cobro el día 15/08. El cliente no atiende el pago y la empresa recibe de la entidad el cargo con el siguiente detalle:

Fecha: 15/08/20X0		Fac. n.º 7855
Concepto	BI	IVA 21 %
Comisión gestión cobro	50,00	10,5
Comisión impagado	108,84	22,86
Total: 192,20 €	**158,84 €**	**33,36 €**

4. El cliente indica que está atravesando serias dificultades financieras y la empresa decide clasificar al cliente LOCOS POR LA RED, SL como moroso.

5. El día 31/12, la empresa realiza el registro del deterioro del crédito y aplica el principio contable de prudencia para considerar la posible pérdida.

6. El día 05/02/20X0+1, el cliente comunica que va a proceder al cierre de la actividad y entrega un cheque por valor de 5.000,00 €. El resto de la deuda es considerado por la empresa como incobrable.

Solución:

1. En el momento en que la empresa recibe de la entidad financiera la comunicación de la devolución y el cargo del efecto con el nominal, procede a contabilizar (los dos primeros asientos están recogidos en la Actividad resuelta 5.2):

Debe	N.º	Cód.	Cuentas	Cód.	Haber
			25/07/20X0		
21.659,00		4315.3	LOCOS POR LA RED, SL, efectos comerciales impagados a LOCOS POR LA RED, SL, efectos comerciales en gestión de cobro	4312.3	21.659,00

Debe	N.º	Cód.	Cuentas	Cód.	Haber
			25/07/20X0		
108,30		626	Servicios bancarios y similares (por los gastos de devolución)		
22,74		472.21	H. P. IVA soportado a BANCO COLE (gastos de devolución del efecto, factura 5994/14)	572.01	131,04

2. La empresa emite un nuevo efecto con el nominal del anterior más los gastos de devolución (21.767,30 €):

Debe	N.º	Cód.	Cuentas	Cód.	Haber
			25/07/20X0		
21.767,30	3	4310.3	LOCOS POR LA RED, SL, efectos comerciales en cartera a LOCOS POR LA RED, SL, efectos comerciales impagados	4315.3	21.659,00
			a Otros ingresos financieros	769	108,30

(continúa)

3. La empresa presenta al cobro el nuevo efecto, el impago y el registro de los gastos de devolución:

Debe	N.º	Cód.	Cuentas			Cód.	Haber
			15/08/20X0				
21.767,30	4	4312.3	LOCOS POR LA RED, SL, efectos en gestión de cobro (presentación del efecto para la gestión del cobro)	a	LOCOS POR LA RED, SL, efectos en cartera	4310.3	21.767,30

Debe	N.º	Cód.	Cuentas			Cód.	Haber
			15/08/20X0				
21.767,30	5	4315.3	LOCOS POR LA RED, SL, efectos comerciales impagados	a	LOCOS POR LA RED, SL, efectos comerciales en gestión de cobro	4312.3	21.767,30

Debe	N.º	Cód.	Cuentas			Cód.	Haber
			15/08/20X0				
158,84	6	626	Servicios bancarios y similares (por los gastos de devolución)				
33,36		472.21	H. P. IVA soportado (gastos de devolución del efecto, factura 7855)	a	BANCO COLE	572.01	192,20

4. La empresa clasifica al cliente LOCOS POR LA RED, SL como moroso:

Debe	N.º	Cód.	Cuentas			Cód.	Haber
			15/08/20X0				
21.767,30	7	436.3	LOCOS POR LA RED, SL, clientes de dudoso cobro	a	LOCOS POR LA RED, SL, efectos comerciales impagados	4315.3	21.767,30

5. La empresa registra el deterioro del crédito y aplica el principio contable de prudencia para considerar la posible pérdida:

Debe	N.º	Cód.	Cuentas			Cód.	Haber
			31/12/20X0				
21.767,30	8	694	Pérdidas por deterioro de créditos por operaciones comerciales	a	LOCOS POR LA RED, SL, deterioro de valor de créditos por operaciones comerciales	490.3	21.767,30

6. La empresa cobra el crédito con un cheque por valor de 5.000,00 € y considera el resto de la deuda como incobrable:

Debe	N.º	Cód.	Cuentas			Cód.	Haber
			05/02/20X0+1				
21.767,30	9	490.3	LOCOS POR LA RED, SL, deterioro de valor de créditos por operaciones comerciales	a	Reversión del deterioro de créditos por operaciones comerciales	794	21.767,30

Debe	N.º	Cód.	Cuentas			Cód.	Haber
			05/02/201X+1				
5.000,00 16.767,30	10	572 650	BANCO COLE Pérdidas de créditos comerciales incobrables (por la parte del importe que no realizará el cobro [21.767,30 € – – 5.000,00 €])	a	LOCOS POR LA RED, SL, clientes de dudoso cobro	436.3	21.767,30

Actividad propuesta 5.3.

La empresa COMERMADER, SLS, dedicada a la comercialización de artículos utilizados en la fabricación de muebles y con domicilio en Sevilla, presenta el día 30/05/20X0 un efecto impagado que fue enviado en gestión de cobro por FABRIM, SL y ocasiona unos gastos de devolución reflejados en la siguiente factura de cargo emitida por el banco:

CAJANORTE		ADEUDO - FAC. 3011/X0		
CAJANORTE AVDA. SUR, 20 BILBAO	COMERMADER, SLS B031342022 C/ MADERÍA, 41500 SOLEDAD (SEVILLA)			
	OFICINA		IBAN	
	SEVILLA - AVDA. MAYOR, 1		ES55 1000 2014 1104 0304 1200	
	FECHA	DESCRIPCIÓN	CARGO	FECHA VALOR
	30/05/20X0	GASTOS DEVOLUCIÓN EFECTO IMPAGADO FABRIM, SL NOMINAL 4.500,00 €		
		COMISIÓN: 5 ‰ NOMINAL	22,50 €	30/05/20X0
		IVA 21 % SOBRE COMISIÓN	4,73 €	
		TOTAL	27,23 €	

1. El cliente indica que está atravesando serias dificultades financieras y la empresa decide clasificar al cliente FABRIM, SL como moroso.
2. El día 31/12, la empresa realiza el registro del deterioro del crédito y aplica el principio contable de prudencia para considerar la posible pérdida.
3. El día 5/01/20X0+1, el cliente comunica que va a proceder al pago de parte de la deuda y entrega un cheque por valor de 3.000,00 €.
4. Debido a la situación económica del cliente, este indica que no le será posible desembolsar el resto del importe, por lo que la empresa procede al registro contable de la pérdida como crédito incobrable.

Elabora el libro Diario, anotando los asientos contables que corresponden a los documentos descritos e indicando las subcuentas que se deben utilizar.

Sabías que

La financiación interna está formada por el capital, las reservas, las amortizaciones y los beneficios no distribuidos. Para situaciones transitorias de tesorería no es práctico recurrir a la financiación propia, ya que debe financiar inversiones a largo plazo (inmovilizado).

5.5. Tratamiento de la documentación y registro de otras operaciones de financiación bancarias: pólizas de crédito y préstamos bancarios

La empresa tiene que conseguir el equilibrio de tesorería y debe contar con las disponibilidades suficientes para afrontar los pagos. Si no dispone de esos recursos, tendrá que recurrir a la **financiación externa** principalmente. La financiación de la empresa puede provenir de diferentes fuentes, como el descuento de efectos, las pólizas de crédito, el *factoring*, los préstamos, etcétera.

En este apartado, vamos a analizar dos fuentes de financiación bancarias utilizadas por las empresas:

- El funcionamiento diario de la empresa: la **póliza de crédito.**
- Las inversiones en inmovilizados: los **préstamos.**

5.5.1. Subcuentas utilizadas

Recuerda

La valoración de estas operaciones se recoge en la norma de valoración n.º 9.3 de pasivos financieros del PGC de Pymes.

Para registrar las deudas contraídas con las entidades bancarias procedentes de la financiación solicitada, debemos tener en cuenta el tiempo que transcurra hasta la devolución del capital prestado. Si nos movemos en el corto plazo (hasta un año), utilizaremos cuentas del **grupo 5 del PGC de Pymes,** mientras que, si el vencimiento es a más de un año, utilizaremos cuentas del grupo 1 del PGC de Pymes. Para registrar los gastos que se generen en las operaciones de financiación, utilizaremos cuentas del grupo 6. Estas se recogen en la siguiente Tabla 5.6.

Tabla 5.6. La financiación a corto y a largo plazo y las cuentas relacionadas

Operaciones de financiación		Póliza de crédito	Préstamos
Cuentas que reflejarán las deudas contraídas	Financiación ajena a corto plazo	5201. Deudas a corto plazo por crédito dispuesto	5200. Préstamos a corto plazo de entidades de crédito
	Financiación ajena a largo plazo		170. Deudas a largo plazo con entidades de crédito
Gastos ocasionados por la operación de financiación	Servicios bancarios para su concesión	626. Servicios bancarios y similares	
	Comisiones cobradas (iniciales, etc.) por las operaciones de financiación	669. Otros gastos financieros	
	Gastos por los intereses generados en la cesión del capital	662. Intereses de deudas	
	Intereses devengados y no vencidos	527. Intereses a corto plazo de deudas con entidades de crédito	

Recuerda

Las deudas a largo plazo se reclasifican en las correspondientes cuentas a corto plazo a medida que van venciendo.

5.5.2. Asientos contables de las diferentes operaciones

En este apartado, vamos a analizar los asientos que se generan con las operaciones anteriores. Comenzaremos por el corto plazo:

- **Pólizas de crédito:** las cuentas de crédito o pólizas de crédito son una **forma de financiación a corto plazo** y son utilizadas, fundamentalmente, por las empresas que tienen necesidades de liquidez. Permiten obtener financiación inmediata para hacer frente a las necesidades de tesorería, derivadas de la propia actividad de su negocio, y permiten cubrir los desfases de los flujos de cobros y pagos.

  La cuenta se liquidará periódicamente (mensualmente o trimestralmente). Se calcularán los intereses de la cantidad dispuesta y la comisión por lo no dispuesto y por las cantidades que hayamos excedido del límite (intereses y comisiones por excedidos).

  Registro contable

  Funciona como una cuenta bancaria.

  — Cuando nos conceden la póliza de crédito por los gastos iniciales ocasionados:

Debe	N.º	Cód.	Cuentas	Cód.	Haber
			Fecha		
		626	Servicios bancarios y similares		
		669	Otros gastos financieros a Deudas a corto plazo por crédito dispuesto	5201	

  — Cuando pagamos con cargo a la cuenta de crédito cualquier factura de los diferentes acreedores o proveedores de la empresa:

Debe	N.º	Cód.	Cuentas	Cód.	Haber
			Fecha		
		400	Proveedores		
		410	Acreedores por prestaciones de servicios a Deudas a corto plazo por crédito dispuesto	5201	

  — Cuando ingresamos o cobramos algún importe en la cuenta de la póliza de crédito:

Debe	N.º	Cód.	Cuentas	Cód.	Haber
			Fecha		
		5201	Deudas a corto plazo por crédito dispuesto a Clientes	430	
			a Tesorería	57	

Importante

El funcionamiento de una póliza de crédito es similar al de una cuenta corriente, con la diferencia de que podemos disponer del crédito hasta el límite concedido, aunque no se disponga de fondos.

— Por los gastos generados por las liquidaciones:

Debe	N.º	Cód.	Cuentas	Cód.	Haber
			Fecha		
		662 669	Intereses de deudas Otros gastos financieros a Deudas a corto plazo por crédito dispuesto	5201	

Actividad resuelta 5.5.

La empresa COMERMOBIL, SA tiene abierta una póliza de crédito en la entidad bancaria BANCO TEX. La subcuenta que utiliza es (5201.1) BANCO TEX, cta. de crédito n.º 2111. El día 7/10 recoge el siguiente movimiento contable:

EXTRACTO DE MOVIMIENTOS — TIPO DE CUENTA: CR - CRÉDITOS — LÍMITE: 200.000,00 €

IBAN: ES34 3008 0355 5910 2000 2111 — DOCUMENTO EDUCATIVO SIN VALOR LEGAL

CUENTA NÚMERO: 3008 0355 59 1020002111

FECHA: 7/10/20X0 — FECHA VTO.: 30/05/20X1

TITULAR: COMERMOBIL, SA

F. OPER.	F. VAL.	CONCEPTO	IMPORTE		SALDO EUROS
		SALDO ANTERIOR.............................			–21.121,31 €
03/10/20X0	03/10	TRANSF. DE MOBILIARI, SL		2.342,08	–18.779,23 €
06/10/20X0	06/10	RECIBO REF.: 000B30518427	–3.534,17		–22.313,40 €
06/10/20X0	07/10	PAGARÉ 1500296 MODER, SL	–3.100,36		–25.413,76 €
06/10/20X0	08/10	ABONO CHEQUE/PAGARÉ		2.104,53	–23.309,23 €
06/10/20X0	06/10	RECIBO (AD. SEPA) COMPAÑÍA TELEFÓNICA	–1.005,98		–24.315,21 €
07/10/20X0	07/10	INTERESES DISPUESTOS	–270,51		–24.585,72 €
07/10/20X0	07/10	COMISIÓN NO DISPUESTO	–51,3		–24.637,02 €
	07/10/20X0	SALDO CONTABLE	– 24.637,02-EUR		

Solución:

La empresa verifica a quiénes corresponden los ingresos y los cargos ocasionados con cargo a la cuenta de crédito y contabilizará las operaciones registrando los pagos a las distintas cuentas de proveedores, acreedores y los cobros a los clientes:

Código de cuenta	Descripción	Importe
430.1	MOBILIARI, SL	2.342,08 €
400.2	MADERSI, SL	3.534,17 €
401.3	MODER, SL, EFECTOS A PAGAR	3.100,36 €
430.5	MUEBLES MAS, SL	2.104,53 €
410.5	COMPAÑÍA TELEFÓNICA, SL	1.005,98 €

Las anotaciones que deberemos realizar en el Diario según el extracto de la cuenta de crédito son las siguientes:

Debe	N.º	Cód.	Cuentas		Cód.	Haber
			03/10/X0			
2.342,08		5201.1	BANCO TEX, cta. de crédito n.º 2111	a MOBILIARI, SL	430.1	2.342,08
			06/10/X0			
3.534,17		400.2	MADERSI, SL			
3.100,36		401.3	MODER, SL, efectos a pagar			
2.104,53		5201.1	BANCO TEX, cta. de crédito n.º 2111			
1.005,98		410.5	COMPAÑÍA TELEFÓNICA, SL	a BANCO TEX, cta. de crédito n.º 2111	5201.1	3.534,17
				a BANCO TEX, cta. de crédito n.º 2111	5201.1	3.100,36
				a MUEBLES MAS, SL	430.5	2.104,53
				a BANCO TEX, cta. de crédito n.º 2111	5201.1	1.005,98
			07/10/X0			
270,51		662	Intereses de deudas			
51,30		669	Otros gastos financieros	a BANCO TEX, cta. de crédito n.º 2111	5201.1	270,51
				a BANCO TEX, cta. de crédito n.º 2111	5201.1	51,30

- **Préstamos:** son operaciones financieras en las que la entidad bancaria entrega una cierta cantidad de dinero a una persona (en este caso una empresa), con el compromiso de devolver el capital prestado y los intereses acordados en el plazo y las condiciones pactadas.

  Las condiciones negociadas habitualmente son las siguientes:

  — El importe del préstamo o la cuantía del capital.

  — El tipo de interés nominal, es decir, la carga financiera que hay que soportar.

  — La duración del préstamo, que será el plazo en el que hay que devolverlo.

  — El sistema de amortización o devolución a lo largo de la vida del préstamo.

  — Las comisiones (apertura y cancelación) y los gastos (tasación, notaría y registro en su caso).

  Según la duración, podemos distinguir entre préstamos a corto plazo y a largo plazo, tal y como hemos visto anteriormente. En este caso, vamos a analizar los préstamos a largo plazo, habituales para financiar las adquisiciones de inmovilizados.

  En las operaciones de préstamos, se genera la siguiente documentación, que nos va a servir para realizar los registros contables:

  — La póliza o el contrato de préstamo.

  — Los cuadros de amortización del préstamo.

  — Los recibos de las cuotas del préstamo.

Sabías que

El tipo de interés de los préstamos puede ser fijo, que se mantiene invariable durante la vigencia del préstamo, o variable, que se va modificando durante el periodo de amortización en función de un indicador del precio del dinero en el mercado, como el euríbor.

Registro contable:

— Cuando solicitamos el préstamo y nos lo conceden por el cargo de los gastos:

Debe	N.º	Cód.	Cuentas	Cód.	Haber
			Fecha		
		626	Servicios bancarios y similares		
		669	Otros gastos financieros a Bancos e instituciones de crédito, c/c vista, euros	572	

— Por el ingreso del dinero en cuenta y el reconocimiento de la deuda:

Debe	N.º	Cód.	Cuentas	Cód.	Haber
			Fecha		
		572	Bancos e instituciones de crédito, c/c vista, euros a Préstamos a corto plazo de entidades de crédito (cuotas de amortización con vencimiento inferior a 1 año)	5200	
			a Deudas a largo plazo con entidades de crédito (cuotas de amortización con vencimiento superior a 1 año)	170	

— Por el pago de las cuotas del préstamo:

Debe	N.º	Cód.	Cuentas	Cód.	Haber
			Fecha		
		5200	Préstamos a corto plazo de entidades de crédito		
		662	Intereses de deudas a Bancos e instituciones de crédito, c/c vista, euros	572	

— Al cierre de cada ejercicio de vigencia del préstamo (31/12):

- Reclasificación de la deuda:

Debe	N.º	Cód.	Cuentas	Cód.	Haber
			Fecha		
		170	Deudas a largo plazo con entidades de crédito a Préstamos a corto plazo de entidades de crédito (por las cuotas que vencen el próximo ejercicio)	5200	

- Devengo de intereses:

Debe	N.º	Cód.	Cuentas	Cód.	Haber
			Fecha		
		662	Intereses de deudas (se calcula la parte proporcional de los intereses devengados hasta la fecha de cierre del ejercicio)		
			a Intereses a corto plazo de deudas con entidades de crédito	527	

- Primera cuota del año siguiente:

Debe	N.º	Cód.	Cuentas	Cód.	Haber
			Fecha		
		5200	Préstamos a corto plazo de entidades de crédito		
		662	Intereses de deudas (la parte de los intereses desde el día 1/1 hasta el vencimiento del plazo)		
		527	Intereses a corto plazo de deudas con entidades de crédito		
			a Bancos e instituciones de crédito, c/c vista, euros	572	

Importante

Modelo de cuadro de amortización de un préstamo						
Vencimiento	**Fecha de la cuota**	**Cuota**	**Intereses**	**Capital**	**Capital amortizado**	**Capital pendiente**
Número de orden de cada vencimiento	Fecha de pago de cada cuota	El pago de las cuotas: con cargo a la cuenta: **572 Bancos c/c**	El gasto de la financiación: **662 Intereses de deudas**	La cantidad que devolvemos en cada cuota: **5200 Préstamos a corto plazo de entidades de crédito**	Capital acumulado que hemos devuelto después del pago de cada cuota	Capital pendiente de devolver después del pago de cada cuota

Actividad resuelta 5.6.

Una empresa solicita a una entidad financiera un préstamo de 50.000,00 € para la compra de maquinaria. Firman la operación con fecha 30/09/20X0 y las condiciones que se establecen son las siguientes:

- El pago de las cuotas trimestrales.
- La duración del préstamo será de 3 ejercicios.
- Los gastos por la concesión suponen el cobro de una comisión del 1 % (500,00 €) y, además, por la verificación de la firma de la póliza ante el notario 60,00 €.

Las cuotas y los pagos que se han de efectuar se reflejan en el cuadro de préstamo, que tendremos que utilizar para tomar los datos de su contabilización en cada momento.

Indicaremos a continuación qué recoge la información suministrada por el cuadro de amortización del préstamo que nos entregará la entidad financiera al firmar la operación y qué necesitaremos para poder registrarla de modo adecuado contablemente.

(continúa)

Vencimiento	Fecha de la cuota	Cuota	Intereses	Capital	Capital amortizado	Capital pendiente
0	30/09/20X0					50.000,00
1	30/12/20X0	4.512,92	625,00	3.887,92	3.887,92	46.112,08
2	30/03/20X1	4.512,92	576,41	3.936,51	7.824,43	42.175,57
3	30/06/20X1	4.512,92	527,20	3.985,72	11.810,15	38.189,85
4	30/09/20X1	4.512,92	477,38	4.035,54	15.845,69	34.154,31
5	30/12/20X1	4.512,92	426,93	4.085,99	19.931,68	30.068,32
6	30/03/20X2	4.512,92	375,86	4.137,06	24.068,74	25.931,26
7	30/06/20X2	4.512,92	324,15	4.188,77	28.257,51	21.742,49
8	30/09/20X2	4.512,92	271,79	4.241,13	32.498,64	17.501,36
9	30/12/20X2	4.512,92	218,77	4.294,15	36.792,79	13.207,21
10	30/03/20X3	4.512,92	165,09	4.347,83	41.140,62	8.859,38
11	30/06/20X3	4.512,92	110,75	4.402,17	45.542,79	4.457,21
12	30/09/20X3	4.512,92	55,71	4.457,21	50.000,00	0,00

Solución:

Vamos a realizar la contabilización en los diferentes momentos del préstamo:

1. El día 30/09/20X0:
   - Cuando solicitamos el préstamo y nos lo conceden:
     — Por el cargo de los gastos:

Debe	N.º	Cód.	Cuentas	Cód.	Haber
			30/09/20X0		
60,00 500,00	1	626 669	Servicios bancarios y similares Otros gastos financieros a Bancos e instituciones de crédito, c/c vista, euros	572	560,00

— Por el ingreso del dinero en cuenta y el reconocimiento de la deuda:

Debe	N.º	Cód.	Cuentas	Cód.	Haber
			30/09/20X0		
50.000,00	2	572	Bancos e instituciones de crédito, c/c vista, euros a Préstamos a corto plazo de entidades de crédito (cuotas de amortización con vencimiento inferior a 1 año)	5200	3.887,92 (*)
			a Deudas a largo plazo con entidades de crédito (cuotas de amortización con vencimiento superior a 1 año)	170	46.112,08 (*)

(*) Por simplificar, hemos considerado como corto plazo las cuotas que se satisfacen en el ejercicio 20X0 y como largo plazo el resto de la deuda.

— Por el pago de la primera cuota del préstamo:

Debe	N.º	Cód.	Cuentas			Cód.	Haber
			30/12/20X0				
3.887,92	3	5200	Préstamos a corto plazo de entidades de crédito				
625,00		662	Intereses de deudas	a	Bancos e instituciones de crédito, c/c vista, euros	572	4.512,92

— Al cierre de cada ejercicio de vigencia del préstamo (31/12):
  - Reclasificación de la deuda:

Debe	N.º	Cód.	Cuentas			Cód.	Haber
			31/12/20X0				
16.043,76	4	170	Deudas a largo plazo con entidades de crédito (*)	a	Préstamos a corto plazo de entidades de crédito (por las cuotas que vencen el próximo ejercicio)	5200	16.043,76

(*) Podemos calcularlo de dos modos:

a) Por la diferencia de capitales pendientes al final de cada periodo que deseemos contabilizar: 30/12/20X0 y 30/12/20X1: (46.112,08 – 30.068,32) = 16.043,76.

b) Por las sumas de las cuotas de amortización que corresponden al año siguiente: 3.936,51 + 3.985,72 + 4.035,54 + + 4.085,99 = 16.043,76.

2. Devengo de intereses: como el pago se realiza el último día del ejercicio, no corresponde realizar el asiento y el reparto de los gastos por intereses del ejercicio que procedemos a cerrar.

3. Al no realizarse el asiento del devengo de intereses, la contabilización de la primera cuota del año siguiente es igual que el pago del resto de cuotas:

Debe	N.º	Cód.	Cuentas			Cód.	Haber
			30/03/20X1				
3.936,51	5	5200	Préstamos a corto plazo de entidades de crédito				
576,41		662	Intereses de deudas	a	Bancos e instituciones de crédito, c/c vista, euros	572	4.512,92

Actividad propuesta 5.4.

Con la información de la que disponemos en el cuadro del préstamo de la Actividad resuelta 5.6:

1. Realiza la contabilización de las cuotas del cuadro del préstamo anterior en las siguientes fechas:

a) 30/06/20X1. b) 30/09/20X1. c) 30/12/20X1. d) 30/03/20X2. e) 30/06/20X2.
f) 30/09/20X2. g) 30/12/20X2. h) 30/03/20X3. i) 30/06/20X3. j) 30/09/20X3.

2. Contabiliza la reclasificación de las cuotas que corresponden a las fechas 31/12/20X1 y 31/12/20X2.

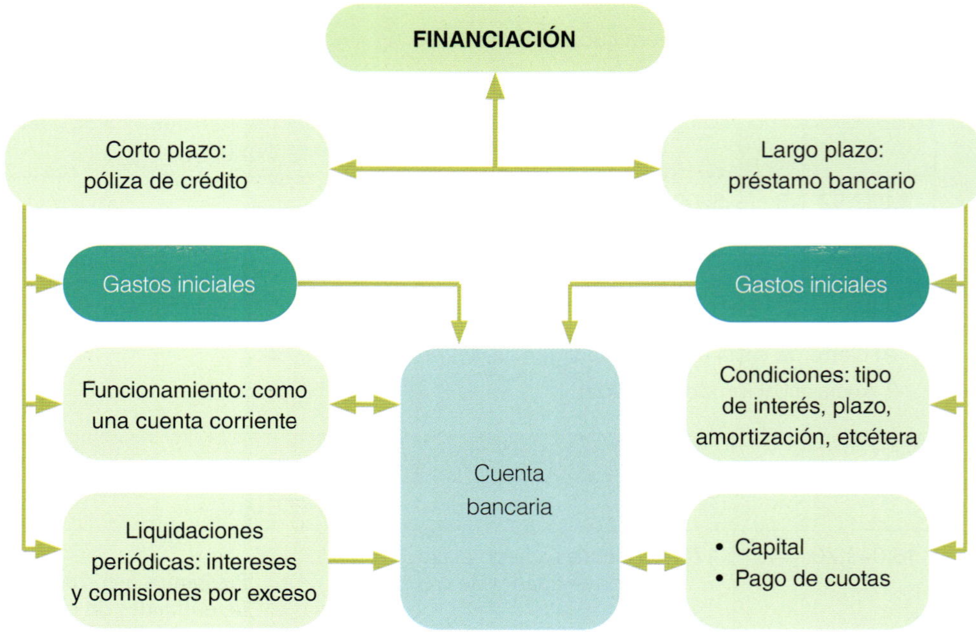

Figura 5.5. Esquema de la financiación a corto y a largo plazo.

Actividad propuesta 5.5.

Una empresa firma una operación de préstamo destinada a la adquisición de un equipo informático, de pagos semestrales y con una duración de 3 años. El coste del equipo asciende a 30.000 €. La operación se firma con la entidad Banco Cole el 30 de junio de 20X0, se paga en el momento de la apertura una comisión de 300 € y unos gastos 60 €.

Contabiliza la operación teniendo en cuenta la tabla de amortización siguiente:

Vencimiento	Fecha cuota	Cuota	Intereses	Capital	Capital amortizado	Capital pendiente
0	30/06/20X0	—	—	—	—	30.000,00 €
1	30/12/20X0	5.265,76	450,00	4.815,76	4.815,76	25.184,24 €
2	30/06/20X1	5.265,76	377,77	4.887,99	9.703,75	20.296,25 €
3	30/12/20X1	5.265,76	304,45	4.961,31	14.665,06	15.334,94 €
4	30/06/20X2	5.265,76	230,03	5.035,73	19.700,79	10.299,21 €
5	30/12/20X2	5.265,76	154,49	5.111,27	24.812,06	5.187,94 €
6	30/06/20X3	5.265,76	77,82	5.187,94	30.000,00	—

Importante

Es habitual que parte de las compras de inmovilizado de las empresas se financien con operaciones de préstamos a largo plazo, para no incurrir en desequilibrios de tesorería, ya que la recuperación de las inversiones en inmovilizado se realiza a lo largo de la vida de los inmovilizados. Si se financian con préstamos a corto plazo, se pondría en peligro la liquidez de la empresa.

Mapa conceptual

Documentación utilizada en las operaciones de tesorería

Operaciones realizadas

Documentos que utilizamos

- **Gasto:** adquisición de bienes y servicios destinados a la obtención de productos o servicios objeto de la explotación de la empresa.
- **Ingreso:** lo genera la empresa por la venta de sus productos o servicios objeto de su actividad y otros de carácter extraordinario o financiero en el ejercicio contable.

→ Facturas

- **Pago:** salida física de dinero de la empresa, de caja o de bancos.
- **Cobro:** entrada física de dinero en la empresa, en caja o en bancos.

→ Cheques, recibos, pagarés, letras de cambio, etcétera

Tratamiento de las cuentas bancarias

Relación con las entidades bancarias

- → Servicios: depósitos a la vista, cheques, e-cuentas, transferencias, etcétera
- → Financiación: líneas de descuento, anticipos de crédito, pólizas de crédito, etcétera

Cuentas bancarias

- → Depósitos a la vista → Cuentas corrientes y cuentas de ahorro
- → Depósitos a plazo → Condición del plazo, mayor remuneración y coste de disposición antes del plazo

Gestión de cobro de las cuentas de clientes

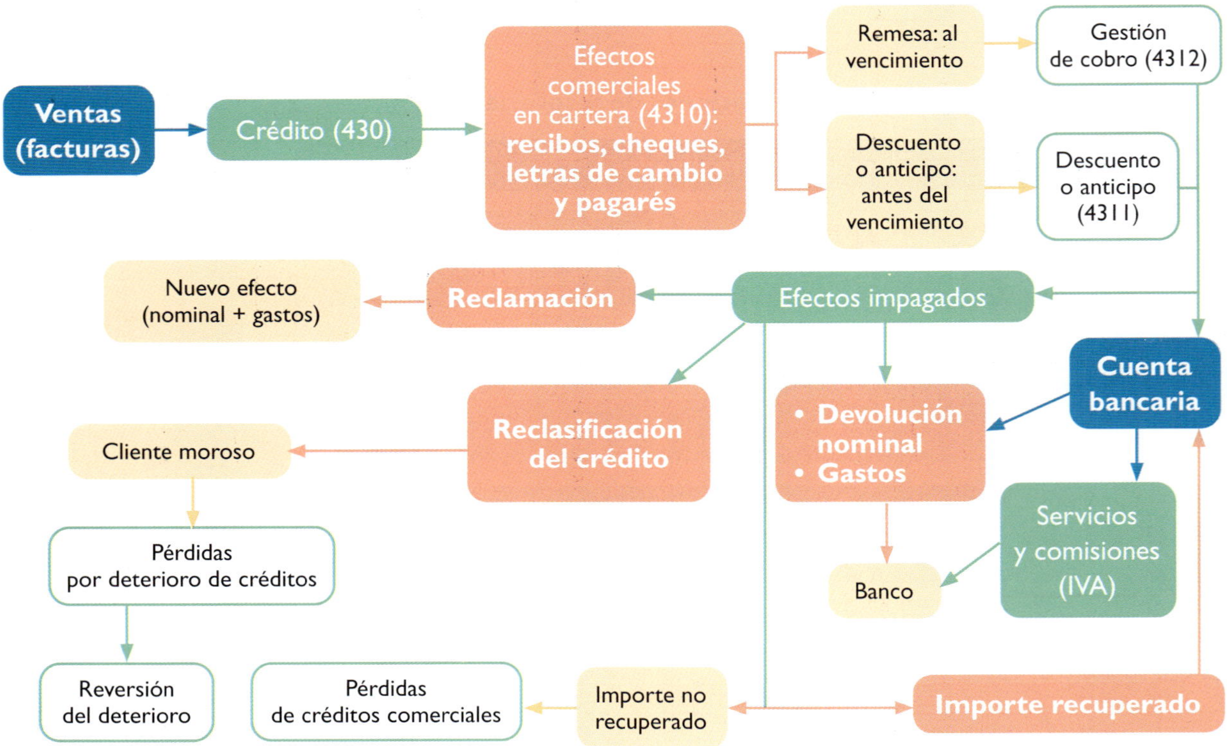

Pólizas de crédito y préstamos bancarios

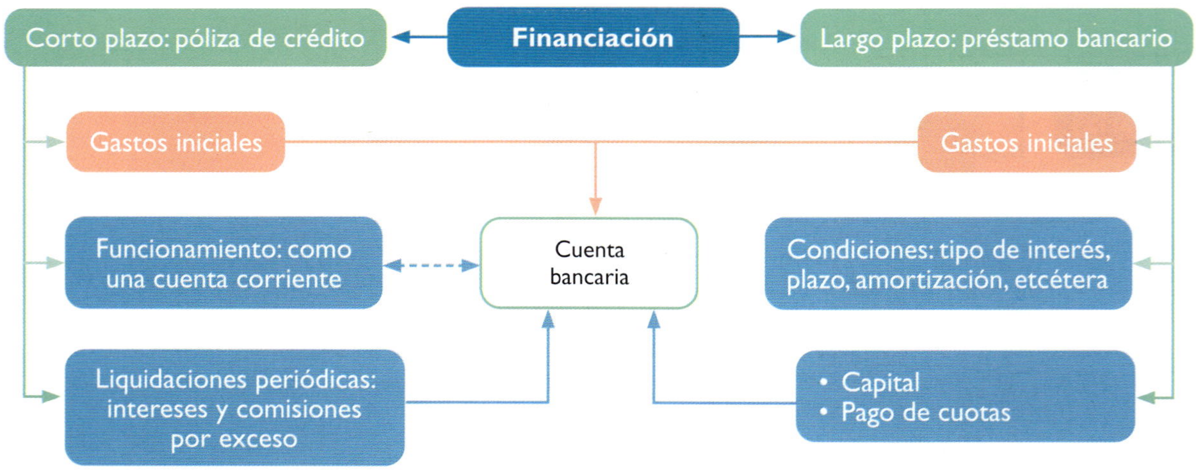

Actividades finales

De comprobación

5.1. El procedimiento sobre registros contables que tenemos que aplicar al contabilizar los movimientos de tesorería comprende:

a) Una adecuada clasificación de deudas a corto y largo plazo.

b) La valoración de las disponibilidades líquidas por su valor de mercado.

c) Los pagos domiciliados se consideran efectuados el día de su contabilización.

d) Ninguna de las opciones anteriores es correcta.

5.2. Si un efecto comercial está descontado en la entidad bancaria, se registra en la cuenta:

a) 431 Clientes, efectos comerciales a cobrar.

b) 4310 Clientes, efectos comerciales en cartera.

c) 4311 Clientes, efectos comerciales descontados.

d) 4312 Clientes, efectos comerciales en gestión de cobro.

5.3. Son considerados como tesorería:

a) Los saldos que no son de disponibilidad inmediata.

b) Los descubiertos bancarios.

c) Los saldos a favor de la empresa de disponibilidad inmediata.

d) Ninguna de las opciones anteriores es correcta.

5.4. La remesa de papel comercial está formada por:

a) Cheques bancarios y recibos.

b) Letras de cambio y pagarés.

c) Facturas de gastos.

d) Todas las opciones anteriores son correctas.

5.5. Las pólizas de crédito se utilizan para:

a) Financiar operaciones de inmovilizado.

b) Financiar el funcionamiento diario de la empresa.

c) Pagar las deudas con la entidad financiera.

d) Todas las opciones anteriores son correctas.

5.6. Copia la siguiente tabla y señala si las afirmaciones son verdaderas o falsas:

N.°	Afirmación	V/F
1	El ingreso supone la entrada física de dinero en la empresa, en la caja o en los bancos.	
2	Las comisiones son el coste fundamental de las cuentas corrientes y de ahorro.	
3	El pago es la salida física de dinero de la empresa, de la caja o de los bancos.	
4	La gestión de cobro de los efectos comerciales se produce cuando la empresa decide hacer efectivo el cobro en el momento de su vencimiento.	
5	La póliza de crédito se contabiliza en la cuenta 5200 Préstamos a corto plazo de entidades de crédito.	

De aplicación

5.7. ¿Qué son el papel comercial o los efectos comerciales?

5.8. ¿Cuáles son las principales operaciones bancarias que se realizan con las remesas?

5.9. ¿Qué situaciones se pueden dar en el momento del vencimiento de los efectos comerciales?

5.10. ¿Qué registros contables debemos realizar para contabilizar una operación de préstamo?

5.11. ¿Cuándo se utiliza la subcuenta 436 Clientes de dudoso cobro?

Caso práctico

La empresa ZAPAPASOS, SL firma con la entidad financiera BANCO COLE una operación de préstamo el día 30/06/20X0. A continuación, detallamos el cuadro de amortización y los gastos asociados a la firma:

Fecha de concesión	30/06/20X0	N.º de cuotas	6	Gastos		
Importe del préstamo	20.000	Modalidad	Pospagable	Comisión de apertura		1 %
Duración (años)	3	Frecuencia	Semestral	Corretaje		0,20 %
Tipo de interés	5 %					
Vencimiento	**Fecha de la cuota**	**Cuota**	**Intereses**	**Capital**	**C. amortizado**	**C. pendiente**
0	30/06/20X0	—	—	—	—	20.000,00
1	30/12/20X0	3.480,68	250	3.230,68	3.230,68	16.769,32
2	30/06/20X1	3.480,68	209,62	3.271,06	6.501,74	13.498,26
3	30/12/20X1	3.480,68	168,73	3.311,95	9.813,69	10.186,31
4	30/06/20X2	3.480,68	127,33	3.353,35	13.167,04	6.832,96
5	30/12/20X2	3.480,68	85,42	3.395,26	16.562,30	3.437,70
6	30/06/20X3	3.480,68	42,98	3.437,70	20.000,00	0,00

Asimismo, para financiar sus operaciones habituales, la empresa ZAPAPASOS, SL ha negociado con la entidad financiera CAJANORTE la gestión del cobro de efectos y una línea de descuento y anticipo de crédito. En el mes de octubre, presenta la siguiente remesa de efectos que negociará en CAJANORTE:

N.º de efecto	Librado	Fecha de vencimiento	Importe	IBAN
38/01	CALZABIEN, SLS	1-OCT	7.063,38 €	ES00 1122 2000 5555 1000 4444
38/02	CALZABIEN, SLS	1-NOV	7.063,37 €	ES00 1122 2000 5555 1000 4444
39/01	COMERCIOSI, SLS	1-OCT	6.953,27 €	ES02 3000 2222 5678 0000 4567
39/02	COMERCIOSI, SLS	1-NOV	6.953,26 €	ES02 3000 2222 5678 0000 4567
40/01	CALZABIEN, SLS	1-DIC	5.105,00 €	ES00 1122 2000 5555 1000 4444

1. El día 01/10/20X0 se presenta la siguiente remesa para que el banco gestione el cobro de los efectos: la entidad abona el importe de la remesa y carga en cuenta los gastos correspondientes. Los documentos que remite son los siguientes:

CAJANORTE

REMESA DE EFECTOS N.º 25

GESTIÓN DE COBRO

FECHA: 01/10/20X0

CLIENTE: ZAPAPASOS, SL

POLÍGONO BOBALAR, NAVE N.º 25, 30000 MURCIA

NIF: B30320122

OFICINA	IBAN
MURCIA	ES25 2000 2014 1222 0333 1111

LIBRADO	DOCUMENTO	IBAN	VENCIMIENTO	IMPORTE
CALZABIEN, SLS	38/01	ES00 1122 2000 5555 1000 4444	01/10/20X0	7.063,38 €
COMERCIOSI, SLS	39/01	ES02 3000 2222 5678 0000 4567	01/10/20X0	6.953,27 €
		TOTAL		14.016,64 €

CAJANORTE

ABONO			
REMESA DE EFECTOS N.º 25			
CLIENTE: ZAPAPASOS, SL POLÍGONO BOBALAR, NAVE N.º 25, 30000 MURCIA NIF: B30320122			
OFICINA		**IBAN**	
MURCIA		ES25 2000 2014 1222 0333 1111	
FECHA	**DESCRIPCIÓN**	**ABONO**	**FECHA VALOR**
01/10/20X0	ABONO EFECTOS ENTREGADOS GEST. COBRO remesa n.º 25		
	CALZABIEN, SLS	7.063,38	01/10/20X0
	COMERCIOSI, SLS	6.953,27	
	TOTAL	14.016,64 €	

CAJANORTE

ADEUDO 6 FAC. 29963/X0			
CLIENTE: ZAPAPASOS, SL POLÍGONO BOBALAR, NAVE N.º 25, 30000 MURCIA NIF: B30320122			
OFICINA		**IBAN**	
MURCIA		ES25 2000 2014 1222 0333 1111	
FECHA	**DESCRIPCIÓN**	**CARGO**	**FECHA VALOR**
01/10/20X0	GASTOS REMESA 25 EFECTOS GESTIÓN COBRO FECHA REMESA: 01/10/20X0 NOMINAL 14.016,64		
	COMISIÓN: 7 ‰ NOMINAL	98,12	01/10/20X0
	IVA 21 % sobre COMISIÓN	20,60	
	TOTAL	118,72 €	

2. El día 10/10/20X0, para poder hacer frente al pago de una factura del proveedor, la empresa necesita negociar al descuento los efectos que se detallan. CAJANORTE liquida la remesa, abona el nominal y carga en cuenta el importe de la liquidación, tal y como se indica en los siguientes documentos:

CAJANORTE

REMESA DE EFECTOS N.º 26

GESTIÓN DE DESCUENTO

FECHA: 10/10/20X0

CLIENTE: ZAPAPASOS, SL
POLÍGONO BOBALAR, NAVE N.º 25, 30000 MURCIA
NIF: B30320122

OFICINA		**IBAN**		
MURCIA		ES25 2000 2014 1222 0333 1111		
LIBRADO	**DOCUMENTO**	**IBAN**	**VENCIMIENTO**	**IMPORTE**
CALZABIEN, SLS	38/02	ES00 1122 2000 5555 1000 4444	01/11/20X0	7.063,37 €
COMERCIOSI, SLS	39/02	ES02 3000 2222 5678 0000 4567	01/11/20X0	6.953,26 €
			TOTAL	14.016,62 €

CAJANORTE

CAJANORTE
AVDA. SUR, 20
BILBAO

DESCUENTO COMERCIAL

CLIENTE: ZAPAPASOS, SL
POLÍGONO BOBALAR, NAVE N.º 25, 30000 MURCIA
NIF: B30320122

Registro Mercantil de Bilbao. Libro 00, tomo 00, sección 2.ª, hoja 00

N.º REMESA	**FECHA REMESA**
26	10/10/20X0

OFICINA	**IBAN**
MURCIA	ES25 2000 2014 1222 0333 1111

					INTERESES		COMISIONES			
NOMINAL	PLAZA	CL	VENCIMIENTO	DÍAS	%	IMPORTE	%	IMPORTE	CORREO	TIMBRES
7.063,37	ES00 1122 2000 5555 1000 4444	RD	01/11/20X0	20	4 %	15,70	0,40 %	28,25	0,28	33,66
6.953,26	ES02 3000 2222 5678 0000 4567	RD	01/11/20X0	20	4 %	15,45	0,40 %	27,81	0,28	33,66

Nominal remesa	Fecha valor	Total gastos	**Efectivo**	Intereses	Comisión	Correo	Timbres
14.016,62	10/10/20X0	155,09	**13.861,53**	31,15	56,07	0,56	67,32

3. El día 25/10/20X0 la empresa entrega una remesa para que se liquide por la entidad financiera como anticipo de crédito. El banco CAJANORTE entrega la documentación que corresponde a la liquidación de la remesa.

CAJANORTE	REMESA DE EFECTOS			N.° 27
	ANTICIPO DE CRÉDITO NORMA 58			
	FECHA: 25/10/20X0			
	CLIENTE: ZAPAPASOS, SL POLÍGONO BOBALAR, NAVE N.° 25, 30000 MURCIA NIF: B30320122			
OFICINA		IBAN		
MURCIA		ES25 2000 2014 1222 0333 1111		
LIBRADO	DOCUMENTO	IBAN	VENCIMIENTO	IMPORTE
CALZABIEN, SLS	40/01	ES00 1122 2000 5555 1000 4444	01/12/20X0	5.105,00 €
TOTAL				5.105,00 €

CAJANORTE
AVDA. SUR, 20
BILBAO

Registro Mercantil de Bilbao. Libro 00, tomo 00, sección 2.ª, hoja 00

ANTICIPO DE CRÉDITO NORMA N.º 58

CLIENTE: ZAPAPASOS, SL
POLÍGONO BOBALAR, NAVE N.º 25, 30000 MURCIA
NIF: B30320122

N.º REMESA	FECHA REMESA	OFICINA	IBAN
27	25/10/20X0	MURCIA	ES25 2000 2014 1222 0333 1111

					INTERESES		COMISIONES			
NOMINAL	PLAZA	CL	VENCIMIENTO	DÍAS	%	IMPORTE	%	IMPORTE	IVA 21 %	CORREO
5.105,00	SEVILLA	RD	01/12/20X0	35	4 %	19,85	0,40 %	20,42	4,2882	0,28
Nominal remesa	Fecha valor	Total gastos	Efectivo			Intereses		Comisión	IVA 21 %	Correo
5.105,00 €	25/10/20X0	44,84 €	5.060,16 €			19,85 €		20,42 €	4,29 €	0,28 €
								BASE IMPONIBLE	CUOTA IVA	

4. El día 01/11/20X0, la empresa recibe una comunicación por parte de la entidad financiera de que el efecto de CALZABIEN, SLS ha sido atendido por parte del cliente, pero el de COMERCIOSI, SLS ha resultado impagado. Entrega la documentación del cargo del importe nominal más los gastos de la devolución del efecto descontado.

CAJANORTE	INFORMACIÓN COBRO EFECTOS			
	CLIENTE: ZAPAPASOS, SL POLÍGONO BOBALAR, NAVE N.º 25, 30000 MURCIA NIF: B30320122			
	OFICINA		IBAN	
	MURCIA		ES25 2000 2014 1222 0333 1111	
	FECHA	DESCRIPCIÓN	ABONO	FECHA VALOR
	01/11/20X0	Relación de efectos descontados cobrados a su vencimiento: CALZABIEN, SLS	7.063,37	01/11/20X0
		TOTAL	7.063,37 €	

CAJANORTE		ADEUDO / FAC. 56666/X0		
	CLIENTE: ZAPAPASOS, SL POLÍGONO BOBALAR, NAVE N.° 25, 30000 MURCIA NIF: B30320122			
	OFICINA		IBAN	
	MURCIA		ES25 2000 2014 1222 0333 1111	
	FECHA	DESCRIPCIÓN	CARGO	FECHA VALOR
	01/11/20X0	GASTOS DEVOLUCIÓN EFECTO IMPAGADO COMERCIOSI, SLS NOMINAL 6.953,26	6.953,26	
		COMISIÓN: 5 ‰ NOMINAL	34,77	01/11/20X0
		TOTAL CARGO EN CUENTA	6.988,02 €	

5. La empresa se pone en contacto con el cliente y este le comunica que no puede proceder al pago de las facturas. La empresa considera al cliente como de dudoso cobro y, con fecha 31/12/20X0, procede a registrar el deterioro de valor.

Efectúa la contabilización que corresponde:

- En el momento de la firma y la concesión del préstamo (30/06/20X0).
- En cada uno de los pagos de las cuotas del préstamo.
- En las operaciones de reclasificación de la deuda que corresponde realizar en las fechas de cierre de los diferentes ejercicios.
- En los asientos contables de la gestión de cobro y los anticipos realizados por la empresa ZAPAPASOS, SL con la entidad bancaria CAJANORTE.

SIMULACIÓN

La tesorería de la empresa

ABANICOS HOYO ARCE, SLS negocia con la entidad financiera CAIXA RURAL TORRENT una línea de descuento y firma la póliza de riesgo correspondiente. También gestiona los cobros de efectos a través de la misma entidad. La documentación generada por las operaciones realizadas se relaciona a continuación.

- Documentos de las operaciones de la c/c del mes de octubre:

— Cargo del cheque ventanilla como pago de la factura del Registro Mercantil.

CAIXA RURAL TORRENT

CÓDIGO CUENTA CLIENTE (C. C. C.)

ENTIDAD	SUCURSAL	D. C.	NÚMERO CUENTA
3118	11	22	3344556677

IBAN: ES81/3118/0011/22/3344556677

€ 244,17

Páguese por este cheque a: D. JAVIER PÉREZ GIL (REGISTRO MERCANTIL DE VALENCIA)
Euros: DOSCIENTOS CUARENTA Y CUATRO CON DIECISIETE
Cuatro de octubre de 20X0
(la fecha debe consignarse en letra)

serie L n.º: 1.000-1
CHEQUE VENTANILLA
ABANICOS HOYO ARCE, SL
DOCUMENTO EDUCATIVO SIN VALOR LEGAL

CAIXA RURAL TORRENT

REMESA DE EFECTOS — N.º 1
GESTIÓN DE COBRO — DOCUMENTO EDUCATIVO SIN VALOR LEGAL
20/10/20X0

CLIENTE: ABANICOS HOYO ARCE, SLS

OFICINA	IBAN
ALDAIA	ES81/3118/0011223344556677

LIBRADO	DOCUMENTO	PLAZA	IBAN	VENCIMIENTO	IMPORTE
JOSÉ VICENTE FLORES	FAC. 1	SEVILLA	ES0238122562567800004567	A LA VISTA	847,00 €
PILI ALCOBA	FAC. 3	MADRID	ES0032222000555510004321	A LA VISTA	19.951,09 €
			TOTAL		20.798,09 €

— Cobro de la remesa n.º 1. Facturas emitidas 1 y 3:

CAIXA RURAL TORRENT

ABONO
REMESA DE EFECTOS N.º 1
CLIENTE: ABANICOS HOYO ARCE, SLS

OFICINA		IBAN	
ALDAIA		ES81/3118/0011223344556677	
FECHA	**DESCRIPCIÓN**	**ABONO**	**FECHA VALOR**
25/10/20X0	ABONO EFECTOS ENTREGADOS GEST. COBRO remesa n.º 1		
	JOSÉ VICENTE FLORES	847,00 €	25/10/20X0
	PILI ALCOBA	19.951,09 €	
	TOTAL	20.798,09 €	

DOCUMENTO EDUCATIVO SIN VALOR LEGAL

— Gastos de la remesa n.º 1:

CAIXA RURAL TORRENT

ADEUDO 6 FAC. 4568/X0

DOCUMENTO EDUCATIVO SIN VALOR LEGAL

CLIENTE: ABANICOS HOYO ARCE, SLS

OFICINA	IBAN
ALDAIA	ES81/3118/0011223344556677

FECHA	DESCRIPCIÓN		CARGO	FECHA VALOR
25/10/20X0	GASTOS REMESA N.º 1 EFECTOS GESTIÓN COBRO FECHA REMESA: 20/10/20X0 NOMINAL	20.798,09 €		
	COMISIÓN: 2 ‰ NOMINAL		41,60 €	25/10/20X0
	IVA 21 % SOBRE COMISIÓN		8,74 €	
	TOTAL		50,34 €	

■ ABANICOS HOYO ARCE, SLS suscribe un préstamo para la adquisición del vehículo de la empresa con la misma entidad, cuyas condiciones se describen en el cuadro de amortización. Los gastos de formalización del préstamo aparecen en el extracto de la cuenta corriente del mes de octubre (comisión de apertura y gastos de la operación). Se pagan las cuotas mensuales al final de cada mes. El cuadro del préstamo es el siguiente:

OPERACIÓN DE PRÉSTAMO EN EUROS: ES81/3118/00112233

CAIXA RURAL TORRENT

Descripción	PP200 3200 - PRÉSTAMO EMPRESA		
Tipo amortización	CUOTA CTE.	**Plazo**	48 meses
Tipo interés	8 %	**DURACIÓN**	4 años
Frecuencia	Mensual	**Carencia**	0 meses
Cuenta asociada	ES81/3118/0011223344556677	**Fecha apertura**	30/10/20X0
Capital concedido	25.000,00 €	**Capital pendiente**	25.000,00 €

CUADRO DE AMORTIZACIÓN

Vencimiento	Fecha	Cuota	Interés	Amortización	Capital amortizado	Capital pendiente
0	30/10/20X0					25.000,00
1	30/11/20X0	610,32	166,66	443,66	443,66	24.556,34
2	30/12/20X0	610,32	163,71	446,61	890,27	24.109,73
3	30/01/20X1	610,32	160,73	449,59	1.339,86	23.660,14
4	30/02/20X1	610,32	157,73	452,59	1.792,45	23.207,55
5	30/03/20X1	610,32	154,72	455,61	2.248,06	22.751,94
6	30/04/20X1	610,32	151,68	458,64	2.706,70	22.293,30
7	30/05/20X1	610,32	148,62	461,70	3.168,40	21.831,60
8	30/06/20X1	610,32	145,54	464,78	3.633,18	21.366,82
9	30/07/20X1	610,32	142,45	467,88	4.101,06	20.898,94
10	30/08/20X1	610,32	139,33	471,00	4.572,05	20.427,95
11	30/09/20X1	610,32	136,19	474,14	5.046,19	19.953,81
12	30/10/20X1	610,32	133,03	477,30	5.523,49	19.476,51
13	30/11/20X1	610,32	129,84	480,48	6.003,97	18.996,03
14	30/12/20X1	610,32	126,64	483,68	6.487,65	18.512,35
15	30/01/20X2	610,32	123,42	486,91	6.974,56	18.025,44
16	30/02/20X2	610,32	120,17	490,15	7.464,71	17.535,29
17	30/03/20X2	610,32	116,90	493,42	7.958,13	17.041,87
18	30/04/20X2	610,32	113,61	496,71	8.454,84	16.545,16
19	30/05/20X2	610,32	110,30	500,02	8.954,87	16.045,13
20	30/06/20X2	610,32	106,97	503,36	9.458,22	15.541,78
21	30/07/20X2	610,32	103,61	506,71	9.964,93	15.035,07
22	30/08/20X2	610,32	100,23	510,09	10.475,02	14.524,98
23	30/09/20X2	610,32	96,83	513,49	10.988,51	14.011,49
24	30/10/20X2	610,32	93,41	516,91	11.505,43	13.494,57
25	30/11/20X2	610,32	89,96	520,36	12.025,78	12.974,22
26	30/12/20X2	610,32	86,49	523,83	12.549,61	12.450,39
27	30/01/20X3	610,32	83,00	527,32	13.076,93	11.923,07
28	30/02/20X3	610,32	79,49	530,84	13.607,77	11.392,23
29	30/03/20X3	610,32	75,95	534,37	14.142,14	10.857,86
30	30/04/20X3	610,32	72,39	537,94	14.680,08	10.319,92
31	30/05/20X3	610,32	68,80	541,52	15.221,61	9.778,39
32	30/06/20X3	610,32	65,19	545,13	15.766,74	9.233,26
33	30/07/20X3	610,32	61,56	548,77	16.315,51	8.684,49
34	30/08/20X3	610,32	58,00	552,42	16.867,93	8.132,07
35	30/09/20X3	610,32	54,21	556,11	17.424,04	7.575,96
36	30/10/20X3	610,32	50,50	559,82	17.983,86	7.016,14
37	30/11/20X3	610,32	46,77	563,55	18.547,41	6.452,59
38	30/12/20X3	610,32	43,02	567,30	19.114,71	5.885,29
39	30/01/20X4	610,32	39,24	571,09	19.685,80	5.314,20
40	30/02/20X4	610,32	35,43	574,90	20.260,70	4.739,30
41	30/03/20X4	610,32	31,60	578,72	20.839,42	4.160,58
42	30/04/20X4	610,32	27,73	582,59	21.422,01	3.577,99
43	30/05/20X4	610,32	23,85	586,47	22.008,48	2.991,52
44	30/06/20X4	610,32	19,94	590,38	22.598,86	2.401,14
45	30/07/20X4	610,32	16,00	594,32	23.193,18	1.806,82
46	30/08/20X4	610,32	12,05	598,27	23.791,45	1.208,55
47	30/09/20X4	610,32	8,06	602,27	24.393,72	606,28
48	30/10/20X4	610,32	4,04	606,28	25.000,00	0,00
	DOCUMENTO EDUCATIVO SIN VALOR LEGAL			25.000,00		

— Pago de un cheque por la compra de un vehículo:

CAIXA RURAL TORRENT

CÓDIGO CUENTA CLIENTE (C. C. C.)

ENTIDAD	SUCURSAL	D. C.	NÚMERO CUENTA
3118	11	22	3344556677

IBAN: ES81/3118/0011/22/3344556677

€ 24.563,00

Páguese por este cheque a: TODOVEHÍCULOS, SAS
Euros: VEINTICUATRO MIL QUINIENTOS SESENTA Y TRES
Treinta de octubre de 20X0
(la fecha debe consignarse en letra)

ABANICOS HOYO ARCE, SL

serie L n.º: 1.000-1 CÓDIGO IDENTIFICACIÓN: 15363
CHEQUE BANCARIO

DOCUMENTO EDUCATIVO SIN VALOR LEGAL

■ Operaciones de la c/c del mes de noviembre:

CAIXA RURAL TORRENT

REMESA DE EFECTOS N.º 2
GESTIÓN DE COBRO
FECHA: 20/11/20X0

DOCUMENTO EDUCATIVO SIN VALOR LEGAL

CLIENTE
ABANICOS HOYO ARCE, SLS

OFICINA	IBAN
ALDAIA	ES81/3118/0011223344556677

LIBRADO	DOCUMENTO	PLAZA	IBAN	VENCIMIENTO	IMPORTE
VICTORIA ALFONSO GÓMEZ	FAC. 2	BARCELONA	ES0032222000555510004321	20/11/20X0	16.178,84 €
JOSÉ VICENTE FLORES	FAC. 4	SEVILLA	ES0238122562567800004567	20/11/20X0	750,20 €
ABANICARTE, SL	FAC. 5	SEVILLA	ES0228122562567800005567	20/11/20X0	19.020,23 €
		TOTAL			35.949,27 €

— Cobro de la remesa n.º 2. Facturas emitidas 2, 4 y 5:

CAIXA RURAL TORRENT

ABONO
REMESA DE EFECTOS N.º 2
CLIENTE
ABANICOS HOYO ARCE, SLS

OFICINA	IBAN
ALDAIA	ES81/3118/0011223344556677

FECHA	DESCRIPCIÓN	ABONO	FECHA VALOR
25/11/20X0	ABONO EFECTOS ENTREGADOS GEST. COBRO remesa n.º 2		
	VICTORIA ALFONSO GÓMEZ	16.178,84 €	
	JOSÉ VICENTE FLORES	750,20 €	
	ABANICARTE, SL	19.020,23 €	25/11/20X0
	TOTAL	35.949,27 €	

DOCUMENTO EDUCATIVO SIN VALOR LEGAL

— Gastos de la liquidación de la remesa n.º 2:

CAIXA RURAL TORRENT

	ADEUDO - FAC. 5684/X0		
	DOCUMENTO EDUCATIVO SIN VALOR LEGAL		
CLIENTE	ABANICOS HOYO ARCE, SLS		
OFICINA		**IBAN**	
ALDAIA		ES81/3118/001122334455667788	
FECHA	DESCRIPCIÓN	CARGO	FECHA VALOR
25/11/20X0	GASTOS REMESA N.º 2 EFECTOS GESTIÓN COBRO FECHA REMESA: 20/11/20X0 NOMINAL 35.949,27 €		
	COMISIÓN: 2 ‰ NOMINAL	71,90 €	25/11/20X0
	IVA 21 % SOBRE COMISIÓN	15,10 €	
	TOTAL	87,00 €	

— Pago de la primera cuota del préstamo:

CAIXA RURAL TORRENT

Cargo
CUOTA PRÉSTAMO

CLIENTE: ABANICOS HOYO ARCE, SLS

SUCURSAL	FECHA CARGO
ALDAIA	30/11/20X0

ENTIDAD	OFICINA	D. C.	N.º CUENTA
5500	3060	56	0000042500
ES81/3118/001122334455667788			

DETALLE			
CAPITAL AMORTIZADO	443,66	CAPITAL AMORTIZADO	443,66
INTERESES	166,66	CAPITAL PENDIENTE AMORTIZAR	24.556,34
TOTAL	610,32		

DOCUMENTO EDUCATIVO SIN VALOR LEGAL

- Operaciones de la c/c del mes de diciembre:

— Abono de la remesa n.º 3. Facturas emitidas 6, 7 y 8:

CAIXA RURAL TORRENT

REMESA DE EFECTOS		**N.º 3**
GESTIÓN DE DESCUENTO	DOCUMENTO EDUCATIVO SIN VALOR LEGAL	
FECHA: 05/12/20X0		
CLIENTE:	ABANICOS HOYO ARCE, SLS	

OFICINA	**IBAN**
ALDAIA	ES81/3118/0011223344556677

LIBRADO	DOCUMENTO	PLAZA	IBAN	VENCIMIENTO	IMPORTE
ARRIZABALAGA, SL	FAC. 6	PAMPLONA	ES0011552000552210004321	20/12/20X0	15.639,25 €
JOSÉ VICENTE FLORES	FAC. 7	SEVILLA	ES0238122562567800004567	20/12/20X0	19.541,50 €
VICTORIA ALFONSO GÓMEZ	FAC. 8	BARCELONA	ES0238122562567800004567	05/01/20X0	11.518,91 €
		TOTAL			46.699,66 €

— Gastos de la liquidación de la remesa n.º 3:

CAIXA RURAL TORRENT

DOCUMENTO EDUCATIVO SIN VALOR LEGAL

DESCUENTO COMERCIAL

CLIENTE:
ABANICOS HOYO ARCE, SLS

Registro Mercantil de Valencia. Libro 00, tomo 00, sección 2.ª, hoja 00

N.º REMESA	FECHA REMESA
3	05/12/20X0

OFICINA	IBAN
ALDAIA	ES81/3118/0011223344556677

					INTERESES		COMISIONES			
NOMINAL	PLAZA	CL	VENCIMIENTO	DÍAS	%	IMPORTE	%	IMPORTE	CORREO	TIMBRES
15.639,25	PAMPLONA	RD	20/12/20X0	15	4 %	26,07	0,40 %	62,56	0,28	67,31
19.541,50	SEVILLA	RD	20/12/20X0	15	4 %	32,57	0,40 %	78,17	0,28	67,31
11.518,91	BARCELONA	RD	05/01/20X0	30	4 %	38,40	0,40 %	46,08	0,28	33,66

Nominal remesa	Fecha valor	Total gastos	**Efectivo**
46.699,66	05/12/20X0	452,95	**46.246,71**

Intereses
97,03

Comisión	Correo	Timbres
186,80	0,84	168,28

— Abono de la remesa n.º 4. Facturas emitidas 10 y 12:

CAIXA RURAL TORRENT

REMESA DE EFECTOS — **N.º 4**

GESTIÓN DE DESCUENTO — DOCUMENTO EDUCATIVO SIN VALOR LEGAL

FECHA: 20/12/20X0

CLIENTE:
ABANICOS HOYO ARCE, SLS

OFICINA	IBAN
ALDAIA	ES81/3118/0011223344556677

LIBRADO	DOCUMENTO	PLAZA	IBAN	VENCIMIENTO	IMPORTE
PILI ALCOBA	FAC. 12	MADRID	ES0032222000555510004321	20/01/20X1	18.264,95 €
ABANICARTE, SLS	FAC. 10	SEVILLA	ES0238122562567800004567	05/01/20X1	18.621,90 €
TOTAL					36.886,85 €

— Gastos de la liquidación de la remesa n.º 4:

CAIXA RURAL TORRENT

DOCUMENTO EDUCATIVO SIN VALOR LEGAL

DESCUENTO COMERCIAL

CLIENTE:
ABANICOS HOYO ARCE, SLS

Registro Mercantil de Valencia. Libro 00, tomo 00, sección 2.ª, hoja 00

N.º REMESA	FECHA REMESA
4	20/12/20X0

OFICINA	IBAN
ALDAIA	ES81/3118/0011223344556677

					INTERESES		COMISIONES			
NOMINAL	PLAZA	CL	VENCIMIENTO	DÍAS	%	IMPORTE	%	IMPORTE	CORREO	TIMBRES
18.264,95 €	MADRID	RD	20/01/20X1	30	4 %	60,88	0,40 %	73,06	0,28	67,31
18.621,90 €	SEVILLA	RD	05/01/20X1	15	4 %	31,04	0,40 %	74,49	0,28	67,31

Nominal remesa	Fecha valor	Total gastos	**Efectivo**
36.886,85 €	20/12/20X0	374,65 €	**36.512,20 €**

Intereses
91,92 €

Comisión	Correo	Timbres
147,55 €	0,56 €	134,62 €

— Devolución del efecto de José Vicente Flores:

CAIXA RURAL TORRENT

ADEUDO - FAC. 5999/X0

DOCUMENTO EDUCATIVO SIN VALOR LEGAL

CLIENTE: ABANICOS HOYO ARCE, SLS

OFICINA	IBAN
ALDAIA	ES81/3118/0011223344556677

FECHA	DESCRIPCIÓN	CARGO	FECHA VALOR
25/12/20X0	DEVOLUCIÓN JOSÉ VICENTE FLORES FRA. 7 EFECTO IMPAGADO NOMINAL 19.541,50 €	19.541,50 €	20/12/20X0
	COMISIÓN: 5 ‰ NOMINAL	97,71 €	
	TOTAL	19.639,21 €	

— Pago de la segunda cuota del préstamo:

CAIXA RURAL TORRENT

Cargo
CUOTA PRÉSTAMO

CLIENTE: ABANICOS HOYO ARCE, SLS

SUCURSAL	FECHA CARGO
ALDAIA	30/12/20X0

ENTIDAD	OFICINA	D. C.	N.º CUENTA
5500	3060	56	0000042500
ES81/3118/001122334455667788			

DETALLE			
CAPITAL AMORTIZADO	446,61	CAPITAL AMORTIZADO	890,27
INTERESES	163,71	CAPITAL PENDIENTE AMORTIZAR	24.109,73
TOTAL	610,32		

DOCUMENTO EDUCATIVO SIN VALOR LEGAL

- Comunicación del cobro del efecto al vencimiento.

CAIXA RURAL TORRENT

INFORMACIÓN COBRO EFECTOS

DOCUMENTO EDUCATIVO SIN VALOR LEGAL

CLIENTE: ABANICOS HOYO ARCE, SLS

OFICINA	IBAN
ALDAYA	ES81/3118/0011223344556677

FECHA	DESCRIPCIÓN	ABONO	FECHA VALOR
20/12/20X0	Relación de efectos descontados cobrados a su vencimiento: ARRIZABALAGA, SL	15.639,25	20/12/20X0
	TOTAL	15.639,25 €	

Para realizar un adecuado control de tesorería, se ha de realizar la casación del Mayor de bancos con los extractos de movimientos de la cuenta bancaria, mes a mes, y cotejar sus saldos para ver si hay diferencias o partidas pendientes de registrar contablemente.

Los extractos bancarios son los siguientes:

Octubre

CAIXA RURAL TORRENT

DOCUMENTO EDUCATIVO SIN VALOR LEGAL

Consulta de movimientos en cuentas: ABANICOS HOYO ARCE, SL

Petición de extracto (norma 43) — **MES OCTUBRE**

CUENTA EN EUR: ES8131182044556600077 - cuenta corriente

Fecha	F. valor	Concepto	Importe	Saldo
01/10/20X0	1-oct.	APORTACIÓN SOCIO CELSO HOYO	10.000,00	10.000,00
01/10/20X0	1-oct.	APORTACIÓN SOCIO RAMÓN HOYO	10.000,00	20.000,00
04/10/20X0	4-oct.	CHEQUE N.º 1000-1 VENTANILLA	-244,17	19.755,83
05/10/20X0	5-oct.	PAGO RECIBO FAC N.º 256, NOTARIO	-286,33	19.469,50
15/10/20X0	15-oct.	CARGO TRANSFERENCIA PAGO FAC N.º 56 ELS DOS GERMANS	-7.234,12	12.235,38
15/10/20X0	15-oct.	RECIBO DOMICILIADO N.º 11 PAGO FIANZA	-2.100,00	10.059,75
15/10/20X0	15-oct.	ORDEN TRANSF. RECIBO FAC N.º 12 ALQUILER	-2.142,00	7.917,75
15/10/20X0	15-oct.	RECIBO FAC N.º248 TODOMATERIAL	-211,75	7.706,00
15/10/20X0	15-oct.	PAGO FAC N.º 123 MANUELA ARCE, SLS	-7.713,75	-7,75
25/10/20X0	25-oct.	RECIBO IMPRES PUCHADES FAC N.º 525	-816,75	-824,50
25/10/20X0	25-oct.	ABONO REMESA G. COBRO N.º 1	20.798,09	19.973,59
25/10/20X0	25-oct.	GTOS LIQUIDACIÓN REMESA FAC N.º 4568/14	-50,34	19.923,25
30/10/20X0	30-oct.	RECIBO FRA. 2525 TRANSPORTES SLS	-78,65	19.844,60
30/10/20X0	30-oct.	ABONO PRÉSTAMO, N.º ES81/3118/00112233	25.000,00	44.844,60
30/10/20X0	30-oct.	COMISIÓN APERTURA OP. PRÉSTAMO	-250,00	44.594,60
30/10/20X0	30-oct.	GASTOS OP. PMO. N.º ES81/3118/00112233	-60,00	44.534,60
30/10/20X0	30-oct.	CHEQUE BANCARIO N.º 15363	-24.563,00	19.971,60
30/10/20X0	30-oct.	COMISIÓN CHEQUE	-25,00	19.946,60
30/10/20X0	30-oct.	CARGO RECIBO SEGURO ASEGURADOS	-338,51	19.608,09
31/10/20X0	31-oct.	RECIBO SUMILUZ FAC N.º 322011111	-132,46	19.475,63
31/10/20X1	31-oct.	RECIBO SERVITELEFOM FAC N.º 2011099	-157.30	19.318.33
31/10/20X0	31-oct.	RECIBO AGUAS SAS FAC N.º 201188999	-187,74	19.130,59
31/10/20X1	31-oct.	TRANSFERENCIA NÓMINAS MES OCTUBRE	-2.700,00	16.430,59
31/10/20X1	31-oct.	LIQ. CUENTA MES COMISIÓN MANTENIMIENTO	-8,00	16.422,59
31/10/20X0	31-oct.	INT. LIQUIDACION MES S/FAVOR	2.41	16.425.00
31/10/20X1	31-oct.	RETENCIÓN FISCAL, IRC	-0,46	**16.424,54**

Noviembre

CAIXA RURAL TORRENT

DOCUMENTO EDUCATIVO SIN VALOR LEGAL

Consulta de movimientos en cuentas: ABANICOS HOYO ARCE, SL

Petición de extracto (norma 43) — **MES NOVIEMBRE**

CUENTA EN EUR: ES8131182044556600077 - cuenta corriente

Fecha	F. valor	Concepto	Importe	Saldo
01/11/20X0	1-nov.	SALDO INICIAL	16.424,54	**16.424,54**
15/11/20X0	15-nov.	PAGO FAC N.º 123 MANUELA ARCE, SLS	-7.713,75	8.710,79
15/11/20X0	15-nov.	CARGO TRANSFERENCIA PAGO FAC N.º 95 ELS DOS GERMANS	-9.072,30	-361,51
15/11/20X0	15-nov.	PAGO FAC N.º 250 PUBLICISTAS ABANICOS PALOP, SLS	-1.089,00	-1.450,51
25/11/20X0	25-nov.	GTOS. LIQ. REMESA FAC N.º 5684/14	-87,00	34.411,76
30/11/20X0	30-nov.	CARGO REC. FRA Nº 525, SUMINISTROS COMP.INFORMÁTICOS	-2.087,01	32.324,75
30/11/20X0	30-nov.	PAGO PMO./00112233, CUOTA N.º1	-610,32	31.714,43
30/11/20X0	30-nov.	TRANSFERENCIA NÓMINAS MES NOV	-4.930,67	26.783,76
30/11/20X0	30-nov.	LIQ. CUENTA COM. MANTENIMIENTO	-8,00	26.775,76
30/11/20X0	30-nov.	COMISIÓN DESCUBIERTO	-21,40	26.754,36
30/11/20X0	30-nov.	INTERESES, DESCUBIERTO	-5,21	26.749,15
30/11/20X0	30-nov.	INT. LIQUIDACIÓN MES S/FAVOR	2,34	26.751,49
30/11/20X0	30-nov.	RETENCIÓN FISCAL, IRC	-0,44	**26.751,05**

Diciembre

CAIXA RURAL TORRENT — DOCUMENTO EDUCATIVO SIN VALOR LEGAL

Consulta de movimientos en cuentas: ABANICOS HOYO ARCE, SL

Petición de extracto (norma 43) — MES DICIEMBRE

CUENTA EN EUR: ES8131182044556600 77 - cuenta corriente

Fecha	F. valor	Concepto	Importe	Saldo
01/12/20X0	1-dic.	Saldo inicial	26.751,05	**26.751,05**
01/12/20X0	1-dic.	RECIBO FAC N.º 1250 MOB. GARCÍA	-732,38	26.018,67
5/12/20X0	5-dic.	ABONO REMES DESCUENTO N.º 3	46.699,66	72.718,33
5/12/20X0	5-dic.	GTOS LIQ. REMESA N.º 3	-452,95	72.265,38
15/12/20X0	15-dic.	PAGO FAC N.º 456 ESTANTERÍAS MARTÍNEZ	-1.753,29	70.512,09
15/12/20X0	15-dic.	REC. FAC N.º 1250, MOB. GARCIA, VTO. 2	-732,37	69.779,72
15/12/20X0	15-dic.	REC. FAC N.º 305 PUBLICISTA PALOP	-6.609,63	63.170,09
15/12/20X0	15-dic.	CARGO TRANSFERENCIA PAGO FAC N.º 156 ELS DOS GERMANS	-11.977,80	51.192,29
15/12/20X0	15-dic.	REC. DOMICILIADO FAC N.º 259 MANUELA ARCE	-9.367,82	41.824,47
20/12/20X0	20-dic.	ABONO REMESA DESCUENTO N.º 4	36.886,85	78.711,32
20/12/20X1	20-dic.	GTOS LIQ. REMESA N.º 4	-374,65	78.336,67
25/12/20X2	20-dic.	CARGO EFECTO DEVUELTO FAC N.º 5999/14	-19.639,21	58.697,46
30/12/20X0	30-dic.	REC. DOMICILIADO FAC N.º 259 MANUELA ARCE	-9.367,82	49.329,64
30/12/20X0	30-dic.	REC. FAC N.º 305 PUBLICISTA PALOP	-6.609,63	42.720,01
30/12/20X0	30-dic.	REC. FAC N.º 400 PUBLICISTA PALOP	-1.666,78	41.053,23
30/12/20X0	30-dic.	REC. DOMIC. E.S. BANON SLS FAC N.º 8525	-2.178,00	38.875,23
30/12/20X0	30-dic.	PAGO FAC N.º 456 ESTANTERÍAS MARTÍNEZ	-1.753,29	37.121,94
30/12/20X0	30-dic.	PAGO PMO./00112233, CUOTA N.º 2	-610,32	36.511,62
31/12/20X0	31-dic.	REC.DOMICILIADO, SUMILUZ SAS FAC N.º 822055551	-676,96	35.834,66
31/12/20X0	31-dic.	RECIBO SERVITELEFOM FAC N.º 4011100	-248,05	35.586,61
31/12/20X0	31-dic.	TRANSFERENCIAS NÓMINAS MES DICIEMBRE	-7.164,01	28.422,60
31/12/20X0	31-dic.	PAGO DOC. COTIZACIÓN S.S. MES NOVIEMBRE	-898,33	27.524,27
31/12/20X0	31-dic.	INT. LIQUIDACIÓN MES S/FAVOR	5,93	27.530,20
31/12/20X0	31-dic.	RETENCIÓN FISCAL, IRC	-1,13	27.529,08
31/12/20X0	31-dic.	LIQ. CUENTA MES COMISIÓN MANTENIMIENTO	-8,00	**27.521,08**

Tareas que se deben realizar

- Realizar los asientos contables de todas las operaciones de tesorería de la empresa. Hay que tener en cuenta los registros contables realizados en las unidades anteriores y los documentos que se aportan en esta unidad.
- Contabilizar el préstamo solicitado para adquirir el vehículo y consultar la factura de compra recogida en la Unidad 6.
- Realizar los asientos contables correspondientes a los movimientos que aparecen en los extractos bancarios de los tres meses en el programa CONTASOL.
- Realizar copia de seguridad del programa.

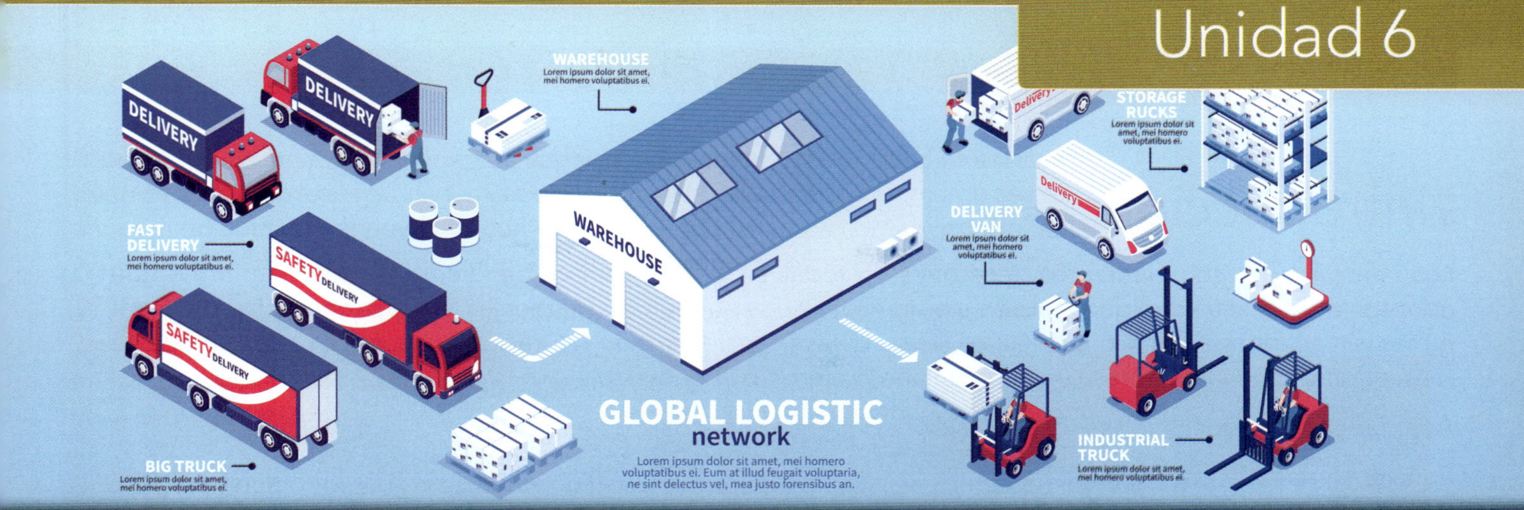

Unidad 6

LAS OPERACIONES CON EL INMOVILIZADO

Contenidos

Objetivos

- Identificar y clasificar los diferentes inmovilizados que tiene una empresa.
- Reconocer los documentos relativos a las operaciones de inmovilizado.
- Conocer las cuentas y subcuentas aplicables a los distintos inmovilizados.
- Verificar el cumplimiento de las normas de valoración aplicables a los diferentes inmovilizados.
- Realizar los registros contables de las adquisiciones y bajas de inmovilizado.
- Determinar y registrar contablemente las depreciaciones por amortización.

Introducción

Los inmovilizados son elementos necesarios en todas las empresas, independientemente de la forma que adopten o de la actividad que realicen. Los inmovilizados pueden ser materiales (con apariencia física), intangibles (sin apariencia física) o financieros (inversiones financieras), con valoración económica y mantenidos de forma duradera en la empresa (más de un año o ejercicio económico).

Analizaremos las operaciones de adquisición, depreciación y baja de inmovilizado.

En esta unidad, vamos a estudiar el inmovilizado material y el intangible, por ser los más habituales en todo tipo de empresa.

6.1. Las operaciones con el inmovilizado

En esta unidad, estudiaremos el inmovilizado material y el inmovilizado intangible. En primer lugar, vamos a conocer la definición de inmovilizado, para posteriormente distinguir entre inmovilizado material e intangible.

El **inmovilizado** está formado por el activo no corriente y comprende los activos destinados a servir de forma duradera (más de un año) en las actividades de la empresa. Siguiendo el orden del PGC, aparece en primer lugar el inmovilizado intangible.

- El **inmovilizado intangible** está formado por los activos no monetarios susceptibles de valoración económica que no tienen apariencia física, aunque están representados por documentos o inscripciones en registros públicos, como es el caso de las patentes.

  Estos son inmovilizados identificables y controlables por la empresa, con un acceso de terceros restringido por un derecho legal, como las concesiones administrativas, la propiedad industrial o intelectual, las aplicaciones informáticas, las franquicias, etcétera. Se pueden adquirir a terceros o generarse internamente.

- El **inmovilizado material** está formado por elementos del activo tangibles, representados por bienes muebles o inmuebles que forman parte del activo no corriente del balance y, por tanto, son bienes cuya duración es superior a un año.

  Se caracterizan por su participación en la actividad de la empresa durante su vida útil. Además, están sujetos a depreciación y deterioro, no están destinados a la venta y se convierten en liquidez a través de la amortización.

Recuerda

El PGC también clasifica los inmovilizados materiales en:

- **Inversiones inmobiliarias** cuando se destinan a obtener rentas o plusvalías fuera del ámbito de la actividad de la empresa.
- **Activos no corrientes mantenidos para la venta** que se ponen a la venta antes de finalizar su vida útil para recuperar la inversión y se dejan de amortizar al reclasificarlos, aunque sí se hacen correcciones valorativas (deterioros).

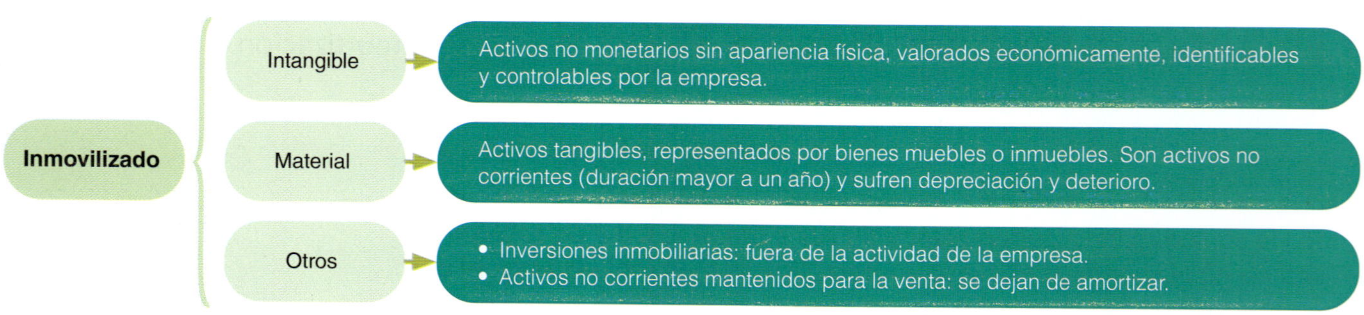

Figura 6.1. Clases de inmovilizados.

Actividad propuesta 6.1.

Clasifica los siguientes elementos patrimoniales en inmovilizados intangibles o materiales:

a) Vehículo que utiliza el gerente de la empresa.
b) Ordenador e impresora de la secretaria de dirección.
c) Pagos efectuados por la explotación de la cafetería de la Universidad de Navarra.
d) Plazas de aparcamiento reservadas a los jefes de los departamentos financiero y de recursos humanos de la empresa.
e) Programa informático para controlar el acceso del personal a la empresa.
f) Página web de la empresa.
g) Cuadro decorativo del vestíbulo de la recepción de la empresa.
h) Red de teléfonos de comunicación interna de la empresa.

6.1.1. Documentación mercantil de la compraventa de inmovilizado

El inmovilizado se puede adquirir a terceros, que es lo más frecuente, y se puede adquirir a la propia empresa. En el primer caso, dispondremos de una factura de compra, que será el documento que justifique la adquisición.

No siempre los inmovilizados se pueden utilizar en el momento de adquirirlos, sino que, en muchas ocasiones, será necesario instalarlos y adaptarlos a las características de la empresa. También debemos tener en cuenta el gasto y los seguros de transporte hasta las dependencias de la empresa. Por lo tanto, podemos decir que todos estos documentos son necesarios para registrar las adquisiciones de inmovilizado.

También hemos de saber que hay inmovilizados que es necesario inscribirlos o darlos de alta en un registro público para que puedan ser usados por la empresa, como pueden ser un vehículo o las patentes.

En las ventas de inmovilizado, se generan facturas emitidas por la empresa, que son los documentos justificantes de las bajas en los registros contables.

Sabías que

Los bienes de inversión, a efectos de IVA, son muebles, semovientes (ganado) o inmuebles que, por su naturaleza y función, están normalmente destinados a ser utilizados por un periodo de tiempo superior a 1 año.

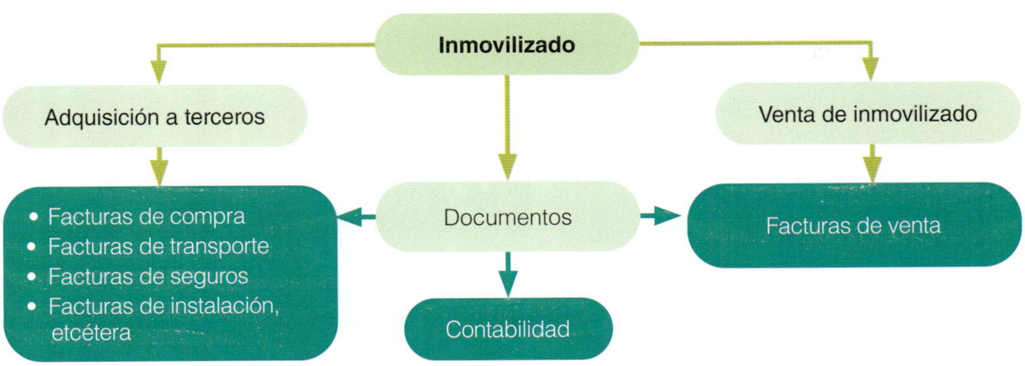

Figura 6.2. Documentos de compras y ventas de inmovilizado.

Importante

Se tratan como bienes de inversión los activos con un valor de adquisición mínimo de 3.005,06 € y que pueden utilizarse durante más de 1 año.

6.2. Registro contable de las adquisiciones del inmovilizado

Una vez identificada la operación de compra del inmovilizado y localizada toda la documentación que la soporta, procederemos a determinar el importe por el que hemos de registrar contablemente el bien.

Sabías que

El IVA no deducible forma parte del coste del bien, por lo que es mayor el valor del inmovilizado.

6.2.1. Normas de valoración

Para valorar contablemente la adquisición o producción de un inmovilizado material, nos remitimos a la norma de valoración 2.ª del PGC de Pymes: «Los bienes comprendidos en el inmovilizado material se valorarán por su coste, ya sea este el precio de adquisición o el coste de producción».

- **Precio de adquisición:** el precio de adquisición incluye, además del importe facturado por el vendedor después de deducir cualquier descuento o rebaja en el precio, todos los gastos adicionales y directamente relacionados que se produzcan hasta su puesta en condiciones de funcionamiento, incluida la ubicación en el lugar y cualquier otra condición necesaria para que pueda operar de la forma prevista. A modo de ejemplo, el PGC cita los gastos de explanación y derribo, el transporte, los derechos arancelarios, los seguros, la instalación, el montaje y otros similares.

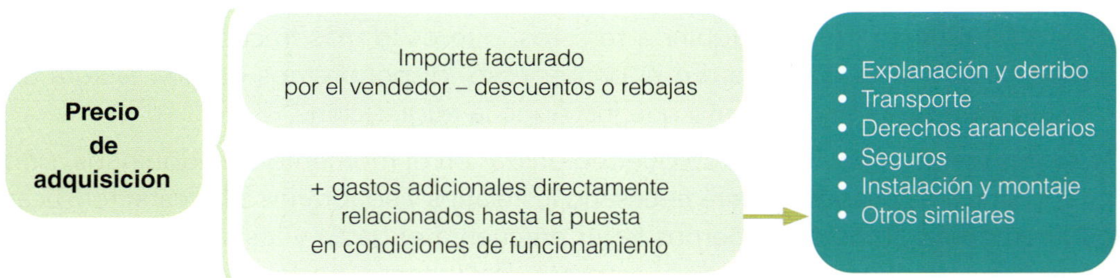

Figura 6.3. Esquema de la composición del precio de adquisición del inmovilizado.

Actividad resuelta 6.1.

El día 1/1/20X5, la empresa BELDO, SL compra una máquina por importe de 7.000 € más IVA (tipo general). La compra lleva asociados unos gastos (incluidos en la factura) de 250 euros por el traslado de la maquinaria hasta la empresa. Para que la máquina esté en condiciones de entrar en funcionamiento, es necesaria una instalación que asciende a 800 € más IVA y que finaliza el día 31/1/20X5. Determina el precio de adquisición de la máquina.

Solución:

El precio de adquisición estará formado por el importe facturado por el proveedor más todos los gastos, incluidos o no en factura, que sean necesarios para que la máquina esté en condiciones de entrar en funcionamiento.

Conceptos	Fechas	Importes
• Importe facturado por el proveedor	1/1/20X5	7.000,00
• Gastos de transporte incluidos en factura	1/1/20X5	250,00
• Instalación de la máquina	31/1/20X5	800,00
Precio de adquisición de la máquina	31/1/20X5	8.050,00
IVA (21 %)		1.690,50
TOTAL		9.740,50 €

Actividad propuesta 6.2.

La empresa REPARTO, SL adquiere un camión para la distribución de mercancías por un importe de 60.000 € más el 21 % de IVA. El concesionario de la marca realiza un descuento comercial de 2.000 €. El impuesto de matriculación en la Dirección General de Tráfico asciende a 3.500 €. A continuación, para personalizar el camión, se contrata con RÓTULOS LIAN la rotulación del logotipo de la empresa por un importe de 1.500 € más el 21 % de IVA. Por último, se contrata el seguro anual del camión con la aseguradora SEGUCAR por un importe de 3.000 €. Determina el precio de adquisición del camión.

- **Coste de producción:** el coste de producción de los elementos del inmovilizado material fabricados o construidos por la propia empresa se obtendrá añadiendo al precio de adquisición de las materias primas y otras materias consumibles los demás costes directamente imputables a dichos bienes. También se añadirá la parte que razonablemente corresponda de los costes indirectamente imputables a los bienes de que se trate, en la medida en que tales costes correspondan al periodo de fabricación o construcción y sean necesarios para la puesta del activo en condiciones operativas.

  En cualquier caso, serán aplicables los criterios generales establecidos para determinar el coste de las existencias.

Sabías que

El PGC de Pymes clasifica los inmovilizados dentro del activo no corriente, y a su vez los agrupa en inmovilizado intangible, inmovilizado material, inversiones inmobiliarias e inversiones financieras a largo plazo.

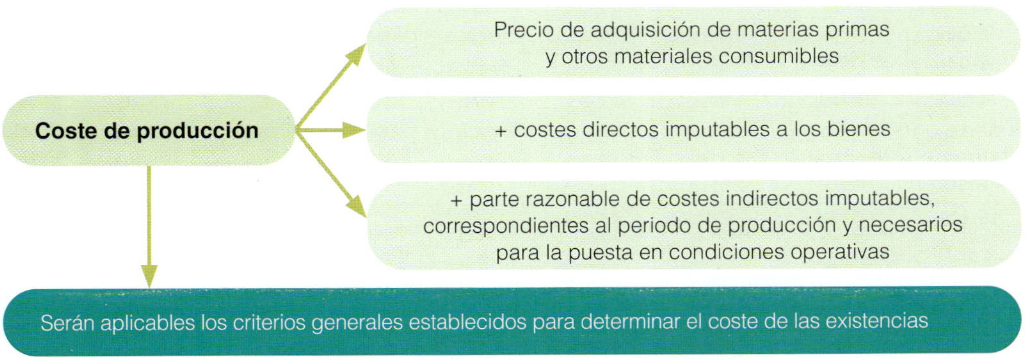

Figura 6.4. Esquema de la composición del coste de producción del inmovilizado.

6.2.2. Cuentas y subcuentas utilizadas

El PGC y el PGC de Pymes destinan el grupo 2 para el inmovilizado y asignan el subgrupo 20 para el inmovilizado intangible y el subgrupo 21 para el inmovilizado material. Las cuentas correspondientes se recogen en la Tabla 6.1.

Tabla 6.1. Las cuentas del inmovilizado intangible y material en el PGC de Pymes

20. Inmovilizaciones intangibles	
200	Investigación
201	Desarrollo
202	Concesiones administrativas
203	Propiedad industrial
204	Fondo de comercio (no contemplado para pymes)
205	Derechos de traspaso
206	Aplicaciones informáticas
21. Inmovilizaciones materiales	
210	Terrenos y bienes naturales
211	Construcciones
212	Instalaciones técnicas
213	Maquinaria
214	Utillaje
215	Otras instalaciones
216	Mobiliario
217	Equipos para procesos de información
218	Elementos de transporte
219	Otro inmovilizado material

Otras cuentas que intervienen en las operaciones de inmovilizado, según la forma de pago que se acuerde y dependiendo de la adquisición a terceros o fabricados para la propia empresa, además del IVA correspondiente, se reflejan en la Tabla 6.2.

Tabla 6.2. Otras cuentas relacionadas con las operaciones del inmovilizado

Forma de adquisición	Descripción	Cuentas que se usan
Pago al contado	Se realiza el pago al realizar la entrega del inmovilizado.	570. Caja, euros 572. Bancos, c/c, euros
Pago aplazado	Se pacta el pago con posterioridad a la entrega y, dependiendo del tiempo, puede ser a corto o largo plazo.	523. Proveedores de inmovilizado a corto plazo 173. Proveedores de inmovilizado a largo plazo
Pago aplazado documentado en efectos	Se acuerda documentar el pago aplazado en una o varias letras de cambio o pagarés.	525. Efectos a pagar a corto plazo 175. Efectos a pagar a largo plazo
Pago anticipado	Se paga parte o todo el inmovilizado antes de la entrega de este. En este caso, el dinero sale de la tesorería.	209. Anticipos para inmovilizaciones intangibles 239. Anticipos para inmovilizaciones materiales
Producción propia	Si la empresa fabrica el inmovilizado para sí misma, contabiliza los gastos en los que ha incurrido y, al finalizar la producción, los activa.	730. Trabajos realizados para el inmovilizado intangible 731. Trabajos realizados para el inmovilizado material
En todas las formas de pago	IVA soportado: cuando el IVA es deducible.	472. H. P. IVA soportado

Las subcuentas que se desarrollen dependerán del detalle que precise la empresa para identificar todos y cada uno de los inmovilizados. Así, por ejemplo, si la empresa dispone de una flota de vehículos comerciales y otros industriales, deberá desglosarlos con tantos dígitos como sean necesarios para distinguirlos e identificarlos individualmente. Sin embargo, si solo posee una propiedad industrial, los desgloses se hacen innecesarios.

Actividad resuelta 6.2.

La empresa PORTEX dispone de gran cantidad de muebles en sus oficinas y quiere realizar un registro auxiliar de todos ellos. Por este motivo, se dispone a crear subcuentas que le permitan identificarlos individualmente para poder contabilizarlos en el programa informático de contabilidad. Encarga la tarea al administrativo de la empresa y le informa del inventario del mobiliario, que es el siguiente:

- Despacho de dirección:
  - Mesa de despacho.
  - Silla de despacho.
  - Mesa de reuniones.
- Oficinas de administración:
  - Mesa de oficina con cajones.
  - Silla de oficina.
  - Armario con puertas para material de oficina.
- Sala de recepción:
  - Mostrador.
  - Silla elevada giratoria.
  - Estantería de pared.

Solución:

El administrativo se plantea codificar los muebles de la forma más fácil; puede hacerlo por dependencias (despacho de dirección, oficinas y sala de recepción) o por tipos de muebles, separando mesas, sillas, estanterías, armarios, etcétera. Opta por esta segunda forma, ya que le parece más coherente con la contabilidad. Con la referencia del cuadro de cuentas del PGC de Pymes, crea subcuentas de seis dígitos y que considera suficientes para el desglose que tiene que hacer. Propone al director las siguientes subcuentas:

Tipo de mueble	Código	Subcuenta	Descripción
Mesas	2161	216100 216101 216102	Mesa de despacho Mesa de oficina con cajones Mesa de reuniones
Sillas	2162	216200 216201 216202	Silla de despacho Silla de oficina Silla elevada giratoria
Estanterías	2163	216300	Estantería de pared
Armario	2164	216400	Armario con puertas para material de oficina
Mostrador	2165	216500	Mostrador

Actividad propuesta 6.3.

La empresa PORTEX dispone de una flota de vehículos variada y quiere realizar un registro auxiliar de todos ellos. Por este motivo, se dispone a crear subcuentas que le permitan identificarlos individualmente para poder contabilizarlos en el programa informático de contabilidad. Encarga la tarea al administrativo de la empresa y le informa del inventario de los elementos de transporte, que es el siguiente:

- Vehículos de directivos:
  - Audi A6 berlina.
  - Audi A6 Avant.
  - Audi S6 Avant.
  - BMW serie 6 cupé.
- Vehículos de ventas:
  - Skoda Octavia berlina, 3 unidades.
  - Skoda Octavia Combi, 2 unidades.
  - Skoda Octavia RS, 1 unidad.
- Vehículos comerciales:
  - Renault Kangoo Combi.
  - Renault Trafic Combi.
  - Renault Master Combi.

6.2.3. Asientos contables de las diferentes operaciones

Vamos a analizar en este apartado los asientos tipo de las adquisiciones de inmovilizado a terceros. Distinguiremos entre inmovilizado material e inmovilizado intangible.

Si se han efectuado anticipos para la adquisición de los inmovilizados, realizaremos el registro contable, que posteriormente tendremos en cuenta al efectuar el pago al proveedor.

- Si se realiza un **anticipo** para adquirir inmovilizado:

Debe	N.º	Cód.	Cuentas			Cód.	Haber
			Fecha				
		239	Anticipos para inmovilizaciones materiales (*)				
		472	H. P. IVA soportado (al registrar la factura del anticipo)	a	Proveedor inmovilizado a c/p	523	
	2	523	Proveedor inmovilizado a c/p (al efectuar el pago del anticipo)	a	Tesorería (cajas o bancos)	57	

(*) Si es para inmovilizaciones intangibles, se utiliza la cuenta 209 Anticipos para inmovilizaciones intangibles.

- **Adquisición** del inmovilizado a terceros: para la adquisición a terceros consideramos las facturas de compras y de los gastos necesarios hasta que el inmovilizado esté en condiciones de entrar en funcionamiento (transportes, seguros, instalaciones, etcétera). Si tenemos registrados anticipos para estas adquisiciones, los damos de baja.

Debe	N.º	Cód.	Cuentas			Cód.	Haber
			Fecha				
		20	Inmovilizaciones intangibles				
		21	Inmovilizaciones materiales				
		472	H. P. IVA soportado (*) [(21 – 209 o 239) × 21 %]	a	Proveedores de inmovilizado a c/p (1)	523	
				a	Anticipos para inmovilizaciones materiales	239	
				a	Efectos a pagar a corto plazo (1)	525	

(*) Si se ha realizado anticipo para el pago, el IVA se calcula sobre el importe del inmovilizado menos el importe del anticipo.
(1) Si la deuda es a largo plazo, se utilizarán las cuentas 173 y 175 respectivamente.

- Cuando se realice el **pago:**

Debe	N.º	Cód.	Cuentas			Cód.	Haber
			Fecha				
		523	Proveedores de inmovilizado a corto plazo				
		525	Efectos a pagar a corto plazo	a	Tesorería (cajas o banco)	57	

Actividad resuelta 6.3.

La empresa SERFISA desea adquirir una impresora multifunción para sustituirla por la antigua y por el fax. Además, también tiene función de escáner, para enviar documentos a través de internet, y fotocopiadora. De producirse esta compra, trasladaría la fotocopiadora actual a otras dependencias de la empresa. Después de estudiar varias ofertas, decide adquirir la impresora multifunción láser Brother MFC-L2740DW. La factura de la compra es la número 405 y la factura de la configuración e instalación a la red de equipos informáticos que posee es la número 108. Ambas se muestran a continuación:

VENDO MARK, SL

VD-MRK

C/ Teodora Lamadrid, 20
08022 BARCELONA
NIF: B68141230
Teléfono: 935001050 Fax: 935001051

FECHA: 01/07/20X5
FACTURA N.º: 405

CLIENTE:
SERFISA
Avenida Diagonal, 100 (08860) CASTELLDEFELS
NIF: A60544554
Teléfono: 932323232

Forma de pago: 30 días fecha de factura

DESCRIPCIÓN	UDS.	PRECIO	IMPORTE €
Impresora multifunción láser - Brother MFC-L2740DW	1	250,00	250,00
		SUBTOTAL	250,00
		IVA 21 %	52,50
DOCUMENTO EDUCATIVO SIN VALOR LEGAL		TOTAL	302,50 €

Instalaciones Net Work, SL

Avenida Santa María, 100
08860 CASTELLDEFELS
Teléfono: 935001234
Correo electrónico: instnetwork@hotmail.com
NIF: B58455404
TAREA: Instalación impresora

FECHA 01/09/20X5
N.º DE FACTURA: 108
FACTURAR A: **SERFISA**
Avenida Diagonal, 100
08860 CASTELLDEFELS
Teléfono: 932323232
NIF: A60544554

DESCRIPCIÓN		IMPORTE €
Instalación y configuración de impresora multifunción en red local		60,00
	SUBTOTAL	60,00
	TIPO IVA	21,00%
	CUOTA IVA	12,60
	OTROS	0,00
	TOTAL	72,60 €

Extienda todos los cheques a favor de **Instalaciones Net Work, SL.** Si tiene alguna pregunta acerca de esta factura, póngase en contacto con Andrés.
Correo electrónico: instnetwork@hotmail.com

DOCUMENTO EDUCATIVO SIN VALOR LEGAL

Contabiliza la compra del inmovilizado, teniendo en cuenta la NRV 2.ª del PGC de Pymes y el pago de las facturas correspondientes.

Solución:

Para realizar el registro contable de la compra de la impresora multifunción, hemos de tener en cuenta la norma 2.ª del PGC de Pymes y tenemos que considerar las dos facturas que se presentan, pues el precio de adquisición es el importe facturado más todos los gastos necesarios para su puesta en funcionamiento. Como la instalación no se realiza hasta el día 1 de septiembre, no está en condiciones de entrar en funcionamiento hasta esa fecha, que es la que se tiene que considerar a efectos de amortización.

(continúa)

El registro contable de la factura de compra es el siguiente:

Debe	N.º	Cód.	Cuentas			Cód.	Haber
			01/07/20X5				
250,00	1	21701	Impresora multifunción Brother (factura n.º 405)				
52,50		47221	H. P. IVA soportado (factura n.º 405)	a	Proveedor inmovilizado VD-MRK	52301	302,50

Por el pago de la factura n.º 405:

Debe	N.º	Cód.	Cuentas			Cód.	Haber
			31/07/20X5				
302,50	2	52301	Proveedor inmovilizado VD-MRK (factura n.º 405)	a	Tesorería	57	302,50

El registro contable de la factura de la instalación es el siguiente:

Debe	N.º	Cód.	Cuentas			Cód.	Haber
			01/09/20X5				
60,00	3	21701	Impresora multifunción Brother (factura n.º 108)				
12,60		47221	H. P. IVA soportado (factura n.º 108)	a	Acreedor INSTALACIONES NET WORK, SL	41001	72,60

Por el pago de la factura n.º 108:

Debe	N.º	Cód.	Cuentas			Cód.	Haber
			01/09/20X5				
72,60	4	41001	Acreedor INSTALACIONES NET WORK, SL (factura n.º 108)	a	Tesorería	57	72,60

Actividad propuesta 6.4.

La sociedad ALBEST compra una máquina a una empresa de Bilbao por un importe de 8.000 €. El transporte y el seguro hasta las dependencias de la empresa en Murcia corren por cuenta de la empresa y han ascendido a 1.500 €. La instalación realizada por técnicos de la localidad ha supuesto un coste de 600 € y el IVA de las operaciones es del 21 %. Por último, se adjuntan las facturas correspondientes. Determina el precio de adquisición de la máquina.

MÁQUINAS GAINZA, SL

GAINZA

C/ Alameda Mazarredo, 20
48009 BILBAO (BIZKAIA)
NIF: B48141230
Teléfono: 945001050 Fax: 945001051

FECHA: 01/10/20X5
FACTURA N.º: 1200/A

CLIENTE:
ALBEST
C/ Mediterráneo, 100
30009 MURCIA
NIF: A30544554
Teléfono: 968323232

Forma de pago: 60 días fecha de factura

DESCRIPCIÓN	UDS.	PRECIO	IMPORTE €
Molino coloidal homogeneizado MC-1000 TR	1	8.000,00	8.000,00
		SUBTOTAL	8.000,00
		IVA 21 %	1.680,00
DOCUMENTO EDUCATIVO SIN VALOR LEGAL		TOTAL	9.680,00

TRANSPOBIZ

C/ Bilbao, 44
48980 SANTURTZI (BIZKAIA)
NIF: A48155155
Teléfono: 945550190 Fax: 945550191

Fecha: 05/10/20X5
Factura n.º: 1245

CLIENTE:
ALBEST
C/ Mediterráneo, 100, 30009 MURCIA
NIF: A30544554
Teléfono: 968323232

Forma de pago: 30 días fecha de factura

DESCRIPCIÓN	PRECIO	IMPORTE €
Transporte Bilbao-Murcia máquina Molino MC 1000 TR	1.200,00	1.200,00
Seguro transporte	300,00	300,00
	SUBTOTAL	1.500,00
	IVA 21 %	315,00
DOCUMENTO EDUCATIVO SIN VALOR LEGAL	**TOTAL**	1.815,00

TÉCNICOS CASTILLA

C/ Victoria, 30
30009 MURCIA
Tfno.: 968000001
A73222553
tecnicoscastilla@hotmail.com
www.tecnicoscastilla.es

N.º de factura	650
Fecha de factura	10/10/20X5
DESTINATARIO	ALBEST
	C/ Mediterráneo, 100
	30009 MURCIA
Teléfono	968323232
NIF:	A30544554

Vencimiento
30 días fecha de factura

Servicio	600,00 €
Descuentos	0,00 €
Subtotal de la factura	600,00 €
IVA 21 %	126,00 €
Importe a pagar	**726,00 €**

Descripción servicio	Importe
Instalación molino MC-1000 TR	600,00 €

DOCUMENTO EDUCATIVO SIN VALOR LEGAL

6.3. Pérdidas del inmovilizado: amortizaciones y deterioros

Sabías que

El **deterioro** se produce cuando el valor de mercado de un bien es inferior a su valor contable.

El inmovilizado interviene de forma continua en la actividad de la empresa y, por ello, sufre un desgaste y pierde valor. Las pérdidas de valor del inmovilizado pueden ser de distintos tipos, según la causa:

- Pérdida **sistemática e irreversible,** por el uso y el paso del tiempo. La cubrimos con amortizaciones.
- Pérdida **reversible y coyuntural,** por circunstancias de la producción, del mercado, etcétera. Se registra como deterioro de valor.
- Pérdidas **extraordinarias,** por causas naturales, como incendios u otras de naturaleza análoga. En estos casos, se da de baja de la contabilidad el inmovilizado afectado.

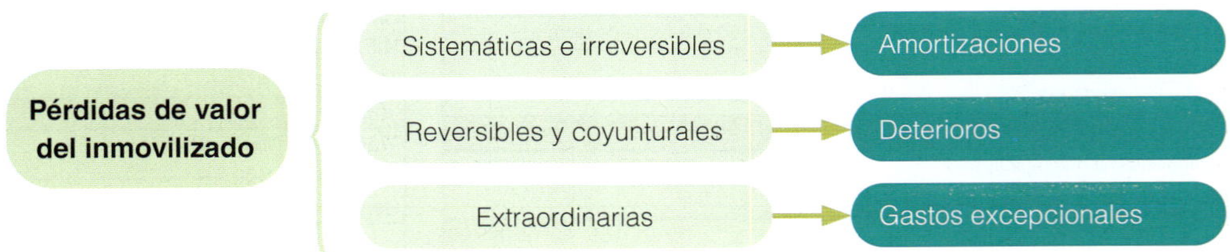

Figura 6.5. Esquema de las pérdidas de valor de los inmovilizados.

6.3.1. Amortizaciones

Sabías que

Hay inmovilizados que no se amortizan: los terrenos, al tener una vida útil ilimitada (NRV 3.ª).

Cualquiera que sea la causa de la pérdida de valor del inmovilizado supone un gasto para la empresa. El gasto más frecuente es el que se produce de forma sistemática e irreversible y que tiene dos componentes: el envejecimiento físico por el uso a lo largo del tiempo y la obsolescencia o pérdida de valor como consecuencia de los cambios tecnológicos.

Concepto

Estas pérdidas de valor se definen como **amortizaciones,** y el PGC de Pymes señala que habrán de establecerse de manera sistemática y racional, en función de la vida útil de los bienes y de su valor residual, atendiendo a la depreciación que normalmente sufran por su funcionamiento, uso y disfrute y sin perjuicio de considerar también la obsolescencia técnica o comercial que pudiera afectarlos.

La amortización puede considerarse desde un doble aspecto: contable y financiero. Desde el punto de vista contable, es el registro de la pérdida de valor de los inmovilizados. Desde el ámbito financiero, dado que, para adquirir un inmovilizado, la empresa ha realizado unos desembolsos de dinero, la amortización es la recuperación periódica de los recursos financieros invertidos para disponer de ellos en el momento de sustituir o reemplazar el inmovilizado.

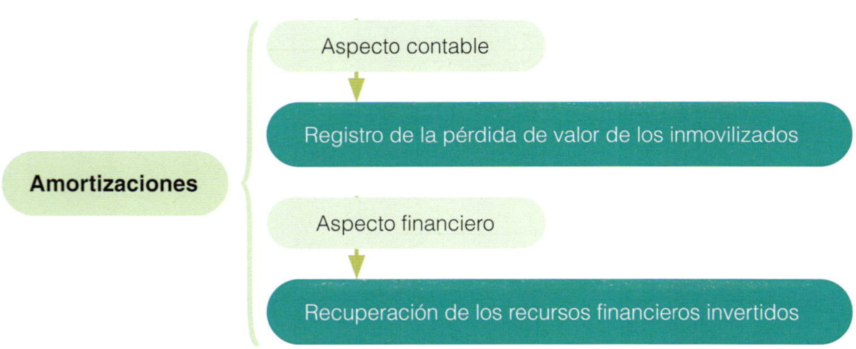

Figura 6.6. Aspectos de las amortizaciones.

Determinación de las cuotas de amortización

Para determinar la cantidad que se deprecia el inmovilizado, debemos tener en cuenta:

- El **valor inicial** del inmovilizado *(V_o)*, que será el que hemos registrado como precio de adquisición o coste de producción.
- El **valor residual** del inmovilizado *(V_n)*, que es el valor que se le estima al final de su vida útil.
- El **valor amortizable** o **base de amortización** *(B)*, que es la diferencia entre el valor inicial y el valor residual.
- La **vida útil** *(n)*, que es el periodo de tiempo en el que se espera que el inmovilizado contribuya a realizar la actividad de la empresa.
- La **cuota de amortización** *(A)*, que es la parte de la depreciación que se ha producido durante el periodo de cálculo, normalmente el ejercicio económico.

Para determinar la cuota de amortización tenemos que conocer el **momento de inicio de la amortización.** Comienza a contar a partir de que el inmovilizado esté en condiciones de entrar en funcionamiento en la empresa. Se realiza una ficha auxiliar de cada inmovilizado, donde se registra la información detallada de cada activo con los cálculos de amortización de toda su vida útil. El modelo puede ser similar al siguiente:

Tabla 6.3. Modelo de cuadro de amortización del inmovilizado

Registro de inmovilizados:
Nombre de la empresa:
Descripción del activo: Código cuenta:

Años	Fecha de adquisición	Precio de adquisición	Valor residual	Base amortizable	Fecha de inicio de amortización	Coeficiente de amortización	Cuota del periodo	Acumulada

El inmovilizado tiene que estar amortizado al final de su vida útil, pero, para determinar las cuotas de amortización, existen **diferentes métodos de cálculo,** según se distribuyan las cuotas a lo largo del tiempo, de forma constante o de forma variable. El método que se utiliza habitualmente es el **lineal o constante,** tanto por motivos fiscales (se tienen en cuenta las tablas fiscales de amortización) como por motivos contables (es el que utilizan los programas de contabilidad para el cálculo de la amortización). Por estas razones, vamos a utilizar el método lineal para el cálculo de la amortización en los ejemplos que desarrollemos y nos limitaremos a indicar en qué consisten los otros sistemas de cálculo, pero sin ejemplificarlos.

- **Método lineal o constante:** se considera que se deprecia la misma cantidad durante todos los años de la vida útil. La cuota de amortización se determina por la diferencia entre el valor inicial y el valor residual o la base de amortización, dividido entre la vida útil. Si el valor residual es nulo, la base de amortización coincide con el coste o valor inicial.

$$A = (V_o - V_n)/n$$

Actividad resuelta 6.4.

La empresa SERFISA ha adquirido una impresora multifunción. Procede a calcular las cuotas de amortización y tiene en cuenta que su vida útil se estima en 5 años y no se espera obtener nada al final de esta, por lo que el valor residual es nulo. La impresora se configuró e instaló el día 1 de septiembre, y partir de este día se está utilizando. Para ello, realiza el registro auxiliar, donde figuran todos los datos de la impresora y los cálculos de la amortización.

Solución:

En la tabla siguiente, se realizan los cálculos de las cuotas de amortización y se tiene en cuenta que el primer año se amortiza desde el 1 de septiembre al 31 de diciembre, es decir, 4 meses de los 12 del año. Los 4 años siguientes la cuota anual es completa y el último año se amortiza hasta el 31 de agosto, es decir, 8 meses de los 12 del año, con lo que se completan los 5 años de vida útil.

	Registro auxiliar de amortización				Criterio: lineal				
	Datos de la empresa:		SERFISA. Avda. Diagonal, 100, Castelldefels				NIF:	A60544554	
	Descripción del activo:		Impresora multifunción láser Brother MFC				Cód. cta.	21701	
Años	**Fecha de adquisición**	**Precio de adquisición**	**Valor residual**	**Base amortizable**	**Inicio de amortización Fin de amortización**	**Coeficiente de amortización**	**Cuota**	**Cuota del periodo**	**Acumulada**
20X0	01/07/20X0	250	0	250					
20X0	01/09/20X0	60	0	310	01/09/20X0	20,00 %	62,00	**20,67**	20,67
20X1				310		20,00 %	62,00	**62,00**	82,67
20X2				310		20,00 %	62,00	**62,00**	144,67
20X3				310		20,00 %	62,00	**62,00**	206,67
20X4				310		20,00 %	62,00	**62,00**	268,67
20X5				310	31/08/20X5	20,00 %	62,00	**41,33**	310,00
TOTALES		**310**	0	310				**310,00**	

- **Métodos variables:** existen diversos métodos de amortización de cuotas variables. Son diferentes las cuotas de cada año según el criterio utilizado.

  — Amortización **en función de la actividad desarrollada** (unidades producidas, kilómetros recorridos, horas trabajadas, etcétera). Se utiliza como base de cálculo la medida de la actividad del inmovilizado en el periodo de cálculo sobre el total de actividad durante toda su vida útil.

$$A = (C_i/C_T) \times (V_o - V_n)$$

  Siendo C_i la medida de la actividad del periodo de cálculo y C_T la actividad total del bien en su vida útil. Por ejemplo: un vehículo se estima que va a recorrer 100.000 km (C_T). Si en un año ha recorrido 10.000 km (C_i), se amortizará en ese año la proporción sobre el total, es decir, 10.000/100.000 = 0,1 × × 100 = 10 %.

— Amortización **constante sobre el valor pendiente de amortizar o de tanto constante:** se utiliza el mismo tanto de amortización cada periodo, pero sobre una base de amortización decreciente, el valor pendiente de amortizar. En este caso, lo que se va reduciendo es la base de amortización, porque cada cuota se va restando de la base de amortización para obtener la base del periodo siguiente.

— Método de los **números dígitos:** consiste en asignar un dígito correlativo a cada año de vida útil y calcular la proporción de cada dígito sobre la suma total de todos ellos. Puede ser creciente, si se comienza por el dígito menor, o decreciente, si se comienza por el mayor dígito. Por ejemplo, si se amortiza en 4 años, se suman los dígitos del 1 al 4, es decir, 10, y se amortiza la proporción de cada dígito sobre la suma, 1/10, 2/10, 3/10 y 4/10.

Actividad propuesta 6.5.

La empresa MOBILIARIO DE OFICINAS, SLS, dedicada a la comercialización de mobiliario de oficina, tiene los siguientes inmovilizados en su balance a 1 de enero de 20X3:

N.º de registro	Inmovilizado	Proveedor	Fecha de adquisición	Base de amortización	Vida útil (años)
1	Furgoneta de reparto	TODOVEHÍCULOS, SAS	01/03/20X0	20.500	8
2	Expositores	MUEBLES MARTÍNEZ, SLS	01/02/20X3	6.000	10
3	Equipo informático	VENDO MARK, SL	01/07/20X2	1.200	5
4	Aplicaciones informáticas	INSTALACIONES NET WORK, SL	01/07/20X2	800	5

Obtén las cuotas de amortización de cada inmovilizado para llevar el control de las amortizaciones.

Registro contable

Una vez determinadas las cuotas de amortización por el método de cálculo elegido, tenemos que realizar el registro contable de estas, para lo cual necesitamos identificar las cuentas y subcuentas que hemos de utilizar. Para mayor claridad, vamos a presentarlas en una tabla y haremos corresponder a cada inmovilizado su cuenta de gasto y su cuenta de amortización acumulada, donde se refleja el valor acumulado recuperado de cada elemento.

Tabla 6.4. Grupos y cuentas de amortización de los inmovilizados

Subgrupo	Identificación	Cuentas de gasto		Cuentas de compensación	
		Código	Dotación	Código	Acumulada
20	Inmovilizaciones intangibles	680	Amortización del inmovilizado intangible	280	Amortización acumulada del inmovilizado intangible
21	Inmovilizaciones materiales	681	Amortización del inmovilizado material	281	Amortización acumulada del inmovilizado material

Aunque el PGC de Pymes desarrolla subcuentas de amortización acumulada para cada elemento de inmovilizado, si ese desglose no fuese suficiente, se crearían subcuentas de tantos dígitos como fueran necesarios para identificar cada elemento del inmovilizado.

El asiento tipo para registrar contablemente las amortizaciones se presenta a continuación, y se efectúa el último día del ejercicio:

Debe	N.º	Cód.	Cuentas			Cód.	Haber
				Fecha			
		680	Amortización del inmovilizado intangible				
		681	Amortización del inmovilizado material	a	Amortización acumulada del inmovilizado intangible (subcuentas correspondientes)	280	
				a	Amortización acumulada del inmovilizado material (subcuentas correspondientes)	281	

La amortización acumulada figurará en el activo no corriente del balance y minorará el valor del elemento patrimonial correspondiente.

Actividad resuelta 6.5.

Realiza los registros contables de la amortización de la empresa SERFISA que se recogen en la siguiente tabla:

	Registro auxiliar de amortización				Criterio: lineal				
	Datos de la empresa:		SERFISA. Avda. Diagonal, 100, Castelldefels				NIF:	A60544554	
	Descripción del activo:		Impresora multifunción láser Brother MFC				Cód. cta.	21701	
Años	**Fecha de adquisición**	**Precio de adquisición**	**Valor residual**	**Base amortizable**	**Inicio de amortización / Fin de amortización**	**Coeficiente de amortización**	**Cuota**	**Cuota del periodo**	**Acumulada**
20X0	01/07/20X0	250	0	250					
20X0	01/09/20X0	60	0	310	01/09/20X0	20,00 %	62,00	**20,67**	20,67
20X1				310		20,00 %	62,00	**62,00**	82,67
20X2				310		20,00 %	62,00	**62,00**	144,67
20X3				310		20,00 %	62,00	**62,00**	206,67
20X4				310		20,00 %	62,00	**62,00**	268,67
20X5				310	31/08/20X5	20,00 %	62,00	**41,33**	310,00
TOTALES		**310**	0	310				**310,00**	

Solución:

Debe	N.º	Cód.	Cuentas		Cód.	Haber
			31/12/20X0			
20,67		681	Amortización del inmovilizado material	a Amortización acumulada de equipos para proceso de información	2817	20,67

Debe	N.º	Cód.	Cuentas		Cód.	Haber
			31/12/20X1			
62,00		681	Amortización del inmovilizado material	a Amortización acumulada de equipos para proceso de información	2817	62,00

Debe	N.º	Cód.	Cuentas		Cód.	Haber
			31/12/20X2			
62,00		681	Amortización del inmovilizado material	a Amortización acumulada de equipos para proceso de información	2817	62,00

Debe	N.º	Cód.	Cuentas		Cód.	Haber
			31/12/20X3			
62,00		681	Amortización del inmovilizado material	a Amortización acumulada de equipos para proceso de información	2817	62,00

Debe	N.º	Cód.	Cuentas		Cód.	Haber
			31/12/20X4			
62,00		681	Amortización del inmovilizado material	a Amortización acumulada de equipos para proceso de información	2817	62,00

Debe	N.º	Cód.	Cuentas		Cód.	Haber
			31/12/20X5			
41,33		681	Amortización del inmovilizado material	a Amortización acumulada de equipos para proceso de información	2817	41,33

Actividad propuesta 6.6.

Realiza los asientos de amortización de los inmovilizados de la empresa MOBILIARIO DE COCINA, SLS que posee el día 31 de diciembre. Para ello, ten en cuenta los cuadros con los cálculos de las amortizaciones de cada uno de ellos, realizados en la Actividad propuesta 6.5.

Aspecto fiscal de la amortización

Sabías que

La normativa del impuesto de sociedades establece, con carácter general, **libertad de amortización** para bienes de escaso valor, de hasta 300 euros de valor unitario, con un máximo de 25.000 euros anuales.

Como hemos visto anteriormente, la amortización supone un gasto e incide directamente sobre el resultado que se obtiene en el ejercicio. Las empresas están obligadas a liquidar el impuesto de sociedades sobre el resultado contable que obtienen. La normativa fiscal establece que, para que la amortización sea efectiva y deducible como gasto, se debe calcular de acuerdo con los métodos recogidos en el impuesto.

Uno de los métodos de amortización, indicado en la norma del impuesto y utilizado por la mayoría de las empresas, es el **método lineal, según la tabla fiscal** de amortización de los bienes. En este método, se establecen unos **coeficientes máximos** de amortización y unos **periodos máximos** de años para amortizar (de este modo se obtiene un intervalo de tiempo o de coeficientes mínimo y máximo).

Si las cuotas de amortización, calculadas contablemente, se encuentran dentro de los límites que marca la Administración (coeficiente máximo y n.° de años máximo), fiscalmente se considera que responden a la depreciación efectiva y se admite el gasto como deducible. Por otra parte, se exige que la amortización cumpla tres requisitos para ser admitida como gasto fiscal: que sea **efectiva,** que esté **contabilizada** y que **no supere los máximos** establecidos en la Tabla 6.5.

Tabla 6.5. Tabla de amortización lineal a partir del día 01/01/2015 de la Ley 27/2014, de 27 de noviembre, del Impuesto sobre Sociedades

Tipo de elemento	Coeficiente lineal máximo	Periodo de años máximo
Obra civil		
Obra civil general	2 %	100
Pavimentos	6 %	34
Infraestructuras y obras mineras	7 %	30
Centrales		
Centrales hidráulicas	2 %	100
Centrales nucleares	3 %	60
Centrales de carbón	4 %	50
Centrales renovables	7 %	30
Otras centrales	5 %	40
Edificios		
Edificios industriales	3 %	68
Terrenos dedicados exclusivamente a escombreras	4 %	50
Almacenes y depósitos (gaseosos, líquidos y sólidos)	7 %	30
Edificios comerciales, administrativos, de servicios y viviendas	2 %	100
Instalaciones		
Subestaciones, redes de transporte y distribución de energía	5 %	40
Cables	7 %	30
Resto instalaciones	10 %	20
Maquinaria	12 %	18
Equipos médicos y asimilados	15 %	14
Elementos de transporte		
Locomotoras, vagones y equipos de tracción	8 %	25
Buques y aeronaves	10 %	20
Elementos de transporte interno	10 %	20
Elementos de transporte externo	16 %	14
Autocamiones	20 %	10
Mobiliario y enseres		
Mobiliario	10 %	20
Lencería	25 %	8
Cristalería	50 %	4
Útiles y herramientas	25 %	8
Moldes, matrices y modelos	33 %	6
Otros enseres	15 %	14
Equipos electrónicos o informáticos, sistemas y programas		
Equipos electrónicos	20 %	10
Equipos para procesos de información	25 %	8
Sistemas y programas informáticos	33 %	6
Producciones cinematográficas	33 %	6
Fonográficas, vídeos y series audiovisuales	33 %	6
Otros elementos	10 %	20

Actividad resuelta 6.6.

La empresa SERVICOLE, SLS adquiere una nueva impresora para preparar material para sus clientes. Decide amortizar la impresora y aplica las tablas de amortización fiscales. La factura de compra es la siguiente:

PERIFÉRICOS, SL
C/ Oro, 20, Polígono Industrial Sur
28770 Colmenar Viejo (MADRID)
NIF: B86141230
Teléfono: 918461050 Fax: 918461051

FECHA: 01/10/20X5
FACTURA N.º: P/405

CLIENTE:
SERVICOLE, SLS
Avenida de Barcelona, 100, (28010) MADRID
NIF: B81544554
Teléfono: 912323232

Forma de pago: Transferencia bancaria

DESCRIPCIÓN	UDS.	PRECIO	IMPORTE €
Impresora multifunción láser-color	1	500,00	500,00
		SUBTOTAL	500,00
		IVA 21 %	105,00
DOCUMENTO EDUCATIVO SIN VALOR LEGAL		**TOTAL**	605,00 €

Realiza el cuadro de amortización completo de la impresora y los registros contables de la compra y la amortización del año de la compra.

Solución:

El cuadro completo de amortización, si se aplican las tablas fiscales para los equipos para proceso de información, es el siguiente:

	REGISTRO DE INMOVILIZADOS:								
	DATOS DE LA EMPRESA:		SERVICOLE, SLS				NIF:	B81544554	
	DESCRIPCIÓN DEL ACTIVO:		Impresora multifunción láser-color				CÓD. CTA.	21701	
Años	Fecha de adquisición	Precio de adquisición	V. residual	Base amortizable	Inicio de la amort. / Fin del amort.	Coeficiente de amortización	Cuota	Cuota del periodo	Acumulada
20X5	01/10/20X5	500,00	0	500	01/10/20X5	25,00 %	125,00	31,25	31,25
20X6				500		25,00 %	125,00	125,00	156,25
20X7				500		25,00 %	125,00	125,00	281,25
20X8				500		25,00 %	125,00	125,00	406,25
20X9				500	30/09/20X9	25,00 %	125,00	93,75	500,00
TOTALES		500	0	500				500,00	

Para realizar los registros contables, vamos a utilizar las siguientes subcuentas:

Código	Descripción
21701	Impresora multifunción láser-color
47221	H. P. IVA soportado 21 %
52301	PERIFÉRICOS, SL
572	Bancos, c/c
681	Amortización del inmovilizado material
28171	Amortización acumulada de la impresora

(continúa)

Asientos contables:

Registro de la compra:

Debe	N.º	Cód.	Cuentas			Cód.	Haber
			01/10/20X5				
500,00	1	21701	Impresora multifunción láser-color				
105,00		47221	H. P. IVA soportado 21 %	a	PERIFÉRICOS, SL	52301	605,00
605,00	2	52301	PERIFÉRICOS, SL	a	Bancos, c/c	572	605,00

Registro contable de la amortización:

Debe	N.º	Cód.	Cuentas			Cód.	Haber
			31/12/20X5				
31,25	3	681	Amortización del inmovilizado material (*)	a	Amortización acumulada de la impresora	28171	31,25

(*) La cuota correspondiente al periodo es la parte proporcional de la cuota anual, es decir, 125 × 3/12 = 31,25.

6.4. Tratamiento y registro contable de enajenación y bajas del inmovilizado

Tal y como hemos explicado anteriormente, sabemos que el inmovilizado pierde valor con el paso del tiempo, por el uso en la actividad y por los avances tecnológicos (obsolescencia), pero puede haber pérdidas producidas en la enajenación (venta) o baja del inventario total o parcial como consecuencia de pérdidas de carácter irreversible. También se pueden producir beneficios en la venta del inmovilizado. En estos casos, el Plan General Contable establece cuentas para registrar las pérdidas procedentes del inmovilizado y los beneficios procedentes del inmovilizado.

Pero, además, se pueden producir pérdidas y gastos de cuantía significativa, originados por hechos que quedan fuera de la actividad ordinaria de la empresa y que no se espera que ocurran con frecuencia, como inundaciones, incendios, sanciones y multas, entre otros. Estas situaciones son tratadas por el Plan General Contable como gastos de carácter excepcional.

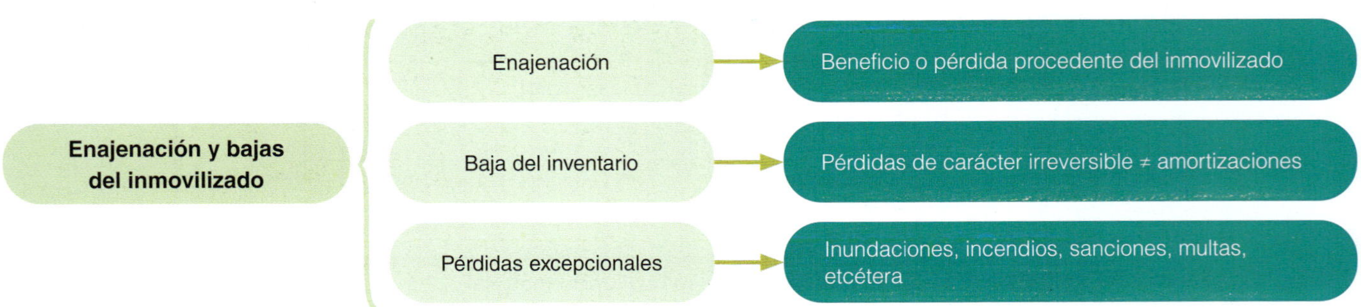

Figura 6.7. Los beneficios y pérdidas de los inmovilizados. Resultados obtenidos con el inmovilizado.

6.4.1. Normas de valoración

Los elementos del inmovilizado se darán de baja en el momento de su enajenación o disposición por otra vía, o cuando no se espere obtener beneficios o rendimientos económicos futuros de estos.

La diferencia entre el importe que se obtenga de un elemento del inmovilizado neto de los costes de venta y su valor contable determinará el beneficio o la pérdida surgida de la operación, que se imputará a la cuenta de pérdidas y ganancias del ejercicio en que esta se produce. Si el precio de venta es mayor que el valor contable del inmovilizado, la empresa obtendrá un beneficio por la diferencia. Para el caso en que el precio de venta sea menor al valor contable del inmovilizado, se producirá una pérdida por la diferencia.

Sabías que

El documento que justifica la transacción del bien es la factura de venta, que deberá emitir la empresa, en la que se recogerán el importe del precio de transmisión, la descripción del bien y el IVA repercutido.

6.4.2. Cuentas y subcuentas utilizadas

El PGC establece el subgrupo 67 y el subgrupo 77 para registrar las pérdidas y los gastos o los beneficios, en su caso, procedentes de las operaciones de venta del inmovilizado o de la baja del inventario.

En la Tabla 6.6, se representan según el tipo de inmovilizado.

Tabla 6.6. Cuentas para recoger las pérdidas o beneficios de las ventas del inmovilizado

Inmovilizado	Cuentas de gastos	Cuentas de ingresos
Intangible	670 Pérdidas procedentes del inmovilizado intangible 678 Gastos excepcionales	770 Beneficios procedentes del inmovilizado intangible
Material	671 Pérdidas procedentes del inmovilizado material 678 Gastos excepcionales	771 Beneficios procedentes del inmovilizado material

De modo similar a las adquisiciones del inmovilizado y dependiendo de la forma de cobro de las enajenaciones, utilizaremos unas cuentas u otras. Así, tenemos las siguientes cuentas recogidas en la Tabla 6.7.

Tabla 6.7. Cuentas utilizadas en los cobros derivados de las ventas del inmovilizado

Según la venta	Descripción	Cuentas que se utilizan
Cobro al contado	Se realiza el cobro al realizar la entrega del inmovilizado.	570. Cajas, euros 572. Bancos, c/c, euros
Cobro aplazado	Se pacta el cobro con posterioridad a la entrega y, dependiendo del tiempo, puede ser a corto o largo plazo.	543. Créditos a corto plazo por enajenación de inmovilizado 253. Créditos a largo plazo por enajenación de inmovilizado
En todas las formas de cobro	IVA repercutido: cuando está sujeta a IVA.	477. H. P. IVA repercutido

6.4.3. Asientos contables de las diferentes operaciones

Para poder realizar la contabilización de la operación, tenemos que determinar el valor contable del inmovilizado y, por ello, actualizar la amortización a la fecha de la venta o baja, es decir, dotar la amortización que va desde el comienzo del año hasta el día de la formalización de la venta. Una vez actualizada la amortización, podemos determinar el valor contable por la diferencia entre el coste y la amortización acumulada y los deterioros, si los hay.

Cuando tenemos calculado el valor contable, lo comparamos con el precio de venta para determinar si hay beneficio o pérdida en la operación.

Los asientos contables tipo son los siguientes:

- Por la actualización de la amortización a la fecha de la venta:

Debe	N.º	Cód.	Cuentas			Cód.	Haber
				Fecha			
		680/681	Amortización del inmovilizado intangible/material	a	Amortización acumulada del inmovilizado intangible/material	280/281	

- Para realizar el registro contable de la venta, dependiendo de la forma de cobro y de si hay beneficio o pérdida, realizaremos los asientos que se muestran a continuación:

Debe	N.º	Cód.	Cuentas			Cód.	Haber
				Fecha			
		281/280	Amortización acumulada del inmovilizado material/intangible				
		291/290	Deterioro de valor del inmovilizado material/intangible				
		543	Créditos a corto plazo por enajenación de inmovilizado (*)	a	Inmovilizaciones materiales/intangibles	21/20	
		671	Pérdidas procedentes del inmovilizado material/intangible (si el precio de venta es menor al valor neto contable del bien)	a	H. P. IVA repercutido (21 % × precio de venta)	477	
				o	Beneficios procedentes del inmovilizado material/intangible (si el precio de venta es mayor al valor neto contable del bien)	771	

(*) Si el derecho de cobro de la venta es a más de un año, se utilizará la cuenta 253 Créditos a largo plazo por enajenación de inmovilizado.

- Si se documenta el cobro en un efecto (letra de cambio o pagaré), se registra lo siguiente:

Debe	N.º	Cód.	Cuentas			Cód.	Haber
				Fecha			
		5431/2531	Efectos a cobrar a corto plazo y a largo plazo	a	Créditos a c/p (l/p) por enajenación de inmovilizado	543/253	

Actividad resuelta 6.7.

La empresa SERFISA vende la impresora multifunción porque actualmente hay impresoras en el mercado con mayores prestaciones y a buen precio. La impresora le costó 310 € y tiene una amortización acumulada a la fecha de venta, el 31 de diciembre de 20X3, de 206,67 €. Realiza la contabilización de la operación de venta en los siguientes casos: la vende por 90 € más IVA y la cobra con un cheque a nombre de SERFISA; la vende por 110 € más IVA.

Solución:

Para determinar el beneficio o la pérdida en la venta de la impresora, tenemos que comprobar que está contabilizada la amortización hasta la fecha de venta; en este caso, al venderse el día 31 de diciembre, ya está la amortización del ejercicio en el importe de la amortización acumulada.

Una vez que conocemos la amortización acumulada a la fecha de venta, determinamos el valor neto contable del bien. Posteriormente, calcularemos el resultado de la operación, restando al precio de venta el valor neto contable del bien (beneficio o pérdida).

Impresora multifunción láser Brother MFC

VENTA DE LA IMPRESORA		V. NETO CONTABLE
COSTE	310,00	
– AMORTIZACIÓN ACUMULADA	–206,67	103,33
PRECIO DE VENTA	90,00	RESULTADO OPERACIÓN
IVA REPERCUTIDO 21 %	**18,90**	(90 – 103,33) =
TOTAL FACTURA	108,90	–13,33

Registro contable de la venta con pérdida y cobro de la operación:

Debe	N.º	Cód.	Cuentas			Cód.	Haber
				31/12/20X3			
206,67	1	2817.1	Amortización acumulada de la impresora Brother MFC				
108,90		543	Créditos a c/p por enajenación de inmovilizado				
13,33		671	Pérdidas procedentes del inmovilizado material	a	Impresora Brother MFC	217.1	310,00
				a	H. P. IVA repercutido	477	18,90
108,90	2	572	Bancos, c/c vista, euros	a	Créditos a c/p por enajenación de inmovilizado	543	108,90

(continúa)

Si el precio de venta es de 110 €, habrá beneficio en la venta:

Impresora multifunción láser Brother MFC

VENTA DE LA IMPRESORA		V. NETO CONTABLE
COSTE	310,00	
- AMORTIZACIÓN ACUMULADA	−206,67	103,33
PRECIO DE VENTA	110,00	RESULTADO OPERACIÓN
IVA REPERCUTIDO 21 %	**23,10**	(110 – 103,33) =
TOTAL FACTURA	133,10	= 6,67

Registro contable de la venta con beneficio y cobro de la operación:

Debe	N.º	Cód.	Cuentas			Cód.	Haber
			31/12/20X8				
206,67	1	2817.1	Amortización acumulada de la impresora Brother MFC				
133,10		543	Créditos a c/p por enajenación de inmovilizado	a	Impresora Brother MFC	217.1	310,00
				a	Beneficios procedentes del inmovilizado material	771	6,67
				a	H. P. IVA repercutido	477	23,10
133,10	2	572	Bancos, c/c vista, euros	a	Créditos a c/p por enajenación de inmovilizado	543	133,10

Actividad propuesta 6.7.

La empresa TALASA posee maquinaria, cuyo coste fue de 25.000 € y que tiene una amortización acumulada a la fecha de venta de 22.000 €. Realiza la contabilización de la operación de venta en los siguientes casos (se realiza con un cheque a nombre de TALASA):

- Si la venta es por 5.000 € más IVA.
- Si la venta es por 2.500 € más IVA.

Mapa conceptual

El inmovilizado

Documentos de compraventa del inmovilizado

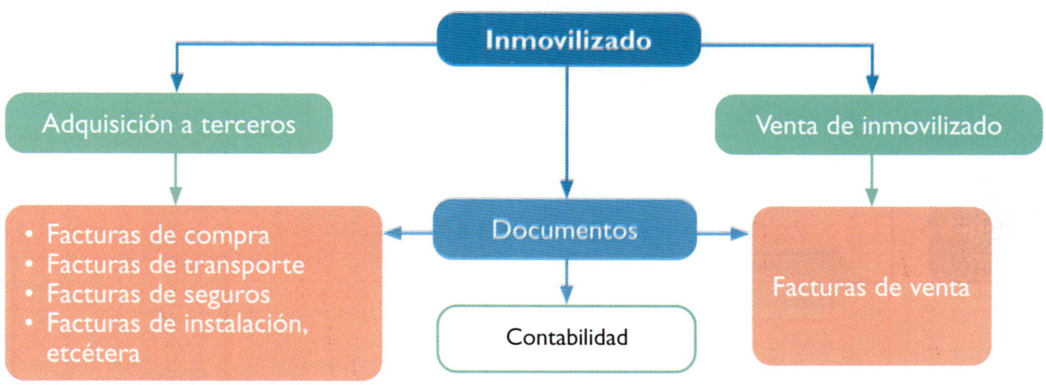

Registro de bienes de inversión

N.º de registro	Inmovilizado	Proveedor	N.º de factura	Fecha	Importe total	IVA	Prorrata	IVA deducible

Normas de valoración del inmovilizado

- **Precio de adquisición**
  - Importe facturado por el vendedor – descuentos o rebajas
  - + gastos adicionales directamente relacionados hasta la puesta en condiciones de funcionamiento
    - Explanación y derribo
    - Transporte
    - Derechos arancelarios
    - Seguros
    - Instalación y montaje
    - Otros similares
- **Coste de producción**
  - Inmovilizados fabricados o producidos por la propia empresa

Pérdidas de valor del inmovilizado

- **Pérdidas de valor del inmovilizado**
  - Sistemáticas e irreversibles → Amortizaciones
  - Reversibles y coyunturales → Deterioros
  - Extraordinarias → Gastos excepcionales

- **Amortizaciones**
  - Aspecto contable → Registro de la pérdida de valor de los inmovilizados
  - Aspecto financiero → Recuperación de los recursos financieros invertidos

Enajenación y bajas del inmovilizado

- **Enajenación y bajas del inmovilizado**
  - Enajenación → Beneficio o pérdida procedente del inmovilizado
  - Baja del inventario → Pérdidas de carácter irreversible ≠ ≠ amortizaciones
  - Pérdidas excepcionales → Inundaciones, incendios, sanciones, multas, etcétera

Actividades finales

De comprobación

6.1. Forman parte del precio de adquisición del inmovilizado:

a) El coste de instalación del inmovilizado.
b) Los gastos de transporte del inmovilizado hasta la empresa.
c) Los seguros del transporte del inmovilizado.
d) Todas las opciones anteriores son correctas.

6.2. Las deudas por la adquisición del inmovilizado se registran en la cuenta:

a) 293 Anticipos para inmovilizaciones materiales.
b) 523 Proveedores de inmovilizado a corto plazo.
c) 731 Trabajos realizados para el inmovilizado material.
d) Ninguna de las opciones anteriores es correcta.

6.3. Las amortizaciones cubren:

a) Las pérdidas reversibles y coyunturales.
b) Las pérdidas extraordinarias por causas naturales.
c) Las pérdidas sistemáticas e irreversibles.
d) Todas las opciones anteriores son correctas.

6.4. Para que la amortización sea admitida como gasto fiscal, ha de cumplir:

a) Que la amortización sea efectiva.
b) Que se encuentre dentro de los límites que marca la Administración.
c) Que esté contabilizada.
d) Todas las opciones anteriores son correctas.

6.5. Un almacén de una empresa ha sufrido un incendio y la pérdida surgida la registramos en la cuenta:

a) 211 Construcciones.
b) 671 Pérdidas procedentes del inmovilizado material.
c) 678 Gastos excepcionales.
d) Ninguna de las opciones anteriores es correcta.

6.6. Copia la siguiente tabla y señala si las afirmaciones son verdaderas o falsas.

N.°	Afirmación	V/F
1	El inmovilizado está formado por el activo corriente y el activo no corriente.	
2	Los bienes del inmovilizado material tienen una duración superior a un año.	
3	El inmovilizado material forma parte del activo corriente del balance.	
4	Si el valor residual es nulo, la base de amortización coincide con el coste o valor inicial.	
5	Las amortizaciones del inmovilizado se realizan normalmente por el método lineal.	

De aplicación

6.7. ¿Qué es el inmovilizado?

6.8. ¿Cómo se valoran los bienes del inmovilizado material?

6.9. Indica cómo se forma el precio de adquisición del inmovilizado y pon un ejemplo.

6.10. Describe lo que se entiende por *valor residual*.

6.11. ¿Cómo se determina el beneficio o la pérdida de una venta de inmovilizado?

Caso práctico

La empresa MOBILIARIO DE OFICINAS, SLS tiene los siguientes activos:

N.º de registro	Inmovilizado	Proveedor	Fecha de adquisición	Coste	Vida útil (años)	Coeficientes de tablas
1	Furgoneta de reparto	TODOVEHÍCULOS, SAS	01/03/20X0	20.500	8	16 % – 14
2	Expositores	MUEBLES MARTÍNEZ, SLS	01/02/20X3	6.000	10	10 % – 20
3	Equipo informático	VENDO MARK, SL	01/07/20X2	1.200	5	25 % – 8
4	Aplicaciones informáticas	INSTALACIONES NET WORK, SL	01/07/20X2	800	5	33 % – 6

El día 31/12/20X4 vende la furgoneta por 7.000 € para comprar otra con mejores prestaciones. Previo a la venta, amortiza la cuota correspondiente al año.

A continuación, compra otra furgoneta según el siguiente detalle:

TODOVEHÍCULOS, SAS		A01230000	FAC. N.º: 5252
		CLIENTE:	B00003333
Fecha	31/12/20X4	MOBILIARIO DE OFICINAS, SLS	
FACTURACIÓN			€
FURGONETA COMPACTA MODELO FR 100			18.000,00 €
Matriculación			855,00 €
		Subtotal	18.855,00 €
BI	IVA	CUOTA	TOTAL FACTURA
18.000,00	21,00 %	3.780,00	22.635,00 €
FORMA DE PAGO		DOMICILIACIÓN BANCARIA	

Realiza para la empresa MOBILIARIO DE OFICINAS, SLS los asientos contables que se derivan de las operaciones anteriores.

Para ello, tienes que:

- Realizar el cálculo de la amortización de la furgoneta que vende y determinar la pérdida de la venta.
- Determinar las cuotas de amortización de los activos, teniendo en cuenta que cumplan con las tablas de amortización fiscal. A la furgoneta nueva se le aplica el mismo criterio que la anterior.

SIMULACIÓN

El inmovilizado de la empresa

La empresa ABANICOS HOYO ARCE, SLS se plantea las siguientes necesidades de inmovilizados:

- Dos ordenadores y una impresora, con los elementos necesarios para su uso (monitor, teclado y ratón).
- Una aplicación informática que le permita realizar las gestiones más habituales, para lo cual ha pensado en el paquete de Microsoft. El programa para realizar la contabilidad es de *software* libre, por lo que no tendrá que adquirirlo.
- Una furgoneta para el transporte de los productos, mediante un préstamo solicitado a la entidad CAIXA RURAL TORRENT.
- Mobiliario para los despachos y la oficina.
- Estanterías para el almacén.

Las facturas de cada una de las compras de inmovilizado son las que se presentan a continuación:

- Equipos informáticos y *software:*

SUMINISTRO DE COMPONENTES INFORMÁTICOS, SLS
SUMINISTROS C. INFORMÁTICOS SLS
C/ Flores, 5, Valencia 46006
NIF: B96999888

ABANICOS HOYO ARCE, SLS
C/ JUAN XXIII, 44
46970 ALAQUÀS (Valencia)
NIF: B96192511

FACTURA: 525
FECHA FACTURA: 05/10/20X0

CONCEPTO	CANT.	PRECIO	IMPORTE
ORDENADOR HPH (*)	2	650,00	1.300,00
IMPRESORA LÁSER, EPH	1	300,00	300,00
TECLADO INALÁMBRICO	1	35,00	35,00
MICROSOFT OFFICE	1	125,00	125,00
(*) Incluye monitor de 19", teclado extendido y ratón		Subtotal	1.760,00
Descuento	Portes	Base imponible	1.724,80
5 %	52,8	Cuota IVA	362,21
88		TOTAL FACTURA	2.087,01

FORMA DE PAGO: RECIBOS DOMICILIADOS
VENCIMIENTOS:
30/11/20X0 2.087,01 €

DOCUMENTO EDUCATIVO SIN VALOR LEGAL

- Furgoneta:

TODOVEHÍCULOS, SAS
C/ Capitán, 5
46005
VALENCIA
NIF: B96100445

ABANICOS HOYO ARCE, SLS
C/ JUAN XXIII, 44 46970 ALAQUÀS (Valencia)
CIF: B96192511

FECHA: 30/10/20X0 FACTURA 248

CONCEPTO	DESCRIPCIÓN	IMPORTE
FURGONETA MOD. TH	MOTOR 2,3	20.000,00
GASTOS MATRÍCULA		300,00
		20.300,00 €

BASE IMPONIBLE: 20.300,00
CUOTA IVA: 21% 4.263,00
TOTAL FACTURA: 24.563,00 €

FORMA DE PAGO: CHEQUE BANCARIO

Importe	Fecha vencimiento
24.563,00 €	30/10/20X0

DOCUMENTO EDUCATIVO SIN VALOR LEGAL

- Mobiliario:

MOBILIARIO GARCÍA, SLS
C/ PASEO AL MAR, 41 (46910) BENETUSSER, VALENCIA
NIF B96000000

FECHA FACTURA	CLIENTE
01/11/20X0	ABANICOS HOYO ARCE, SLS
NÚMERO FACTURA	C/ JUAN XXIII, 44, 46470 ALAQUÀS
1250	NIF: B96192511

Ref/Cod.	Descripción	Cantidad	Precio	DTO.	Importe Neto
LBA	LIBRERÍA ARCHIVADORES	5	135,71	5 %	644,62
MER	CONJUNTO MESA	3	78,57	5 %	223,92
SIL	SILLÓN DESPACHO	3	120	5 %	342,00
TOTAL IMPORTE NETO					1.210,54

%	DTO. PRONTO PAGO

PORTES	BASE IMPONIBLE
	1.210,54

VENCIMIENTOS	
732,38	01/12/20X0
732,37	15/12/20X0

CUOTA IVA	21 %	254,21
REC. EQUIV		
TOTAL FACTURA		1.464,75

DOCUMENTO EDUCATIVO SIN VALOR LEGAL

- Estanterías:

ESTANTERIAS MARTÍNEZ, SLS
C/ NORTE, 52
46000 VALENCIA
NIF: B96213000

FECHA FACTURA	CLIENTE
15/11/20X0	ABANICOS HOYO ARCE, SLS
NÚMERO FACTURA	C/ JUAN XXIII, 44 46970 ALAQUÀS
456	NIF: B96192511

Ref/cód.	Descripción	Cantidad	Precio	Dto.	Importe neto
EST	ESTANTERÍAS METÁLICAS	40	56	5 %	2.128,00
MAW	MUEBLE ALMACÉN	5	120	5 %	570,00
	MONTAJE ESTANTERÍAS				200,00
TOTAL IMPORTE NETO					2.898,00 €

%	DTO. PRONTO PAGO

PORTES	BASE IMPONIBLE
	2.898,00

VENCIMIENTOS	
1.753,29	15/12/20X0
1.753,29	30/12/20X0

CUOTA IVA	21 %	608,58
REC. EQUIV.		
TOTAL FACTURA		3.506,58 €

DOCUMENTO EDUCATIVO SIN VALOR LEGAL

Tareas que se deben realizar

- Clasificar correctamente el inmovilizado adquirido y aplicar las normas de registro y valoración del PGC de Pymes.
- Crear las subcuentas en el plan contable de la empresa en el programa CONTASOL.
- Elaborar y registrar en el programa las fichas de los bienes adquiridos y establecer el plan de amortización para cada bien según las tablas fiscales.
- Realizar los registros contables de las operaciones recogidas en el programa.
- Efectuar los pagos de las facturas de compra del inmovilizado, según los documentos y el extracto bancario.
- Llevar a cabo una copia de seguridad del programa.

EL PROCESO DE CIERRE CONTABLE Y LA ELABORACIÓN DE LAS CUENTAS ANUALES

Contenidos

Objetivos

- Identificar los procedimientos de comprobación de los registros contables previos al cierre.
- Entender y realizar los procesos de reclasificaciones contables y las periodificaciones de ingresos y gastos.
- Comprender y calcular las depreciaciones de los diferentes activos.
- Calcular y registrar la variación de existencias.
- Aprender el proceso contable de regularización y de cierre de la contabilidad.
- Determinar y contabilizar el impuesto corriente sobre beneficios.
- Elaborar las cuentas anuales según el PGC de Pymes.
- Conocer las obligaciones de depósito y publicación de cuentas en el Registro Mercantil.

Introducción

Previo al proceso contable de cierre, se han de realizar los procedimientos de comprobación de que los registros contables llevados a cabo en el libro Diario son correctos, para que las cuentas anuales expresen la imagen fiel del patrimonio, de la situación financiera y del resultado alcanzado en el ejercicio.

Al cierre del ejercicio, se procederá a la contabilización de las recalificaciones contables, las periodificaciones, las variaciones de existencias y las amortizaciones y deterioros, en su caso.

Realizados los ajustes contables necesarios, determinamos el resultado del ejercicio mediante el proceso de regularización, a partir del cual calculamos y registramos el impuesto sobre el beneficio. Finalmente, procedemos al cierre contable de las cuentas patrimoniales, para emitir las cuentas anuales de la empresa y cumplir con las obligaciones del Registro Mercantil.

7.1. Proceso de comprobaciones y ajustes previos al cierre del ejercicio

Todas las empresas realizan, a lo largo del ejercicio económico, **procedimientos de comprobación y control,** según hemos estado describiendo a lo largo de cada una de las unidades anteriores. Estos procedimientos son diferentes dependiendo del área patrimonial que analicemos: gastos e ingresos, existencias, activos, pasivos, etcétera.

Estas medidas de control sirven para verificar que todo el proceso de contabilización se ha realizado correctamente. Se utiliza, para ello, la documentación que sirvió de base para elaborarla, llevando a cabo, posteriormente, todas las correcciones necesarias para subsanar los posibles errores que puedan haberse cometido.

Este proceso cobra suma importancia, sobre todo, en cada uno de los momentos en que precisamos utilizar los datos recogidos en la contabilidad: liquidaciones de impuestos, comunicación de información para que la gerencia de la empresa adopte decisiones y, necesariamente, en el proceso de cierre económico.

Con el objeto de verificar que nuestra contabilidad refleja la situación patrimonial, financiera y los resultados reales que posee la empresa, el cierre del ejercicio se lleva a cabo de manera planificada, se establecen pautas estandarizadas de comprobación y control y se realiza la contabilización de las operaciones que se acometen necesariamente en este momento de fin del ejercicio económico.

Todas estas operaciones se realizarán con el objeto de obtener, a través del proceso de regularización de las cuentas de gestión (grupos 6 y 7), una primera estimación del resultado de la actividad. Utilizaremos el saldo de la cuenta (129) Resultado del ejercicio para calcular el impuesto sobre beneficios y procederemos a contabilizar los registros contables relacionados con los cálculos que correspondan al impuesto.

Una vez contabilizadas todas las operaciones, procederemos a cerrar el ejercicio (asiento de cierre) y nos prepararemos para:

- La legalización de los libros contables obligatorios.
- La elaboración y presentación de las cuentas anuales.

Sabías que

Los deterioros de valor de créditos por operaciones comerciales son deducibles fiscalmente, si el periodo transcurrido desde el vencimiento al cierre del ejercicio es superior a seis meses.

Figura 7.1. Esquema de preparación del cierre contable.

7.1.1. Proceso de comprobación de las cuentas de acreedores y deudores por operaciones comerciales. Deterioro de valor

En la gestión comercial de la empresa, la mayoría de las operaciones que se registran en la contabilidad se realizan a través de las cuentas del grupo 4 del PGC, en nuestro caso, de Pymes.

- Las ventas y los diferentes ingresos obtenidos por su gestión se registran en las distintas cuentas de Clientes, subgrupo 43, y Deudores, subgrupo 44.
- Las compras de bienes y servicios efectuadas a lo largo del ejercicio se recogen en las cuentas de Proveedores, subgrupo 40, y Acreedores varios, subgrupo 41.

La empresa deberá analizar dichas cuentas y comprobar y verificar la corrección de sus saldos, de acuerdo con los principios contables y las normas de valoración. Utilizará para ello el libro Mayor de las diferentes cuentas, así como la **documentación** y los **justificantes** que hemos utilizado para su registro.

Clientes y deudores

Las cuentas relacionadas con **clientes y deudores** deberán tener **saldo deudor.** El Mayor de dichas cuentas reflejará el saldo que nos adeudan a la fecha de cierre. Deberemos comprobar que los cobros y las remesas han quedado correctamente contabilizados, así como cualquier descuento, venta o anticipo.

Dichas comprobaciones pueden ayudarnos a detectar:

- **Apuntes mal realizados:** cuando se contabilice erróneamente el cobro en la cuenta de otro cliente. Este error generará un saldo acreedor en la cuenta contable del cliente que no correspondía dicho cobro, y el cliente que verdaderamente le corresponde seguirá adeudándolo, según la contabilidad.

Sabías que

Los deterioros de valor de créditos por operaciones comerciales son deducibles fiscalmente si el cliente se halla en concurso de acreedores.

- Clientes con **saldos acreedores,** que realmente representan **errores contables** o anticipos recibidos por estos, porque no han sido correctamente contabilizados. En este último caso, habrá que traspasar dichos saldos acreedores a la cuenta 438 Anticipos de clientes. Asimismo, tendremos que comprobar que se haya realizado la factura correspondiente al anticipo y que se haya incluido correctamente en las declaraciones del IVA.
- Clientes **pendientes de cobro** y que no habían sido reclamados y clientes **morosos que no han sido reclasificados** como tales. Asimismo, será necesario verificar la dotación del deterioro (694) o el exceso de este (794). El saldo de la cuenta 436 Clientes de dudoso cobro debe cuadrar con la cuenta 490 Deterioro de valor de créditos por operaciones comerciales, si aplicamos el método de estimación individual.

Los **deterioros de valor** son otra de las contabilizaciones que se realizan al final del ejercicio económico (sobre todo si utilizamos el método de estimación global de estos para los créditos incobrables), es decir, una vez finalizado el ejercicio, se estima la cantidad que habrá de imputarse como deterioro por todo lo acontecido durante este.

En el caso de utilizar el método de estimación individualizado, imputaremos la corrección valorativa de manera individualizada y tendremos en cuenta las circunstancias personales de los clientes de la empresa y el riesgo de posible impago de cada uno de ellos.

Los asientos contables que realizaremos son los siguientes:

- Por la dotación:

Debe	N.º	Cód.	Cuentas			Cód.	Haber
			Fecha del asiento				
		436	Clientes de dudoso cobro (reclasificamos al cliente, si la dotación se realiza de modo individualizado)	a	Clientes	430	
		694	Pérdidas por deterioro de créditos por operaciones comerciales (por el importe del saldo considerado moroso)	a	Deterioro del valor de créditos por operaciones comerciales	490	

- Por la aplicación de los deterioros o cuando corresponda anular una dotación:

Debe	N.º	Cód.	Cuentas			Cód.	Haber
			Fecha del asiento				
		490	Deterioro del valor de créditos por operaciones comerciales	a	Reversión del deterioro de créditos por operaciones comerciales	794	

Actividad resuelta 7.1.

La empresa COMERMUEBLES, SL, tras la comprobación realizada previa al cierre del ejercicio 20X0, en las cuentas del subgrupo 43, ha detectado que:

Su cliente, MOBILIARIO PARRA, SL (430.22), posee un saldo deudor de 5.000 € pendiente de cobro, por una venta que se realizó en enero y que se debió cobrar en marzo. La empresa considera que debe realizar la clasificación del cliente como de dudoso cobro y elaborar la dotación del deterioro del valor del crédito.

Solución:

Debe	N.º	Cód.	Cuentas			Cód.	Haber
			Fecha del asiento: 31/12				
5.000,00	1	436.22	MOBILIARIO PARRA, SL, Clientes de dudoso cobro	a	MOBILIARIO PARRA, SL	430.22	5.000,00
5.000,00	2	694	Pérdidas por deterioro de créditos por operaciones comerciales	a	Deterioro del valor de créditos por operaciones comerciales. MOBILIARIO PARRA, SL	490.22	5.000,00

Proveedores y acreedores

Las cuentas de **proveedores y acreedores** tendrán **saldo acreedor** y su importe indicará la deuda pendiente y la obligación de pago que tendremos con ellos. Los efectos a pagar, las transferencias y las facturas o los descuentos deberán quedar claramente reflejados en el Mayor de las cuentas.

Dichas operaciones nos pueden ayudar a identificar:

- Apuntes mal realizados y que han supuesto la contabilización del pago de un proveedor o acreedor distinto y que han dejado cuentas con saldos incorrectos.
- Proveedores y acreedores con saldos deudores, que realmente representan errores contables o anticipos realizados por la empresa y que no han sido correctamente contabilizados.
- En ocasiones, se llega a comprobar que la empresa no posee alguna de las facturas y solicita un duplicado de esta. Si el proceso de facturación del proveedor o acreedor no coincide con la finalización del ejercicio, el gasto del último mes o de los últimos meses del año se incluye en la primera factura que recibimos en el ejercicio siguiente. En estos casos, debemos realizar la contabilización del gasto utilizando las subcuentas:
  - 4009 Proveedores de facturas pendientes de recibir o formalizar.
  - 4109 Acreedores de facturas pendientes de recibir o formalizar.

Sabías que

La empresa deberá presentar en el modelo 347 las operaciones con terceros que superen un importe anual (incluido el IVA) de 3.005,06 € y deberá indicar los datos de identificación y el importe de estas; es un modelo informativo que sirve para que la Administración cruce las diferentes operaciones e identifique posibles anomalías.

Actividad resuelta 7.2.

La empresa COMERCIAL DE TABLONES, SL comprueba en su almacén que recibió la mercancía del proveedor TABLONES SUÁREZ, SL, valorada en 3.500,00 €, junto con el albarán. El proveedor emite la factura y la recibimos a los 15 días de recibir la mercancía. Realiza los registros contables.

Solución:

A la fecha de devengo de la operación:

Debe	N.º	Cód.	Cuentas			Cód.	Haber
			Fecha del asiento: 31/12				
3.500,00	1	600	Compra de mercaderías	a	Proveedores, facturas pendientes de recibir o formalizar	4009	3.500,00

A la fecha de la factura, cuando la recibimos a los 15 días:

Debe	N.º	Cód.	Cuentas			Cód.	Haber
			Fecha del asiento				
3.500,00	2	4009	Proveedores, facturas pendientes de recibir o formalizar				
735,00		472	H. P. IVA soportado (BI = 4009 × tipo de IVA)	a	Proveedores	400	4.235,00

Actividad resuelta 7.3.

La empresa COMERMUEBLES, SL recibe la factura del consumo de gas cada dos meses. El gasto que corresponde al mes de diciembre se facturará en el mes de enero, e incluirá el consumo y servicio de estos dos meses. La empresa establece, según el contador y la tarifa aplicable, que el consumo que corresponde al mes de diciembre asciende a 253 €.

En el mes de enero, la empresa recibe la siguiente factura:

Factura n.º 1256 Fecha: 30/01/20X0	Concepto	Importe
	Consumo de dos meses	700,00
	IVA 21 %	147,00
	TOTAL FACTURA	847,00 €

Realiza los registros contables.

Solución:

A la fecha de la factura:

Debe	N.º	Cód.	Cuentas			Cód.	Haber
			Fecha del asiento: 31/12				
253,00	1	628	Suministros	a	Acreedores, facturas pendientes de recibir o formalizar	4109	253,00

A la recepción de la factura:

Debe	N.º	Cód.	Cuentas			Cód.	Haber
			Fecha del asiento: 30/01				
253,00		4109	Acreedores, facturas pendientes de recibir o formalizar				
447,00		628	Suministros (700 – 253) = 447 €				
147,00		472.21	H. P. IVA soportado [BI = (253 + 447) × tipo de IVA]	a	Acreedores por prestación de servicios	410	847,00

7.1.2. Verificación y comprobación de las cuentas de existencias. Variación de existencias

Antes de realizar el cierre del ejercicio, la empresa verificará y comprobará la correcta aplicación de las normas de registro y valoración de las mercancías que utiliza en su actividad (NRV n.º12, PGC de Pymes).

Para ello, utilizaremos los **libros de almacén,** en los que recogemos las diferentes **fichas de las existencias** de mercancías que posee la empresa, valoradas según el método de valoración seleccionado para estas. Debemos tener en cuenta, en aplicación del principio de uniformidad, que la entidad utilizará el mismo método para todas las existencias que tengan una naturaleza y un uso similares.

- Con los datos recogidos, podremos elaborar el **inventario final o del periodo de las existencias de mercancías** que posee la empresa. Habitualmente, los movimientos de entradas y salidas de cada una de ellas se detallan en las **fichas de almacén,** donde se indicará:
  - — El método de valoración utilizado.
  - — El número de unidades.
  - — El precio unitario y su valoración total en cada momento.
- El **saldo final** de cada una de las mercancías será utilizado para reflejar el **asiento de variación de existencias,** en el que se dará de baja el saldo de las existencias iniciales y se dará de alta el saldo de las existencias finales, a través de la utilización de las cuentas del grupo 3 y de las cuentas de gastos o ingresos de los subgrupos 61 y 71 del PGC de Pymes.
- Cuando el valor de mercado de dichas existencias sea menor al reflejado en la contabilidad, corresponderá corregir el **deterioro de valor** provocado. Se utilizarán, para ello, las cuentas:
  - — 390 Deterioro de valor de las mercaderías.
  - — 693 Pérdidas por deterioro de existencias.

Los asientos contables que se deben realizar son los siguientes:

Recuerda

La empresa podrá optar por valorar sus existencias comerciales entre los siguientes métodos:

- El precio medio o coste medio ponderado: cálculo ponderado del precio de compra de todas las unidades físicas que se encuentran en el almacén.
- Método FIFO *(first in, first out)*: este método establece que el primer producto ingresado en el almacén será el primero en salir a efectos del inventario.

- Para la variación de existencias y para reflejar contablemente el saldo final de estas:

Debe	N.º	Cód.	Cuentas			Cód.	Haber
			Fecha del asiento: 31/12				
		610	Variación de existencias de mercaderías (valor inicial)				
		300	Mercaderías (existencias finales)	a	Mercaderías (existencias iniciales)	300	
				a	Variación de existencias de mercaderías (valor final)	610	

- Para corregir la valoración de las mercancías, por la diferencia entre el valor de mercado y su valor contable:

Debe	N.º	Cód.	Cuentas			Cód.	Haber
			Fecha del asiento: 31/12				
		693	Pérdidas por deterioro de existencias	a	Deterioro de valor de las mercaderías	390	

Recuerda

Dependiendo de la mercancía de que se trate, las subcuentas utilizadas serán las recogidas en el subgrupo 61, para mercaderías y materias que se utilizan en la fabricación del producto, y en el subgrupo 71, para los productos obtenidos en el proceso de fabricación.

Tabla 7.1 Relación de cuentas de existencias

Cuenta de existencias	Cuenta de regularización del saldo
(300) Mercaderías	(610) Variación de existencias de mercaderías
(310) Materias primas	(611) Variación de existencias de materias primas
(32) Otros aprovisionamientos	(612) Variación de existencias de otros aprovisionamientos
(330) Productos en curso	(710) Variación de existencias de productos en curso
(34) Productos semiterminados	(711) Variación de existencias de productos semiterminados
(35) Productos terminados	(712) Variación de existencias de productos terminados
(36) Subproductos, residuos y materiales recuperados	(713) Variación de existencias de subproductos, residuos y materiales recuperados

Actividad resuelta 7.4.

La empresa PERFUMASA comercializa perfumes de varios tipos. Del perfume Fragance + tiene, el día 1 de enero, unas existencias iniciales en su almacén de 3.000 uds. a 27 €/ud. Durante el ejercicio, realiza las siguientes operaciones:

El día 10 de mayo compra 1.500 uds. a 30 €/ud. Albarán n.° A/055.

El día 18 de septiembre compra 2.500 uds. a 25 €/ud. Albarán n.° A/080.

El día 25 de diciembre vende 4.000 uds. a 95 €/ud. Albarán n.° A/12014.

- Dado que el método de valoración que se ha utilizado es el precio medio ponderado, contabiliza el asiento de variación de existencias.
- El día 31/12 comprueba que el valor de mercado que la mercancía registra es de 25 €. Registra contablemente el deterioro de valor de la mercancía debido a la pérdida ocasionada.

Solución:

La ficha de almacén que recogería la empresa de la mercancía sería la siguiente:

Ficha de almacén	PERFUMASA			Método	PMP					
Producto	Fragance +								**Ficha n.°**	1
Código	FRG +			***Stock* de seguridad**	10					
Fecha	Conceptos	Entradas			Salidas			Existencias		
	Documento	Cantidad	Precio	Valor	Cantidad	Precio	Valor	Cantidad	Precio	Valor
01/01/20X0	Existencias iniciales	-	-	-	-	-	-	3.000	27	**81.000**
10/05/20X5	Compra albarán n.° A/055	1.500	30	45.000				4.500	28,00	126.000
18/09/20X5	Compra albarán n.° A/080	2.500	25	62.500				7.000	26,92857	188.500
25/12/20X0	Venta albarán n.° A/120.14				4.000	26,92857	107.714	3.000	26,92857	**80.785,71 €**

Según los datos registrados en la ficha de almacén, la contabilización que corresponde realizar es:

Debe	N.°	Cód.	Cuentas	Cód.	Haber
			Fecha del asiento: 31/12		
81.000,00		610	Variación de existencias de mercaderías (valor inicial)		
80.785,71		300.1	Fragance + (existencias finales)		
			a Fragance + (existencias iniciales)	300.1	81.000,00
			a Variación de existencias de mercaderías (valor final)	610	80.785,71

Por la pérdida de valor ocasionada, los cálculos que realizará la empresa son los siguientes:

- Valor de mercado: 3.000 unidades × 25,00 € = 75.000,00 €.
- Valor contable: 3.000 unidades × 26,92857 € = 80.785,71 €.
- Diferencia, deterioro que se debe registrar: 80.785,71 € – 75.000,00 € = 5.785,71 €.

Para corregir la valoración de las mercancías, por la diferencia entre el valor de mercado y su valor contable, el asiento contable que corresponde realizar es el siguiente:

(continúa)

Debe	N.º	Cód.	Cuentas		Cód.	Haber
			Fecha del asiento: 31/12			
5.785,71		693	Pérdidas por deterioro de existencias	a Deterioro de valor de Fragance +	390.1	5.785,71

Actividad propuesta 7.1.

La empresa COMPLEMENTOS ESCOLARES, SL se dedica a la comercialización de los siguientes productos. Sus existencias iniciales con fecha 01/01/20X0 son las siguientes:

Productos	N.º de unidades	Precio de unidad	Valor total	Método de valoración
Carteras escolares	100	9	900	PMP
Estuches escolares	150	3	450	FIFO
Carpetas	200	4	800	PMP
Total de existencias			2.150	

Para realizar las operaciones de cierre del ejercicio, disponemos de la siguiente información:

1. Su cliente Juan Gil (número de cuenta contable: 430.1) presenta un saldo de 3.456,00 €, correspondiente al importe de una factura de julio que debía desembolsar y que está pendiente todavía de cobro. La empresa considera al cliente como de dudoso cobro y procede a dotar el deterioro de valor.
2. Recibimos el cobro de la factura n.º 27 de ESCUELAS REUNIDAS, SL, nuestro cliente 430.3. Por error, comprobamos que fue abonada al cliente 430.4, PROMOCIONES DE ESTUDIANTES, SL. La empresa procede a registrar adecuadamente el cobro al cliente correcto.
3. Recibimos la publicidad que corresponde a la campaña de Navidad del ejercicio 20X0, por valor de 500,00 €. El acreedor todavía no nos ha emitido la factura. La empresa registra contablemente el asiento del gasto que corresponde al ejercicio.
4. Las fichas de almacén de los productos son los que detallamos a continuación. La empresa registra contablemente el asiento de variación de existencias.

Ficha de almacén	COMPLEMENTOS ESCOLARES			Método	PMP					
Producto	CARTERAS ESCOLARES							Ficha n.º		1
Código	CTE			*Stock* de seguridad		10				
Fecha	Conceptos	Entradas			Salidas			Existencias		
	Documento	Cantidad	Precio	Valor	Cantidad	Precio	Valor	Cantidad	Precio	Valor
01/01/20X0	Existencias iniciales	-	-	-	-	-	-	100	9	900,00 €
15/02/20X0	Compra fac. n.º 1256	150	9,697	1454,51				250	9,41804	2.354,51 €
30/04/20X0	Compra fac. n.º 2566	300	9,492	2847,56				550	9,458309091	5.202,07 €
30/09/20X0	Venta fac. n.º 25				400	9,458309091	3.783,32	150	9,458309091	1.418,75 €
15/10/20X0	Compra fac. n.º 2010	400	9,606	3842,48				550	9,565866116	5.261,23 €
30/12/20X0	Compra fac. n.º 4501	100	9,572	957,15				650	9,566732867	6.218,38 €
30/12/20X0	Venta fac. n.º 27				500	9,566732867	4.783,37	150	9,566732867	1.435,01 €

Ficha de almacén	Complementos escolares			Método	PMP					
Producto	CARPETAS								Ficha n.°	2
Código	CP			*Stock* de seguridad		10				
Fecha	Conceptos	Entradas			Salidas			Existencias		
	Documento	Cantidad	Precio	Valor	Cantidad	Precio	Valor	Cantidad	Precio	Valor
01/01/20X0	Existencias iniciales	-	-	-	-	-	-	200	4	800
15/02/20X0	Compra fac. n.° 1256	250	2,9090	727,25				450	3,3939	1.527,25
30/04/20X0	Compra fac. n.° 2566	300	2,7476	824,29				750	3,1354	2.351,54
30/09/20X0	Venta fac. n.° 25				500	3,1354	1.567,69	250	3,1354	783,85
15/10/20X0	Compra fac. n.° 2010	150	2,8819	432,28				400	3,0403	1.216,13
30/12/20X0	Compra fac. n.° 4501	300	2,7703	831,1				700	2,9246	2.047,23
30/12/20X0	Venta fac. n.° 27				450	2,9246	1.316,07	250	2,9246	731,15

Ficha de almacén	Complementos escolares			Método	FIFO					
Producto	ESTUCHES ESCOLARES								Ficha n.°	3
Código	ESE			*Stock* de seguridad		10				
Fecha	Conceptos	Entradas			Salidas			Existencias		
	Documento	Cantidad	Precio	Valor	Cantidad	Precio	Valor	Cantidad	Precio	Valor
01/01/20X0	Existencias iniciales	-	-	-	-	-	-	150	3	450
15/02/20X0	Compra fac. n.° 1256	200	3,8787	775,74				150	3	450
								200	3,8787	775,74
30/04/20X0	Compra fac. n.° 2566	200	3,4970	699,4				150	3	450
								200	3,8787	775,74
								200	3,497	699,4
10/10/20X0	Venta fac. n.° 26				150	3	450,00			
					200	3,8787	775,74			
								200	3,497	699,4
15/10/20X0	Compra fac. n.° 2010	300	3,8425	1152,74				200	3,497	699,4
								300	3,842466667	1152,74
30/12/20X0	Compra fac. n.° 4501	150	3,5259	528,88				200	3,497	699,4
								300	3,842466667	1152,74
								150	3,525866667	528,88
30/12/20X0	Venta fac. n.° 27				200	3,497	699,40			
					250	3,842466667	960,62			
								50	3,842466667	192,1233333
								150	3,525866667	528,88
							TOTAL	200		721,00

7.1.3. Comprobaciones con los activos no corrientes: inmovilizados material e intangible. Control del inmovilizado. Asientos de amortización

Tal y como hemos visto en la Unidad 6, la empresa registrará, de modo adecuado, cada uno de los bienes que componen sus activos no corrientes, así como la valoración que se registra de estos; además, debe poseer los **documentos justificativos** de su registro y conservarlos durante toda la vida útil del bien:

- Factura de compra del inmovilizado.
- Facturas de los gastos que se encuentran ligados a dichos inmovilizados, seguros, portes, etc., así como cualquier justificante de la valoración del inmovilizado.
- Ficha del inmovilizado donde se registre toda la información relativa a este (altas, bajas, amortizaciones, deterioros, etcétera).

El valor de los elementos del inmovilizado será objeto de **corrección** a través de la **amortización** y el **deterioro.**

Amortización

La norma de valoración 2.ª del PGC de Pymes establece que habrá que llevar a cabo **amortizaciones de manera sistemática y racional, en función de la vida útil de los bienes y de su valor residual,** atendiendo a la depreciación que normalmente sufran por su funcionamiento, uso y disfrute, y sin perjuicio de considerar la obsolescencia técnica o comercial.

Verificaremos que la amortización contable es uniforme respecto a los ejercicios anteriores, que refleja la amortización efectiva y que está comparada con la deducible fiscalmente.

El asiento de amortización que realizaremos, al cierre, será el siguiente:

Debe	N.º	Cód.	Cuentas	Cód.	Haber
			Fecha del asiento: 31/12		
		680	Amortización del inmovilizado intangible		
		681	Amortización del inmovilizado material		
			a Amortización acumulada del inmovilizado intangible	280	
			a Amortización acumulada del inmovilizado material	281	

Para un correcto seguimiento del inmovilizado al cierre contable y fiscal, es aconsejable analizar la procedencia de los saldos de las cuentas de inmovilizado. Para ello, se debe elaborar un cuadro donde se documente el ejercicio de puesta en funcionamiento de cada elemento del inmovilizado, su coeficiente de amortización y su valoración, de acuerdo con los criterios establecidos por el PGC de Pymes y la evolución de la amortización acumulada hasta ese momento, así como de su deterioro, además de indicar si el bien se utiliza o no en la actividad productiva.

Para poder realizar un correcto inventario final al cierre del ejercicio, deberemos contabilizar las bajas producidas, porque el bien ya no se utiliza o porque se ha realizado su venta.

7.1.4. Verificación y comprobación de los saldos de las cuentas financieras. Reclasificación de las cuentas

La comprobación de las cuentas financieras de activo (tesorería) y de pasivo (pasivos financieros) supone la verificación de que los saldos son correctos y la reclasificación en función de su vencimiento.

Verificación y comprobación de los saldos de las cuentas financieras

Comprobaremos que los **saldos** de las diferentes cuentas recogidas en el subgrupo 57 son **correctos,** con el objeto de proceder a revisar el saldo del efectivo que posee la empresa, así como la financiación y las deudas bancarias recogidas en los subgrupos 52 y 17.

Cuentas de tesorería

- El movimiento del Mayor de las cuentas de bancos (572) coincidirá con el extracto de la cuenta bancaria. El proceso de punteo se denomina *conciliación bancaria* donde el saldo final debe coincidir y se ha de verificar si se han contabilizado todas las operaciones (remesas de recibos, cargos de recibos domiciliados, liquidaciones de cuentas, etcétera).
- El saldo que presentará en todo momento el libro de caja (570) debe ser deudor. Deberemos realizar el arqueo de caja y tendremos que verificar todos los pagos y cobros realizados en efectivo. Además, tendremos en cuenta que deberemos indicarlos en el modelo 347.
- Los saldos pendientes de cargo por el uso de tarjetas de crédito se encuentran recogidos adecuadamente en contabilidad como un pasivo pendiente de pago. En muchas ocasiones, los gastos pagados con la tarjeta no se recogen en el ejercicio del devengo, sino cuando se produce el cargo de la tarjeta, con lo que estaríamos incumpliendo el principio contable del devengo.

Recuerda

Si existen saldos de entidades financieras con saldo acreedor (descubiertos), se deberán reclasificar a pasivo para la correcta presentación de las cuentas anuales.

Pasivos financieros

Prácticamente, la empresa recoge entre sus pasivos financieros, además de los registrados por operaciones comerciales, las deudas generadas con entidades de crédito, y deberá verificar y comprobar al cierre del ejercicio los siguientes aspectos:

- Respecto a las pólizas de crédito bancarias, procederemos a la conciliación de su saldo recogido en la cuenta 5201, con el extracto y disposiciones efectuadas en la póliza. Comprobaremos todos los movimientos reflejados por el banco, de la misma forma que realizamos la conciliación de las cuentas bancarias deudoras (572). Normalmente, las pólizas de crédito se renegocian anualmente, por ello deberemos verificar los movimientos anteriores al inicio del ejercicio, si su apertura afecta al ejercicio anterior.
- En caso de que la sociedad posea **líneas de descuento,** debemos asegurarnos de que el riesgo por estas, recogido en la cuenta **(5208) Deudas por efectos descontados,** cuadra con el informado por el banco, así como con las cuentas **(4311) Clientes, efectos comerciales descontados** o **(4411) Deudores, efectos comerciales descontados,** que recogen los efectos negociados sobre los que no se ha alcanzado su vencimiento a fecha de cierre del ejercicio.

Sabías que

En las pymes es muy habitual tener reconocidos préstamos recibidos de socios; en estos casos, debemos verificar que dicha financiación está correctamente documentada, con un contrato u otro tipo de documento donde se recojan las características de dicha deuda. Se consideran operaciones vinculadas las que obligan a que se valoren a valor razonable.

Reclasificación de las deudas y los créditos

Realizaremos la **correcta reclasificación** de las **deudas y los créditos** del largo al corto plazo, según los vencimientos de las obligaciones de pago que se deben satisfacer en el próximo ejercicio.

Los asientos básicos de reclasificación de partidas son los siguientes:

Debe	N.º	Cód.	Cuentas			Cód.	Haber
			Fecha del asiento: 31/12				
		170	Deudas a largo plazo con entidades de crédito	a	Deudas a corto plazo con entidades de crédito	520	
		173	Proveedores de inmovilizado a largo plazo	a	Proveedores de inmovilizado a corto plazo	523	
		543	Créditos a corto plazo por enajenación del inmovilizado	a	Créditos a largo plazo por enajenación del inmovilizado	253	

Según el **coste** de la **financiación,** se debe aplicar correctamente el principio del devengo y se deben considerar los gastos por intereses que se han devengado en el ejercicio, aunque no se hayan satisfecho (pagado).

Debe	N.º	Cód.	Cuentas			Cód.	Haber
			Fecha del asiento: 31/12				
		662	Intereses de deudas	a	Intereses a corto plazo de deudas con entidades de crédito	527	

7.1.5. Comprobación del saldo de las cuentas con la Administración Pública

La empresa registra, a través de las diferentes subcuentas relacionadas con la Administración, del subgrupo 47, todas las obligaciones que asume en el transcurso de su actividad. Antes de proceder al cierre del ejercicio económico, debemos cotejar (revisar) los datos recogidos en las declaraciones de los modelos presentados, con las diferentes cuentas contables y los documentos que sirven de base para registrar las operaciones descritas en el libro Diario de la empresa.

Liquidaciones trimestrales del IVA

Las cuentas contables que se utilizan en cada una de las liquidaciones presentadas del modelo 303 son las siguientes: 472 H. P. IVA soportado y 477 H. P. IVA repercutido, que quedarán saldadas al finalizar el ejercicio económico. Según el resultado de la liquidación, este quedará reflejado en la cuenta:

- (4750) Hacienda Pública, acreedora por IVA, si el resultado es a ingresar.
- (4700) Hacienda Pública, deudora por IVA, si el resultado es a compensar o a devolver.

La empresa deberá realizar los **libros registro de facturas:** se puntearán las facturas contabilizadas y se numerarán, siguiendo el orden recogido en el libro, la totalidad de las facturas recibidas y emitidas de todo el ejercicio. Guardaremos en un archivo los libros registro con las copias de las diferentes facturas.

A continuación, se muestra el asiento de la liquidación del IVA del 4.º trimestre:

Debe	N.º	Cód.	Cuentas			Cód.	Haber
			Fecha del asiento: 31/12				
		477	H. P. IVA repercutido				
		4700	H. P., deudora por IVA	a	H. P. IVA soportado	472	
			Si 472 > 477	o	H. P., acreedora por IVA	4750	
				(*)	Si 477 > 472		

(*) Utilizaremos una de las dos opciones, dependiendo de los importes de las cuentas 472 y 477.

Con este asiento, saldamos las cuentas relacionadas con el IVA. Quedará únicamente el saldo pendiente de liquidar, que se podrá realizar hasta el 30 de enero:

- Si corresponde realizar un pago a favor de la Hacienda Pública, se recogerá en la cuenta (4750) H. P., acreedora por IVA.
- Si, por el contrario, la declaración resulta negativa, se registrará en la cuenta (4700) H. P., deudora por IVA. La empresa puede optar por:
  - — Solicitar la devolución, que la realizará a lo largo del ejercicio siguiente la Administración de Hacienda.
  - — Compensar en el próximo ejercicio. Su importe será saldado en la primera declaración y sucesivas, si procede.

Seguridad Social

Se comprobarán los movimientos recogidos en la cuenta 476 Organismos de la Seguridad Social, acreedores y la cuenta 471 Organismos de la Seguridad Social, deudores, y se verificarán las cuotas ingresadas en concepto de pago de la Seguridad Social por los trabajadores de la empresa, a través del modelo de cotización a la Seguridad Social. Su saldo final coincidirá con el importe reflejado del último mes, que se abonará al mes siguiente (la cuota del mes de diciembre se pagará en enero, pero corresponde a un gasto del ejercicio).

Retenciones y pagos a cuenta del impuesto sobre sociedades

La empresa debe verificar que la cuenta 473 H. P., retenciones y pagos a cuenta:

- Refleja los pagos fraccionados correspondientes al impuesto sobre sociedades (modelo 202).
- Recoge las retenciones por ingresos financieros y estas cuadran con los ingresos financieros efectivamente cobrados. También recogerá las retenciones por ingresos por alquileres que pueda tener la empresa.

Además, debemos verificar si se ha producido el pago del impuesto sobre sociedades, en la cuenta 4752 H. P., acreedora por impuestos sobre sociedades del ejercicio anterior, recogido en el saldo de apertura, o si se ha producido la devolución correspondiente, recogida en la cuenta 4709 H. P., deudora por devolución de impuestos.

Sabías que

Las diferentes gestiones que las empresas realizan con la Administración Pública (consultas de datos, presentaciones, liquidaciones, comunicaciones, etc.) se efectúan por internet en Sede Electrónica, que podemos encontrar en los siguientes portales:
www.seg-social.es
www.aeat.es

Retenciones realizadas y practicadas a cuenta del IRPF

Las retenciones practicadas se recogen en la cuenta 4751 H. P., acreedora por retenciones practicadas, en la que se diferencian:

1. Las que proceden de rentas del trabajo.
2. Las recogidas a personas físicas que realizan una actividad profesional o empresarial, cuyos ingresos están sujetos a retención.
3. Las procedentes de retenciones por alquileres de bienes inmuebles.

Las **dos primeras** se liquidan a través del **modelo 111** y el resumen anual a través del **modelo 190.** En este modelo, se informa a la Administración de los datos de percepciones y gastos deducibles por rentas percibidas por la empresa, tanto de cada uno de los trabajadores como de los profesionales. Para ello, debemos verificar:

- Para la base de las rentas de los trabajadores de la empresa, los gastos recogidos en las cuentas 640 Sueldos y salarios y 641 Indemnizaciones (sujetas a retención).
- Por los profesionales, los gastos relacionados en las cuentas 623 Servicios de profesionales independientes, 622 Reparaciones y conservación, etcétera.

La **tercera** se liquida en el **modelo 115.** Utilizaremos como base el saldo recogido en la cuenta del gasto 621 Arrendamientos y cánones. El resumen anual se presentará en el **modelo 180,** información que se suministrará también junto con el último periodo de liquidación del 4.º trimestre.

7.1.6. Gastos e ingresos del ejercicio. La periodificación

Para poder determinar de modo adecuado el resultado del ejercicio, debemos revisar las partidas que componen los diferentes gastos e ingresos que hemos ido contabilizando, su saldo, la aplicación de las normas de registro y valoración y el principio del devengo.

La empresa registra los gastos e ingresos que se van ocasionando a lo largo del ejercicio, con independencia de la fecha en la que se realicen.

Determinados gastos se desembolsan de modo anticipado, como son las primas de seguros, los alquileres, etc., donde la cuota que se incluye en el pago sobrepasa el periodo que estamos registrando.

En estos casos, se debe ajustar el resultado para corregir los importes de las cuentas. El exceso de gasto o ingreso que sobrepasa lo que corresponde al ejercicio económico actual se registrará en las siguientes cuentas, que desarrolla el PGC de Pymes:

Recuerda

Entre los principios contables recogidos en la primera parte del PGC de Pymes, Marco conceptual de la contabilidad, se encuentra el **principio del devengo,** que queda definido de la siguiente forma:

«Los efectos de las transacciones o los hechos económicos se registrarán cuando ocurran, imputándose al ejercicio al que las cuentas anuales se refieran, los gastos y los ingresos que afecten a este, con independencia de la fecha de su pago o de su cobro».

Tabla 7.1. Cuentas de ajustes por periodificación

Subgrupo 48	Ajustes por periodificación	
480	Gastos anticipados	Gastos contabilizados en el ejercicio que corresponden al siguiente.
485	Ingresos anticipados	Ingresos contabilizados en el ejercicio que corresponden al siguiente.

El asiento que se debe realizar al cierre del ejercicio económico para corregir el saldo de la cuenta del gasto o del ingreso es el siguiente:

Debe	N.º	Cód.	Cuentas	Cód.	Haber
			Fecha del asiento: 31/12		
		480	Gastos anticipados (por la parte del gasto que no corresponde a este ejercicio) a Servicios exteriores	62	

Debe	N.º	Cód.	Cuentas	Cód.	Haber
			Fecha del asiento: 31/12		
		75	Otros ingresos de gestión (por la parte del ingreso que no corresponde a este ejercicio) a Ingresos anticipados	485	

Al principio del ejercicio siguiente, para imputar el gasto o ingreso (saldaremos las cuentas 480 y 485):

Debe	N.º	Cód.	Cuentas	Cód.	Haber
			Fecha del asiento: 01/01		
		62	Servicios exteriores a Gastos anticipados	480	

Debe	N.º	Cód.	Cuentas	Cód.	Haber
			Fecha del asiento: 01/01		
		485	Ingresos anticipados a Otros ingresos de gestión	75	

Como ejemplo de gastos más comunes donde surge de modo habitual el pago anticipado, destacamos los ocasionados por las primas de seguros, los contratos de mantenimiento de programas, los alquileres, etcétera.

Actividad resuelta 7.5.

El día 1 de octubre de 20X0, la empresa JOTAJOTA recibe y paga el recibo del seguro del vehículo de su propiedad, cuyo importe es de 1.200 € y cubre el periodo del 1 de octubre de 20X0 al 30 de septiembre de 20X1.

Realiza el registro contable del gasto, la periodificación en el ejercicio y la imputación en el ejercicio siguiente.

Solución:

1 de octubre de 20X0, por la recepción del recibo:

Debe	N.º	Cód.	Cuentas	Cód.	Haber
			Fecha del asiento: 01/10		
1.200,00		625	Primas de seguros a Bancos e instituciones de crédito, c/c vista, euros	572	1.200,00

(Por razones de simplificar, se ha omitido la cuenta de acreedor).

31 de diciembre de 20X0:

Debe	N.º	Cód.	Cuentas	Cód.	Haber
			Fecha del asiento: 31/12		
900,00		480	Gastos anticipados (1200 × 9/12) a Primas de seguros	625	900,00

La cuenta (480) Gastos anticipados figurará en el activo corriente, epígrafe b)3, del balance de la empresa a 31 de diciembre de 20X0, ya que el resultado imputado a la cuenta de pérdidas y ganancias del año 20X0 es de 1.200 – 900 = 300 €, que es la prima devengada en tres meses.

El 1 de enero de 20X1: el PGC señala que la cuenta (480) Gastos anticipados se abonará al principio del ejercicio siguiente, con cargo a las cuentas del grupo 6 que deban soportar el gasto por naturaleza.

Debe	N.º	Cód.	Cuentas	Cód.	Haber
			Fecha del asiento: 01/1/20X1		
900,00		625	Primas de seguros a Gastos anticipados	480	900,00

Con el asiento anterior se consigue imputar al año 20X1 la parte proporcional de la prima, que asciende a 1.200 × 9/12 = 900 €.

Actividad resuelta 7.6.

La sociedad JOTAJOTA alquila una nave el día 1 de noviembre del año 20X0, con un precio trimestral de 6.000 €, que se cobran al inicio de cada trimestre. Realiza la contabilización del ingreso, la periodificación al final del ejercicio y el ingreso del siguiente.

Solución:

1 de noviembre de 20X0:

Debe	N.º	Cód.	Cuentas			Cód.	Haber
			Fecha del asiento: 01/11				
6.120,00 1.140,00		440 473	Deudores H. P., retenciones y pagos a cuenta (6.000 × 19 %)	a a	Ingresos por arrendamientos H. P. IVA repercutido (6.000 × × 21 %)	752 477	6.000,00 1.260,00

31 de diciembre de 20X0:

Debe	N.º	Cód.	Cuentas			Cód.	Haber
			Fecha del asiento: 31/12				
2.000,00		752	Ingresos por arrendamientos	a	Ingresos anticipados	485	2.000,00

La cuenta (485) Ingresos anticipados figura en el pasivo corriente, epígrafe c)V, del balance de la empresa.

1 de enero de 20X1:

Debe	N.º	Cód.	Cuentas			Cód.	Haber
			Fecha del asiento: 01/01				
2.000,00		485	Ingresos anticipados	a	Ingresos por arrendamientos	752	2.000,00

Actividad propuesta 7.2.

La empresa INFORMÁTICOS, SL se dedica a la comercialización de componentes informáticos. Realiza los ajustes y las periodificaciones necesarios para el cierre del ejercicio. Para ello dispones de la siguiente información:

- La empresa obtuvo un préstamo con la entidad BANCO COLE: las cuotas que vencen el año 20X1 ascienden a 3.565,03 €.
- Las cuotas de amortización del ejercicio del activo no corriente son las siguientes:

Código	Descripción	Cuota de amortización 20X0
206.1	Programa de gestión 2000	325,00
216.1	Mobiliario de oficina	565,05
217.1	Ordenador portátil MPD	265,56
218.1	Furgoneta modelo Vito C 0235DFG	1.256,35

- El gasto recogido en la cuenta (625) Primas de seguros recoge el gasto anual del seguro de incendios de la nave, 900 €, que se pagó el día 01/10/20X0.
- El ingreso por el alquiler de una oficina propiedad de la empresa, recogido en la cuenta (752) Ingresos por arrendamientos, con un importe de 1.200,00 €, corresponde a los meses de noviembre, diciembre y enero.
- Para efectuar la liquidación del IVA del 4.° trimestre del año 20X0, se presentan los siguientes saldos de las cuentas relacionadas:

Código	Descripción	Importe
472.10	H. P. IVA soportado 10 %	869,25
472.21	H. P. IVA soportado 21 %	5.456,08
477.21	H. P. IVA repercutido 21 %	7.854,41

7.2. Proceso de regularización y cierre contable

Tras registrar todos los asientos necesarios en la fecha del cierre del ejercicio y para poder realizar las últimas verificaciones y preparar los estados contables, debemos elaborar el balance de comprobación de todas las cuentas utilizadas en la contabilidad.

Los saldos de las cuentas de los grupos 6 y 7 del PGC de Pymes servirán para realizar la regularización de las cuentas de gestión y obtener el resultado del ejercicio. A partir del resultado, hallaremos el impuesto sobre sociedades y realizaremos los asientos correspondientes.

Posteriormente, procederemos a la elaboración de un nuevo balance de comprobación, donde solo aparecerán las cuentas que representan los diferentes elementos del patrimonio, de los grupos 1 al 5 del PGC de Pymes, y se realizará en el libro Diario el asiento de cierre del ejercicio.

Vamos a describir detalladamente todos los últimos pasos que debemos seguir para llevar a cabo el cierre.

Recuerda

El asiento de cierre del ejercicio actual es el asiento de apertura del ejercicio siguiente, pero al revés; es decir, las cuentas deudoras en el debe y las cuentas acreedoras en el haber.

7.2.1. Elaboración del balance de comprobación de sumas y saldos

El balance de comprobación se elabora a partir del libro Mayor de las diferentes cuentas, reflejadas ordenadamente por códigos:

- El número de cuenta y su descripción.
- Las sumas del Mayor total del debe y del haber.
- El saldo de cada cuenta, que podrá ser deudor o acreedor.

Al finalizar, deberán coincidir las sumas del debe con las sumas del haber y las sumas del saldo deudor con las del acreedor. Con el saldo que reflejan las diferentes cuentas, elaboraremos:

1. La regularización de ingresos y gastos, donde determinaremos el importe del resultado antes de impuestos (grupos contables 6 y 7).

2. La cuota del impuesto sobre beneficios que corresponde al ejercicio.
3. El asiento de cierre del ejercicio, con el saldo de las cuentas patrimoniales (del grupo 1 al grupo 5).
4. Las cuentas anuales.

7.2.2. Regularización de ingresos y gastos

Una vez efectuados todos los ajustes y realizados los asientos contables correspondientes, se procede a la contabilización del asiento de regularización de las cuentas de gestión: a través de este, conseguimos obtener el resultado alcanzado durante el periodo (antes de impuestos) y, tras realizarlo, saldamos las cuentas de los grupos de gastos (6) e ingresos (7), con lo que quedará pendiente la obtención del importe del impuesto sobre beneficios para poder calcular el resultado del ejercicio.

Recuerda

Las cuentas de gastos con saldo acreedor se regularizan como ingresos y las cuentas de ingresos con saldo deudor se regularizan como gastos. Ejemplos típicos son los descuentos, las devoluciones y los *rappels*.

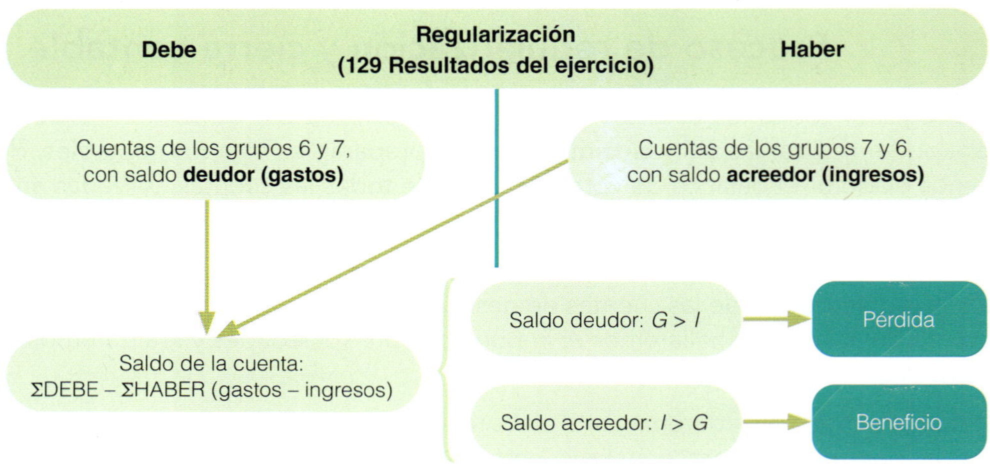

Figura 7.2. Esquema de la obtención del resultado del ejercicio antes del impuesto.

La estructura del asiento es la siguiente:

Debe	N.º	Cód.	Cuentas	Cód.	Haber
			Fecha del asiento: 31/12		
		129	Resultado del ejercicio a Cuentas de los grupos 6 y 7 con saldo deudor (gastos)		

Debe	N.º	Cód.	Cuentas	Cód.	Haber
			Fecha del asiento: 31/12		
			Cuentas de los grupos 6 y 7 con saldo acreedor (ingresos) a Resultado del ejercicio	129	

Después de calcular el resultado antes de impuestos y según su signo, tendremos que aplicar las normas fiscales para el cálculo del impuesto sobre sociedades.

De esta forma, contabilizando el gasto o el ingreso fiscal, podremos llegar a determinar el resultado del ejercicio y elaborar así los estados contables de las cuentas anuales.

7.2.3. Impuesto sobre sociedades

Tras obtener el resultado del ejercicio antes de impuestos, para poder proceder al cierre del ejercicio y elaborar los libros contables, precisamos determinar la **cuota del impuesto sobre sociedades** que corresponde al ejercicio y realizar el asiento de liquidación, de acuerdo con lo indicado en la norma de registro y valoración n.° 15 del PGC de Pymes.

El impuesto a pagar, según establece el impuesto sobre sociedades, se obtiene a partir del resultado contable antes de impuestos, sobre el que se aplicará la normativa fiscal y se establecerán las posibles diferencias para obtener su base imponible (BI).

Como en cualquier impuesto, la cuota se calcula multiplicando la BI por el tipo de gravamen aplicable que, en el caso del impuesto sobre sociedades, el tipo general es del 25%.

El **importe** del **impuesto sobre beneficios** devengado en el ejercicio se obtendrá de la suma del impuesto corriente y el impuesto diferido; si la empresa determina su resultado según lo que indican las normas fiscales y no surgen diferencias, el gasto del impuesto vendría reflejado, básicamente, solo por el impuesto corriente.

Las subcuentas utilizadas son las que se recogen en la Tabla 7.2.

Sabías que

La declaración anual del impuesto sobre sociedades se realiza a través del modelo 200 y es como la declaración de la renta de las empresas. Se presenta entre los días 1 y 25 de julio de cada año. En él se recogen los datos mercantiles, los modelos de cuentas anuales que realice la empresa, así como las diferencias entre los criterios contables y fiscales.

Tabla 7.2. Cuentas y subcuentas para contabilizar el impuesto sobre beneficio

Código	Descripción
6300	Impuesto corriente
473	Hacienda Pública, retenciones y pagos a cuenta
4752	Hacienda Pública, acreedora por impuesto sobre sociedades
4709	Hacienda Pública, deudora por devolución de impuestos
6301	Impuesto diferido
4745	Créditos por pérdidas a compensar del ejercicio

Vamos a tratar, en el caso de que no surjan diferencias, el modo de realizar la contabilización:

a) Si el **resultado** del ejercicio antes de impuestos es **positivo,** obtenemos **beneficios** y mostraremos su contabilización a través del **impuesto corriente.**
b) Cuando la empresa obtenga un **resultado negativo, pérdidas,** utilizaremos para ello el **impuesto diferido.**

A continuación, describimos los pasos que debemos seguir para poder llegar a determinar su cuantía:

- Cuando obtenemos **beneficios,** determinamos la **cuota** del **impuesto corriente.** El gasto por impuesto corriente es la cantidad que debe satisfacer la empresa como consecuencia de las liquidaciones fiscales del impuesto sobre beneficios de un ejercicio. Coincide con su **cuota líquida** y su cálculo se realiza a partir del importe del resultado contable antes de impuestos (para hallar su cuantía, aparecen diversos conceptos, como bases imponibles negativas, bonificaciones o deducciones que no vamos a tratar por simplificar), y coincidirá con la base imponible. Lo multiplicaremos por el tipo de gravamen aplicable, cuyo tipo general es del 25%, y nos dará el importe del impuesto corriente.

Sabías que

El impuesto sobre sociedades es un tributo estatal y se aplica el mismo tipo de gravamen en todo el territorio español, aunque el porcentaje depende de otros factores, como el tipo de empresa y su tamaño. El tipo general vigente desde el 2016 es el 25 %. Para empresas de nueva creación, el 15 % en el primer periodo y el siguiente en el que obtengan beneficios.

Tabla 7.3. Esquema de cálculo

Resultado del ejercicio	€
= Base imponible previa	
– BI negativa de ejercicios anteriores	
= Base imponible	
***X*% Gravamen (25 %)**	
= Cuota íntegra	
– Deducciones y bonificaciones	
= Cuota líquida (6300)	
– Retenciones (473)	
= Cuota diferencial	

— Si el importe del impuesto corriente es superior a las retenciones y los pagos a cuenta realizados por la empresa durante el ejercicio (6300 > 473), se reconocerá un **pasivo por impuesto corriente:** (4752) Hacienda Pública, acreedora por impuesto sobre sociedades.

El asiento que debemos realizar es el siguiente:

Debe	N.º	Cód.	Cuentas	Cód.	Haber
			Fecha del asiento: 31/12		
		6300	Impuesto corriente a H. P., acreedora por impuesto sobre sociedades	4752	
			a H. P., retenciones y pagos a cuenta	473	

— Si la cantidad ya pagada por las retenciones y los pagos a cuenta (reflejados en la cuenta contable 473) excediese del impuesto corriente, el exceso se reconocerá como un **activo por impuesto corriente:** (4709) Hacienda Pública, deudora por devolución de impuestos.

El asiento que debemos realizar es el que mostramos a continuación:

Debe	N.º	Cód.	Cuentas	Cód.	Haber
			Fecha del asiento: 31/12		
		6300	Impuesto corriente		
		4709	H. P., deudora por devolución de impuestos a H. P., retenciones y pagos a cuenta	473	

Actividad resuelta 7.7.

La empresa COMERMUEBLES, SL registra en el ejercicio 20X0 un resultado antes de impuestos de 36.800 €; las retenciones y los pagos a cuenta que se efectuaron y están recogidos en la subcuenta (473) Retenciones y pagos a cuenta ascienden a 3.260 €. Determina la cuota del impuesto sobre beneficios, si el tipo de gravamen aplicable es del 25 %, y registra los asientos contables correspondientes, bajo el supuesto de que la contabilidad de la empresa se ajusta a los criterios fiscales.

Solución:

En primer lugar, para hallar la cuota, aplicaremos sobre el esquema de liquidación del impuesto sobre sociedades los datos de la empresa.

Resultado del ejercicio	36.800,00
= Base imponible previa	36.800,00
– BI negativa de ejemplos anteriores	0,00
= Base imponible	**36.800,00**
***X* % Gravamen: 25 %**	25 %
= Cuota íntegra	**9.200,00**
– Deducciones y bonificaciones	0,00
= Cuota líquida (6300)	**9.200,00**
– Retenciones (473)	**3.260,00**
= Cuota diferencial	**5.940,00**

El asiento contable que efectuaremos es el siguiente:

Debe	N.º	Cód.	Cuentas			Cód.	Haber
			Fecha del asiento: 31/12/20X0				
9.200,00		6300	Impuesto corriente	a	H. P., acreedora por impuesto sobre sociedades	4752	5.940,00
				a	Hacienda Pública, retenciones y pagos a cuenta	473	3.260,00

- En el caso de que la empresa obtenga **pérdidas,** la normativa permitirá compensarlas en un futuro y esto supondrá pagar menos impuestos cuando se obtengan beneficios. La empresa registrará por una parte el impuesto diferido, que se determinará aplicando al importe del resultado el tipo de gravamen, y, dado que el resultado de la liquidación del impuesto es negativo, solicitará la devolución de las retenciones efectuadas o del importe de los pagos a cuenta, recogidos en la cuenta contable (473) Hacienda Pública, retenciones y pagos a cuenta.

  Los asientos contables que se deben realizar serán los siguientes:

Debe	N.º	Cód.	Cuentas			Cód.	Haber
			Fecha del asiento: 31/12				
		4709	H. P., deudora por devolución de impuestos	a	H. P., retenciones y pagos a cuenta	473	
			En la liquidación del impuesto sobre sociedades, se solicitará la devolución de los pagos efectuados y se reflejarán en este asiento				

Debe	N.º	Cód.	Cuentas	Cód.	Haber
			Fecha del asiento: 31/12		
		4745	Créditos por pérdidas a compensar del ejercicio a Impuesto diferido Por las pérdidas ocasionadas, generamos un activo, que nos permitirá un ahorro de impuestos en un futuro	6301	

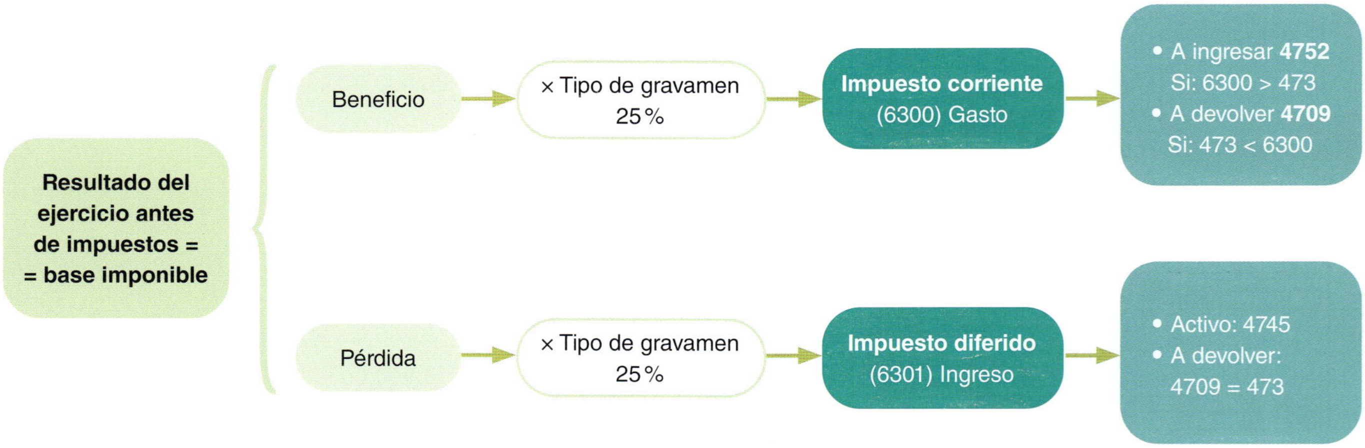

Figura 7.3. Esquema de liquidación del impuesto sobre beneficios.

7.2.4. Asiento de cierre

El asiento que reflejaremos será el último que realizaremos en el libro Diario, para el ejercicio económico de nuestra actividad. Al abrir nuestra contabilidad en el ejercicio siguiente, se abrirá con el **asiento de apertura** y serán los mismos importes y las mismas cuentas, pero anotados al revés.

Normalmente y si nuestro ejercicio económico coincide con el año natural, lo realizamos con fecha de 31 de diciembre.

La forma del asiento es la siguiente:

Debe	N.º	Cód.	Cuentas	Cód.	Haber
			Fecha del asiento: 31/12		
			Cuentas de pasivo (cuentas de los grupos del 1 al 5 con saldo acreedor) a Cuentas de activo (cuentas de los grupos del 1 al 5 con saldo deudor)		

Por cuentas de activo, recogemos todas aquellas cuentas pertenecientes a los grupos 1, 2, 3, 4 y 5 del PGC de Pymes, donde reflejamos los bienes y derechos que tenemos en nuestra empresa. Son cuentas que tendrán saldo deudor.

Por cuentas de pasivo, recogemos todas aquellas cuentas pertenecientes a los grupos 1, 2, 3, 4, y 5 del PGC de Pymes, donde reflejamos las obligaciones que tiene nuestra empresa, tanto con los propios socios de la entidad como con personas (físicas o jurídicas) ajenas a la empresa, además de aquellas que corrigen o minoran cuentas de activo, como las amortizaciones acumuladas de los bienes o los deterioros de valor. Son cuentas con saldo acreedor.

En este sentido, el asiento de cierre es un asiento realizado en el libro Diario, cuyo objeto es *cerrar* (dejar con saldo cero) todas las cuentas pertenecientes a los grupos del 1 a 5 del PGC de Pymes, para así poder presentar las cuentas cerradas, tal y como se establece en el Código de Comercio.

Recuerda

Las empresas realizan la contabilidad por medios informáticos, y este asiento se lleva a cabo automáticamente a través de la **opción de cierre** del programa de contabilidad que manejemos.

Actividad resuelta 7.8.

La empresa INFORMÁTICOS, SL presenta el siguiente balance de sumas y saldos a día 31/12/20X0:

Código	Cuentas	Sumas		Saldos	
		Debe	Haber	Deudor	Acreedor
100	Capital social	0,00	200.000,00		200.000,00
112	Reserva legal	0,00	20.000,00		20.000,00
113	Reservas voluntarias	0,00	67.000,00		67.000,00
170	Deudas a l/p con entidades de crédito	45.500,00	250.000,00		204.500,00
210	Terrenos y bienes naturales	80.000,00	0,00	80.000,00	
211	Construcciones	420.000,00	0,00	420.000,00	
213	Maquinaria	70.000,00	0,00	70.000,00	
2811	A. A. construcciones	0,00	42.000,00		42.000,00
2813	A. A. maquinaria	0,00	15.000,00		15.000,00
300	Mercaderías	9.000,00	5.000,00	4.000,00	
400	Proveedores	100.000,00	293.900,00		193.900,00
401	Proveedores, efectos comerciales a pagar	30.000,00	60.000,00		30.000,00
410	Acreedores por prestaciones de servicios	605,00	1.605,00		1.000,00
430	Clientes	260.700,00	151.800,00	108.900,00	
431	Clientes, efectos comerciales a cobrar	130.400,00	45.000,00	85.400,00	
472	H. P. IVA soportado	19.005,00	19.005,00		
473	Retenciones y pagos a cuenta	8.000,00	0,00	8.000,00	
4750	H. P., acreedora por IVA	0,00	16.695,00		16.695,00
477	H. P. IVA repercutido	35.700,00	35.700,00		
5200	Deudas a l/p con entidades de crédito	30.800,00	76.300,00		45.500,00

(continúa)

Código	Cuentas	Sumas		Saldos	
		Debe	Haber	Deudor	Acreedor
570	Caja, euros	5.000,00	605,00	4.395,00	
572	Bancos, c/c, euros	163.400,00	30.000,00	133.400,00	
600	Compra de mercaderías	90.000,00		90.000,00	
610	Variación de existencias de mercaderías	1.000,00		1.000,00	
628	Suministros	500,00		500,00	
681	Amortización del inmovilizado material	2.500,00		2.500,00	
700	Ventas de mercaderías		172.500,00		172.500,00
	TOTALES	1.502.110,00	1.502.110,00	1.008.095,00	1.008.095,00

1. Elabora la regularización de ingresos y gastos, donde determinaremos el importe del resultado antes de impuestos (grupos contables 6 y 7).
2. Determina la cuota del impuesto sobre beneficios que corresponde al ejercicio. El tipo de porcentaje que corresponde a la liquidación del impuesto sobre sociedades es del 25%.
3. Con el saldo de las cuentas patrimoniales (del grupo 1 al grupo 5), realiza el asiento de cierre del ejercicio.

Solución:

Asientos que debemos realizar: en primer lugar, elaboraremos el asiento de regularización de ingresos y gastos y hallaremos el saldo de la cuenta de resultados.

Debe	N.º	Cód.	Cuentas			Cód.	Haber
			31/12/20X0				
94.000,00	1	129	Resultado del ejercicio	a	Compra de mercaderías	600	90.000,00
				a	Variación de existencias de mercaderías	610	1.000,00
				a	Suministros	628	500,00
				a	Amortización del inmovilizado material	681	2.500,00
			Asiento de regularización de ingresos y gastos del ejercicio 20X0				
172.500,00	2	700	Ventas de mercaderías	a	Resultado del ejercicio	129	172.500,00
			Asiento de regularización de ingresos y gastos del ejercicio 20X0				
			31/12/20X0				
19.625,00	3	6300	Impuesto corriente	a	Retenciones y pagos a cuenta	473	8.000,00
				a	H. P., acreedora por IS	4752	11.625,00
			Asiento de liquidación del IS				
19.625,00	4	129	Resultado del ejercicio	a	Impuesto corriente	6300	19.625,00

Con el saldo obtenido, calculamos la cuota del impuesto y lo contabilizamos y, posteriormente, anotamos el gasto en el Mayor de la cuenta con el objeto de determinar el resultado del ejercicio.

Esquema de cálculo del impuesto:

Resultado del ejercicio	**78.500,00**
= Base imponible previa	78.500,00
– BI negativa ejercicios anteriores	0,00
= Base imponible	**78.500,00**
***X*% Gravamen (25 %)**	25 %
= Cuota íntegra	**19.625,00**
– Deducciones y bonificaciones	0,00
= Cuota líquida (6300)	19.625,00
– Retenciones (473)	8.000,00
= Cuota diferencial	**11.625,00**

Debe		Haber
94.000,00 €		172.500,00 €
	Saldo acreedor	
	78.500,00	
11.625,00 €		
	58.875,00	

A través del asiento de cierre, saldaremos las cuentas de los grupos del 1 al 5:

Debe	N.º	Cód.	Cuentas	Cód.	Haber
			31/12/20X0		
200.000,00	5	100	Capital social		
20.000,00		112	Reserva legal		
67.000,00		113	Reservas voluntarias		
204.500,00		170	Deudas a l/p con entidades de crédito		
42.000,00		2811	A. A. construcciones		
15.000,00		2816	A. A. maquinaria		
193.900,00		400	Proveedores		
30.000,00		401	Proveedores, efectos comerciales a pagar		
1.000,00		410	Acreedores por prestaciones de servicios		
16.695,00		4750	H. P., acreedora por IVA		
11.625,00		4752	H. P., acreedora por IS		
45.500,00		5200	Deudas a l/p con entidades de crédito		
58.875,00		129	Resultado del ejercicio a Terrenos y bienes naturales	210	80.000,00
			a Construcciones	211	420.000,00
			a Maquinaria	216	70.000,00
			a Mercaderías	300	4.000,00
			a Clientes	430	108.900,00
			a Clientes, efectos comerciales a cobrar	431	85.400,00
			a Cajas, euros	570	4.395,00
			a Bancos, c/c, euros	572	133.400,00
			Asiento de cierre		

7.3. Normas para la elaboración de las cuentas anuales. Depósito y publicación en el Registro Mercantil

Las cuentas anuales recopilan toda la información contable acaecida durante un ejercicio económico, a la que podrá acceder cualquier usuario interesado. Son públicas y se pueden consultar en los registros mercantiles, donde deben ser depositadas.

Para poder elaborarlas, el PGC de Pymes recoge, en su tercera parte, las normas que se deben seguir en su cumplimentación y los modelos normalizados que todas las empresas deben utilizar.

Los aspectos fundamentales que debemos saber de estos documentos los describimos, con el objeto de facilitar su comprensión, a través del siguiente gráfico:

Cuentas anuales

- Las cuentas anuales tienen como **finalidad** mostrar una visión de la situación patrimonial y financiera y de los resultados de las operaciones de la empresa a fecha de la finalización del ejercicio contable (31/12).
- Su **objetivo:** ayudar a la toma de decisiones por parte de los usuarios.
- **Plazos máximos para:**
  Elaborarlas: 30/03.
  Legalizarlas: 30/04.
  Aprobarlas: 30/06.
  Depositarlas en el Registro Mercantil: 30/07.
- Las cuentas anuales, modelo pymes, recogen los siguientes **documentos** y forman todos ellos una unidad:
  - El balance.
  - La cuenta de pérdidas y ganancias.
  - La memoria.
- **Información pública:** cualquier persona puede acceder a la información mercantil correspondiente, a determinados datos sociales, así como al exacto contenido de las cuentas anuales depositadas, que el Colegio de Registradores proporciona a través de su página web: www.registradores.org, en el apartado de «Información mercantil interactiva». Podrá obtenerse de forma inmediata los 365 días del año y las 24 horas del día.

Figura 7.4. Proceso de elaboración de las cuentas anuales.

Sabías que

La **documentación** que se debe presentar en el Registro Mercantil de la provincia en la que radique el domicilio social comprende:

a) La instancia de presentación de las cuentas.
b) La hoja de datos generales de identificación.
c) La certificación de la aprobación de las cuentas anuales, que debe contener la aplicación de resultados.
d) Las cuentas anuales formadas por los estados financieros: la cuenta de pérdidas y ganancias, el balance y la memoria.
e) La certificación de la huella digital.

También hay que adjuntar, según los casos, la declaración medioambiental y el modelo de autocartera.

7.4. Elaboración de los documentos que componen las cuentas anuales: modelo de pymes

Para poder elaborar las cuentas anuales, debemos saber que la información para realizarlas se enumera en el apartado primero del marco conceptual del PGC de Pymes, y se desarrollan en la tercera parte de los planes de contabilidad. Deberán ser formuladas, como hemos indicado, bajo un formato determinado, ya que la normativa fija los modelos obligatorios.

En la tercera parte del PGC de Pymes, se presentan las cuentas anuales y sus normas de elaboración, que son de aplicación obligatoria.

Debemos tener en cuenta que se recoge información económica de dos ejercicios consecutivos, el que cerramos y el anterior.

> **Importante**
>
> Las condiciones que tiene que cumplir una empresa para formular las cuentas anuales por el modelo pymes son:
>
> - Activo ≤ 4.000.000 €.
> - Cifra de negocios ≤ 8.000.000 €.
> - Número de empleados ≤ 50.

7.4.1. El balance de situación

Ofrece una visión estática de la empresa. Recoge el conjunto de bienes y derechos que forman el activo de una empresa y los recursos propios y fondos ajenos con que se financian estos. Además, suministra información cualitativa y cuantitativa de los elementos con los que la empresa realiza su actividad. Se presentarán debidamente separados los activos, los pasivos y el patrimonio neto, y se clasificarán sus elementos en corrientes (permanecen un plazo menor a un año) y no corrientes (plazo superior o igual a un año). El modelo para pymes es el que se muestra en la Tabla 7.4.

Tabla 7.4. Modelo de balance de situación para pymes

NÚMEROS DE CUENTAS	ACTIVO	Notas de la memoria	20X0	20X0–1
	A) ACTIVO NO CORRIENTE			
20, (280), (290)	I. Inmovilizado intangible			
21, (281), (291), 23	II. Inmovilizado material			
22, (282), (292)	III. Inversiones inmobiliarias			
2403, 2404, 2413, 2414, 2423, 2424, (2493), (2494) (2933), (2934), (2943), (2944), (2953), (2954)	IV. Inversiones en empresas del grupo y asociadas a largo plazo			
2405, 2415, 2425, (2494), 250, 251, 252, 253, 254 255, 258, (259), 26, (2935), (2955), (296) (297), (298)	V. Inversiones financieras			
474	VI. Activos por impuesto diferido			
	B) ACTIVO CORRIENTE			
30, 31, 32, 33, 34, 35, 36, (39), 407	I. Existencias			
	II. Deudores comerciales y otras cuentas a cobrar			
430, 431, 432, 433, 434, 435, (437), (490), (493)	1. Clientes por ventas y prestaciones de servicios			
5580	2. Accionistas (socios) por desembolsos exigidos			
44, 460, 470, 471, 472, 544	3. Otros deudores			
5303, 5304, 5313, 5314, 5323, 5324, 5333, 5334 5343, 5344, 5353, 5354, (5393), (5394), 5523, 5524 (5933), (5934), (5943), (5944), (5953), (5954)	III. Inversiones en empresas del grupo y asociadas a corto plazo			
5305, 5315, 5325, 5335, 5345, 5355, (5395), 540, 541 542, 543, 545, 546, 547, 548, (549), 551, 5525, 5590 565, 566, (5935), (5945), (5955), (596), (597), (598)	IV. Inversiones financieras a corto plazo			
480, 567	V. Periodificación a corto plazo			
57	VI. Efectivo y otros activos líquidos equivalentes			
	TOTAL ACTIVO (A + B)			

(continúa)

NÚMEROS DE CUENTAS	PATRIMONIO NETO Y PASIVO	Notas de la memoria	20X0	20X0–1
	A) PATRIMONIO NETO			
	A-1) Fondos propios			
	I. Capital			
100, 101, 102	1. Capital escriturado			
(1030), (109)	2. (Capital exigido)			
110	**II. Prima de emisión**			
112, 113, 114, 119	**III. Reservas**			
(108), (109)	**IV. (Acciones y participaciones en patrimonio propias)**			
120, (121)	**V. Resultado de ejercicios anteriores**			
118	**VI. Otras aportaciones de socios**			
129	**VII. Resultado del ejercicio**			
(557)	**VIII. (Dividendo a cuenta)**			
130, 131, 132	**A-2) Subvenciones, donaciones y legados recibidos**			
	B) PASIVO NO CORRIENTE			
14	**I. Provisiones a largo plazo**			
	II. Deudas a largo plazo			
1605, 170	1. Deudas con entidades de crédito			
1625, 174	2. Acreedores por arrendamiento financiero			
1615, 1635, 171, 172, 173, 175, 176, 177, 179, 180, 185	3. Otras deudas a largo plazo			
1603, 1604, 1613, 1614, 1623, 1624, 1633, 1634	**III. Deudas con empresas del grupo y asociadas a largo plazo**			
479	**IV. Pasivos por impuestos diferidos**			
181	**V. Periodificaciones a largo plazo**			
	C) PASIVO CORRIENTE			
499, 529	**I. Provisiones a corto plazo**			
	II. Deudas a corto plazo			
5105, 520, 527	1. Deudas con entidades de crédito			
5125, 524	2. Acreedores por arrendamientos financieros			
(1034), (1044), (190), (192), 194, 500, 505, 506, 509 5115, 5135, 5145, 521, 522, 523, 525, 526, 528, 551 5565, 5566, 5595, 560, 561	3. Otras deudas a corto plazo			
5103, 5104, 5113, 5114, 5123, 5124, 5133, 5134, 5143 5144, 5523, 5524, 5563, 5564	**III. Deudas con empresas del grupo y asociadas a corto plazo**			
	IV. Acreedores comerciales y otras cuentas a pagar			
400, 401, 403, 404, 405, (406)	1. Proveedores			
41, 438, 465, 475, 476, 477	2. Otros acreedores			
485, 568	**V. Periodificaciones a corto plazo**			
	TOTAL PATRIMONIO NETO Y PASIVO (A + B + C)			

7.4.2. La cuenta de pérdidas y ganancias

Importante

El modelo de cuentas anuales abreviado y el de pymes podrán recoger de manera opcional los modelos de Estados de Cambios en el Patrimonio Neto (ECPN) y el Estado de Flujos de Efectivo (EFE).

Ofrece información sobre el resultado económico de la empresa en un ejercicio determinado y también del anterior, lo que permitirá la comparación y facilitará el análisis del resultado obtenido.

Informa de los ingresos y los gastos, clasificados según su naturaleza. Los ingresos de las ventas o prestaciones de servicios y otros ingresos propios de la explotación se presentan por su importe neto, por lo que las devoluciones y los descuentos aparecen minorando su cuantía. Así, podemos ver que el importe neto de la cifra de negocios se obtiene sumando todos los ingresos obtenidos en la actividad propia de la empresa –registrados en el subgrupo 70 (700, 701, 702, 703, 704 y 705)–, y restando los descuentos y devoluciones –registrados en las cuentas 706, 708 y 709–. Estos descuentos y devoluciones aparecerán, por lo tanto, entre paréntesis.

Se diferencian los resultados por operación de explotación, financiero y operaciones continuadas e interrumpidas.

Si la empresa presenta ingresos o gastos de carácter excepcional (recogidos en las cuentas 678 Gastos excepcionales o 778 Ingresos excepcionales) y de cuantía significativa, como los que pueden proceder de inundaciones, incendios, multas o sanciones, el PGC de Pymes indica que se creará una partida, dentro de los resultados de explotación, con la denominación de *Otros resultados*.

El modelo de la cuenta de pérdidas y ganancias normalizado es el que se muestra en la Tabla 7.5.

Tabla 7.5. Modelo de cuenta de pérdidas y ganancias de pymes

NÚMEROS DE CUENTAS		Nota	(Debe) Haber	
			20X0	20X0–1
700, 701, 702, 703, 704, 705, (706), (708), (709)	**1. Importe neto de la cifra de negocios**			
(6930), 71*, 7930,	**2. Variación de existencias de productos terminados y en curso de fabricación**			
73	**3. Trabajos realizados por la empresa para su activo**			
(600), (601), (602), 606, (607), 608, 609, 61*, (6931), (6932), (6933), 7931, 7932, 7933	**4. Aprovisionamientos**			
740, 747, 75	**5. Otros ingresos de explotación**			
(64)	**6. Gastos de personal**			
(62), (631), (634), 636, 639, (65), (694), (695), 794, 7954	**7. Otros gastos de explotación**			
(68)	**8. Amortización de inmovilizado**			
746	**9. Imputación de subvenciones de inmovilizado no financiero y otras**			
7951, 7952, 7955	**10. Excesos de provisiones**			
(670), (671), (672), (690), (691), (692), 770, 771, 790, 791, 792	**11. Deterioro y resultado por enajenaciones del inmovilizado**			
	A) Resultados de explotación (1 + 2 + 3 + 4 + 5 + 6 + 7 + 8 + 9 + 10 + 11)			
760, 761, 762, 769	**12. Ingresos financieros**			
(660), (661), (662), (664), (665), (669)	**13. Gastos financieros**			
(663), 763	**14. Variación del valor razonable en instrumentos financieros**			
(668), 768	**15. Diferencias de cambio**			
(666), (667), (673), (675), (696), (697), (698), (699), 766, 773, 775, 796, 797, 798, 799	**16. Deterioro y resultado por enajenaciones de instrumentos financieros**			
	B) Resultado financiero (12 + 13 + 14 + 15 + 16)			
	C) Resultado antes de impuestos (A + B)			
(6300), 6301*, (633), 638	**17. Impuesto sobre beneficios**			
	C) Resultado del ejercicio (C + 17)			

* Su signo puede ser positivo o negativo.

7.4.3. La memoria

La memoria facilita información adicional sobre la empresa que no se recoge en las cuentas anteriores, o que lo hace de forma que se considera insuficiente. Completa y explica el resto de los estados financieros y se presenta dividida en 10 apartados.

La estructura y el contenido de los documentos que integran las cuentas anuales se ajustarán a los modelos aprobados reglamentariamente. Se pueden consultar y descargar para su cumplimentación a través de las páginas del registro mercantil de la provincia.

Figura 7.5. Formularios para las cuentas anuales y los libros contables.

Actividad resuelta 7.9.

La empresa INFORMÁTICOS, SL presenta el balance de sumas y saldos, a fecha 31/12/20X0, sobre el que se realizaron todas las operaciones de cierre según la Actividad resuelta 7.8. Según el modelo de cuentas anuales para Pymes, elabora el balance y la cuenta de pérdidas y ganancias que corresponde al ejercicio 20X0:

Solución:

Debido a que solo nos suministran datos del ejercicio 20X0, la columna de los datos del ejercicio anterior quedará en blanco.

Si sumamos los importes de las cuentas indicadas en el modelo normalizado, los modelos serían los siguientes:

- Para elaborar la cuenta de pérdidas y ganancias, se recogen de la suma de las partidas del balance de sumas y saldos las cuentas de los grupos 6 y 7, de donde hemos obtenido:

  1. El importe de la cifra de negocios: 700 Ventas de mercaderías = 172.500,00 €.
  2. Los aprovisionamientos: 600 Compra de mercaderías = 90.000,00 €, más el importe de la cuenta 610 Variación de existencias de mercaderías = 1.000,00 €; total = 91.000,00 €.
  3. Otros gastos de explotación: 628 Suministros = 500,00 €.
  4. Amortización del inmovilizado: 681 Amortización del inmovilizado material = 2.500,00 €.

  Hemos llegado al resultado de explotación sumando los ingresos y restando los diferentes gastos y, como no había ninguna partida de gastos e ingresos financieros, coincide con el resultado antes de impuestos.

  Incorporamos la cuantía del gasto: Impuesto sobre beneficios (6300), que calculamos, y determinamos así el resultado del ejercicio (129).

  Tenemos que reflejar el valor de la cuenta 129 en la cumplimentación del balance como una partida del patrimonio neto.

CUENTA DE PÉRDIDAS Y GANANCIAS DE PYMES

NÚMEROS DE CUENTAS		Nota	(Debe) Haber 20X0	20X0–1
700, 701, 702, 703, 704, 705, (706), (708), (709)	**1. Importe neto de la cifra de negocios**		172.500,00 €	
(6930), 71*, 7930,	**2. Variación de existencias de productos terminados y en curso de fabricación**			
73	**3. Trabajos realizados por la empresa para su activo**			
(600), (601), (602), 606, (607), 608, 609, 61*, (6931), (6932), (6933), 7931, 7932, 7933	**4. Aprovisionamientos**		−91.000,00 €	
740, 747, 75	**5. Otros ingresos de explotación**			
(64)	**6. Gastos de personal**			
(62), (631), (634), 636, 639, (65), (694), (695), 794, 7954	**7. Otros gastos de explotación**		−500,00 €	
(68)	**8. Amortización de inmovilizado**		−2.500,00 €	
746	**9. Imputación de subvenciones de inmovilizado no financiero y otras**			
7951, 7952, 7955	**10. Excesos de provisiones**			
(670), (671), (672), (690), (691), (692), 770, 771, 790, 791, 792	**11. Deterioro y resultado por enajenaciones del inmovilizado**			
	A) Resultados de explotación (1 + 2 + 3 + 4 + 5 + 6 + 7 + 8 + 9 + 10 + 11)		78.500,00 €	
760, 761, 762, 769	**12. Ingresos financieros**			
(660), (661), (662), (664), (665), (669)	**13. Gastos financieros**			
(663), 763	**14. Variación del valor razonable en instrumentos financieros**			
(668), 768	**15. Diferencias de cambio**			
(666), (667), (673), (675), (696), (697), (698), (699), 766, 773, 775, 796, 797, 798, 799	**16. Deterioro y resultado por enajenaciones de instrumentos financieros**			
	B) Resultado financiero (12 + 13 + 14 + 15 + 16)		€	
	C) Resultado antes de impuestos (A + B)		78.500,00 €	
(6300), 6301*, (633), 638	**17. Impuesto sobre beneficios**		−19.625,00 €	
	C) Resultado del ejercicio (C + 17)		58.875,00 €	

- Para cumplimentar el contenido del balance, procedemos a registrar el saldo de las cuentas desde el grupo 1 al 5.

  1. Las cuentas recogidas en el patrimonio neto: suman un importe de 345.875,00 €.
     - — I. Capital: (100) Capital social = 200.000,00 €.
     - — II. Reservas: sumaremos los importes de: (112) Reserva legal = 20.000,00 € y (113) Reservas voluntarias = 67.000,00 €.
     - — VII. Resultado del ejercicio: corresponde al saldo de la cuenta (129) Resultados del ejercicio = 58.875,00 €.
  2. El pasivo no corriente: 204.500,00 €.
     - — II. Deudas a largo plazo:
       - 1. Deudas con entidades de crédito: (170) Deudas a l/p con entidades de crédito = 204.500,00 €.

3. Pasivo corriente: 298.720,00 €.
   - II. Deudas a corto plazo:
     - 1. Deudas con entidades de crédito: (5200) Deudas a l/p con entidades de crédito = 45.500,00 €.
   - IV. Acreedores comerciales y otras cuentas a pagar:
     - 1. Proveedores: (400) Proveedores = 193.900,00 € y (401) Proveedores, efectos comerciales a pagar = 30.000,00 €.
   - Otros acreedores: recoge las cuentas de acreedores y las de la Administración Pública:
     - (410) Acreedores por prestaciones de servicios = 1.000,00 €.
     - (4750) H. P., acreedora por IVA = 16.695,00 €.
     - (4752) H. P., acreedora por IS = 11.625,00 €.

   Recuerda que la suma del pasivo, 849.095,00 €, deberá coincidir con la suma del activo.
4. El activo no corriente: 513.000,00 €.
   - II. Inmovilizado material: sumaremos las partidas del activo y les restaremos sus amortizaciones acumuladas:
     - (210) Terrenos y bienes naturales = 80.000,00 €.
     - (211) Construcciones = 420.000,00 €.
     - (213) Maquinaria = 70.000,00 €.
     - (2811) A. A. construcciones = 42.000,00 €.
     - (2813) A. A. maquinaria = 5.000,00 €.
5. El activo corriente: 336.095,00 €.
   - Existencias:
     - (300) Mercaderías = 4.000,00 €.
   - II. Deudores comerciales y otras cuentas a cobrar:
     - 1. Clientes por ventas y prestaciones de servicios: (430) Clientes = 108.900,00 € y (431) Clientes, efectos comerciales a cobrar = 85.400,00 €.
   - VI. Efectivo y otros activos líquidos:
     - (570) Cajas, euros = 4.395,00 €.
     - (572) Bancos, c/c, euros = 133.400,00 €.

   El importe total del activo, 849.095,00 €, coincide, por tanto, con el total del pasivo, y en el balance indicamos que está cuadrado.

NÚMEROS DE CUENTAS	ACTIVO	Notas de la memoria	20X0	20X0–1
	A) ACTIVO NO CORRIENTE		513.000,00 €	
20, (280), (290)	I. Inmovilizado intangible			
21, (281), (291), 23	II. Inmovilizado material		513.000,00 €	
22, (282), (292)	III. Inversiones inmobiliarias			
2403, 2404, 2413, 2414, 2423, 2424, (2493), (2494) (2933), (2934), (2943), (2944), (2953), (2954)	IV. Inversiones en empresas del grupo y asociadas a largo plazo			
2405, 2415, 2425, (2494), 250, 251, 252, 253, 254 255, 258, (259), 26, (2935), (2955), (296) (297), (298)	V. Inversiones financieras			
474	VI. Activos por impuesto diferido			
	B) ACTIVO CORRIENTE		336.095,00 €	
30, 31, 32, 33, 34, 35, 36, (39), 407	I. Existencias		4.000,00 €	
	II. Deudores comerciales y otras cuentas a cobrar			
430, 431, 432, 433, 434, 435, (437), (490), (493)	1. Clientes por ventas y prestaciones de servicios		194.300,00 €	
5580	2. Accionistas (socios) por desembolsos exigidos			
44, 460, 470, 471, 472, 544	3. Otros deudores			
5303, 5304, 5313, 5314, 5323, 5324, 5333, 5334 5343, 5344, 5353, 5354, (5393), (5394), 5523, 5524 (5933), (5934), (5943), (5944), (5953), (5954)	III. Inversiones en empresas del grupo y asociadas a corto plazo			
5305, 5315, 5325, 5335, 5345, 5355, (5395), 540, 541 542, 543, 545, 546, 547, 548, (549), 551, 5525, 5590 565, 566, (5935), (5945), (5955), (596), (597), (598)	IV. Inversiones financieras a corto plazo			
480, 567	V. Periodificación a corto plazo			
57	VI. Efectivo y otros activos líquidos equivalentes		137.795,00 €	
	TOTAL ACTIVO (A + B)		**849.095,00 €**	

(continúa)

NÚMEROS DE CUENTAS	PATRIMONIO NETO Y PASIVO	Notas de la memoria	20X0	20X0-1
	A) PATRIMONIO NETO		345.875,00 €	
	A-1) Fondos propios			
	I. Capital			
100, 101, 102	1. Capital escriturado		200.000,00 €	
(1030), (109)	2. (Capital exigido)			
110	**II. Prima de emisión**			
112, 113, 114, 119	**III. Reservas**		87.000,00 €	
(108), (109)	**IV. (Acciones y participaciones en patrimonio propias)**			
120, (121)	**V. Resultado de ejercicios anteriores**			
118	**VI. Otras aportaciones de socios**			
129	**VII. Resultado del ejercicio**		58.875,00 €	
(557)	**VIII. (Dividendo a cuenta)**			
130, 131, 132	**A-2) Subvenciones, donaciones y legados recibidos**			
	B) PASIVO NO CORRIENTE		204.500,00 €	
14	**I. Provisiones a largo plazo**			
	II. Deudas a largo plazo			
1605, 170	1. Deudas con entidades de crédito		204.500,00 €	
1625, 174	2. Acreedores por arrendamiento financiero			
1615, 1635, 171, 172, 173, 175, 176, 177, 179, 180, 185	3. Otras deudas a largo plazo			
1603, 1604, 1613, 1614, 1623, 1624, 1633, 1634	**III. Deudas con empresas del grupo y asociadas a largo plazo**			
479	**IV. Pasivos por impuestos diferidos**			
181	**V. Periodificaciones a largo plazo**			
	C) PASIVO CORRIENTE		298.720,00 €	
499, 529	**I. Provisiones a corto plazo**			
	II. Deudas a corto plazo			
5105, 520, 527	1. Deudas con entidades de crédito		45.500,00 €	
5125, 524	2. Acreedores por arrendamientos financieros			
(1034), (1044), (190), (192), 194, 500, 505, 506, 509 5115, 5135, 5145, 521, 522, 523, 525, 526, 528, 551 5565, 5566, 5595, 560, 561	3. Otras deudas a corto plazo			
5103, 5104, 5113, 5114, 5123, 5124, 5133, 5134, 5143 5144, 5523, 5524, 5563, 5564	**III. Deudas con empresas del grupo y asociadas a corto plazo**			
	IV. Acreedores comerciales y otras cuentas a pagar			
400, 401, 403, 404, 405, (406)	1. Proveedores		223.900,00 €	
41, 438, 465, 475, 476, 477	2. Otros acreedores		29.320,00 €	
485, 568	**V. Periodificaciones a corto plazo**			
	TOTAL PATRIMONIO NETO Y PASIVO (A + B + C)		**849.095,00 €**	

Actividad propuesta 7.3.

La empresa COMERMUEBLES, SL presenta el siguiente balance de sumas y saldos a fecha 31/12/20X0.

Código	Cuentas	Sumas		Saldos	
		Debe	Haber	Deudor	Acreedor
100	Capital social	0,00	200.000,00		200.000,00
173	Proveedores de inmovilizado a l/p	7.000,00	67.000,00		60.000,00
213	Maquinaria	70.000,00	0,00	70.000,00	
216	Mobiliario	28.500,00	0,00	28.500,00	
218	Elementos de transporte	42.000,00	0,00	42.000,00	
2813	A. A. maquinaria	0,00	13.000,00		13.000,00
2816	A. A. mobiliario	0,00	8.900,00		8.900,00

Código	Cuentas	Sumas		Saldos	
		Debe	Haber	Deudor	Acreedor
2818	A. A. elementos de transporte	0,00	16.000,00		16.000,00
300	Mercaderías	10.000,00	6.000,00	4.000,00	
400	Proveedores	120.050,00	198.000,00		77.950,00
401	Proveedores, efectos comerciales a pagar	29.000,00	65.000,00		36.000,00
410	Acreedores por prestaciones de servicios	24.000,00	25.600,00		1.600,00
430	Clientes	382.000,00	151.800,00	230.200,00	
431	Clientes, efectos comerciales a cobrar	130.400,00	85.000,00	45.400,00	
472	H. P. IVA soportado	69.005,00	69.005,00		
473	Retenciones y pagos a cuenta	11.500,00	0,00	11.500,00	
4750	H. P., acreedora por IVA		18.835,00		18.835,00
476	Organismos de la Seguridad Social, acreedores	6789,00	7.559,00		770,00
477	H. P. IVA repercutido	87.840,00	87.840,00		
523	Proveedores de inmovilizado a c/p	1500,00	8.500,00		7000,00
570	Cajas, euros	5.000,00	3.600,00	1.400,00	
572	Bancos, c/c, euros	163.400,00	96.000,00	67.400,00	
600	Compra de mercaderías	90.000,00		90.000,00	
610	Variación de existencias de mercaderías		2.000,00		2.000,00
621	Arrendamientos y cánones	62.000,00		62.000,00	
628	Suministros	500,00		500,00	
640	Sueldos y salarios	19.850,00		19.850,00	
642	Seguridad Social a cargo de la empresa	5.260,00		5.260,00	
681	Amortización del inmovilizado material	4.500,00		4.500,00	
700	Ventas de mercaderías		240.455,00		240.455,00
	TOTALES	1.370.094,00	1.370.094,00	682.510,00	682.510,00

1. Elabora la regularización de ingresos y gastos, donde determinaremos el importe del resultado antes de impuestos (grupos contables 6 y 7).
2. Determina la cuota del impuesto sobre beneficios que corresponde al ejercicio. El tipo de porcentaje que corresponde a la liquidación del impuesto sobre sociedades es del 25 %.
3. Con el saldo de las cuentas patrimoniales (del grupo 1 al grupo 5), realiza el asiento de cierre del ejercicio.
4. Elabora, según el modelo de cuentas anuales de pymes, el balance y la cuenta de pérdidas y ganancias.

Mapa conceptual

Esquema de operaciones previas al cierre y comprobación

	Comprobar saldos: áreas	Documentos que utilizamos	Asientos que se deben realizar con fecha 31/12 (último día del ejercicio económico)
Operaciones de cierre del ejercicio	Administración Pública: • Fiscal • Laboral	• Libro Mayor de subcuentas relacionadas. • Modelos de declaración de impuestos. • Documentos de cotización a la Seguridad Social.	• **Asientos de liquidación del IVA** del último periodo. • **Asiento del impuesto sobre sociedades** (resultado del ejercicio).
	• Clientes/deudores • Proveedores/ acreedores	• Libro Mayor de subcuentas: verificación de saldos. • Facturas, remesas de efectos y recibos.	• Facturas pendientes de recibir y regularización de saldos. • Clientes de dudoso cobro: dotar el **deterioro de valor de créditos** comerciales. • **Pérdidas de créditos comerciales incobrables.**
	Cuentas financieras de activo	• Extractos de bancos. • Libro de caja.	Asiento de **reclasificación de activos** del largo al corto plazo.
	Cuentas financieras de pasivo	• Cuadros bancarios de amortización de préstamos. • Extracto de pólizas de crédito. • Operaciones de descuento: remesas.	• Asientos de **reclasificación** de cuotas de los vencimientos a corto y largo plazo.
	Existencias	• Fichas de almacén. • **Inventario final** de las mercancías.	• Asiento de **variación de existencias.**
	Activos no corrientes: • Inmovilizado intangible • Inmovilizado material • Inmovilizarias	• Inventarios del inmovilizado. • Plan de amortización de cada elemento patrimonial.	• Asientos de **amortización** del ejercicio. • Asientos de **baja del inmovilizado.**
	Gastos e ingresos del ejercicio	Contratos y facturas de servicios: • Operaciones de pago anual: primas de seguros. • Operaciones de pagos e ingresos anticipados: alquileres, etcétera.	Contabilización de **pagos anticipados e ingresos anticipados.**
	Resultado del ejercicio: antes y después de impuestos	Liquidación provisional del impuesto sobre beneficios.	• **Asiento de regularización** del saldo de la cuenta (129) Resultados del ejercicio. • **Asiento de liquidación del impuesto sobre beneficios.**

Información contable que se elabora al cierre

Cuentas anuales

Finalidad: mostrar una visión de la situación patrimonial, financiera y de los resultados de las operaciones de la empresa a la fecha de la finalización del ejercicio contable (31/12)

Objetivo: ayudar a la toma de decisiones por parte de los usuarios

Plazos máximos para:
Elaborarlas: 30/03.
Legalizarlas: 30/04.
Aprobarlas: 30/06.
Depositarlas en el Registro Mercantil: 30/07.

Las cuentas anuales, modelo pymes, recogen los siguientes **documentos** y forman todos ellos una unidad:

- El balance
- La cuenta de pérdidas y ganancias
- La memoria

Información pública: las cuentas anuales depositadas pueden consultarse

Liquidación del impuesto sobre beneficios

Resultado del ejercicio antes de impuestos = = base imponible

- Beneficio → × Tipo de gravamen 25 % → **Impuesto corriente** (6300) Gasto →
  - A ingresar **4752** Si: 6300 > 473
  - A devolver **4709** Si: 473 < 6300
- Pérdida → × Tipo de gravamen 25 % → **Impuesto diferido** (6301) Ingreso →
  - Activo: 4745
  - A devolver: 4709 = 473

Actividades finales

De comprobación

7.1. ¿Qué representan los saldos deudores de proveedores y acreedores?

a) La obligación de pago que tendremos con ellos.

b) El importe de la deuda pendiente con ellos.

c) Los errores contables o anticipos realizados por la empresa que no han sido correctamente contabilizados.

d) Ninguna de las opciones anteriores es correcta.

7.2. Para registrar contablemente la variación de las existencias de mercaderías, utilizaremos la cuenta:

a) (610) Variación de existencias de mercaderías.

b) (390) Deterioro de valor de mercaderías.

c) (693) Pérdidas por deterioro de existencias.

d) Ninguna de las opciones anteriores es correcta.

7.3. En el balance de comprobación de sumas y saldos:

a) Las sumas han de totalizar igual que los saldos.

b) Las sumas del debe han de coincidir con los saldos deudores.

c) Las sumas del haber han de coincidir con los saldos acreedores.

d) Ninguna de las opciones anteriores es correcta.

7.4. La cuenta (480) Gastos anticipados registra:

a) Los pagos realizados en el ejercicio por gastos que corresponden al anterior.

b) Los gastos contabilizados en el ejercicio que corresponden al siguiente.

c) Los ingresos contabilizados en el ejercicio que corresponden al siguiente.

d) Los cobros realizados en el ejercicio por ingresos que corresponden al anterior.

7.5. Si el saldo de la cuenta (129) Resultados del ejercicio es deudor, significa:

a) Que ha habido beneficio, ya que los ingresos son superiores a los gastos.

b) Que ha habido pérdida, ya que los gastos son superiores a los ingresos.

c) Que la suma de los ingresos ha sido superior a la suma de los gastos.

d) Ninguna de las opciones anteriores es correcta.

7.6. Copia la siguiente tabla y señala si las afirmaciones son verdaderas o falsas:

N.º	Afirmación	V/F
1	Los saldos de las cuentas de proveedores y acreedores han de ser deudores o cero.	
2	Con las sumas de las cuentas de los grupos 6 y 7, realizamos la regularización del ejercicio.	
3	Con el saldo de las cuentas patrimoniales, realizaremos el asiento de cierre del ejercicio.	
4	La cuenta de pérdidas y ganancias, el balance y la memoria forman una unidad.	
5	La cuenta de resultados informa de los ingresos y los gastos, clasificados según su naturaleza.	

De aplicación

7.7. ¿Qué objeto tienen los procedimientos de comprobación y control que se realizan antes del cierre contable?

7.8. ¿Cuáles pueden ser los errores que podemos detectar en el área de clientes y deudores?

7.9. ¿Qué indican las fichas de almacén de las existencias?

7.10. ¿Qué cuentas debemos consultar para verificar las retenciones del IRPF?

7.11. ¿Qué documentos componen las cuentas anuales en el PGC de Pymes?

7.12. ¿Qué requisitos tiene que cumplir una empresa para poder formular el modelo de cuentas anuales de pymes?

Caso práctico

1. La empresa ZAPAPASOS, SL se dedica a la venta de zapatos y presenta el saldo de las siguientes cuentas:

Código	Cuentas	Saldos	
		Deudor	Acreedor
100	Capital social		67.600,00
213	Maquinaria	40.000,00	
2813	A. A. maquinaria		27.000,00
300.1	Zapatos de señora (300 unidades a 10,00 €)	3.000,00	
300.2	Zapatos de caballero (50 unidades a 12,00 €)	600,00	
572	Bancos e instituciones de crédito, c/c, euros	51.000,00	
TOTAL		**94.600,00**	**94.600,00**

2. Recibe los siguientes documentos que están pendientes de contabilizar:

El día 1/10/20X0, recibe las siguientes facturas de gastos que pagan a través del banco:

ASESORES JOSÉ FLORES Fac.: 1250 NIF: 31226644H		01/10/20X0	
ASESORAMIENTO DEL MES			400,00 €
		IVA 21 %	84,00 €
	RET. IRPF	15 %	−60,00 €
		TOTAL	424,00 €

ANA MAS GARCÍA Fac.: 11 NIF: 55226741J		01/10/20X0	
ALQUILER SEMESTRE		IMPORTE	6.000,00 €
(oct.-mar.)		IVA 21 %	1.260,00 €
	RET. IRPF	19 %	−1.140,00 €
		TOTAL	6.120,00 €

3. Realiza la compra a su proveedor habitual, ELCHE ZAPATOS, SL.
4. La empresa comunica a su proveedor que decide quedarse con la mitad de los envases, y el proveedor emite la factura de abono. Pagan a través de la entidad bancaria la deuda pendiente.

Fecha	15/10/20X0	NIF: A46000111	
N.° factura: 1256		Proveedor	ELCHE ZAPATOS, SL
Productos	Unidades	Precio	Total
Zapatos señora	100	12	1.200,00
Zapatos caballero	500	13	6.500,00
ENVASES	50	3	150,00
A DEVOLVER		Subtotal	7.850,00
DTO.:	5 %	385	
GTOS.:		100	
BI	IVA	CUOTA	TOTAL FACTURA
7.565,00	0,21	1.588,65	9.153,65 €

Fecha	30/10/20X0	NIF: A46000111	
N.º factura rectificativa: R/253		Proveedor	ELCHE ZAPATOS, SL
ENVASES A DEVOLVER	Unidades	Precio	TOTAL ABONO
	– 25	3	–75
BI	IVA	CUOTA	TOTAL ABONO
– 75,00	0,21	15,75	–90,75 €

5. La empresa solicita un pedido al proveedor FABRICANTES MADE SPAIN, SL, por el que le entrega un anticipo de 2.420 €. Abona por banco el anticipo y recibe la correspondiente factura 15 días después.

FABRICANTES MADE SPAIN, SL NIF: B52454400		Fecha: FAC. N.°: 25554	15/11/20X0
ANTICIPO FUTURAS COMPRAS			2.000,00
	IVA	21 %	420,00
		TOTAL	2.420,00 €

FABRICANTES MADE SPAIN, SL NIF: B52454400		Fecha: FAC. N.°: 28456	30/11/20X0
Productos	Unidades	Precio	Total
Zapatos señora	200	12	2.400,00
Zapatos caballero	300	11	3.300,00
		Subtotal	5.700,00
Anticipo		2.000,00	
BI	IVA	CUOTA	TOTAL FACTURA
3.700,00	0,21	777,00	4.477,00 €
Forma de pago: transferencia bancaria			

6. El día 1/12/20X0 se compra el inmovilizado que figura en la factura que se detalla a continuación. En la misma fecha, se vende la maquinaria reflejada en el apunte inicial y se emite la factura de venta. Los datos de la maquinaria que se vende son los siguientes: subcuenta (213), 40.000,00 €; la amortización acumulada de la maquinaria: cuenta (2813), 27.000,00 €. El porcentaje de amortización que se aplica al bien es del 15%.

Fecha	01/12/20X0		
N.° factura: 1255			ORDENATAS, SL
Productos	Unidades	Precio	Total
ORDENADOR HT	2	1.200	2.400,00
IMPRESORA IPT	1	700	700,00
PROGRAMA AG	1	600	600,00
		Subtotal	3.700,00
BI	IVA	CUOTA	TOTAL FACTURA
3.700,00	0,21	777,00	4.477,00 €
Forma de pago: entrega cheque			

01/12/20X0	FAC. N.°: 256	IMPORTE
ZAPAPASOS, SL	Venta maquinaria	15.000,00
Operación vta. inmov.	IVA 21 %	3.150,00
	Total	**18.150,00 €**
Forma de pago: entrega cheque		

7. La empresa emite las siguientes facturas a sus clientes:

Fecha	01/12/20X0		ZAPAPASOS, SL
N.° factura: 257		CLIENTE: CALZABIEN, SL	
Productos	Unidades	Precio	Total
Zapatos señora	100	40	4.000
Zapatos caballero	400	45	18.000
ENVASES	10	3	30
A DEVOLVER		Subtotal	22.030
DTO.:	1 %	220	
GTOS.:		100	
BI	IVA	CUOTA	TOTAL FACTURA
21.910,00	0,21	4.601,10	26.511,10
	EFECTO 15/01/20X1	EFECTO VTO.: 15/12/20X0	EFECTO VTO.: 30/12/20X0
FORMA DE PAGO:	16.511,10 €	5.000,00 €	5.000,00 €

Fecha	01/12/20X0		ZAPAPASOS, SL
N.° factura: 258		CLIENTE: COMERCIOSI, SL	
Productos	Unidades	Precio	Total
Zapatos señora	150	40	6.000
Zapatos caballero	350	45	15.750
ENVASES A DEVOLVER	15	3	45
		Subtotal	21.795
DTO.:	1 %	217,5	
GTOS.:			
BI	IVA	CUOTA	TOTAL FACTURA
21.577,50	0,21	4.531,28	26.108,78 €
	CHEQUE	EFECTO VTO.: 15/12/20X0	EFECTO VTO.: 30/12/20X0
FORMA DE PAGO:	14.108,78 €	6.000,00 €	6.000,00 €

8. Cobra por banco el importe de 14.108,78 € de COMERCIOSI, SL y se registran contablemente los efectos de los clientes cuyos vencimientos e importes se indican en las facturas de venta. Estos se clasifican como efectos comerciales en cartera.

9. La empresa entrega una remesa al descuento el día 05/12/20X0 con los dos efectos de los clientes, con fecha de vencimiento 30/12/20X0. Los documentos de liquidación son los siguientes:

REMESA DESCUENTO, FECHA 05/12/20X0	
CLIENTES	NOMINAL EFECTO
CALZABIEN, SL	5.000,00
COMERCIOSI, SL	6.000,00
TOTAL ABONO REMESA	11.000,00

REMESA DESCUENTO, FECHA 05/12/20X0		Remesa n.° 125
NOMINAL	INTERESES	COMISIÓN
11.000,00	66,00 €	44,00 €
TOTAL	66,00 €	44,00 €
TOTAL LIQUIDACIÓN		**110,00 €**

10. El día 10/12/20X0, entrega una remesa para que gestione el cobro de los efectos con fecha de vencimiento 15/12/20X0. Los documentos de liquidación son los siguientes:

REMESA GESTIÓN COBRO	
CLIENTES	NOMINAL EFECTO
CALZABIEN, SL	5.000,00
COMERCIOSI, SL	6.000,00
TOTAL REMESA	11.000,00
ABONO FECHA:	15/12/20X0

REMESA GESTIÓN COBRO N.° 12		
NOMINAL	COMISIÓN	IMPORTE
11.000,00	0,005	**55,00 €**
IVA	21 %	**11,55 €**
	TOTAL	**66,55 €**
CARGO FECHA:	15/12/20X0	FAC. N.°: 2566661

11. La empresa paga un anticipo a través del banco el día 15/12/20X0 a su trabajador, con un importe de 400 €.
12. El banco comunica que el cliente CALZABIEN, SL atiende el efecto descontado, pero el cliente COMERCIOSI, SL no abonó el importe del efecto, por lo que procede a adeudar los gastos ocasionados y el nominal de este.

ADEUDO EFECTO IMPAGADO		
DESCRIPCIÓN	CARGO	FECHA VALOR
DEVOLUCIÓN EFECTO IMPAGADO COMERCIOS SI, SL NOMINAL 6.000,00	6.000,00	
COMISIÓN: 5 ‰ NOMINAL	30,00	30/12/20X0
TOTAL GASTOS	30,00	
TOTAL ADEUDO	6.030,00	30/12/20X0

13. La liquidación de las nóminas del periodo se realiza el día 31/12/20X0 y el resumen de la liquidación es el siguiente:

Nombre	Salario base	Otras retribuciones	S. S. trabajador	Ret. IRPF	Anticipos	Líquido	S. S. empresa	Desc. cot. S. S.
JUAN PÉREZ	3.000,00 €	200,00 €	225,00 €	320,00 €	400,00 €	2.255,00 €	930,00 €	1.155,00 €
ANA SOL	2.900,00 €	100,00 €	217,50 €	300,00 €		2.482,50 €	899,00 €	1.116,50 €
TOTALES	**5.900,00 €**	**300,00 €**	**442,50 €**	**620,00 €**	**400,00 €**	**4.737,50 €**	**1.829,00 €**	**2.271,50 €**

- Contabiliza las operaciones.
- Confecciona las fichas de almacén y la valoración de las mercancías según el PMP.
- Elabora los libros registro del IVA.
- Presenta las cuentas del Mayor del IVA y realiza el asiento de liquidación.
- Realiza las siguientes operaciones de cierre:
  - Elabora el plan de amortización del inmovilizado y el asiento de amortización, según el porcentaje de amortización aplicable en las tablas fiscales.
  - Dota el deterioro de valor por el efecto devuelto del cliente.
  - Contabiliza los pagos anticipados.
- Elabora el balance de comprobación.
- Calcula el resultado del ejercicio antes de impuestos y la cuota del impuesto si el tipo de gravamen es del 25 %.
- Realiza los asientos de regularización de ingresos y gastos y de cierre.
- Elabora el balance y la cuenta de pérdidas y ganancias según el modelo de pymes.

SIMULACIÓN

El cierre y las cuentas anuales de la empresa

Al finalizar un ejercicio, como en toda empresa, ABANICOS HOYO ARCE, SLS va a necesitar verificar y preparar toda su contabilidad para poder liquidar los impuestos del periodo, realizar el cierre, legalizar libros y elaborar sus cuentas anuales. Vemos que el programa CONTASOL nos facilitará el proceso; además, en el solucionario se ofrece el resultado que deberíamos obtener y los saldos de las cuentas.

Ahora debemos comprobar, con el resto de los compañeros y con ayuda del profesor, que no hemos cometido errores, por lo que prepararemos nuestra carpeta con la documentación recogida en el trimestre y también toda la contabilización de nuestro trabajo en el programa CONTASOL.

Tareas que se deben realizar

- Hemos finalizado el ejercicio 20X0, por lo que debemos recopilar y archivar, según se nos indicaba en cada unidad, toda la documentación elaborada: las facturas, las fichas de almacén, la documentación de tesorería, del personal de la empresa y de la Administración. Ahora corresponde efectuar todas las operaciones de comprobación necesarias para verificar que lo contabilizado es correcto y no se ha cometido ningún error.
- Antes de efectuar el cierre, obtendremos el balance de sumas y saldos y **verificaremos los saldos** de cada una de las partidas, realizando los asientos que corresponden.
- Los saldos de las diferentes cuentas de **clientes y las de efectos comerciales.** Consideraremos al cliente que devolvió el efecto como cliente de dudoso cobro. **Contabilizamos la reclasificación.**
- Verificar los saldos **de proveedores y acreedores** (el saldo debe ser acreedor o cero).
- Cuentas financieras:
  - a) **Tesorería: casación de banco.** Debemos verificar el Mayor del banco con el extracto bancario proporcionado por la entidad financiera.
  - b) **Préstamo: contabilizamos la reclasificación de las cuentas.** Clasificaremos en el corto plazo los pagos a efectuar en el ejercicio siguiente.
- Las cuentas con la Administración Pública:
  1. Liquidación del IVA, modelo 303, realizando la verificación y comprobación de los listados con los documentos, así como la contabilización del asiento de liquidación. Comprobaremos los Mayores de las cuentas con el modelo cumplimentado.
  2. Retenciones practicadas: a los profesionales, a los trabajadores y por el alquiler. Con los modelos 115 y 111.
  3. Seguridad Social: debemos verificar los saldos obtenidos, con los documentos de liquidación de las cotizaciones y la información de las nóminas.
- **Periodificar y realizar el asiento de los gastos del recibo del alquiler** y de la factura del seguro del vehículo como pagos anticipados.

- **Contabilizar** las operaciones siguientes:
  1. La variación de existencias de las mercancías que nos quedan en el almacén como existencias finales.
  2. La cuota del ejercicio de la amortización del inmovilizado de la empresa.
- Hallar el resultado del ejercicio antes de impuestos (información que nos proporciona el programa CONTASOL). Realizaremos la liquidación y el asiento correspondiente del impuesto sobre sociedades.
- Preparar los modelos de las cuentas anuales del ejercicio: elaboraremos el balance y la cuenta de pérdidas y ganancias, utilizando los elaborados por el programa. Por último, los imprimiremos y adjuntaremos a la documentación.
- Proceder al cierre del ejercicio (se realiza con el programa CONTASOL).
- Elaborar la carpeta de archivo y realizaremos la clasificación de todas las operaciones registradas durante el ejercicio, incluyendo la información contenida en las cuentas anuales de la empresa ABANICOS HOYO ARCE, SLS.
- Realizar la copia de seguridad del programa.